KB205749

"신의 최고의 표현이 십계명이다."

요세푸스(F. Josephus)

이 책의 목적

.

.

.

나는, 십계명의 저자이신 주님의 마음을 얼마나 이해하고 이 글을 쓴 걸까?

이 질문이 오랜 시간, 저를 망설이게 했습니다. 믿음으로 '살아야 한다.'는 부담을 안고 이젠 삶이라는 주제로, "예수의 빛 축복의 십계명"을 가르쳐 온지 어언 22년이 됩니다.

십계명은 성경신학이나 기독교 윤리학에서 언제나 중요한 주제가 되고 있으며 신학자와 설교자들은 대부분 어떤 형태로든지 십계명에 관한 글을 쓰고 설교를 합니다. 십계명에 대한 끊임없는 신학적 논란 속에서도 십계명에 대한 관심은 진압되지 않는 중에 이 책은 십계명에서 만난 예수 그리스도를 전하려는데 있습니다.

> "너희가 성경에서 영생을 얻는 줄 생각하고 성경을 연구하거니와 이 성경이 곧 내게 대하여 증언하는 것이니라" 요 5:39.

예수의 빛으로 의미가 분명해진 십계명을 실용화할 목적으로 시작해서 모든 연령이 배울 수 있도록 했다는 점은 이 책과 십계명 총서의 가장 큰 특징입니다. 십계명은 하나님 나라와 세계 시민의식을 길러주어 축복과 번영을 세상에 실어오고 십계명은 그 축복을 지켜 줍니다. 이제, 십계명이 어떤 해석학적 배경과 철학과 윤리로 실용화했느냐는 물음에 답을 정리 할 차례가 되었습니다. 그래서 저는 그동안 실행해 온 프락시스(praxis)의 배경을 소개하고자 이 책을 펴냅니다.

2021. 1월. 이영희

> "이 세상 아버지들은 가정에서 그의 가족에게 십계명을 가르쳐야 한다."
>
> M. Luter. "Small Catechism." 5,7.

이 책을 이렇게 사용하세요

밑줄긋기 | 대화 | 선포 | 체크

 밑줄

펜을 준비하세요 읽으며 핵심 단어나 감동을 주는 문장에 밑줄을 하세요

 대화

가족, 또는 공동체가 함께 공부하며 읽은 내용의 소감을 나누세요. 어린이도 참여 할 수 있습니다. 1회 모임에 몇 개의 주제를 share 할 것인지는 모임에서 결정하세요.

 선포

이 책은 주제마다 번호가 있습니다. 읽고 나면 번호의 끝자리 수를 계명의 번호로 인식하고 계명의 말씀을 선포하십시오. 예를 들면 번호111의 끝자리 수가 1이므로 1계명을, 110처럼 끝자리 수가 0 이면 서문과 열 번째 계명을 상징합니다. 성경책 뒤표지 안면에 번호가 명시된 십계명 문서가 있습니다.

 체크

이 책 p359에 체크지가 있습니다. 자르는 선을 따라 오려서 곁에 두고 읽은 번호에 표시하십시오. 이 책을 다 마치면 가장 인상 깊고 기억에 남는 주제(번호)가 어떤 것이었는지 발표해 보세요.

십계명을 어떻게 이해해야 할까요?

> 웰빙 십계명,
> 다이어트 십계명, 부부행복 십계명 등, '십계명'이라는 명칭으로 하는 캠페인을 들어 본 적 있나요?
> 부동산 재테크 십계명도 있어요!
> 이 처럼 십계명은 보편적이고 대중적인 용어로 널리 사용되고 있습니다.
> '십계명'이라는 명칭이 성경에서 온 것이라는 사실을 여러분은 알고 계세요?
> 성경의 언어가 세상에 다가가 친밀한 주제가 되었다는 것은 매우 이례적인 현상입니다.
> 십계명의 이러한 세속화 현상이야말로 생활 속에 들어가야 하는 성경임을 의미합니다.

한 번은 교회 청년에게 "십계명이 성경 어디에 적혀 있는지 아세요?"라고 물었더니 "아, 그거 영화 제목이지요?"라고 합니다. 성경을 하나님의 말씀으로 믿는다는데 "그걸 지금도 지켜야 하나요?"라고 되묻습니다.
세상은 길을 묻는데 기독교인조차도 현대성의 과도기에서 혼란스러워합니다. 사람들의 바람은 건강한 사회에서 서로를 신뢰하며 사는 것인 만큼 영혼을 치료하고 생명을 지켜 줄 도덕과 윤리가 요청됩니다.
바클레이(W.Barclay)는, 현대의 위기는 신학적인 것이 아니라 윤리적인 것이라면서 그 길을 십계명에서 찾자고 했습니다. 우리 시대가 십계명의 강력한 요구를 받아들여야 한다는 것입니다. 하지만 많은 사람들은 십계명을 그저 율법의 고인 침전물 정도로 여깁니다. 사람을 변화시킨다는 것이 쉽지 않다는 것을 누구보다도 제 자신에서, 그리고 현장에서 늘 실감합니다. 그러면서도 십계명을 모르던 사람이 배우고 나서 가치관이 달라지고 변화되는 모습을 보면서 "아, 사람이 죄를 짓는 것은 여호와를 모르는 무지에서 오는 것이라"는 사실을 깨닫습니다. 그래서 저는 여호와의 정체성인 십계명이 생명을 회복시킬 수 있다는 믿음과 경험으로 십계명이라는 한 조각문서 한 편을 우리 현실로 가져 옵니다.

> "여호와께서 그의 언약을 너희에게 반포하시고 너희에게 지키라 명령하셨으니 곧 십계명이며
> 두 돌판에 친히 쓰신 것이라" 신 4:13.

인류 문명사에 있어서 십계명의 중요성은 분명합니다. 십계명이 어디에서 왔는지, 그 출처(resorce)가 분명하고

독특한 점이 그렇습니다. 하지만 저 역시 고대의 한 작은 나라에서 사회, 종교, 생활의 규범으로 실천해 온 십계명이 다른 시대, 다른 문화에도 적용될 수 있을까?라는 의문도 가져 보았습니다. 현대 기독교인에게는 맞지 않는다는 이론도 범람합니다. 십계명은 이스라엘 백성이 지켜야 할 조건이지, 기독교인과 상관이 없다거나 예수님을 영접한 사람들은 율법에 얽매일 필요가 없다는 반 율법주의(antinomianism)도 있습니다. 반면에 하나님의 명령을 무분별하게 신봉하는 것 또한 비판을 받습니다. 이런저런 이유로 기독교는 윤리와 교육에서 십계명을 간과해 왔습니다. 저는 신 4:8이 십계명에서 반사된 율법을 예찬한 점에 주목하자는 제안을 드립니다.

> "오늘 내가 너희에게 선포하는 이 율법과 같이 그 규례와 법도가 공의로운 큰 나라가 어디 있느냐?"

십계명을 우리 시대로 가져오려면 해결할 문제들이 있습니다. 우선 과거의 유산으로 그치지 않는 재해석이 필요합니다. 예수님에 의해 사랑의 계명으로 설명된 십계명을 생활로 가져오기 위한 선행 작업으로 몇 가지 원칙을 염두에 두었습니다.

첫째는, 예수께서 명령하신 새 계명과는 어떤 관계인지? 십계명과 구원론의 문제입니다.

둘째는, 왜 구원받은 신자에게 이런 명령이 필요했을까? 십계명의 정체성 문제입니다.

셋째는, 기독교 윤리 관점에서 십계명이 정언명령이라면 규범의 정당성을 찾아야 하겠습니다.

넷째는, 조직신학과 윤리를 담고 있는 십계명은 해석학적 방법도 필요합니다.

다섯째는, 교회가 세상에 존재하는 이유, 세상이 기독교인에게 바라는 것, 이 땅에 그리스도의 나라를 이루려는 목적에 부응하는 십계명의 실천적 방법이 요청됩니다.

이런 점들을 놓고 성경신학과 성경(서)윤리, 유대 랍비 문헌들을 두루 참고했고 현장에서 얻은 실제적인 방법을 모았더니 39권이 됩니다. 성경을 번역하시고 십계명을 앞서 연구하신 분들의 서적은 제게 큰 도움이 되고 있습니다. 이 책으로 십계명을 배우는 우리 자녀와 어른들이 하나님과 사람을 더 많이 사랑하고 인류에 공헌하는 거룩한 창조자로 거듭나기를 바라며 십계명의 원 저자이신 하나님께는 영광을, 그리고 십계명 연구자들과 이 책으로 공부하는 모든 분들께 감사를 드립니다.

2021. 1월. 이영희

십계명은 인간이 살아 갈 도리를 모두 담고 있는 기초 규범이라고 할 수 있습니다. 그래서 기독교 역사를 보면 많은 사람들이 십계명으로부터 영감을 얻고 새로운 삶의 길을 열었습니다. 또 새로운 해석도 끊임없이 이루어졌습니다. 이번에 이영희에게서 십계명 교재가 나오게 된 것을 축하합니다. 십계명이 율법이 아니라 복음이 되게 하려는 노력도 많이 한 것으로 알고 있습니다. 규범이 없는 시대에 인간을 자유하게 하는 복음의 규범을 어린 이들에게 가르치는 것이 하나님나라 건설에 크게 이바지하기를 바랍니다.

– 양명수(이화여대 기독교윤리학교수)

한국 기독교의 성경역사 200여년을 보내는 이 시점에서 이 책은 한국교회의 교육을 새롭게 할 수 있는 보화입니다. 저자가 지난 20년 동안 연구하고 축적한 내공이 쌓여서 집필한 기념비적인 저서의 출간을 환영합니다. 구약과 신약을 넘나드는 이 책은 십계명을 전통의 침전물로 두지 않고 삶의 현장에서 모든 세대가 퍼 마실 수 있도록 우려 낸 진국입니다. 이 책이 말하는 십계명 교육을 통해 성도들은 그리스도가 중심이 되어 경건하게 살아가는 진실한 언약 백성이 될 것을 바라 봅니다. 목회자, 신학자, 그리고 교회 안과 밖의 사람들이 모두 읽어야 할 필독서로 십계명 총서 39권을 추천합니다.

– 총신대학교 구약학 이희성 교수

한국에 기독교가 전해진 지 130년이 훌쩍 넘었습니다. 그러나 성경을 근거한 십계명 교육은 아직 미천하여 여러 가지 사회 문제를 안고 있습니다. 성경에 기초한 십계명의 '예슈아 경건'을 한국의 토양에 이식하고 정립한 이 교재가 카도쉬의 붐을 일으켜 한국과 세계의 사회를 틀림없이 변화 시킬 것을 확신합니다.

– 김의원(총신대학교 2대 총장역임, 구약학)

예수의 새 계명으로 시작하는 카도쉬의 붐, 신선한 영성의 바람입니다. 기독교인이 하나님의 백성으로서 어떻게 살아야 하는지는 일찍이 하나님의 선택 된 백성의 모델인 이스라엘의 역사 곧 구약에서, 그리고 십계명에서 찾아야 합니다. 이 책은 모든 기독교인들이 함께 해야 할 사명을 가진 교육입니다. 한국에서 시작합시다. holy start, in korea!

–최종진(서울신학대학교 13대 총장역임, 구약학)

한국교회는 지금 기독교의 정체성 위기로 흔들리고 있습니다. 사회적 혼돈과 무 질서의 딜렘마에 처한 사회와 교회를 지켜야 할 책임을 갖고 그 해결책을 찾고 있습니다. 신약의 복음과 성경의 가르침을 따르는 십계명 교육은 경건의 능력이 되어 우리 삶을 치료할 것입니다. 어둡고 혼란스러운 이 시대를 살아가는 한 사람으로서 시대적 책임의식을 가진 이들은 모두 동참해야 할 가치관 교육입니다.

–김득중(감리교 신학대학 10대 총장역임, 신약학)

유대교와 이슬람, 기독교를 예수님의 사랑으로 하나되는데 가능한 교육! 이영희는 자신의 전공을 살려서 십계명을 리드미컬한 멜로디로 만들었습니다. 느낌과 감성이 중요한 이 시대에 이 교과목은 얼마나 감동을 주는지! 홀리 아이는 우리 시대의 신조어가 될 것이고 모든 이들에게 정겹게 다가 갈 것입니다. 이 땅에 홀리의 계절이 어서 빨리 왔으면 좋겠습니다.

-임명애(숙명여자대학교 음악대학 교수역임)

기독교 교육은 유대적 배경을 무시 할 수 없습니다. 기독교는 유대 교육에 대한 심도있는 연구가 필요합니다. 그동안 이영희의 20종 98권의 성경공부 책들을 규장에서 출간하였거니와 이들은 한국교회 교육의 지표가 되었습니다. 이스라엘에서 유대 교육을 연구한 이영희 대표의 예수의 새계명으로 새롭게 빚어내는 다양한 실천 학습인 십계명 교재들은 세상을 놀랍게 변화시킬 것이 틀림 없습니다.

-여운학(규장/303비전 성경암송학교 교장)

이영희는 저의 막역한 친구이면서 교육 사역의 동료입니다. 어느 날 그녀가 한 말이 기억납니다. 하나님이 계명을 주시지 않았더라면 우리는 죄로부터의 해방을 실감하지 못했을 것이라고. 유럽에서 접한 공과 책의 제목이 〈십계명: 우리를 자유하게 하는 법〉인 것을 보아서도 십계명은 하나님이 그의 백성을 그리스도에게로 인도하는 교육과정입니다.

- 남은경(전, 서울신학대학교 기독교교육과 교수, 기독교 여성리더쉽연구원장)

이영희 교수님의 '십계명, 이제는 삶이다!'라는 주제로 7년 동안 아기와 부모님을 가르쳤습니다. 믿음과 인성의 그릇이 만들어지는 시기의 유아들과 그들의 부모, 그리고 교사들이 중요한 기독교 정체성 교육이라는 것을 현장에서 피부로 체험했습니다. 십계명교육이야말로 가치관의 혼돈 속에 사는 이 시대에 반드시 필요합니다.

- 박정순 (창원 세광교회 영아부 지도)

전 세계에 코비드 19가 만연하면서 뉴 노멀이란 단어가 등장했습니다. 어느 시대든지 표준과 규범은 필요합니다. 만약 하나님이 십계명을 주지 않았다면 우리는 어떤 기준에서 신앙생활을 해야 할지 모를 것입니다. 구원 받은 후 성화되는 과정 가운데 가장 필요한 십계명은 불변하는 normal입니다. 이 근본되는 기준을 이영희 교수가 심혈을 기울여 다양하게 집필한 39권은 다음 세대 아이들과 부모님들께 큰 선물입니다. 39권의 십계명 교재가 교회와 가정에서 잘 사용되어 사회에서 존경받는 그리스도인들이 배출되기를 소원합니다.

-김정순(두란노키즈 편집장, 온누리교회 예꿈 총 디렉터 역임. USIS 대안학교 교목)

요즘은 자기 자녀를 어떻게 길러야 할 지 우왕좌왕하는 부모들이 많습니다. 좋은 교육들이 많은 데도 답답함을 느낍니다. 성경의 삶으로 돌아가는 길 밖에는 없다는 생각으로 십계명 교육을 하게 되었습니다. 어린 이들에게 십계명을 가르친다고 했을 때 아이들이 이것에 대하여 얼마나 느끼고 알까? 라는 생각을 하였습니다. 아이들의 입에서 성경 말씀이 흥얼거리는 소리가 들렸고 친구들과 놀다가 또는 싸우다가 십계명 시간에 배운 내용으로 스스로를 가다듬는 것을 보면서 더 큰 사명감을 느끼게 되었습니다. 십계명 교육을 처음 시작하며 막연했던 궁금증과 적용들을 카도쉬의 십계명 교육을 통하여 배울 수 있었습니다. 더 많은 배움터에서 십계명 교육이 일어나 우리의 자녀들이 하나님의 말씀으로 이 세상을 넉넉히 이기기를 소망합니다.

-이연이(성남 혜성유치원장)

십계명교육은 혼란과 무질서한 사회에서 안정과 질서와 회복을 찾을 수 있는 유일한 통로입니다. 그동안 다음 세대를 세우고자 하는 마음은 간절했으나 어떻게 해야 하는 지를 고민하던 중에 십계명 교재를 접하게 되었는데 현장에서 쉽게 적용되는 아주 특별한 교재입니다. 기다리던 교재의 출간을 축하합니다.

-이화숙(한국기독교유아교육연합회장)

귀가 지도를 할 때였습니다. 할머니 한 분이 오셔서는 "선생님! 간음을 뭐라고 설명해야 되요? 우리 애가 집에 와서 십계명을 배웠다면서 간음이 뭔지 아느냐"고 묻는데, 당황했다"고 하십니다. "다른 사람들 몰래 하는 도둑 사랑이라고 설명해 주었어요."라고 대답해 드렸더니, "아~! 설명하기 어려웠는데, 감사하다"시며 좋은 교육을 해준다고 새삼 흐뭇해 하십니다. 우리 아이들은 사람이, 사람으로, 사람답게 사는 방법을 배웁니다. 십계명 교육을 할 수 있도록 장을 마련해 주신 카도쉬와 유치원 원장님께 감사합니다. 십계명 교육이 활발히 이루어져, 하나님의 일을 생각하며 사는 사람들이 많아져서 더욱 복 된 나라가 되기를 기대합니다.

-김연숙(성남혜성유치원 교사)

2,020년 기윤실에서 발표한 한국교회 신뢰도 조사에서 전반적으로 한국교회를 신뢰하지 않는다는 결과가 나왔습니다. 한국교회의 신뢰도 추락은 교회가 정의와 공의를 행하라는 하나님의 열정을 따라가지 못했기 때문입니다. 교회가 신뢰를 회복하려면 도덕성 회복과 사회 정의 실천을 첫 손에 꼽고 하나님의 사랑으로 정의를 실천하도록 다음 세대를 교육하는 일에 하나님의 열정을 쏟아 부어야 합니다. 십계명 교육의 전문가인 카도쉬의 이영희 대표가 집필한 교재들을 추천하는 이유가 바로 여기에 있습니다. 이 교재들이 하나님이 생각하신 정의로운 세상을 만들어가는 거룩한 자녀들을 세우고, 한국교회의 신뢰를 회복하는 밀알이 되기를 소망합니다.

-양주성 (신앙명가연구원장)

신앙의 시각으로 볼 때, 현재 상황에서 이 시대의 가장 큰 문제는 다음 세대의 다른 세대화입니다. 그 이유로는 부모의 신앙 전수(말씀전수) 부재를 들 수 있습니다. 본인은 부모가 자녀에게 말씀을 전수하는 방법에 매우 유용한 결과를 저자의 세밀한 십계명 교재들을 통하여 목회 현장에서 체득했습니다. 이번에 완성된 39권의 십계명 교육 총서가 다음 세대를 향한 신앙전수(말씀전수)에 획기적인 효과가 나타날 것을 확신합니다.

-남궁장수목사 (카도쉬 서울1기생)

카도쉬의 십계명 교육은 말씀을 새롭게 깨닫고 실천하게 해 주었습니다. 십계명을 배운 아이들은 어린이집보다 십계명 말씀 배우러 오기를 좋아 했으며, 부모님들은 십계명을 통해 눈물이 회복되었습니다. 선생님들은 이들이 변화되는 모습을 통해 큰 도전과 믿음의 성장이 있다는 점입니다. 십계명 교육은 선택이 아닌 필수입니다.

-백현경(마포 신덕교회 영아부및 아기학교담당자)

카도쉬 대표 이영희 교수의 십계명 교재는 그동안 기다려 온 책입니다. 교육 현장에 있는 한 사람으로 크게 환영합니다. 이 시대 아이들은 규범이 없습니다. 마음과 생각이 가는 대로 행동합니다. 이유도 목적도 없습니다. 이를 바로 잡아 줄 유일한 길은 하나님이 주신 십계명을 어려서부터 가르쳐야 한다는 것을 교육 현장에서 늘 체험합니다. 십계명은 인간이 근본적으로 가져야 할 가장 중요한 두 가지 가치인 하나님에 대한 사랑과 이웃에 대한 사랑을 세우는 것이기 때문입니다. 세상을 지탱하며 하나님의 나라를 이루어 갈 유일한 절대적 규범은 십계명입니다. 역사를 이끌어 갈 다음 세대들이 하나님을 바로 아는 길인 십계명 교육은 필연입니다. 이 책은 다음 세대들이 하나님을 바로 알고 세상을 바로 세워가는 역사의 주역이 되게 하고 한국이 기독교 130년의 현 시점에 있어서 가장 중요한 교육적 혁신이 될 것이라고 확신합니다. 다음 세대의 사상과 규범의 기초를 십계명 교육으로 세우는 이 교재는 새로운 1,000년의 역사에 길이 남을 최고의 교육적 유산이 될 것입니다.

-전희경 (제자 국제크리스쳔학교 교장)

생명의 빛, 십계명! 초등학교 1-3 학년과 함께 주일마다 1년 동안 십계명 학교를 진행하면서 아이들은 더욱 견고한 믿음을 고백하고 믿지 않는 친구들과는 다른 삶을 살 것을 도전하며, 실제로 살아 내는 모습을 볼 수 있었습니다. 아이들 뿐만 아니라 교사들 역시 오랜 기간 신앙생활을 하면서도 말씀과 삶을 제대로 연결하지 못했는데 십계명 학교를 경험하면서 먼저 자신의 삶을 되돌아보고, 십계명 말씀이 21세기의 삶에도 꼭 맞는, 현재 자신의 삶에 적용되어야만 하는 기준이라는 고백을 나누었습니다. 십계명학교에 모두 함께 하기를 바랍니다.

-이선영 부산 안락교회 교육목사

1. 하나님이 이 모든 말씀으로 말씀하여 이르시되

2. 나는 너를 애굽 땅, 종 되었던 집에서 인도하여 낸 네 하나님 여호와니라

3. 너는 나 외에는 다른 신들을 네게 두지 말라

4-6. 너를 위하여 새긴 우상을 만들지 말고 또 위로 하늘에 있는 것이나 아래로 땅에 있는 것이나 땅 아래 물 속에 있는 것의 어떤 형상도 만들지 말며 그것들에게 절하지 말며 그것들을 섬기지 말라 나 네 하나님 여호와는 질투하는 하나님인즉 나를 미워하는 자의 죄를 갚되 아버지로부터 아들에게로 삼사 대까지 이르게 하거니와 나를 사랑하고 내 계명을 지키는 자에게는 천 대까지 은혜를 베푸느니라

7. 너는 네 하나님 여호와의 이름을 망령되게 부르지 말라 여호와는 그의 이름을 망령되게 부르는 자를 죄 없다 하지 아니하리라

8-11. 안식일을 기억하여 거룩하게 지키라 엿새 동안은 힘써 네 모든 일을 행할 것이나 일곱째 날은 네 하나님 여호와의 안식일인즉 너나 네 아들이나 네 딸이나 네 남종이나 네 여종이나 네 가축이나 네 문안에 머무는 객이라도 아무 일도 하지 말라 이는 엿새 동안에 나 여호와가 하늘과 땅과 바다와 그 가운데 모든 것을 만들고 일곱째 날에 쉬었음이라 그러므로 나 여호와가 안식일을 복되게 하여 그 날을 거룩하게 하였느니라

12. 네 부모를 공경하라 그리하면 네 하나님 여호와가 네게 준 땅에서 네 생명이 길리라

13. 살인하지 말라

14. 간음하지 말라

15. 도둑질하지 말라

16. 네 이웃에 대하여 거짓 증거하지 말라

17. 네 이웃의 집을 탐내지 말라 네 이웃의 아내나 그의 남종이나 그의 여종이나 그의 소나 그의 나귀나 무릇 네 이웃의 소유를 탐내지 말라

"여호와께서 그의 언약을 너희에게 반포(declare)하시고 너희에게 지키라 명령하셨으니

곧 십계명이며 두 돌판에 친히 쓰신 것이라" 신4:13.

6. 나는 너를 애굽 땅, 종 되었던 집에서 인도하여 낸 네 하나님 여호와라

7. 나 외에는 다른 신들을 네게 두지 말지니라

8-10. 너는 자기를 위하여 새긴 우상을 만들지 말고 위로 하늘에 있는 것이나 아래로 땅에 있는 것이나 땅 밑 물 속에 있는 것의 어떤 형상도 만들지 말며

그것들에게 절하지 말며 그것들을 섬기지 말라 나 네 하나님 여호와는 질투하는 하나님인즉 나를 미워하는 자의 죄를 갚되 아버지로부터 아들에게로 삼사 대까지 이르게 하거니와 나를 사랑하고 내 계명을 지키는 자에게는 천 대까지 은혜를 베푸느니라

11. 너는 네 하나님 여호와의 이름을 망령되이 일컫지 말라 나 여호와는 내 이름을 망령되이 일컫는 자를 죄 없는 줄로 인정하지 아니하리라

12-15. 네 하나님 여호와가 네게 명령한 대로 안식일을 지켜 거룩하게 하라

엿새 동안은 힘써 네 모든 일을 행할 것이나 일곱째 날은 네 하나님 여호와의 안식일인즉 너나 네 아들이나 네 딸이나 네 남종이나 네 여종이나 네 소나 네 나귀나 네 모든 가축이나 네 문 안에 유하는 객이라도 아무 일도 하지 못하게 하고 네 남종이나 네 여종에게 너 같이 안식하게 할지니라 너는 기억하라 네가 애굽 땅에서 종이 되었더니 네 하나님 여호와가 강한 손과 편 팔로 거기서 너를 인도하여 내었나니 그러므로 네 하나님 여호와가 네게 명령하여 안식일을 지키라 하느니라

16. 너는 네 하나님 여호와께서 명령한 대로 네 부모를 공경하라 그리하면 네 하나님 여호와가 네게 준 땅에서 네 생명이 길고 복을 누리리라

17. 살인하지 말지니라 18.간음하지 말지니라 19.도둑질 하지 말지니라

20. 네 이웃에 대하여 거짓 증거하지 말지니라

21. 네 이웃의 아내를 탐내지 말지니라 네 이웃의 집이나 그의 밭이나 그의 남종이나 그의 여종이나 그의 소나 그의 나귀나 네 이웃의 모든 소유를 탐내지 말지니라

"여호와께서 이 모든 말씀을 산 위 불 가운데, 구름 가운데, 흑암 가운데에서 큰 음성으로 너희 총회에 이르신 후에 더 말씀하지 아니하시고 그것을 두 돌판에 써서 내게 주셨느니라" 신5;22

1,2. And God spoke all these words: I am the LORD your God, who brought you out of Egypt, out of the land of slavery.

3. You shall have no other gods before me.

4~6. You shall not make for yourself an idol in the form of anything in heaven above or on the earth beneath or in the waters below. You shall not bow down to them or worship them; for I, the LORD your God, am a jealous God, punishing the children for the sin of the fathers to the third and fourth generation of those who hate me, but showing love to a thousand generations of those who love me and keep my commandments.

7. You shall not misuse the name of the LORD your God, for the LORD will not hold anyone guiltless who misuses his name.

8~11. Remember the Sabbath day by keeping it holy. Six days you shall labor and do all your work, but the seventh day is a Sabbath to the LORD your God. On it you shall not do any work, neither you, nor your son or daughter, nor your manservant or maidservant, nor your animals, nor the alien within your gates. For in six days the LORD made the heavens and the earth, the sea, and all that is in them, but he rested on the seventh day. Therefore the LORD blessed the Sabbath day and made it holy.

12. Honor your father and your mother, so that you may live long in the land the LORD your God is giving you.

13. You shall not murder.

14. You shall not commit adultery.

15. You shall not steal.

16. You shall not give false testimony against your neighbor.

17. You shall not covet your neighbor's house. You shall not covet your neighbor's wife, or his manservant or maidservant, his ox or donkey, or anything that belongs to your neighbor.

십계명을 영어로 "The Ten Commandments"라고 하여 정관사 "The"를 붙입니다.

이렇게 정관사 하나로 고유명사화 하고 일반적인 "Ten Commandments"와 구분하는 이유는

성경이 십계명에게 특별하고 유일하고 고유한 지위를 준 때문입니다.

하나님은 왜,

십계명을 주셨을까?를 생각해 봅니다.

그것은
인간이 완전하지 않다는 것을 보여주기 위해서가 아닐까요?

십계명은 인간의 무능을 깊이 깨우쳐 주어서 겸손한 사람을 만듭니다.
십계명은 하나님과 인간을 이해하는 영적 에센스입니다.

"사람이 무엇이기에 주께서 그를 생각하시며
인자가 무엇이기에 주께서 그를 돌보시나이까
그를 하나님보다 조금 못하게 하시고 영화와 존귀로 관을 씌우셨나이다"
시 8:4, 5.

자신의 영광인 영화와 존귀의 관을 인간과 나누시고 인간의 조금 못한 부분을
용서와 사랑으로 돌보시는 주 하나님께
말씀에 화답하는 순종과 감사를 드립니다.

contents

contents

1부.. 십계명을 배워 보셨나요?

십계명에 오신 여러분을 환영합니다.

만일, 우리가 우리의 행동을 달아보시는 하나님께 어떤 사랑과 은혜를 받아 살며 우리 이웃들에게 합법적으로 빚진 것이 무엇인지 안다면, 인류의 근원이신 하나님과 이웃 에게 어떤 사람으로 살아야 되는지의 답을 아는 사람입니다.

살인하지 말라, 간음하지 말라, 도둑이 되지 말라는 이런 계명들이 필요한 것은 끊임없이 우리를 계명 앞에 세워서 선한 양심을 일깨우고 예수 그리스도의 은혜의 힘으로 세 상을 살리는 그리스도인이 되기 위해서입니다.

모세는 하나님이 십계명을 선포하신 목적을 이렇게 설명했습니다.

"하나님을 경외하여 범죄하지 않게 하려 하심이라" 출 20:20.

1장
토라의 빛 십계명

"여호와께서 두 돌판을 내게 주셨나니 그 돌판의 글은 하나님이 손(finger of God)으로 기록하신 것이요 너희의 총회 날에 여호와께서 산상 불 가운데서 너희에게 이르신 모든 말씀이니라"신 9:10.

우리가 사는 세상은 이 전 보다 훨씬 복잡하고 빠르게 변하고 있습니다.
고도의 산업화는 윤택하고 편리한 삶을 제공했으나 과 소비, 방탕, 파괴,
쾌락을 즐기는 여가 생활, 넘치는 자유, 인륜 상실과 무책임,
인간 존엄성을 해치는 문명을 만들고 있습니다.
지금은 인간답게 살아갈 방법과 세계관의 질서가 절실히 요청됩니다.
십계명은 하나님과 인간이 대면하여 부르고 말하는 가운데 체결된 계약이라
는 점에서 하나님과 인간, 인간과 인간이 서로를 염려하고
책임 있게 살도록 끌어줍니다.

"십계명은 예수에 의해 새 계명으로 만들어져서
새로운 계명의 시대에 사는 사람들의 마음과 정신에 중심 사상이 되었다." [1]

---

1. 렘31:31-34,히 8:8-13 참고. 1997. *New International Dictionary of Old Testament Theology and Tregesis.* Volum 4. p.613. Michigan : Zondervan Publishing House.

0
십계명은 여호와 서(書)

성경 66권에서 41권의 명칭이 인명(人名)입니다. 구약은 39권 중에 25권의 명칭이 인명이고, 신약 27권에는 16권이 인명으로 되어 있습니다. 예를 들면 여호수아, 룻기, 사무엘 상하, 이사야서, 예레미야서, 에스겔, 다니엘, 호세아, 요엘, 요나, 미가, 나훔, 아모스, 스가랴서, 학개, 마태, 마가, 누가, 요한, 베드로, 디도, 빌레몬, 야고보, 유다 etc. 하나님은 자신의 영으로 감동(God-breathed)을 받아 적은(딤후 3:16, 벧후 2:21) 대필자들의 이름을 성경의 이름으로 기념해 주셨습니다. 그렇다면 하나님이 인간 삶의 자리에 오셔서 누구의 손도 거치지 않고 중계자 단 한 명 없이 직접 자기의 생기(숨, 성령)로 선포하시고 손가락으로 새겨 써서 주신 친필 십계명은 "여호와 서(書)"입니다. 그래서 성경은 "계명"이라는 단어 앞에 "하나님"이라는 타이틀을 붙여서 "하나님의 계명", "여호와"라는 고유명사를 붙여서 "여호와의 계명"이라고 했고, 십계명을 "여호와"라고 했고(출 16:33참고), 예수께서는 "아버지의 계명"이라고 하셨습니다(요 15:10, 마 15:3참고). 성경은 하나님께서 십계명을 직접 새겨 쓰셨다는 말을 무려 7차례 언급합니다. 하나님이 쓰신 말씀을 우리도 4 번은 써야 합니다. 출 24:12, 31:18, 32:14~16, 34:1, 신 4:13, 5:22, 9:10.

하나님의 유일한 자필, 사랑의 합의 서(書)

> 모세야 기록해라
> 하나님은 모세에게 아말렉 전쟁사를 "책에 기록하라"고 하셨다(출 17:14).
> 모세야 "너는 이 말들을 기록하라"(출 34:27).
> 모세야 "이 율법의 모든 말씀을 기록하라 분명하고 정확하게 기록하라"(출 34:27, 신 27:3, 8).
> *나의 생각▶* 모세야, 내가 성막 도면을 보여 줄 테니까 잘 보고 기록해라(출 26:30).
> 모세 ; 하나님, 이 돌판에도 제가 쓸까요?
> 하나님 ; Never, Never! 이것만은 내가 내 피로 써서 너에게 줄 것이다.

모세야 기록해라, 정확히 기록해라, 그래서 오경을 "모세의 글"(고후 3:15)이라고 합니다. 그런데 오경과 다른 모든 성경에서 십계명만은 홀로 독보적입니다. 이러한 십계명의 유일성은 하나님 자신의 유일성을 나타내 보이신 것입니다. "너희가 지키겠느냐? 그러면 나는 어떠하겠다."며 의견을 물으시고 "예, 우리가 준행하겠습니다."라는 대면 응답으로 맺은 언약서(書)이며 "여호와께서 다만 너희를 사랑하심으로"(신 7:8) 언약을 기억하신다는 사랑의 합의서(書)입니다. 그래서 십계명에는 "사람은 준행할 수 없으나 하나님이 하신다."는 기독론이 들어옵니다. 불가능하다는 점에서 인간론이고 "불가능 함에도 불구하고"그 가능성에서는 기독론입니다. 제 2계명에서 "나를 사랑(은혜)하고 내 계명(진리)을 지키는 자에게는 천 대까지 은혜를 베푸신다 하셨으니(출 20:6) 십계명은 은혜와 진리의 복음이요 "복음의 규범"입니다.

1

하나님의 생방송, 선포!

십계명의 권위가 하나님이 손가락으로 직접 새겨 쓰셨다는 이 사실 때문일까요?

십계명이 모든 성경에서 유일하게 하나님의 친필문서라는 사실만큼 권위를 높이는 문구는 없을 것입니다. 하지만 첫 번 돌판은 깨졌고, 두 번째 돌판도 사라졌습니다. 영원한 것은 그 입으로 선포하신 하나님의 말 즉, "생명의 소리"입니다. "하나님이 이 모든 말씀으로 말씀하여 이르시되"출 20:1.

십계명은 계약으로 맺은 "선포"이고, 하나님의 진술(GOD -Talk) 이라는 점에서 "로고스(logos)"이며 로고스는 179개의 언어(langue)로 문자화 되었습니다. 언어는 자기의식(self- consciousness)입니다. 신학자 리쾨르의 말을 빌리자면, 하나님의 말과 언어가 계명의 형태가 되었다는 것은 하나님의 의식이 밖으로 드러난 것이며 따라서 십계명은 하나님의 의식이고 그러므로 십계명은 인간이 하나님의 의식과 만나는 최초의 상황이 될 수 있습니다. 번개, 천둥을 동반한 그 말씀(words)은, 말씀하여(speak), 이르셔서(say) 선포된 소리입니다. 성경의 대부분이 대언 자를 통해 전달된 녹화 방송 같다면 십계명은 "인간 삶의 현장"에 친히 강림하신 여호와 하나님과 이스라엘 백성의 직접적인 소통으로 이루어진 공중파 생방송입니다. 창 3장의 죄로 인해 하나님과 사람이, 사람과 자연이, 창 10장의 바벨탑 죄로 인해 사람과 사람 사이의 끊어진 소통이 복구되는 징조가 보이는 역사적인 순간입니다.

생명이신 하나님이 세상에 강림하셔서 대지의 공기를 가르고 온 우주 만물이 다 듣도록 선포하신 그 말씀. 우리는 열심히 쪽지에 적는 습관을 가집니다만 영원한 것은 소리로서 "말(다바르)"입니다. 십계명은 인간을 찾아오신 하나님의 입에서 나온 브러드케스트(생방송)라는 점 때문에 권위 있음이요, 여호와의 영(루아흐; spirit)이 입김으로 쏟아져 나와 "다바르(말)"가 된 생명의 소리라는 점에서 영원합니다.

여호와 하나님이 세상에 내려 오셔서 십계명을 선포(declare)하셨으니 우리도 그 본을 받아 선포! 해야 합니다. 소리는 온 땅에 통하고 세상 끝까지 닿으며 사람의 양심을 파고 듭니다. 칼빈(J. Calvin)은 인간의 타락에도 불구하고 하나님은 그의 입에서 나온 로고스 곧 십계명을 인간의 본성에 새겨 두시므로 자신의 본성(형상)을 인간에게 나타 내셨으며 인간이 하나님을 사모하는 양심의 법이 되었다고 합니다.[2] 돌판은 사라졌으나 소리는 시공을 초월해서 자유롭습니다. 선포된 말씀인 십계명은 영원합니다.

> "그의 소리가 온 땅에 통하고 그의 말씀이 세상 끝까지 이르도다" 시 19:4요약.
>
> "풀은 마르고 꽃은 시드나 우리 하나님의 말씀은 영원히 서리라 하라" 사 40:8.

---

2. 나학진. 2005. "기독교윤리학" p178. 서울: 강남대학교출판부. 박충구.1994. "기독교 윤리사" p217. 서울: 대한기독교서회.

2장
십계명 홍보하기

"여호와는 지식의 하나님이시라 행동을 달아 보시느니라" 삼상 2:3요약.

하나님이 인류에게 공평하게 주신 선물 다섯 + 우리의 선택(옵션) 하나!

하나님이 인간에게 이 정도는 주장할 권리가 있지 않으실까요?

"하나, 나는 내가 만든 세상을 너희에게 주었다.

둘, 나는 너희에게 인생의 안전 벨트(life line) 같은 십계명도 주었다.

셋, 계명을 어기면 용서받을 수 있도록 내 아들 예수도 주었다.

넷, 계명에 순종할 힘을 보태려고 성령도 보내 주었다.

다섯, 믿는 너희들이 와서 사는 천국도 지어 놓았다.

+ 천국의 보화는 너희들의 선행으로 가져라.

선행 포인트? 십계명에 있다. 상급이냐, 벌이냐는 너희의 선택에 달렸다."

TEN & TEN!

탱탱(ten, ten) 학교에 오십시오.

*십계명은 성경에서 출 20장과 신 5장, 이렇게 두 번(Ten & Ten) 기록되어 있습니다.

2
십계명 캠페인

다음과 같은 수제를 참고해서 십계명 캠페인에 사용해 보세요.

0. 이젠 삶 예수의 빛, 축복의 십계명!

1. 우리 자녀에게 구구단, 알파벳을 가르치기 전에 십계명을 가르칩시다!

2. 인생의 생명 안전띠(Life line) 십계명!

3. 하나님의 성품과 형상이 있는 신의 성품교육 십계명!

4. 인성과 지성과 영성의 길잡이, 십계명!

5. 성경의 면류관 십계명

6. 십계명은 하나님이 꿰어주신 열 개의 보석 꾸러미!

7. 하나님이 인류에게 주신 다섯 가지 선물, 세상, 십계명, 예수 그리스도, 성령, 그리고 천국!
   이 다섯 가지 선물을 다 담고 있는 십계명!

8. 예수님으로부터 선한 일, 사랑의 법, 최고의 법, 영원한 계명이라고 칭찬받은 십계명

9. 십계명은 구원, 하나님 사랑, 이웃사랑의 에센스!

10. 신의 성품 교과서 십계명

11. 신의 최고의 작품 십계명

12. 악을 버리고 선을 택하라, 십계명!

13. 창의력과 내면의 강자(強者)! Spirit Power십계명!

14. 교회는 성장도 중요하지만 성화에 관심을 가져야 합니다. 이젠 삶 십계명!

15. 세상에 살면서 해야 하는 것 2! 해서는 안 되는 것 8!

   oh, no, no, no, do this (yes), do this (yes), no, no, no, no, no.

   Two Do, Eight not do List!

   Should Do 2! Shouldna Do 8!
   Two things to Do, Eight things to Not!
    Have to do two, Have not to do eight.

3
손으로 새겨 쓴 혈서

하필이면 왜, 십계명을 돌에 새겨 주셨을까요?

고고학자들에 의하면 기원 전 3천 년쯤, 시내 산 산맥에 매장된 구리와 터키석을 캐기 위해서 수많은 노예 부대가 이 산 길을 다녔다던데 거기서 얻을 수 있는 광물질도 아니고 그냥 흔하디흔한 돌에 써서 주시다니, 산 아래서 기다리던 이스라엘 백성들이 모세가 대단한 것을 받아 올 걸로 기대했다면 실망하지 않았을까요? 석판, 금판에 문자를 새기는 방식은 고대 시대에서 줄 곧 해왔습니다. 천지만물이 다 그분의 것 인데 광산 노예들의 착취 산물이 아닌 돌을 선택하신 것에서 인간을 대하시는 하나님을 봅니다. 돌판을 조심스럽게 다뤄야 하듯이 사람이 조심하며 살아야 함을 의미하는 듯합니다. 하찮은 존재를 취하셔서 위대한 작품을 만드시는 것이 하나님의 별난(?) 취미예요. 그런데 하나님의 손가락? 하나님도 사람처럼 손가락이 있나요?

> "하나님은 사람들에게 자신을 표현하기 위해서 자신의 피조물로부터 '손가락'이라는 용어를 빌려 왔다." S. L. Rashi.

손가락(finger of God) 형상은 "하나님이 사람의 형상으로 오셨다"입니다. 돌판(공책)을 손수 만드시고 생명의 손가락이 새겨 쓴 글씨는 그 손이 생명이기에 혈서 즉, "피의 언약서"입니다(출 24:8 참고). 이 생명의 첫 번 돌판은 깨졌습니다. 피와 불과 연기 가운에 임하신 말씀, 찰톤 헤스톤 주연의 영화 "십계"는 그 피를 불로 묘사했습니다. *이 책 138번(p244), "하나님의 십계명 레슨"에 있는 '피의 언약'을 참고하세요.

그런데 왜 이것을 그의 시종 모세에게 시키지 않고 모세의 종이 된 것처럼 손수 쓰셨을까요? 십계명은 하나님의 헌신과 애정이 쏟아 부어진 것으로, 마음, 목숨, 힘을 다하셨음을 의미합니다(신 9:10참고). 그래서 십계명은 사랑의 언약서요 인간을 위해서 죽기까지 하시는 순교의 랜드마크(Landmark; 획기적인 사건)입니다. 그 분의 지문과 형상과 성품이 들어 있는 십계명은 여호와 하나님이요, 피로 맺은 "언약의 말씀"(출 34:28)입니다. 십계명에서 우리는 하나님을 봅니다. 그리고 하나님을 압니다. 그 명령은 지키기 어려운 것이 아니라는 신명기 30: 11~14에 예수님도 동의하셨어요.

> "오직 그 말씀이 네게 매우 가까워서 네 입에 있으며 네 마음에 있은즉 네가 이를 행할 수 있느니라" 신 30:14.

> "사람으로는 할 수 없으나 하나님으로서는 다 하실 수 있다" 마 19:26.

4
미래세대를 위한 십계명

십계명에서 하나님과 인간은 만납니다(민 10:33, 14:44참고). 십계명에는 이미 '용서'라는 은혜의 안전장치가 있습니다(신 4:41~44, 5:1~22참고). 십계명이 생명의 길을 터 주고(마 19:17 참고) 그 말씀이 육신이 되어 세상에 오셨습니다. 십계명이 3, 4대와 천대의 영향력을 언급하는 한, 미래 세대의 답도 십계명에 있습니다. 그러니 예수 믿으면 맨 먼저 배워야 할 성경이 십계명입니다.

성경의 목적

성경이 하나님의 사람으로 온전하게 하며 모든 선한 일을 행할 능력을 갖추게 하는데 예수께서는 그 선한 일이 십계명이라고 하셨습니다(마 19:15~17, 딤후 3:15~17 참고). 지도자의 자격도 십계명에 있습니다(딤전 5:10, 4:5,6 참고). 우리를 구원하시고 지으신 목적도 선한 일(십계명)을 행하기 위해서 입니다(딛 2:14, 3:8, 엡 2:10, 벧전 2:12 참고). 예수께서 요 5:39에서 말씀하신 그 성경의 핵심이 십계명입니다.

5
하나님의 높은 수준으로 끌어올리는 십계명

> "보라 이 사람이 선악을 아는 일에 우리 중 하나 같이 되었다" 창 3:22.

예수께서는 십계명이 "선한 일"이며 "이를 행하라 그러면 살리라"하셨으니(마 19:17, 눅 18:18, 10:28 참고) 십계명이 하나님의 온전하신 선으로 인간을 끌어 올립니다. 자신의 능력을 인간과 함께 나누시고 "우리 중 하나 같이 되었다"는 말은 자신만만한 분 만이 할 수 있는 말입니다.

옛날 사람들도 우리와 똑같은 하늘을 이고 살았는데 얼마나 창공을 날고 싶었을까요? 그들이 구름 위를 나는 사람을 상상이나 했을까요? 돋보기만 있었어도 이삭이 그런 실수를 했을까요? 간단한 혈청 검사만 했어도 요셉이 그렇게 팔려 갈 수 있었을까요? 119 앰뷸런스가 있었더면 라헬이 길에서 죽었겠어요? 현대인들이 그들 이야기를 읽고, 토론하고, 연구하고, 세미나까지 연다는 사실을 상상이나 했을까요? 오늘의 중동 문제가 이렇게 복잡하게 얽힐 줄 알았다면 사라가 하갈과 이스마엘을 그렇게 구박했겠습니까? 다윗이 부하의 아내를 빼앗는 그런 창피한 짓을 했을까요? 알았더면, 그들이 좀 더 정숙하게 살았을까요? 아니오. 설령 알았다 해도 그냥 그렇게 그들 방식대로 살았을 것이라고 저는 생각합니다.

우리 마음에 있는 추잡한 비밀이 다 드러나고 우리 행실이 하늘 법정에 고소당하고 판결이 진행 중이라는 사실을 안다면, 이렇게 의식 없이 살까요? 예, 의식 없이 삽니다. 욥기서가 주는 교훈처럼 가끔 풀리지 않는 일이 혹시 사단에게 꼬투리 잡혀서 소송 중인지 모릅니다. 한껏 추켜 올렸다고 오만해진 인간, 저울에 달면 입김보다 가볍고 셈할 가치도 없는 들풀 같은 인생인데 마음이 완악하여져서 귀는 듣기에 둔하고 눈은 감았으니 눈으로 보고 귀로 듣고 마음으로 깨달아 돌이켜 고침을 받을까 봐 되레 두려워 합니다(마 13:15참고). 십계명이 하나님의 선이라면 이 하나님의 말씀을 거역하는 것이 악입니다.

"여호와를 경외하는 것은 악을 미워하는 것이라" 잠 8:13.

바로의 압제에도 악을 버리고 선을 택할 수 있었던 산파들은 자유의 근원을 하나님을 경외할 것에 두었기 때문입니다. 씨 뿌리기 전에 흙을 갈아엎고 돌을 걷어 내 듯이 "선악"을 알게 된 우리는 악을 버려야 선을 행할 수 있습니다(시 34:14, 37:3, 37:27, 사 7:16, 벧전 3:11참고).

"가시덤불에 파종하지 말라" 렘 4:3.

6

Let's be holy!

첨단 기계문명과 과학은 삶의 질을 높여 주고 인터넷은 장소와 공간을 초월해서 원하는 대로 사고팔며 즐길 수 있게 만들었습니다. 경제가 원활하게 돌아가려면 탐욕이 필수조건처럼 된 세상입니다. 거리는 온통 음란 이미지로 도색되고 교회에는 위선자들이 도로의 먼지처럼 창궐 범람하고(사 10:6, 7참고), 범죄 연령은 점점 낮아지고 있습니다. 세계의 대부분이 지옥으로 간다고 일찍이 결론지은 토마스 왓슨(T. Watson)은 "마귀는 추수를 하는데 하나님은 겨우 몇 개의 이삭 줍기를 한다." 며 한탄합니다. 하나님을 따르지 않는 데서 온 결핍이 죄를 소원하게 만듭니다. 세상에 일어나는 끔찍한 현상들의 원인을 사람들은 환경 호르몬, 정서 교란, 윤리적 해이와 도덕적 무지에서 찾습니다. 그런데 이사야는 이렇게 말합니다.

"그들이 만군의 여호와의 율법을 버리며 이스라엘의 거룩하신 이의 말씀을 멸시하였느니라" 사 5:24.

이 부도덕하고 냉정한 현대를 살아가는 우리에게 이사야는 계명으로 돌아가야 한다는 강력한 권고를 한 것입니다. Let's be holy with The Ten!

7
아름다운 화관과 금구슬

성경에는 어쩜 그렇게 많은 보석 이름들이 나올까요?

성경을 펴면 여기저기에서 반짝반짝 빛나는 보석들의 광채로 눈부신 느낌을 받습니다. 홍옥, 황옥, 벽옥, 자수정, 호박, 홍보석, 마노, 녹옥..., 성경은 금광으로 시작해서 계시록은 보석들의 이름으로 마지막 페이지를 장식합니다. 하나님의 말씀은 모두가 진귀한 보석입니다. 성경은 온갖 보화들이 감춰져 있는 밭이에요. 여기 저기 흩어져 있는 보석을 잘 찾아내는 것은 정말 의미 있습니다. 하지만 "구슬이 서 말이라도 꿰어야 보배"라는 말이 있듯이 꿰지 않으면 무슨 쓸모가 있겠습니까? 하나님은 열 개의 보석을 손수 엮어서 돌판(보석함;寶石)이라는 그릇에 담아 주셨습니다. 성경에 흩어져 있는 보석을 잘 엮은 것이 십계명입니다. 서문은 구원의 복음을 예표하는 화관과 아름다운 신앙생활이 보석처럼 빛을 발하는 원석(原石)입니다. 구원의 서사시로서의 서문은 아름다운 관이요, 열 개의 계명은 금 사슬 같습니다. 지혜의 아이콘 솔로몬은 아비의 훈계와 어미의 법을 십계명이라고 이해했고 아름다운 관으로 묘사했습니다. 예수의 빛 축복의 보석 강좌에 오세요. 성경에 진열된 십계명 보석 강좌에 여러분을 초대합니다.

"이는 네 머리의 아름다운 관이요 네 목의 금 사슬이니라" 잠 1:9.

ps. 보석을 아무에게나 던지지 마세요!

"거룩한 것을 개에게 주지 말며 너희 진주를 돼지 앞에 던지지 말라 그들이 그것을 발로 밟고 돌이켜 너희를 찢어 상하게 할까 염려하라" 마 7:6.

8
Let's be holy in Jesus!

기독교를 다른 종교와 구별하는 대표적인 단어는 구원, 유일성, 거룩한 사랑입니다. 세상 윤리와 종교들도 모두 사랑을 말합니다. 그런데 기독교의 사랑은 하나님의 사랑을 자원으로 하므로 거룩한 사랑입니다. 예수께서는 '거룩'을 "세상에 속하지 않는 것"이라고 하셨습니다(요 17:16).

거룩을 뜻하는 영어단어 holy(독일어; heiling)는 치유(healing), 쉼(holiday), 전인적(holistic)이라는 단어와 연결되어 있습니다. 예수님은 계명을 지키므로 온전(거룩)한 사람이 될 수 있다며(요 17:17, 마 19:17) 스스로 자신을 거룩하게 하시는 본을 보이셨고 "사람의 전신을 건전하게(healing the whole)" 해 주신 날도 거룩한 날이었습니다(요 7:23). 우리는 그리스도와 연합함으로 거룩해 집니다(요17:19, 마19:17). 은혜, 치유, 쉼이 있는 거룩한 사랑! 세상이 가르쳐 주지 않는 온전한 사랑이 십계명에 있어요. Let's be Holy in Jesus!

* 이 책 9부 3장 Q &A 34. p333을 읽으세요.

9
Holy start in Korea!

라합의 술집 뒷골목에 카메라가 있었다면? 거짓말 탐지기로 라합의 뇌파검사를 했다면? 3d 프린터로 라합의 마음을 프린트했다면? 그녀의 거짓말이 그렇게 쉽게 통했을까요? 요세푸스와 필로는 잠 22:28의 "네 선조가 세운 옛 지계 석을 옮기지 말라"는 구절에서 "선조가 세운 옛 지계석"을 하나님으로부터 받아 세운 계명으로 이해했습니다. 진리가 시류에 비위 맞추지 않고 어느 시대에나 생명력과 구속력을 가지려면 사람이 절대적 규범을 지켜서 보존해야 합니다. 대한민국에서 시작합니다. We start in Korea with 십계명!

10
우리 애가 달라졌어요!

우리는 아이들에게 어떻게 사는 것이 제대로 사는 것인지 구체적으로 제시해 주지 못했습니다. 세상에 사는 한, 사람은 세상을 지으신 분의 통치 법부터 배워야 한다는 사실을요. 노아 방주의 탑승권을 받지 못한 이유를 하나님은 이렇게 해명하셨습니다.

> "이는 사람의 마음이 계획(inclination ;기질, 생각)하는 바가 어려서부터 악함이라" 창 8:21.

얼마 전 만해도 윤리학에 있어서 가장 풀기 어려운 과제 중 하나는 어떻게 행동해야 하는 지를 상식적으로 알면서 행동은 변화되지 않는다는 점이었습니다. 그런데 지금은 어떻게 행동해야 하는 지조차 모르고 애매하게 알 뿐이고 정신 가치에는 관심도 없습니다. 이런 세상에서 어떻게 우리 자신과 아이들이 방황하지 않을까요? 예수께서는 하나님의 선하신 뜻이 계명에서 나온다고 하셨습니다(마 19:16~26). 야고보 사도는 십계명을 선행의 교본이라며 신의 성품의 모방도 십계명에서 시작한다고 했습니다(약 2:25-26).

기독교적 가치관과 도덕의 표준은 일찍이 어릴 때 훈련받아야 하는데 믿음과 삶의 표준문서인 십계명이 그 방향을 제시합니다. 십계명을 가르치는 "탱탱(Ten &Ten)학교"를 강력히 추천합니다!

3장
십계명을 알고 싶어요

사람들은 십계명을 어떻게 보고, 느끼고 생각했을까요?

예수님은 이렇게 말씀하셨어요.

"예수께서 이르시되 네 마음을 다하고 목숨을 다하고 뜻을 다하여
주 너의 하나님을 사랑하라 하셨으니 이것이 크고 첫째 되는 계명이요
둘째도 그와 같으니 네 이웃을 네 자신 같이 사랑하라 하셨으니
이 두 계명이 온 율법과 선지자의 강령이니라" 마 22:37-40.

이 장에서는 예수그리스도와 사도들, 성경신학자, 기독교 윤리학자,
모세의 자손들이 보고 느낀 십계명을 정리해 보았습니다.

3장의 글을 끝까지 읽고 난 후 여러분의 느낌도 멋진 말로 만들어 보세요.

11
예수님의 칭찬

1. 십계명은 "선한 일"이다(마 19:16~19).
2. 최고의 법이다(마 22:37~40).
3. 하나님 말씀의 핵심이 여기에 다 모여 있다(눅 10:26, 27).
4. 사랑의 법이다(마 22:37~40).
5. 십계명의 생명은 영원하다(마 5:18~20).
6. 하나님의 사랑을 받는다(요 15:12).
7. 새 계명의 모티브다(요 13:33, 34).
8. 하나님의 합당한 사람이 된다(요 15:10).
9. 십계명은 자세한 설명이 필요하다(마 5:17,18).
10. 계명가운데 작은 것 하나라도 폐지하고 가르치면 하늘나라에서 가장 작은 사람이 된다(마 5:19).
11. 하나님의 선하신 뜻이 계명에서 나온다(마 19:19, 막 10:19, 눅 18:20).

12
바울과 요한의 칭찬

바울

십계명이 "사랑의 법"이오.

> "간음하지 말라, 살인하지 말라, 도둑질하지 말라, 탐내지 말라 한 것과 그 외에 다른 계명이 있을지라도 네 이웃을 네 자신과 같이 사랑하라 하신 그 말씀 가운데 다 들었느니라" 롬 13:9.

사도 요한

사랑의 계명은 "처음부터 주신 계명"이오.

> "내가 새 계명을 너희에게 쓰는 것이 아니라 너희가 처음부터 가진 옛 계명이니 이 옛 계명은 너희가 들은 바 말씀이거니와 다시 내가 너희에게 새 계명을 쓰노니 그에게와 너희에게도 참된 것이라 이는 어둠이 지나가고 참 빛이 벌써 비침이니라" 요일 2:7, 8.

"너의 자녀들 중에 우리가 아버지께 받은 계명대로 진리를 행하는 자를 내가 보니 심히 기쁘도다 부녀여, 내가 이제 네게 구하노니 서로 사랑하자 이는 새 계명 같이 네게 쓰는 것이 아니요 처음부터 우리가 가진 것이라 또 사랑은 이것이니 우리가 그 계명을 따라 행하는 것이요 계명은 이것이니 너희가 처음부터 들은 바와 같이 그 가운데서 행하라 하심이라" 요이 4~ 6절.

13
신학자들의 칭찬

필로(A. Phillo)

십계명이 신성한 전달을 필요로 했던 만큼 가장 최고의 법이며 최고의 위치를 차지하는 것은 하나님에 의해 선포 된 유일한 계명이기 때문이고, 성경에 기록된 특별한 율법들의 요약이기 때문이다(Phillo Decalogue. p.175. B. Child. 1976. p.278재인용).

십계명은 하나님이 친히 말씀하신 것으로 그 분의 거룩한 성품과 일치한다(James L. Kugal. 2003. p.564재인용. Phillo.7:33:4).

요세푸스(F. Josephus)

신의 최고의 표현이 십계명이다(Josephus. Ant 3. p80. GezaVermes .1995. p53 재인용).
"네 선조의 옛 지계 석을 옮기지 말라"(잠 22:28)의 '지계(경계)석'이란 영혼에 기록된 계명이다(Josephus. 김은호 p597, 598 재인용).

마틴루터(M. Luther)

십계명을 제대로 아는 사람은 성경 전체를 온전히 아는 사람이다(대요리 문답서).
이 세상 아버지들은 가정에서 그의 가족에게 가르쳐야 할 법이 십계명이다(소요리 문답서).

누구나 선행을 식별하고 행하려는 사람은 인간의 법규의 판단이나 관습에서 배울 게 아니라 하나님의 계명에서 찾아야 한다.[3]

---

3   Martin Luther. 감수,편집자. 지원용. 1983. "루터 전집. 9권"의 '선행에 관한 논문(Von den guten Werken)' p35.
     서울:컨콜디아사.
     박충구.1994. "기독교 윤리사" p193. "루터의 소요리 문답서" 재인용. 서울:대한기독교서회.

칼빈(J. Calvin)

십계명은 자신들의 삶을 하나님의 뜻에 맞추어 살기 원하는 모든 사람들과 민족들을 위한 참 되고 영원한 '의(義)의 규범'이다. 십계명은 끊임없이 인간의 자기기만(self-deception)과 자기의존(self-reliance)으로부터 불러내어 하나님의 규범과 마주하게 하는 것이다(벤자민팔리,"기독교강요" 재인용).

하나님은 인간의 타락에도 불구하고 십계명을 인간의 양심에 새겨 두시므로 자신의 본성을 인간에게 나타내셨으며, 인간이 하나님을 사모하도록 하셨다(나학진. 재인용).[4]

몰트만(J. Moltmann)

하나님은 인간에게 십계명을 주실 때에 인간을 계명으로 구속하기 위해 주신 것이 아니라 인간을 사랑하여 인간의 본질인 '하나님의 형상의 회복'을 위해 주셨다(J. Moltmann, Mensch. 1979. p94. 음동성.1988. p42 재인용).

출애굽(서문) 사건은 약속을 성취하는 히브리인들의 종교개혁이다(J. Moltmann. 2002. p103).

매스턴(T. B. Maston)

십계명이 구약 성서에 있는 도덕법이 요구하는 모든 사항의 집약이다. 십계명의 사상이 모든 시대의 윤리 체계에 반영되고 있다(T.B. Maston. 1985. p41).

차일즈(B. S. Child)

하나님이 두 번째 돌판을 주실 때 이스라엘이 지켜야 할 율법보다는 오히려 하나님 자신의 성품이 그 주제였다(Brevard. S. Childs. 1976).
십계명을 주실 때 하나님은 자신의 형상을 보이셨다(B. S. Childs. *Exodos*. p351).

카수토(U. Cassuto)

하나님은 인간이 십계명을 잘 기억하라고 열 개의 손가락을 주셨다. 토라의 목적은 십계명을 주기 위해서 독자를 준비 시키는데 있다. 출애굽기의 클라이맥스는 출 20:1-17이다. 하나님이 시내 산에 오기 전에 있던 모든 주제들은 십계명을 위해 준비 한 것이며 십계명을 위해 따라 온 것이고 그것에 대한 보충이며 그 모든

---

4 벤자민 팔리 편역, 박희석 옮김.1991."칼빈의 십계명 설교"p37, 40, 41요약. 성광문화사. 나학진."기독교윤리학개론" p178. 박 충구. "기독교 윤리사" 앞 책. p217.

것의 결과가 십계명이다.[5]

월터 해럴슨(W. Harrellson)

계명들은 소리로 전달된 말 이므로 하나님의 입김이 아직 시내 산 주변에 남아 있을 것이다. 십계명은 인간의 권리를 이해하기 위한 기초다. 십계명은 미국 최고 권위의 상징인 권리장전처럼 현대 사회의 인간권리를 이해하기 위한 기초다. 기독교의 사랑윤리가 십계명에 모여 있다(W. Harrelson. 1980. p60,159).

에밀 브루너(E. Brunner)

십계명은 실로 가장 뛰어난 배열과 충실한 내용으로 표현되었기 때문에 언제든지 기독교 교육의 과제가 되어 왔다.[6]

스탠리 하우어 워즈(S. Hauerwas)

십계명은 구속이라는 이야기 속으로 우리가 들어가도록 돕는다. 십계명은 자신이 누구이며 누구의 소유인지를 알게 된 사람이 세속 문화와 그 가치에 대항하여 살아 갈 수 있도록 하는 삶의 방식이다.

하나님께서 그리스도의 십자가와 부활을 통해 우리를 그 분의 소유로 삼으셨다는 고백이 믿음과 동 떨어져서는 안 된다. 십계명은 천국 백성이면서 이 땅에 잠시 머물 뿐인 나그네 된 거류민이 살아가는데 필요한 기술이다(S. Hauerwas. 2007. p20, 38).

본 라드(G.Von Rad)

십계명은 모든 법의 기초요 중심이며 더 이상 덧 붙여 질 수 없는 완결된 기초로서 특수한 자리를 지켜 왔다(G.Von Rad. 1976. p197).

폴 리쾨르(P. Ricoeur)

십계명은 하나님의 뜻을 조각조각 갈라 놓은 것이다. 십계명은 하나님이 통치하신다는 통치자의 법령이다. 이것으로 "죄의 노예"인 인간이 참 자유하는 "그리스도의 노예"가 된다. 십계명은 구원의 하나님과 뗄 수 없는 관계로서 해방된 백성의 헌장이다(Paul Ricoeur.1999. p68, 100).

---

5 . U. Cassuto.1987. *A Commentary on The Book of Exodus.* p251.Translated from The Hebrew by Israel Abrahams. Jerusalem : The Hebrew University : The Magnes Press.

6　E.Brunner. 2003. *Justice and The Social Order.* p164.

월터 부르거만(W. Brueggemann)

출애굽의 진정한 의미는 "노예의 해방(emancipation)이 아니라 주인이 바뀐 것이다." 과거에는 세상의 종이었으나 이제 하나님을 새 주인으로 섬기는 자들에게 주신 법이다(W. Brueggemann. 1997. p182).

월터 카이저((Walter. C. kaiser)

십계명의 주제는 '거룩'이다(W. C. kaiser. 1932).

델리취(F. Delitzsch)

잠언의 지혜 자체는 현저하게 십계명 내용을 제시한다(F. Delitzsch. 1987. p204).

밀턴 스타인벅(M. Steinberg)

십계명의 주된 목적이 인간의 본성을 정화시키는데 있다. 하나님이 그의 모습을 십계명에 나타내 주셨으므로 인간 정화의 표준이 될 수 있다. 그러므로 계명에 관심을 가져야 한다(Milton Steinderg. 1996. p153,154).

패트릭 밀러(P. Miller)

십계명이 성경의 가르침의 중심이며 신앙 공동체 삶과 신앙의 근본이다. 십계명은 그리스도의 사건에 의해서도 폐기되지 않는 것이다. 십계명은 율법의 출발점인 동시에 율법에 관한 우리의 사고의 출발점으로서 그 시작이며 그 중에서 가장 중요한 위치를 차지한다(Patrick D. Miller, Jr., 1993. p229).

게머른(W. A. Gemeren)

십계명에 하나님의 형상(Imago dei)이 담겨있다(New International Dictionary. 1997. p594).

보드만(G. Boardman)

십계명은 도덕의 기본 원칙이며 윤리의 근원이며 종교의 묘판이다(G. Boardman . 1946. p21).

게자 버메스(Geza Vermes)

십계명을 비롯하여 모세의 율법은 모든 인류의 문화적 삶을 위한 대 헌장이다(Geza Vermes. 1995).

슈미트 (Werner Schmidt)

십계명은 정의를 실천하기 위한 규범이다(심규섭 1997.재인용).

앤더슨(B. W. Anderson)

십계명 서문은 모든 율법의 서론이며 그 속에 하나님의 은혜로 구원받은 '복음'이 있다. 십계명은 이방 신들의 경배 방식인 두려움과 공포로 여호와를 섬기는 것이 아니라 사랑과 감사의 마음으로 섬기는 '기쁜 소식' 다음에 생겨난 것이다(심규섭 1997.재인용).

칼 헨리(Carl F. H. Henry)

신자들의 영적 열매를 율법이라는 저울로 잴 수가 있다. 계명은 인간 삶의 불변 규칙으로 성서에 표현 된 하나님의 명령으로서 하나님의 뜻이 있다. 하나님의 존재에 궁극적인 토대를 둔 영원한 도덕적 뜻이 표현된 것이다(나학진. 2005. p.281, 282. 재인용).

헤벨트(Gornik, Herbert)

나사렛 예수 그리스도의 계명은 모세의 십계명 속에 다 들어 있다. 구약 성서가 그처럼 완고함에도 사랑은 이미 초창기부터 십계명 안에서 싹트고 있었다. 십계명과 예수 그리스도, 그 둘을 종합하면 세상을 위한 도덕적인 헌법이라는 안목을 갖게 된다(Gornik. Herbert. p24).

라인홀드 니부어(Karl Paul R.H. Niebuhr)

십계명은 하나님의 아가페에서 나온 것이다. 하나님의 사랑에 응답하여 하나님의 기쁨이 되도록 하게 하는 것으로서 계명이 우리에게 주어졌다 (*New International Dic*. p613).

양명수

십계명은 철저하게 죄 짓지 않을 장치가 아니다. 뿌리 깊은 죄의식으로 회개를 불러 오게 하려는 것이다. 십계명은 악을 알게 하고 예수 그리스도를 더욱 의지하게 한다. 십계명은 선하신 하나님의 말씀이기에 선한 윤리다(양명수. 1997. p55, 56).

권성수

십계명을 지키지 않는 것은 마치 마주 달려오는 자동차와 정면충돌하는 것과 같다. 하나님께서 십계명이라는 도덕의 절대 명령을 주신 이유가 그것이다. 십계명은 죄인들이 사는 세상에서 죄인이 죄를 짓지 못하도록 막아 주는 역할을 한다(권성수. 2018. p19).

김정준

기독교인들의 찬송가 뒷장에는 십계명이 기재되어 있다. 세례를 받을 때 십계명의 암송 여부를 묻는다. 예수님이 그 따르는 사람들에게 계명 준수 여부를 물었던 것은(막10:29, 12:28~30, 마19장, 눅18참고) 십계명에 나타 난 계율들을 기독교인들도 지켜야 할 것을 의미한다. 이는 기독교인의 신앙과 생활의 규준으로 항상 기억하고 행함으로 기독교인다운 인격과 생활을 형성하게 함이다(김정준. p121).

박요한

십계명을 어기면 단순히 생명을 잃는 것이 아니라 하나님의 현존을 잃어 버리는 것이다(박요한. p164).

에드워드 L. 롱(Edward. L. Long)

"해방(Liberation)"의 사건인 출애굽에서부터 도덕에 관한 성서적 사고가 시작하고, 이것은 곧 "구속(Redemption)"의 사건으로 이어지고 구속받은 백성에게 따르는 도덕적 의무가 십계명으로 나타났다(오정현. 1997. p25재인용).

윌리엄 바클레이(W. Baclay)

십계명은 유대교 윤리 뿐 아니라 전 우주적이며 사회와 모든 살아 있는 커뮤니티 안에, 그리고 법과 사회질서를 위한 인간애의 법의 기초다(William Barclay. 1983. p.11).

쿠걸(J. L. Kugal)

십계명 외에 성경 어느 곳에도 이 처럼 하나님의 성품이 강조되어 나타 난 곳은 없다(James L. Kugal. 2003. p564).

번즈(R. J. Burns)

십계명의 간단한 구성과 손가락 수가 같은 개수 덕분에 쉽게 가르쳐 질 수 있다(Rita J. Burns. 1983. p149).

마크 킨저(M. Kinzer)

하나님의 성품을 이해하는데 가장 좋은 방법은 십계명을 주시는 출33장과 34장 6, 7을 연구하는 것이다. 하나님에 대한 인식을 더 깊이 알려면 이 본문에서 시작하는 것이 매우 좋다. 십계명은 우리로 하여금 하나님의 형상을 회복하고 또한 신의 자비로운 성품에 참예하는 자가 되게 함을 알려준다(Mark Kinzer. 1982. p115).

가이슬러(Norman L.Geisler)

예수께서 하나님을 사랑해야 하는 의무를 주셨다는 점에서 십계명은 절대주의적 윤리(absolutist ethics)다. 하나님이 주셨으므로 절대 표준(moral absolutes)이며 그래서 참된 것이며 그러므로 자율성을 가리킨다(Norman. L. Geisler. p7, 25).

르네 지라르(Rene Girard)

진정한 주체는 하나님나라의 계명에서 온다. 그 전에는 오직 모방 구조 만이 있어 "inter-dividual(상호 개별적인)" 한 것 외에는 없다(양명수. 1997. p97).

이 외의 사람들

안네 프랑크(A. Frank)

세상과 모든 민족들이 좋은 것을 배운 것도 우리의 종교에서다. 그런데 바로 그 이유, 단지 그 이유 때문에 우리가 고통 받고 있는 게 아닐까? (Anne. Frank 의 일기. 1944년 4월11. 첫 대목에서).

미국의 4대 대통령 제임스 메이슨(J. Madison)

우리나라의 미래는 십계명의 원리에 따라 우리 자신들을 다스리는 능력에 달려 있다(권성수. 2018. p39).

사전 (New International Dictionary of Old Testament)

십계명은 예수에 의해 새 계명으로 만들어져서 이것들이 마음과 정신에 쓰여 졌다. 그리고 새로운 계명의 시대에 사는 사람들의 마음과 정신에 중심사상이 되었다(1997. p613).

14
유대랍비들의 칭찬

모쉐 와이즈만(M. Weissman)

하나님이 세상을 "열 마디 말"로 완성하셨다(Avos 5:1). 십계명은 이것과 무관하지 않다. 하나님의 창조세계는 그 입에서 나온 열 마디 말인 십계명을 인간이 지킴으로 완전해진다. 생명이 하나님의 말을 순종하여 창조 되었듯이 십계명은 하나님의 말씀을 순종함으로 생명의 법이 된다(Avrohom Chaim Feue .1998. p16, 49).

라비 사디아 가온(R' Saadiah Gaon)

십계명은 613율법의 요약이며 토라 중에서 가장 중요하고 이를 실천하는 것이 언약의 사랑(히; 헷세드. 헬; 아가페)에 응답하는 것이다(Avrohom Chaim Feue. 1998. p63).

라시(S. Y. Rashi)

잠1:8 "아비의 훈계 어미의 법"이란 십계명을 뜻한다(Rashi. *proverb commentary*).

탈무드

토라는 하나님이 우리에게(=유대민족) 유산으로 명령하신 것이다. 우리에게, 그리고 그들에게가 아닌. (Sanhedrin. 59a).

쉬마의 히브리어 문자에는 십계명의 문자가 축약되어 있는 것으로서 쉬마는 곧 십계명을 상기시키는 것이다. 가장 큰 계명은 쉬마 속에 요약 된 십계명이다(Yerushalmi, Berachos. 1:5).

출애굽기 미드라쉬(Shimos Midrash)

토라는 주인없는(소유주 없는)장소에서 받았다. 만일 그것이 이스라엘 땅에서 주어졌다면 세상 사람들은 그 분깃이 없다고 말 할 것이지만 사막에서 주어졌기에 그것을 받기 원하는 자들은 누구든지 와서 받을 수 있다(Rabbi Yoel Schwartz .1988. *Shimos Midrash Mechilta.* p31).

선조들의 어록(Pirkiei Avos)

시편119편은 십계명의 본질을 이해하는데 중요한 단서를 제공한다(Ethics Fathers.1998).

15
십계명을 싫어한 사람들

에밀 브루너(E. Brunner)

십계명은 교육을 위한 다시 없는 교재로서 기독교의 훌륭한 교재는 되지만, 그것이 학문적인 정의론의 기초로서는 부적당하다. 십계명이 기독교 윤리로서는 적합하지 않다. 십계명은 콘스탄티누스와 테오도시우스

이래 교회에 뿌리를 박고 있는 신권주의를 한층 더 강화시켰다. [7]

아돌프 히틀러(A. Hitler)

우리는 인류 스스로가 불러들인 가장 오래 된 저주에 맞서 싸우고 있다. 우리는 소위 말하는 십계명에 맞서 싸우고 있는 것이다. 내 평생 숙원사업은 '유대인의 전제적인 하나님과 내 삶을 부정하는 십계명'을 멸망시키는 것이다.[8] 유일하다는 포악한 신과 내 삶을 거부하는 십계명을 세상에 끌어 들인 것은 유대인이다. 그러니 나는 유대인들의 십계명을 상대로 전쟁을 일으키고 싶다. 세상의 모든 유대인을 살해해야 만 유대인의 유일신 개념과 하나의 윤리기준을 종식시킬 수 있다.[9]

벨하우젠(J. Wellhausen)

십계명이 포로 이전 보다 훨씬 후대의 것인즉 십계명도 모세 시대의 것이 결코 아니다.[10]

휘오렌자(E. S. Fiorenza)

성서는 역사적 모형(historical prototype)이다. 성서는 인간에 의해 말해 진 하나님의 말씀이지, 하나님이 초자연적으로 계시한 산물이 아니다.[11]

크뤼제만(F. Crusemann)

십계명이 보편적인 윤리적 요소를 포괄적으로 포함하고 있지만 성서 윤리의 전체 법이나 요약으로는 볼 수 없다. 자유를 보존하기 위한 최소한의 기본 요구들이다. 그러므로 노예경험이 없는 여자, 어린이, 노동자들은 십계명 교육 대상이 아니다(김용규. 재인용. 2002. p105).

---

7 18세기의 스웨덴의 청교도는 한 여자가 남자의 복장을 입고 말을 타고 가는 것을 보고 모세의 율법대로 돌로 쳐 죽여야 한다고 까지 했으니 부르너는 "십계명은 '작센법전(Sachsenspiegel; 독일최고의 법령서)'은 될 수 있으나 사회 윤리상 진리의 인식을 위한 원천은 못 된다"고 주장했다. 에밀 부르너. 앞책. p164,165.

8 A.Hitler 1943. *The Ten Commandments: Ten Short Novels of Hitler's War Against the Moral Code.*(English). 재인용. J.Telushkin, *"Jewish Wisdom"* 1994, 김무겸 옮김, 2010. "승자의 율법" p538. 북스넛.

9 J. Teluskin. *Jewish Literacy*. 김무겸 옮김, 2014. "유대인의 상속이야기" p427. 북스넛. 이 문구는 히틀러가 그의 동지였던 헤르만 라우슈닝(Hermann Rauschning)에게 보낸 편지의 글에 있다.

10 벨하우젠의 지지학자들은 B.Stade, R. Smend, K. Marti등이 있다. Dantan은 "벨하우젠의 학파는 진화의 원리에서 역사의 모든 비밀을 푸는 주술적인 열쇠를 찾는 헤겔과 다윈의 사상을 따르던 그 당시의 지적인 기류를 타고 있었다"고 평하였다. Gehard Hasel, *Old Testament Theology*. 김정우옮김. 1993. "구약신학" 현대 논쟁의 기본이슈들. p36. 서울:엠마오.

11 이 경숙외, 2005. "여성이 읽는 성서 구약성서개론" p19. 서울: 대한기독교서회. 성서의 무오설이나 영감설을 거부하는 여성 신학자들은 메리 데일리(M.Daly), 나오미 골든버그(N. Goldenberg), 캐롤 크리스트(C. Christ), 쥬딧 플라스코(J. Plaskow)등이 있다.

16
토라의 면류관

"토라의 목적은 십계명을 주기 위해서 독자를 준비시키는 데 있다. 출애굽기의 클라이맥스는 출 20:1~17이
다. 하나님이 시내 산에 오기 전에 있던 모든 주제들은 십계명을 위해 준비한 것이며 십계명을 위해 따라온
것이고 그것에 대한 보충이며 그 모든 것의 결과가 십계명이다." (U. Cassuto. 1987. p251).

공부 잘하는 사람과 못하는 사람의 차이는? 시험에서 드러난다. 공부 못하는 사람은 늘, 내가 공부한 게 시험
에 하나도 나오지 않았단다. 노트, 책을 보면 밑줄 쫘악, 빨간 펜 쫘악, 줄 그어가며 정말 열심히 했다. 그런데
정작 문제의 핵심을 집어내지 못하고 답안지를 가득 채우지. 하지만 공부 잘하는 사람은 중요한 핵심을 명석
하게 집어서 답안지를 간결하게 채운다.
66권 성경도 마찬가지다. 구약의 총 절 수는 23,026절, 신약은 7,967절로 모두 30,993절이나 되는 어마어마
한 분량이다. 이걸 딱, 한 문장으로 요약하면? 더 줄여서 세 단원으로 말하면, 또 줄여서 한 단어로 요약하면?

룰레 이소하면 장 면세에는 눈은시다 뒤어서눈면 이어쥬면이 것으로 서시 좋어요

카수토의 말을 참고하여 성경을 예수 그리스도의 사랑을 뿌리로 하는 나무에 비유하자면 역사서, 시가, 예
언서, 선지서 등은 십계명이라는 가지에 붙은 잎사귀라고 하겠는데 여기서도 조금, 저기서도 조금, 그저 입
맛에 드는 잎사귀를 모으려는 사람들에게 이사야서는 경고했습니다.

"여호와께서 그들에게 말씀하시되 경계에 경계를 더하며 경계에 경계를 더하며 교훈에 교훈
을 더하며 교훈에 교훈을 더하고 여기서도 조금, 저기서도 조금 하사 그들이 가다가 뒤로 넘어
져 부러지며 걸리며 붙잡히게 하시리라" 사 28:13.

십계명에 드러난 최고의 신 '여호와'

십계명의 첫 문장은 '하나님(엘로힘)'이라는 첫 글자(initial)로 시작해서 17절 짧은 문장속에 자신의 고유한
아이덴티티인 '여호와' 명칭이 8번, 자신의 의지(히; 다안, 심판의 속성)를 나타내는 이름인 '하나님(엘로힘)'
을 6번 새기셨다. 그 분 자신이. *이 책 141번을 읽어 보세요.

십계명은 온갖 많은 신과 여신을 숭배하고 잡다한 마법과 괴상한 허구들이 판치는 세상에서 선포되었습니
다. 고고학자 켈러는 "너는 나 외에는 다른 신들을 네게 둬서는 안 된다는 이 말은 지구 상에 인간이 살기 시
작한 이후 하나님으로부터 들은 최초의 말씀이며 다른 나라들에서는 이같은 믿음의 유형이나 계시가 없었

다"고 말합니다.[12] 이스라엘 자손들은 십계명을 토라의 으뜸이라며 두 돌판 형상에 면류관을 올려 둡니다. 십계명의 권위를 한껏 높이려는 숭고한 뜻에서 첫 번 돌판은 하늘에서 가져온 '사파이어'라는 전설이 다 있습니다. 하나님은 그 어떤 형상도 거부하는데 두 돌판 이미지에 올린 면류관 증정은 "우주의 통치자이신 우리의 왕 전능자 여호와"라는 믿음과 경외의 표현입니다. 십계명을 통해 드러 난 최고의 신은 여호와라는 것을 면류관에 담은 것이지요(신 4:8, 마 19:17, 18 참고).

성서신학이 하나님을 모든 윤리적 요구의 절대적 근원으로 보았다면 성서 윤리에서 보는 신앙은 삶이며 그러기에 십계명은 법이기보다는 하나님과 함께 걷는 삶입니다. 그러므로 예수를 믿으면 그다음에는 반드시 행위가 따라야 합니다. 십계명은 선하신 하나님이 말씀하셨으므로 최고의 선이며 굽은 길을 곧게 하는 옳음의 정경이요, 여호와와 함께 걷는 삶의 법궤입니다.

> 십계명을 아는 사람은 예수 그리스도의 은혜를 경험한 사람이다. 십계명을 모르면서 알려고도 하지 않는
> 다면 그는 그리스도를 안다고 할 수 없다. 십계명을 배워 본 적도 없이 그저 낡은 구시대의 유물로 단정 짓는
> 사람은 하나님을 모독하는 신성 모독 자다.

언약의 필수코스

> "사십 주 사십 야를 지난 후에 여호와께서 내게 돌판 곧 언약의 두 돌판을 주시고" 신 9:11.
> "이스라엘 자손의 신음 소리를 내가 듣고 나의 언약을 기억하노라" 출 6:5 요약.

십계명을 "언약의 돌판들"(신 9:9, 히 9:4), 보관한 상자를 언약궤, 십계명을 설명해 주신 말씀을 "언약서"(출 24:7)라고 합니다. 장석정이 쓴 "출애굽의 출애굽"이라는 책이 밝혔듯이 십계명 서문의 출애굽 역사는 자유사건이기 전에 하나님께서 아브라함에게 약속하신 가나안 땅으로 가기 위한 언약의 필수사건으로 이해되어야 합니다. 약속(promise)이란, 글자대로 장차 올 것을 현재 속으로 미리 보냄(pro+missio)을 뜻합니다. 오고 계시는 하나님은 약속 가운데서 그의 미래를 현재에 미리 투영하여 그의 약속을 일깨우시고 그 희망에 실어 현재를 살아가게 하십니다. 서문이 보여 준 언약은 예수 그리스도께서 오심으로 성취되었고 장차 오실 종말에까지 닿아 있습니다. 그러니 십계명은 언약에 의한 구속의 관점에서 읽어야 합니다. 어떻게 십계명이 예수 그리스도와 구속사의 약속을 성취하는 역할을 할까요? 죄는 용서와 구속에 의해 속죄 될 수 있다는 약속에 의해서 입니다.

> "내가 그들에게 한 마음을 주고 그 속에 새 영을 주며 그 몸에서 돌 같은 마음을 제거하고 살
> 처럼 부드러운 마음을 주어 내 율례를 따르며 내 규례를 지켜 행하게 하리니 그들은 내 백성이
> 되고 나는 그들의 하나님이 되리라" 겔 11:19. ★렘 31:31~33도 읽어보세요.

---

1 2 Werner Keller. *The Bible as History*. 김성춘 옮김. 2012. p155. "성경의 역사를 찾아서" 서울:그린기획.

내가 생각한 십계명 써 보기

십계명이란? _____ 다.

십계명은 우리를 향한 하나님의 사랑의 표현입니다.

십계명은 우리가 사랑의 하나님과 기쁨과 은혜의 삶을 살아가도록 그리스도의 사랑으로 초대하는 말씀입니다.

♪ **찬송가 563장 후렴 곡을 세 나라의 언어로 불러 보세요.**

한글
날 사랑하심
날 사랑하심
날 사랑하심, 성경에 쓰였네.

영어
Yes, Jesus loves me
Yes, Jesus loves me
Yes, Jesus loves me, The Bible tells me so.

히브리어
후 아하바니
후 아하바니
후 아하바니, 예슈아 모시이.
*모시이= 나의 구세주.

4장

이스라엘 백성들이 살던 애굽에는 어떤 법이 있었을까요?

고대 애굽의 도덕성을 유추할 수 있는 주전 2천 년 전쯤의

파피루스가 1,842년에 발견되어 세상을 깜짝 놀라게 했습니다.

모세가 시내 산에서 십계명을 받은 연대를 역사학자들은 대략 주전 1,400년

내지는 1,450년으로 짐작하는데 그렇다면 약 600년보다 더 전의 것입니다.

관에서 발견된 문서에는 애굽의 장례에 관계된 텍스트가

190편이나 실려 있습니다.

이 책에는 이집트 사회가 추구한 종교, 사회, 윤리와 내세관을 보여주는데

십계명과 매우 흡사한 문구들이 있습니다.

십계명은 애굽의 노예들에게 새로운 세계관을 열어 준 출애굽으로

시작합니다.

십계명을 받으러 가기 전에 "애굽 땅 종의 집"의 사회, 문화,

도덕성을 둘러보고 떠나요!

17
관의 글(死者의 書)

사람이 죽어 세상을 떠나 신의 세계로 들어가는 날, 곧 묻히는 날에 필요한 글이 적혀 있는 파피루스 문서가 피라미드에서 발견되었어요. 이 문서는 야곱과 요셉이 애굽에서 살던 시기보다 약 200년쯤 앞선 것이니까 아브라함이 기근을 피해서 애굽에 내려 간 무렵으로 짐작합니다.

이 책(영문명; *The chapters of coming forth by day*)은 고대 이집트인들이 영혼불멸과 사후세계의 심판을 믿었음을 알 수 있습니다. 이 책에 "부인(否認)하는 고백"이라는 교훈집이 있는데 "최후의 심판"이라고도 해석되는 이 판넬에는 죽은 자의 심장을 마앗(maat, 진실과 공의의 여신)이라는 저울에 달아서 살아생전에 한 행동의 무게를 측정한다는 기록이 있습니다. 사자(死者)는 이집트 신 오시리스 법정에 42명의 심판관들 앞에서 자신의 결백을 변호해야 합니다. 이 책 125장에 보면 죽은 자는 두 진실의 법정 앞에서 42 신들에게 자신은 잘못을 저지른 일이 없노라고 결백을 고백해야 형벌을 면합니다. 그런데 이 글에서 십계명과 매우 유사한 자료들이 발견되었습니다.

> "나는 악을 행하지 아니 하였소, 나는 도둑질 하지 아니 하였소, 나는 탐심을 품지 아니 하였소, 나는 살인하지 아니 하였소, 나는 말을 그르치지 아니 하였소, 나는 거짓말을 아니 하였소, 나는 남의 집을 침범하지 아니 하였소, 나는 이자를 받지 아니 하였소, 나는 잡담을 하지 아니 하였소, 나는 간통을 하지 아니 하였소, 나는 몸을 더럽히지 아니 하였소, 나는 싸움을 일 삼지 아니 하였소, 나는 눈짓(윙크)을 아니 하였소, 나는 소년과 동침하지 아니 하였소, 나는 임금을 모욕하지 아니 하였소, 나는 개울을 걸어서 건너가지 아니 하였소, 나는 큰 소리를 지르지 아니 하였소."[13]

십계명과 유사한 금령들은 이외에도 아비도스에 있는 라암셋스 4세의 비문, BC 1,800년의 바빌로니아 신년 축제 때 왕이 자기의 무죄를 선언하는 글에도 나옵니다. 왕이 무죄를 선언하면 악령 추방자인 사제는 유죄를 선포합니다. 메소포타미아의 "참회본문"에도 있습니다. 예를 들면, 나는 너의 하나님이다, 너는 다른 신을 섬기지 말라, 안식일을 기억하라, 너의 아버지와 어머니를 공경하라 는 등, 십계명의 근본적인 내용들이 여기 저기서 발견되었습니다.[14]

심판, 죄의 문서, 고백, 참회등, 왜 이러한 이야기가 사람들에게 필요했을까요? 어느 세상에서나 인간이 죄 짓지 않고 올 바로 살기를 염원한 것이지요. 무덤까지 짊어지고 가야 하는 것이 바로 '죄'로구나!

앗, 그렇다면 애굽의 학문에 익숙한 모세는 "사자의 서"를 카피한지 모른다고요? 고대의 정신세계가 성경에 완전히 침투해 들어온 걸까요?

---

13   김의원, 1988. "현대구약신학논문집" p20~25. 은성.

14   김의원 앞책. p35~41. W.B.C. p63. 기독교대백과사전. p680.

18
십계명은 "사자의 서"를 베낀 복사본일까요?

"사자의 서"가 우리에게 시사하는 깃은 인류가 한 뿌리에서 나온 아담의 자손이 맞구나! 라는 것입니다. 선악과를 먹은 아담의 자손들은 선악을 아는 존재가 된 거예요. 그리고 인류의 영혼에는 에덴의 인상(印象)을 가지고 영원을 사모하는 호모 사피엔스가 되었지요(전 3:11참고). 우리는 "정원(庭園)"이라는 단어에도 향수를 느낍니다.

선악과는 십계명의 원본이에요. 선악을 아는 아담의 자손들은 각인된 그것을 유전자에 담아서 퍼 나르지요. 물론 애굽인들도 아담의 핏줄을 이어 받은 함의 둘째 아들 미스라임의 줄기입니다. 메소포타미아 사람들은 대부분이 셈의 자손들인데 셈이 아브라함시대까지 생존했으니 두 돌판이 있기 전부터 인류는 선악과의 명령이 심상에 새겨졌고 모든 인류의 양심은 스스로를 고발하고 선악이 무엇인지를 압니다. 사자의 서를 비롯해서 고대 비문들에 있는 도덕률의 원 자료가 선악과에 심겨 진 십계명이며 이것은 전 인류 양심의 법이 되었습니다.

그렇다면 십계명이 고대의 법전과 뭐가 다릅니까?

우선 유사점을 말하자면, 고대 근동의 민족들도 신에게서 율법을 받았다고 자랑합니다. 메소포타미아의 함무라비 법전에는 태양 신 샤마스가 바벨론 왕에게 율법을 제정해 줍니다. "정의의 원천은 신이지 인간이 아니라"는 사상을 갖고 있었던 것이지요. 고대 법전들이 갖고 있는 위대성이라면 바로 정의의 원천을 신에게 두었다는 점입니다.

십계명이 고대 관습과 다른 점은? 신학자 뮐렌버그의 말을 들어 보세요(James Muilenburg. 1978. p81).

함무라비의 율법서뿐 아니라 우르 남무(Ur Nammu), 리피트 이쉬탈(Lipit Ishtar), 에쉬눈나(Eshnunna)등의 고대 법전들은 신(神)들이 나타나서 왕에게 율법을 하사합니다. 왕은 받아서 그것을 대독 하는 형식으로 짜여 있어요. 바로 이 점이 성경과 다릅니다. 십계명은 모세가 하사 받아서 대독 한 것이 아니라 여호와 신이 직접 시내 산이라는 인간의 "삶의 자리"에 오셔서 대중과 소통하며 그 입으로 선포하셨습니다. 이 사실을 사실로 받기 어렵더라도 누구도 부인 못 할 분명한 사실은 고대의 그 법전들은 단지 그 시대 그 지역 사람을 위해서 존재하다가 지금은 고고학적 유물로 박물관에 가야 볼 수 있지만 십계명은 전 인류의 양심에 살아 존재하며 인류가 지향해 온 모든 법전의 기초가 되고 있다는 점입니다. 십계명은 단순 하사품이 아니예요. 백성의 대표인 모세에게 건네주고 "읽어라!"해서 모세가 대독하는 그런 관계가 아니라 우주적인 선포와 계약에 의한 합의서입니다.

천방지축 자유로운 아이를 양육하는 것이 얼마나 고된 일인지! 인간에게 자유의지를 허락하시고 그 자유로운 인간의 안전을 지키는 여호와의 헌신, 그래서 그 분은 사람을 위해 "죽기 살기"로 순직하실 작정이십니다. 이런 신, 여호와(예슈아) 외에 누가 있는지 나와 보라고 해요. 없죠!

19
십계명의 원본 선악과

에덴동산 중앙에 심겨 있는 두 그루의 나무는 하나님 자신을 상징합니다. 죽으리라, 살리라는 두 나무를 "동산 가운데"두셨다는 것은 세상의 중심이 하나님이라는 표현입니다.[15] 선악과 금지령에는 십계명의 계율이 모두 들어 있습니다.

> 그들은 하나님의 말씀보다 사단의 말을 믿었고(1)
>
> 뱀 우상을 숭배했고(2)
>
> 하나님의 이름을 망령되게 했으며(3)
>
> 안식을 깨뜨렸고(4)
>
> 창조주이신 하나님 아버지를 거역했으며(5)
>
> 헐뜯고 원망하고 , 너 죽고 다 죽자며 모두를 죽음으로 끌어 들였고(6)
>
> 영적 간음을 했고(7)
>
> 선악과를 훔쳤고(8)
>
> 거짓증인이 되었으며(9)
>
> 눈의 욕심을 채웠다(10).

바울은 두 그루 나무가 담고 있는 속뜻을 발견했습니다. 아, 아담과 예수 그리스도를 예표했구나! 한 사람이 전 인류를 죽음으로 정죄했고 한 사람이 모두를 살리는 구나! 하나를 어기면 모두 범한다는 원리가 여기에 적용 되는구나!

> "아담 안에서 모든 사람이 죽은 것 같이 그리스도 안에서 모든 사람이 삶을 얻으리라" 고전 15:22.
>
> "첫 사람 아담은 생령이 되었다 마지막 아담은 살려 주는 영이 되었다" 고전 15:45, 창 2:7참고.
>
> "온 율법을 지키다가 그 하나를 범하면 모두 범한 자가 되나니 간음하지 말라 하신 이가 또한 살인하지 말라 하셨은즉 네가 비록 간음하지 아니하여도 살인하면 율법을 범한 자가 되느니라" 약 2:10-11.

전 인류의 보편가치인 십계명은 세계가 그 분에게 속했음을 말합니다. 하나님은 십계명을 돌판에 쓰셨듯이

15　김중기. 2003. p47. "참 가치의 발견" 서울:참 가치. 이 책 140번. "세계의 중심"을 읽어 보세요.

우리 마음에 새기기를 원하십니다. 하나님이 십계명이 되신 것처럼 이제는 우리가 말씀입니다.

> "너희는... 그리스도의 편지니 이는 먹으로 쓴 것이 아니요 오직 살아 계신 하나님의 영으로 쓴 것이며 또 돌비에 쓴 것이 아니요 오직 육의 심비에 한 것이라" 고후 3:3 요약.

20
고조선 8조법

민족의 기원력을 쓰는 나라는 우리와 유대민족입니다. 2,020년은 유대력 5,780년으로 그 뿌리가 인류 첫 사람 아담에게로 닿아 있습니다. 우리 민족은 2,020년이 단기 4,353년 되는 해입니다. 우리나라 고대사에도 십계명과 흡사한 법이 있으니 고조선 8조입니다. 역사 학자들은 주전 2,330년을 고조선 건국(단군 왕검)으로 추정하는데 이때에 만들었다고 알려진 단군 8조의 교령은 이러합니다.[16]

1. 너희는 한분이신 하늘님을 정성 다해 순수히 섬기라.
2. 너희 부모를 공경하라.
3. 너희 남녀들은 화합할 뿐 미워하지 말고 투기하지 말고 음탕하지 말라.
4. 너희는 서로 사랑하고 헐뜯거나 죽이지 말라.
5. 너희는 서로 양보하며 같이 경작하라 빼앗거나 훔치지 말라.
6. 다른 사람을 다치게 하지 말라 서로 존중하며 사물을 사랑하라.
7. 너희는 위태로운 이를 돕고 어려움을 구제하라 약하고 천하다고 업신여기지 말라.
8. 간사함을 품지 말라 마음으로 하늘을 공경하고 백성을 가까이하면 복록이 한 없을 것이다.

구약 신학자 헤럴슨은 십계명이 하나님의 입에서 나온 명령이므로 그 입김은 시내 산에 남아 있을 것이라고 하지만 그 생기가 어찌 시내 산에만 머물겠습니까? 십계명은 온 천지와 우주로 퍼져서 오고 간 세대뿐 아니라 오는 세대의 마음을 적시는 양심의 메아리가 되었습니다.

> "율법 없는 이방인이 본성으로 율법의 일을 행할 때에는 이 사람은 율법이 없어도 자기가 자기에게 율법이 되나니 이런 이들은 그 양심(conscience)이 증거가 되어 그 생각들이 서로 혹은 고발하며 혹은 변명하여 그 마음에 새긴 율법의 행위를 나타내느니라" 롬 2:14~15, 20.

16　김흔중, 2003. "성서의 역사와 지리" p20.엘맨. 인터넷검색. "규원사화"(=1675년, 조선후기에 '북애자(北崖子;북애노인)'가 저술하였다는 역사서 형식의 사화인데 상고시대와 단군조선등 각 왕대의 치적에 관해 서술되어있다).

21
십계명의 역사

십계명의 실존을 증명하는 시내 산 삶의 자리와 머물렀던 사람들의 역사가 있습니다. 이 숫자를 아세요?

1,446| 2,448| 2,066| 3,772.

역사학자들은 모세 시대를 주전 1,446 쯤으로 추정합니다(왕상 6:1 참고). 모세의 자손들은 십계명을 받은 연대를 창세 후 2,448년으로 계산하는데 이는 모세가 아담의 26대 손이라는 계산에서 나온 것입니다. 이 연대는 사마리아 본문과 칠십인 역본을 비교할 때 좀 차이가 있으나 히브리 본문에 의한 계산에 의하면 노아가 죽은 연대가 창세 후 2,066년, 아브라함이 2,121년, 야곱이 2,253년 쯤을 근거해서 창세 후 2,448년에 십계명을 받았다고 그들은 계산했지요. 하지만 애굽에서 430년 만에 출애굽한 세월을 감안하면 정확히 맞아떨어지지 않는 계산이기는 합니다. 암튼, 어떻게 시반 월(6월) 셋째 날 아침에 십계명이 태어 났는지 아냐구요? 당연히 태어난 사람이 자기 생일을 모르죠. 힌트는 여기에 있어요.

> "이스라엘 자손이 애굽 땅을 떠난 지 삼 개월이 되던 날 그들이 시내광야에 이르니라" 출19:1.
> "셋째 날 아침이 되었을 때" 출 19:16.

개역개정 성경이 '삼 개월'이라고 했는데 히브리어 성경에서는 '코데시 하슬리쉬' 입니다. 코데시 하슬리쉬 = 3개월이 아니라 세 번째 달을 말합니다. 삼 개월이라는 번역은 애굽에서 나온 지 90일 된다는 말로 오해하기 쉽습니다.

영어성경 NIV, KJV, NASB가 모두 세 번째 달(Third month)로 번역했고, 우리 말 성경과 표준 새번역 성경이 "셋째 달 초 하룻날, 바로 그 날, 그들은 시내 광야에 이르렀다."고 번역했습니다. 세 번째 달을 유대 달력은 시반 월(5~6월)이라고 하는데 애굽에서 나온 지 7주가 일곱 번 지나고 50일 되는 오순절에 초점을 맞춘 계산입니다. 시반 월은 밀 추수 시즌입니다.

시반 월 첫째 주의 첫 날(로쉬 코데쉬 시반) 도착해서 3일 동안 휴식한 후 셋째 날 아침에 하나님이 시내 산에 강림하시어서 십계명을 선포하셨답니다. 그래서 십계명의 생일이 시반 월 셋째 날 이라는 계산이 나옵니다. 유대 주석가들에게는 이 날이 안식일 아침이었다는 전설을 가지고 있습니다.[17] *바울이 자기 민족의 전설의 고향에 대해 언급한 딤전 1:4, 4:7을 읽고 오세요.

모세가 십계명 받은 때를 창세 후 2,448년이라고 계산했지요? 이때부터 예수님이 오신 주후 1년 사이의 기

---

17 Rabbi Moshe Weissman. 1980. *The Midrash says 2 : The book of Sh'mos.* p180.
    New York: Benei Yakov Publications.

간을 계산해야 하는데 유대력에 따라서 주전 연대기를 약 4,000년이라고 할 때 나이 계산에 있어서는 4,000년에서 2,448년을 빼야해요. 그러면 1,552년이 남습니다. 여기에 금년 나이 2,020년을 더하면 십계명의 나이가 3,772세 입니다. 십계명, 엄청 장수하네요.

> "진실로 너희에게 이르노니 천지가 없어지기 전에는 율법의 일점 일획도 결코 없어지지 아니하고 다 이루리라" 마 5:18.(마24:35참고).

율법서와 고대 근동 법전의 차이점 정리

"모세율법의 배경에는 이집트와 메소포타미아의 법이 있지만, 많은 점에서 달랐다. 율법은 명백히 유일신 론에 하나님의 뜻을 일관되게 주장했다면 이방의 법은 신격화 된 왕이 통치했다. 모세는 왕이 아니었다. 오경에 선포된 정의는 하나님의 요구와 인간의 책임을 동시에 포함한 상호 인격적 관계라면 그 시대 법전 대부분은 일반적이고 비인격적이고 긍휼을 결여하고 있다. 모세의 율법은 인간의 삶, 즉 여성의 존엄성과 과부, 고아, 노예, 나그네의 곤경 등에 많은 관심을 나타내었다. 인간을 향한 하나님의 관심과 고상한 도덕적 기풍은 유대 민족의 긴 역사와 신약과 여러 세대에 걸쳐 기독교 법에 강한 영향력을 행사해 왔다." (김영진. 2005. p33. WBC. p63참고)

"오늘 내가 너희에게 선포하는 이 율법과 같이 그 규례와 법도가 공의로운 큰 나라가 어디 있느냐" 신 4:8.

내 이름 야훼야,
법칙이란, 법칙을 만든 장본인 만이 깰 수 있는거야, 내가 그거 깨우치러 갈거야.
-야호(야훼), 새 계명 마라나타~

2부.. 거기서 받았다 십계명을

이제부터 이 세상이 유일 신 하나님을 믿게 되는 아름다운 이야기가 펼쳐집니다.

애굽만 세상인 줄 알던 노예들은 바깥에 다른 세상이 있다는 것을 처음 알았습니다.

그런데 세상 밖에는 또 새로운 "신세계"가 있다는 것을 그들은 곧 보게 됩니다.

시내 산에서 그들은 현존하는 이 세상과 새 하늘 새 땅의 두 세계관을 경험합니다.

그 삶의 자리에서 하나님으로부터 처음 들은 이야기가 십계명입니다.

유대학에 의하면, 십계명을 받은 장소를 다섯 개의 명칭으로 부릅니다. [18]

시나이, 호렙, 신, 카데쉬, 케다이모스, 바란.

이 중에서 제일 유명한 이름은 시나이 산입니다. 시나이는 "거기서 받았다. 십계명을"
이라는 뜻이에요(이 책 8부 3장 Q&A.18번 참고).

---

18 십계명이 태어 난 그 산의 이름은 본래 '스네' 였는데 시나이로 불린 것은 십계명이 바로 거기서 태어 났기 때문에 붙여 진 명칭이다.
'10' 을 뜻하는 히브리어 알파벳 "유드(')" 가 "스네"에 보태져서 이름이 시나이가 되었다. 시나이는 호렙과 동일한 산으로 알려 져 있다.
신(Tzin); "명령을 받았다"는 뜻인 "Nitztavu"와 관련된 단어다.
카데쉬(Kadaish); 이스라엘 백성이 거룩하게 된 장소다.
케다이모스(Kedaimos); 신2:26는 "Kedemoth"로 번역했다. Kedem의 뜻은 "토라는 창세 이전부터 존재했다"는 은유적
표현으로 인류의 인간애가 드러 난 장소를 뜻한다.
바란(Paran); 번성(increased)을 뜻하는 "paru"에서 왔다. 토라를 받은 이스라엘 자손의 번성을 축복받은 장소다.
이 다섯개의 장소는 십계명의 의미를 다섯가지로 정의한다는데 있다. 십계명, 받은 명령, 거룩, 창세 전부터 있던 말씀, 축복.
출처 ; Moshe. Weisman. *1995. The Midrash says*, Shimos. p172. U.S.A. N.Y. Bnay Yakov. Publications.

1장

시내 산 데이트

시내 산 사건은 세상 끝 날에 있을 어린 양(예수 그리스도)의 혼인잔치를
미리 들려주는 리허설(rehearsal; re+ hear+ sal) 같습니다.
1장의 무대 시내 산은 그 날의 장관을 보여주는 예고편의 세트장입니다.
그 산에서 우리는 미래 어린양 혼인잔치를 미리 관람하시게 됩니다.
출 20장의 십계명이 정말 감동적이고 재미있으려면 출 19장의 십계명
개막식을 꼭 보시기 바랍니다. 개막식을 관람하고 나오면
신랑 되시는 예수님께서 여러분을 기다리실 것입니다.

영적으로 예수 그리스도의 신부의 자격과 상급은
두 가지 조건에 부합되어야 합니다.
예수님을 믿고 구원받은 사람인가? 거룩한 길을 걷고 있는가?
1차 검증은 믿음인데 심사기준은 예수님을 구주로 영접하였는가?입니다.
이것은 십계명 서문에서 심사합니다. 2차 검증은 신앙인데 1-4계명입니다.
3차 검증은 생활인데 5-10계명이 그 잣대입니다.
결국 믿음 생활, 신앙과 삶, 종교와 윤리가 십계명에 모두 모여 있습니다.

22
하나님이 일으킨 대 소동

하나님이 천지를 놀라게 한 초대형 사건이 있었다면 지구인 중에 비천한 노예들을 짝사랑하셔서 유명하지도 않은 낮고 비천한 시내 산으로 데이트 간다는 보도가 아니었을까요? 천상의 천사들 보다 레벨이 낮은 인간을 흠모하셨다는 이 사실에 천사들은 얼마나 충격이 컸을까요?(시 8:5, 히 1:14 참고). 이미 명성이 자자한 헬몬, 가르멜, 에베레스트, 백두산은 또 얼마나 어이없어 했을까요? 하나님이 얼마나 사람들과 가까이 지내고 싶으시면, 그 사랑을 실감시키려고 이러한 모험을 다 감수하셨습니다. 천상의 수행원을 대동하여 그 분이 돌멩이 천지의 볼것 없는 시내 산에 내려 오셨을 때 인간 세상은 또 얼마나 충격이 컸겠습니까? 문화시민 바벨론 사람들은 "매야? 우리가 아니고 노예를?" 하고 말입니다. 끝도 없이 높고 넓은 하늘을 스크린으로 펼치는 총 천연 멀티 파노라마, 폭죽, 흑암, 나팔, 연기, 구름, 장엄한 광경, 그 날 천군 천사들의 웨딩 합주곡에 온 천지가 진동했고 시내 산기슭에 자리 잡은 입장객 전원은 오한과 전율을 일으켰다고 합니다.

> "셋째 날 아침에 우레와 번개와 빽빽한 구름이 산 위에 있고 나팔 소리가 매우 크게 들리니..., 시내 산에 연기가 자욱하니 여호와께서 불 가운데서 거기 강림하심이라 그 연기가 옹기 가마 연기 같이 떠오르고 온 산이 크게 진동하며 나팔 소리가 점점 커질 때에 모세가 말한즉 하나님이 음성으로 대답하시더라 여호와께서 시내 산 곧 그 산 꼭대기에 강림하시고 모세를 그리로 부르시니 모세가 올라가매" 출 19:16 일부분, 19 ~20.

이것이 지식의 여명기에 이 지구상에 있던 생생한 사건입니다. 역사적인 유일신론이요, 윤리적인 신의 강림입니다. 김용규는, 하나님이 세상에 오신 것을 놓고 "인간을 신성화 시키기 위한 하나님의 세속화"라고 말합니다.[19] 십계명은 인간을 죄로 부터 해방시켜 자유롭게 하려는 오직 하나의 일관된 의지의 구체적이고 반복적인 표현입니다.

23
하녀와의 로맨스

하녀와 임금님의 결혼? 우주의 통치자요, 천상의 왕이신 하나님께서 천박한 노예들과 맞선 보고 결혼한다며 지구촌에 내려 가신다는 그 소문? 사실이었어요! (삼손이 혹시 이런 하나님을 닮은 건 아닐까요? "내려가서, 내려가서,

---

19 김용규지음, 2002. "데칼로그" p376. 바다출판사.

내려가서" 삿 14:1, 7, 19). 내려오신 하나님.

성경은 이처럼 이스라엘과 하나님 사이를 혼인으로 맺어진 부부의 상징으로 묘사합니다. 애굽의 노예였던 이스라엘 백성은 시내 산에서 하나님의 영적 연인이 되기로 했답니다. 이러한 표현은 구약 성경 진반에 걸쳐서 수 차례 언급되었습니다(사 54 : 5, 62:5, 홋 2:16, 말 2:14). 시내 산은 예식장이군요. 그렇다면 신부인 이스라엘 백성은 신랑이 하사한 십계명을 어떻게 이해하고 있을까요? 혼인계약서입니다. 마빈 윌슨은 "유대인의 삶과 관습"이라는 책에서 십계명이 혼인계약서를 상징한다고 했습니다.[20] 예식장 이름이 시내 산이고 십계명은 계약서라는 뜻에서 이를 "시내 산 언약"이라고도 부릅니다. 토라를 받은 노예들은 무지에서 벗어나 지식인이 되기 시작했습니다. 우리는 장차 올 그 날에 하나님이신 예수 그리스도의 신부로 서게 됩니다. 이게 장차 일어 날 진짜 대 소동이에요.

> "지금은 거울로 보는 것 같이 희미하나 그 때에는 얼굴과 얼굴을 대하여 볼 것이요 지금은 내가 부분적으로 아나 그 때에는 주께서 나를 아신 것 같이 내가 온전히 알리라" 고전 13:12.

24
어디 쯤 가고 있을까?

출애굽 할 때 애굽인(레 24:11), 구스인(에티오피아), 타국인(출 12:19)등. "수많은 잡족"들이 할례 받는 조건에 응하고 구원의 행렬에 합류했습니다(출 12:49). 그 중에는 모세의 새 부인이 될 흑진주 미인도 있었을 거라고 추론합니다. 강제노역에 대한 기억은 금세 다 사라져 버렸고 머릿속에는 오로지 고기, 떡, 파, 마늘, 부추, 생선, 수박 등, 온통 나일 강의 풍요가 아지랑이처럼 눈앞에 아른거렸답니다.

이집트를 탈출할 때는 봄이었어요. 이때는 많은 새들이 이동하는 시기였지요. 잔인한 태양에 지친 새들은 그들 앞에서 실신들을 하고 떨어졌어요. 이렇게 저렇게 해서 비상식량을 확보하고, 한 달, 40, 45... 갑자기 거대한 물체가 앞을 딱! 가로막고 그들 앞에 나타났어요.

> 와아, 와아 ~아 저렇게 큰 피라미드는 처음이야
>
> 저거 만들라고 우리를 여기로 동원시킨 거 아냐?
>
> 그럼, 우리 왕년에 벽돌 쌓는 선수라는 거 들킨 거야?
>
> 와아! 피라미드가 아니야! 와아, 그러면 뭐야
>
> 저게 바로 산 이라는 거야

---

2 0   Marvin R. Wilson. 이진희 옮김.1995. "기독교와 히브리 유산" p241. 서울: 컨콜디아사. 원저: *Our father Abraham Jewish roots of the christian faith.*

산? 와아~ 산이 뭐야

산은 산이고 물은 물이지, 아~ 그래서 시내 산인가? 와아~

평생을 애굽 평지에서 살던 이스라엘 백성들이 처음으로 높은 바위산을 보고 어떻게 느꼈을까요? 이 산은 모세가 불붙은 가시나무에서 하나님을 만났던 바로 그 호렙 산이라고 알려져 있습니다(신 1:6, 4:15, 5:2 참고). 모세가 소명을 받은 산, 시내 산의 새로운 미션이 그들을 기다립니다. 그들은 마침내 하나님과 만나기로 한 약속 장소에 무사히 도착했습니다. *백두산 해발 2,744m, 지리산 1,915m, 한라산 1,950m, 시내산 2,285m.

25
청혼 조건? ok!

하나님은 명령하시고 사람은 순종하는 관계가 구약이라고 말합니다만 십계명만큼은 하나님께서 직접 인간 세상에 내려오셔서 사람과 의견을 나누셨다는 점에서 "사랑의 합의서"입니다.

"세계가 다 내거야, 너희가 내 말 잘 듣고 내 언약을 지키면 너희는 모든 민족 중에서 내 소유가 되겠고 제사장 나라가 되며 거룩한 백성이 될거다. 그렇게 하겠니?" 출 19:5-6 참고 적용.

신부대표 모세가 내려와서 "너희들 어떻게 생각하니?"라고 의견을 묻자 그들은 마치 기다렸다는 듯이 "ok!" 라고 대답했습니다(출 19:5-8 참고). 수줍음도 타지 않고 그 자리에서 당장 "좋다"고 했군요.

"여호와께서 말씀하신 모든 것을 우리가 준행하리이다" 출 19:8.
"그들이 이르되 여호와의 모든 말씀을 우리가 준행하리이다" 출 24:7요약.

이 일 이후부터 지금까지 이스라엘 사람들은 문서 이상으로 중요한 것이 '말'입니다. '말(speak)'을 히브리어로 '다바르'라고 하는데 이것은 약속을 뜻하는 말이며 사건, 행위 자체를 가리킵니다(왕상 11:41, 대상 29:29 참고). 예수님도 다바르의 중요성을 언급하셨습니다.

"사람이 무슨 무익한 말을 하든지 심판 날에 이에 대하여 심문을 받으리니 네 말로 의롭다 함을 받고 네 말로 정죄함을 받으리라" 마 12:37.

26
공짜? 진짜?

모세가 십계명 돌판을 받아와서 사람들에 선물하려고 다녔다.

먼저 애굽인들을 만나서 십계명을 받으라고 했다.

"그게 뭐죠?" 애굽인들이 보니 "우상을 숭배하지 말라"는 글이 있다.

"싫어요, 우린 이런 거 안 받겠습니다"라며 거절했다.

모세는 에서의 자손을 찾아갔다.

그들 역시 "그게 뭐죠?" 묻더니 "살인하지 말라"는 계명을 읽고는 거절했다.

"우리가 이걸로 먹고사는데 이걸 하지 말라고? 싫어요. 갖고 가세요."

마지막으로 모세는 유대인들을 찾아갔다.

유대인들은 "공짜? 진짜? 그럼 주세요." 그들은 덥석 받았다.

그래서 십계명은 유대인들이 갖게 되었다. ─유대인들의 유머에서.

이 이야기는 유대인들이 지어 낸 유머예요. 그들은 "왜 우리가 이 골치 아픈 십계명을 받았을까?"라는 질문을 던지며 선물(공짜)이라니까 좋아서 지키지도 못할 것을 무조건 "다 지키겠다"라고 덤볐다면서 웃는 답니다. 이 유머에는 대단한 자부심이 있어요. 이 풍자적인 유머는 시 147편에서 가져왔답니다.

"저가 그 말씀을 야곱에게 보이시며 그 율례와 규례를 이스라엘에게 보이시는도다 아무 나라에게도 이같이 행치 아니 하셨나니 저희는 그 규례를 알지 못하였도다 할렐루야" 시 147:19, 20.

이 구절을 토대로 그들이 이런 주장을 합니다. "하나님은 다른 모든 나라에도 토라를 주셨지만 그들은 계명을 연구하려 들지 않았고 거절했다. 그래서 하나님은 아브라함 자손에게 주셨고 우리 조상은 조건 없이 받았다." [21]

이 이야기가 주는 교훈은 십계명도 선택받은 백성에게는 선물이라는 사상입니다.

그들이 얼마나 자신만만했나요? "준행할 수 있다"는 이 자신감 넘치는 "자기 의(義)"는 순전히 '뻥'이라는 것이 드러나는 사건이 얼마 후에 벌어집니다.

---

2 1   Rabbi Abraham B. Witty and Rachel J. Witty. 2001. p328. *Exploring Jewish Tradition.* New York: a division of Random House . *Midrash Aseret haD'brot.* Talmud Masechet Avoda Zarah 2b.

27
맞선 보는 날

신랑이신 하나님과 이스라엘 백성들의 맞선에서 신랑이 엄청 부끄럼을 타는 것 같습니다. 얼굴은 숨기고 목소리만 들립니다. 신부 대표 모세가 중간에서 왔다 갔다 했답니다. "예! 우리가 다 준행 하겠나이다!" 신부가 아주 기분파라서 하나님도 좋으셨나 봅니다. 너희들 참 시원해서 좋구나! 그런데 신랑이 모세를 자꾸 불러 대십니다. "쟤네들 목욕 좀 시켜라. 냄새가 나서 내가 가까이 가지 못하겠다." 아, 부끄럼 타서 그러신 것이 아니었군요. 그 날 하나님은 충동적이거나 즉흥적으로 나타나지 않으셨습니다. "3일 후에 만나자! 목욕하고 세탁하고 준비하고 만나자." 상견례 날짜는 3일 후로 정했습니다.

> "오늘과 내일 동안 성결하게 해라, 옷을 빨고 준비하여 셋째 날을 기다리게 하라 내가 셋째 날,
> 시내 산에 올거야, 나팔을 길게 불거든 산 앞으로 모여라" 13절.

 알고가기

일단 들어 보고 교회 다닐지 말 지를 결정하겠다고요? 하나님을 내가 결정하는 것이 아닙니다. 우리도 말씀을 듣기 전에 먼저 결단을 해야 합니다. ok! 그리고 "내게 능력 주시는 자 안에서 할 수 있습니다!"라고 말하는 것이 현명합니다.

28
별이 빛나는 아라비안 나이트

> 출애굽은 하나님께서 아브라함에게 약속하신 가나안 땅으로 가기 위한 필수 사건이었던 것처럼
> 십계명은 가나안의 상징 하늘나라에 도착해서 받게 될 상급의 필수 조항이다.

여행에 지친 신부들(이스라엘 백성)들은 마사지하고, 옷 세탁하고, 사흘 동안 충분한 휴식을 취했습니다. 예식 전 날 밤은 설레는 밤, 별들이 반짝이는 고요한 밤, 거룩한 밤, 어둠에 묻힌 밤이었어요. 밀 익는 오순절 시즌의 중동의 하늘에는 유난히도 별이 쏟아집니다. 시내 산자락에서 올려 보는 아라비아의 밤하늘은 보석을 박은 혼인식장의 벨벳 카펫처럼 빛이 나고 황홀했을 것입니다. "아브라함의 자손들이 별처럼 많아진다"고 했는데 영화 속에서 별처럼 빛나는 "아라비아의 로렌스(?)" 같은 자손이 나오려나 봐요.
"그들을 성결하게 하며"에서 성결을 히브리어로 "키두신(Kiddusin)"이라고 하는데 오늘 날 이스라엘 사회에서 이 단어는 "약혼(=결혼)"을 뜻합니다. 십계명을 받기 위해 남자들은 "여인을 가까이 하지 말라"(출 19:15)

고 했는데 이것은 영적으로 신부의 순결을 상징합니다. 구약학자 카수토는 이것이 "영혼의 내적 순결을 상징화한 것"이라고 해석했습니다.[22] 홍해에서 목욕하고 왔는데 왜 또, 목욕하라고 하지요? 홍해에서는 세례식을 한거에요(고전 10:1~4 참고). 예수의 신부들은 세례를 통해서 예수 그리스도와의 연합을 약속했습니다. 영혼의 순결을 유지하려면 내일 씻어야 합니다. 죄는 그냥 들러붙는 미세먼지 같거든요.

알고가기

나라가 세워지려면 3가지 조건에 부합해야 한다는 것 아시지요? 국민, 주권, 영토.
십계명은 국민의 주권을 인정하는 하나님 나라의 시민법이에요. 국민의 안정과 행복과 번영을 위해서 치안 유지가 반드시 필요합니다.
"세계가 다 내게 속하였나니 너희가 내 말을 잘 듣고 내 언약을 지키면 너희는 모든 민족 중에서 내 소유가 되겠고 너희가 내게 대하여 제사장 나라가 되며 거룩한 백성이 되리라 너는 이 말을 이스라엘 자손에게 전할지니라" 출 19 : 5~6.
이것도 미래의 일어날 일을 미리 보여 줍니다.
"너희도 산 돌 같이 신령한 집으로 세워지고 예수 그리스도로 말미암아 하나님이 기쁘게 받으실 신령한 제사를 드릴 거룩한 제사장이 될지니라" 벧전 2 : 5.
"그러나 너희는 택하신 족속이요 왕 같은 제사장들이요 거룩한 나라요 그의 소유가 된 백성이니 이는 너희를 어두운 데서 불러 내어 그의 기이한 빛에 들어가게 하신 이의 아름다운 덕을 선포하게 하려 하심이라" 벧전 2: 9.

오늘 밤에는 하나.둘.별을 세며 '반짝.반짝 작은 별'을 불러 보세요.

Twinkle, Twinkle, Twinkle stars
how I wonder what you are
up a-bove the world so high
like a diamond in the sky
Twinkle, Twinkle, Twinkle stars
how I wonder what you are.

0, 1, 2, 3, 4, 5, 6, 7,
8, 9, 10, 십계명!
하나님을 사랑하고, 이웃을 사랑하자
0, 1, 2, 3, 4, 5, 6, 7,
8, 9, 10, 십계명!
*0 = 서문

---

22 Cassuto. 앞 책. p229.

전설과 사건의 차이는?

전설인지 사실인지를 뭘로 구분하나요?

단서입니다.

객관적 증거자료입니다.

기독교의 성경은 검증된 문서입니다.

"태초부터 있는 생명의 말씀에 관하여는

우리가 들은 바요

눈으로 본 바요

자세히 보고

우리의 손으로 만진 바라" 요일 1:1.

2장
제사장나라의 거룩한 백성

10월 3일이 무슨 날인지 아시지요?

우리나라 4대 국경일의 하나인 개천절(開天節)이에요

하늘이 열린 날이 있었다니, 놀랍지요.

전설에 의하면 주전 2,333년에 단군이 왕검성을 도읍으로 정하고

나라 이름을 고조선이라고 하고 왕위에 오른 기념식에 하늘이 열렸답니다.

그런데 성경에는 이미 역사적인 개천절이 있습니다.

하나님이 자신을 예배하는 제사장 나라를 세우시려고 천지개벽하고 강림하

셨습니다. 이 사건이야말로 성경에서 시청률 최고 높은 다큐프라임입니다.

"세계가 다 내게 속하였나니 너희가 내 말을 잘 듣고 내 언약을 지키면

너희는 모든 민족 중에서 내 소유가 되겠고 너희가 내게 대하여

제사장 나라가 되며 거룩한 백성이 되리라 너는 이 말을 이스라엘 자손에게

전할지니라" 출 19:5, 6.

시내 산의 십계명 계약은 이스라엘 백성을 하나님 앞의 민족으로 세우는데

기초가 되었습니다. 그렇다면 십계명은 기독교인들의 제사장 나라를

세우는 기초가 될 수 있습니다.

29
개천(開天)

하늘(영계)이 열린 날.

올림픽도 개막식이 가장 볼 만 하듯이 십계명도 개막식이 제일 멋집니다. 출 19장이 십계명 수여식의 전야제와 개막식 장면이라면, 출 20:1~17의 십계명 선포는 신랑되시는 하나님의 연설문이고, 출 20:18~21은 행사의 마무리를 짓는 폐막식이라고 볼 수 있겠습니다. 자, 결혼 테이프를 끊는 개막식부터 보러 가시지요. 시내 산 상공의 하늘이 열리다! 하늘이 열렸으니 십계명을 받은 이 날은 개천절(開天節)입니다.

> "셋째 날 아침에 우레와 번개와 빽빽한 구름이 산 위에 있고 나팔 소리가 매우 크게 들리니 진 중에 있는 모든 백성이 다 떨더라 모세가 하나님을 맞으려고 백성을 거느리고 진에서 나오매 그들이 산기슭에 서 있는데 시내 산에 연기가 자욱하니 여호와께서 불 가운데서 거기 강림하심이라 그 연기가 옹기 가마 연기 같이 떠오르고 온 산이 크게 진동하며 나팔 소리가 점점 커질 때에 모세가 말한즉 하나님이 음성으로 대답하시더라" 출 19:16-19.

지금도 유대인들의 결혼예식은 신랑이 구름을 상징하는 후파(canopy)에 와서 신부가 오기를 기다립니다. 랍비들은 이러한 전통이 신33:2에 "여호와께서 시내 산에서 오시고"라는 말씀과 연관이 있다고 말합니다(G. Robinson. p237). 문명사에 있어서 십계명의 중요성은 분명해 졌습니다. 십계명의 자료가 어디에서 왔는지, 출처(resorce)가 분명하고 독특하다는 점에서 그렇습니다. 십계명은 부패하고 타락한 세상에서 악과 씨름하며 사는 고달픈 인생이 예수 그리스도의 구원과 사랑을 갈망하게 하고 이것은 출애굽 사건이 보여 주는 구속의 의미를 통해서 밝혀집니다.

알고가기

시내 산 결혼식이 신들의 결혼식 장이었다고 말하는 그리스 신화의 올림피아드(olympiad)산을 카피한 거 같다구요? 올림픽의 개막과 폐막식을 흉내 냈다고요? 천만에! 시내 산 사건은 기원 전 1,450년, 그리스 신화는 그보다 약 550년 뒤의 기록물입니다. 올림퍼스 산보다 시내 산 사건이 먼저라는 점에서 시내 산꼭대기의 자욱한 연기와 불을 올림픽에서는 성화 봉송으로 카피한거예요. 하늘의 불이 내린 시내 산 최초의 봉송 주자는 모세입니다.

한자어 '천(川)' 의 뜻이 '물귀신 천' 이라서 "개천(開川)에서 용난다"는 말이 생겼습니다. 그러나 개천(開天)에서는 성령(holy spirit)이 강림하십니다. 링컨의 게티즈버그 연설문, 케네디 연설문, 구구단 보다 먼저 개천절에 선포하신 하나님의 연설문 "십계명"을 마음에 새깁시다!

30
생방송 연설문 산돌(living stone)

"나다. 나다. 나는 너를 애굽 땅 종의 집에서 인도해 낸 여호와다."

"만세, 만세, 자유독립만세!"
서문을 읽을 때 종들의 이 함성소리가 들리시나요?

십계명은 옛 사람(종)이 새 사람(구원받은 자)으로 넘어 오는 출애굽이라는 자유의 소동에서 시작합니다. 그런데 계명을 주시기 전에 왜 과거를 상기시키실까요? '리쾨르'라는 신학자는 이 서문 때문에 십계명을 구원과 자유의 커리그마(kerygma;선교)라는군요(Paul Ricoeur. 2001. p424). 십계명이 구원의 약속으로 이끄는 길이라면 하나님이 일으킨 진짜 소동은 계명에서 예수 그리스도를 만날 수 있다는 이것입니다. 소리는 말씀이 되고 그 생명의 말씀은 돌에 써졌으니 그 돌은 생명이 있는 산 돌(living stone)이 되고, 산 돌인 그 말씀이 육신이 되어 우리 가운데 거하러 오신 예수는 자신을 계명으로 드러내셨습니다.

> "새 계명을 너희에게 주노니 서로 사랑하라" 요 13:34요약.
> "보배로운 산 돌이신 예수께 나아가 너희도 산 돌같이 신령한 집으로 세워지고 거룩한 제사장
> 이 되라" 벧전 2:4, 5참고. *이 말씀과 짝을 이루는 출 19:5, 6도 읽어보세요.

예수 그리스도의 가르침의 최대의 주제인 "서로 사랑하라"는 명령은 말씀이 윤리 쪽으로 나온 것으로 신학자 양명수는, 새 계명을 "복음의 규범"이라 하고 "예수는 기독교 윤리주의자"라고 말합니다(양명수. 2001. p444). 새 계명도 예수의 입에서 선포된 연설(speak;다바르)이요, 말(say;아모르)이요, 그 말씀(words;드바림)은 윤리적인 계명의 형태가 되었습니다. 사랑을 주제로 하는 한, 새 계명은 십계명을 모티브로 한 요약본이에요. 우선 저자가 동일인물이니까요. 리쾨르는 "십계명이 하나님과 만나는 중요한 최초의 상황이 될 수 있다"며 이렇게 서로 부르고 찾는 말 가운데 거룩한 뜻이 밖으로 드러난 것이 십계명이라고 했는데 그렇게 되면 죄란 어떤 규범이나 가치를 어긴 것이 아녜요. 하나님과의 기본적인 관계를 어기는 것이고 그분의 인격을 모독하고 훼손시키는 것입니다. 그러므로 죄의 의미를 알려면 하나님과 인간의 최초의 관계가 영(spirit)이요, 말(word)이라는 점에서 신륜과 인륜을 다루는 십계명을 염두에 두어야 합니다. "서로 사랑하라!"는 말씀보다 먼저 선포된 것이 "회개하라 천국이 가까웠다!"입니다. 제사장 나라의 거룩한 백성은 예수님의 생방송 연설문을 들으세요.

> "때가 찼고 하나님의 나라가 가까이 왔으니 회개하고 복음을 믿으라" 막 1:15요약.

로고스 (logos)

폴 리쾨르(P. Ricoeur)라는 신학자는 '말씀'을 뜻하는 히브리어 '다바르'가 그리스어에서 '로고스'로 번역된 점에 관심을 가진 학자입니다.[23] 그에 의하면 야훼의 루아흐(spirit)는 '다바르' 곧, '말'입니다.[24] 따라서 그는 히브리말의 '다바르 (복수: 드바림)'가 희랍어에서 '로고스(복수; 로기아)'로 번역된 것을 우연치고는 기이 할 정도로 뜻이 일치되는 해석이라고 보았습니다. 그리스에서 '로고스'란 이성(ratio)과 말 (oratio)의 통일체입니다.

로고스를 현상학에서 풀이하면 이러합니다. 현상학(phenomenology)은 희랍어 '파이노메논(phainomenon)' 또는 '파이네스타이(phainesthai)'와 로고스(logos)라는 단어의 합성어입니다. '파이메논'이란 드러 난 그대로 자신을 보여 주는 것입니다. 접두어 'pha'는 희랍어 'phos' 와 가까운 뜻으로 '빛' '밝음'을 의미합니다. 빛은 어떤 것을 드러 내서 보이게 합니다. '현상' 이란 빛으로 데려 올 수 있는 것들 로서 하이데거에 의하면, 희랍인들은 이 빛을 존재자라고 지칭했습니다.[25]

시내 산을 현상학에서 보자면 신의 현현은 빛이 들어온 현상으로 이 빛은 로고스를 드러 냈습니다. 로고스는 말하는 기능 곧 말하는 힘입니다.[26] 리쾨르는 이런 점에서 히브리어 '다바르'를 그리스에서 '로고스'로 푼 것은 하나님에게 붙잡힌 인간의 최초 상황이 언어의 세계. 즉 로고스의 세계라는 것입니다. 구약학자 카수토(U.Cassuto)는 이런 점을 들어서 모든 문화가 하나의 같은 인간성에 속해 있다는 확신을 가집니다.

31
신의 최고의 표현

애굽 왕을 비롯해서 고대의 왕들은 참, 무모합니다. 신하들을 불러서 "어젯밤에 내가 무슨 꿈을 꾸었는지 기억나지 않거든, 내가 꾼 꿈을 알아내어 봐!" 그러고는 해몽이 맘에 안 들면 죽이니까 몽신 들린 수많은 잡신과 여신들이 나서서 온갖 형상과 주술 판을 벌이고 사후에 살 집을 짓는다고 멀쩡히 살아 있는 노예들과 물질을 지하에 쏟아 부였답니다. 이런 세상에서 오직 한 신만을 섬기겠다고 사람들의 마음에 심어 준 십계명을 놓고 요세푸스는 이방 세계에까지 그 우수성이 미치게 됨에 강한 흥미를 가지고 "신의 최고의 표현이 십계명이다." 라고 극찬했습니다.[27] 십계명으로 인해 이스라엘 민족은 새로운 사상에 눈을 뜨게 된 것이지요. 구약 신학자 해릴슨은 하나님의 입김이 시내 산 주변에 남아 있을 것이라는 흥미로운 상상을 했듯이[28] 그분의 생기로 생령이 된 사람은 오직 그 분의 입김의 말씀으로 만이 생령이 될 수 있습니다.

---

2 3 폴 리쾨르. 2002. 양명수 옮김. "악의상징"p61. 서울: 문학과 지성사.

2 4 이스라엘에서 약속으로서의 말 즉, 말은 곧 약속으로 여겨졌다(시15:4). 'dabar'는 약속을 뜻하는 단어로 만이 아니라 사건, 행위를 가리킨다(왕상11:41, 대상29:29). 마빈 R. 윌슨. 이진희 옮김.1995."기독교와 히브리 유산" p241. 서울:컨콜디아사. 원제명: *Our father Abraham Jewish roots of the christian faith.*

2 5 재인용: 김경재. 2003."해석학과 종교 신학" 서울: 한국 신학 연구소. p66-67.
Heidegger. *Sein und Zeit. S;28. Palmer. Hermeneutics.*p127.

2 6 폴리쾨르, 앞 책. p67.

2 7 *New International Dictionary of Old Testament Theology and Tregesis.* 앞책.p1267.Werner Keller. 앞책참고.

2 8 W.Herralson, W.Harrelson, 1980. *The Ten Commandments and Human Rights.*Philadelphia:Fortress press, p159-160. Andre Lacocque. 2006. "성서의 새로운 이해" 앞 책. p125.

반짝, 반짝 빛나네 예수님을 위해서

0, 1, 2, 3, 4, 5, 6, 7,

8, 9, 10, 십계명

반짝, 반짝 빛나네

예수님을 위해서.

sparkle, sparkle, shine so bright

shine for Jesus, be a light

one, two, three, four, five and six

 seven, eight, nine, ten! The ten commandments

sparkle, sparkle, shine so bright

shine for Jesus, be a light.

32
두 돌판 커플링

시내 산에서 하나님과 모세, 그리고 이스라엘 사이에 대체 무슨 일이 있었기에 고고학자들은 지금까지 그때 그 장소를 찾아다닐까요? 신랑이 수공으로 만들어 준 두 돌판 십계명입니다. 신랑으로 강림하신 하나님의 짧은 주례사를 모세와 이스라엘 백성들은 들었습니다. 그리고 나서 받은 돌판 세트는 마치 연인들의 커플링 같지요? 어쩌면, 인류가 오래전부터 꿈꾸어 오는 UFO에 대한 환상은 천군 천사들을 대동하여 나타 난 그 날의 강림 사건에서 기인했을지도 모르겠습니다.

말(say)하셨다. 모세가 아니라 하나님이.

말씀(words)하셨다. 모세가 아니라 하나님이.

선포(declare)하셨다. 모세가 아니라 하나님이.

돌을 다듬으셨다. 모세가 아니라 하나님이.

새겨 쓰셨다. 모세의 손이 아니라 하나님의 손가락이.

뭐가 좀 뒤 바뀐 것 같지 않으세요? 인간을 위해 일하시고 섬기시는 신의 모습. 이것은 이방의 법전이나 어떤 민화에서도 볼 수 없는 모습입니다. 사람처럼 돌판도 신의 수공품(handi-work)입니다. 그러니 우리는 동질입니다. 토라와 예언서, 시가 서를 비롯해서 역사서들은 십계명을 해석할 뿐입니다.

'반짝, 반짝 작은 별'리듬으로 불러 보세요

작고 작고 작은 돌	little, little, little stones
아름답고 신비해	how I wonder what you are
하나님이 택하시고	The stones was chosen by God
하나님이 쓰셨다.	God refined and wrote it himself
작고 작고 작은 돌	little, little, little stones
아름답고 신비해.	how I wonder what you are.

33
그때가 재미있었다고?

"수많은 잡족과 양과 소와 심히 많은 가축이 그들과 함께 하였으며" 출 12:38.

하나님은 우리가 재미나는 일은 하나 없어도 되고 그저 밥만 두 그릇 있으면 되는 줄 아시나 봐요. 집, 옷, 핸드백, 폼 나는 자동차, 전자제품에는 별 관심이 없으신 모양입니다. 그러나 이런 많은 짐 때문에 이스라엘 백성들은 하루에 겨우 20km 정도를 행군했답니다. 사람과 가축, 짐 보따리들이 힘든 여정을 더 지치게 했어요. 430년 고인 노예근성의 고질병이 드디어 도졌습니다. 모든 것이 어느 날 갑자기 바뀐 그들의 신분, 그들은 깐깐한 신랑을 감당하기 어려웠을 것도 같습니다. 그들은 마침내 조잘대기 시작했습니다.

"애굽에 있던 그때가 좋았지, 그때가 재미있었어. 그때가 '더 좋았다.' 차라리 '그때 거기서 죽었더라면 좋았을 것을.' 이라고 떠드는 말이 여호와께 들렸다" 출 16:3, 민 11:18 참고적용.

노예생활을 청산했으나 습관이라는 잔금이 그들에게 남아 있었습니다. 그들의 뒤 담화가 신랑 귀에 들어갔으니 좀 찜찜합니다. 하나님이 상하고 아픈 심정을 솔로로 노래하신 사랑의 세레나데는 심금을 울립니다.

"처녀가 어찌 그의 패물을 잊겠느냐 신부가 어찌 그의 예복을 잊겠느냐 오직 내 백성은 나를 잊었나니 그 날 수는 셀 수 없거늘 네가 어찌 사랑을 얻으려고 네 행위를 아름답게 꾸미느냐" 렘 2:32-33요약.

34
짝사랑 세레나데

굴욕으로 살아 온 종들은 입만 살아서 "예! 예!"라고 하지만 뒤에서 호박씨를 막 까대죠. 바로에게 했던 버릇으로 맹종하려 듭니다. 누가 맹종하라고 했나요? 경외하라고 했는데. 신부들은 즐기기만 하고 혼인한지 40일도 못 되어 금송아지 우상과 바람났답니다. 하나님은 수행원들인 천사들 보기에 낯 뜨겁고 창피하셨을 거예요. 욥1장을 참고하면 짐작이 갑니다. "그때, 그때, 그때가 더 좋았다"며 옛날로 돌아가서 딴 짓거리 하고 철썩 같은 약속을 깨고 옛 애인과 놀아나는 낯 두꺼운 얌체족은 신랑이 볼 때 완전 사기당한 결혼이에요.

> "이스라엘아 마치 아내가 그의 남편을 속이고 떠나감 같이 너희가 확실히 나를 속였다" 렘 3:20.

시간이 많이 흘러가고 어느 날의 빅뉴스! "위대한 우리의 영도자 모세님이? 매야? 그 녀와 재혼한다고? 그 잡족들로 인해서 우리가 얼마나 많이 죽었는데?"민 11:4~6참고. 모세의 재혼 스캔들은 다른 종족과의 결혼을 금지하는 법(신 7:3)에 해당되지도 않았고 게다가 그녀는 엄연히 옛 주인을 버리고 따라 온 출애굽의 시민권자였어요. 섞여 사는 무리라고 무시당하고 주류에 끼지 못하는 흑진주에게 꽂힌 모세는 분명 박애주의자입니다(삼손이 모세를 닮았나봐요). 하지만 여인들의 질투에 남정네들까지 합세한 비난이 거세게 일어났습니다. "너희들, 질투가 뭔지 알기는 아나봐?" 피부색깔, 출신성분을 놓고 왈가왈부하는 텃세를 하나님은 용납하지 않으셨습니다.

> "구원이 이방인에게 이르러 이스라엘로 시기 나게 함이니라" 롬 11:11요약.
> "하나님은 홀로 유대인의 하나님 뿐이시뇨 또 이방인의 하나님은 아니시뇨 진실로 이방인의
> 하나님도 되시느니라" 롬 3:29.

모세의 첫 번 아내는 아마도 애굽 궁의 애굽 여인?(추측), 두 번째는 미디안 여인, 이번에는 구스 여인입니다. 모세의 살아온 세월을 보자면 이스라엘 토박이보다 이상적일 수 있습니다. 모세가 여론에 밀려서 재혼 포기 선언을 했더면 에티오피아(구스) 여왕 간다게의 국고를 맡은 내시가 예배하러 예루살렘에 왔겠습니까?(행 8:27) 구스사람이 예레미야 구출작전에 앞장섰겠습니까?(렘 38:12) 오늘날 모슬렘에 둘러싸인 에티오피아의 자존심은 모세와 연결된 점입니다. 구스 여인은 개종한 라합, 룻을 연상케 하고 모세와의 재혼은 율법과 복음의 재결합을 상징하는 듯합니다. "유대인이나 헬라인이나 종이나 자유인이나 남자나 여자나 다 그리스도 예수 안에서 하나 되는"(갈 3:28). 모세의 재혼은 새 언약 백성과 어린양의 혼인을 미리 보여 줍니다. 그 날에는 짝사랑이 아니라 "우리 서로 사랑하자"고 하신 그 사랑으로 말이지요.

35
하나님을 사랑하기 서문(0), 1, 2, 3, 4.

애굽에서 나온 그들이 아침에 눈을 뜨면 꿈인가, 생시인가 했겠지. "앗, 벽돌공장에 가야지! 아니야, 어떻게 우리가 여기에 와 있어?" 애굽에서 나올 때 "업혀서" 순식간에 나왔거든. 얼떨결에 따라 와 보니까 광야다. "이건 마치 진통을 하기 전에 해산하며 고통을 당하기 전에 아기 낳은 기분이야. 업어줘, 업어줘요." 하지만 광야에서 가나안까지는 업어 나르지 않으시겠단다. "언제까지 업혀만 다닐 건데? 자력으로 걸어 가!" 광야는 '어부바신앙'에서 성장통을 겪으며 Ladies and Gentle man이 되는 체질 개선장이었다.

독수리가 새끼를 업어 나르듯이 가나안으로는 업어 나르지 않으시겠답니다. 그 대신 "다만 우리를 사랑하심으로."(신 7:7) 그 언약을 잊지 않겠답니다. 그 놀라운 '자립사랑'에 어떻게 응답하고 그 분과 교제할까요? 하나님도 우리에게 요구할 권리쯤 있지 않습니까? 그 분도 사랑받기 원하십니다. "나를 이렇게 사랑해 줘"라며 주신 것이 서문, 1, 2, 3, 4계명입니다. 하나님, 이젠 우리가 업어 드릴께요.~~

서 문 경배의 대상
1계명 경배의 조건
2계명 경배의 방법
3계명 경배의 태도
4계명 경배의 날
5계명 경배의 축복
6~10계명 경배의 삶.

서문(0계명) 경배의 대상

서문은 첫 만남인 만큼 자기소개서 같습니다. "내가 너희를 건져 냈어. 내 이름은 여호와야." 구원을 선포하는 서문은 그래서 뭘 "하라, 하지 말라"는 명령이 없습니다. 구원은 행위로 얻는 것이 아니기 때문입니다. 이런 이유에서 서문은 하나님이 이스라엘에게 요구할 권리를 가지는 문장입니다. "이 정도는 말이야, 내가 너희들에게 요구할 수 있다." 서문은 우리가 섬기는 경배의 대상이 어떤 분인지, 그리고 그 이름을 분명하게 알려 줍니다. 출애굽을 상기시키는 서문은 예수의 구원을 예표하는 약속(pro-missio)이라는 점에서 예언적이며 그 중요성도 여기에 있습니다. 예수 그리스도를 세상에 보내신다는 하나님의 구원의지가 십계명 첫 머리에서 확인되고 있습니다. 또한 서문은 십계명이 언약 안에서 은혜의 법이 될 수 있음을 열어 줍니다.

1계명 경배의 조건

"내가 언제까지 너희들을 짝사랑만 해야 하니? 우리 둘이 사랑하자"가 조건입니다. 구속받은 백성에게 여호와 하나님은 "내 앞에 다른 신들을 두면 안 된다!"는 조건을 맨 앞에 두셨습니다. 루터식 표현으로 말하자면 "나를 오로지 네 하나님 되게 하라"입니다. 모든 선택에 있어서 하나님을 우선하며 범사에 그 분을 사랑하고 인정하라는 것인데 천지와 우주 만물의 창조주요 생명의 은인이신 신랑에게 당연한 거예요. 유대교 분류에 따르면 율법 중에서 가장 중요한 계명 하나를 뽑는다면 십계명의 첫 번째 계명이라고 정의했습니다(이영희 논문. 2008. p75). 1계명은 사람을 둘로 나눕니다. 유일 신 하나님을 신뢰하는 사람과 세상(다른 신들)을 사랑하는 사람입니다.

2계명 경배의 방법

1계명이 다른 신들의 존재를 금한다면 2계명은 하나님의 형상은 물론 다른 신들의 우상을 만드는 것을 금지합니다. 1계명이 무의식적으로 어길 수 있는 것이라면 2계명은 의지적으로 우상을 만들고 의식적으로 어기는 것입니다. 2계명은 사람을 세 부류로 구분합니다. 우상숭배자인가? 하나님을 사랑하는 사람인가? 계명을 지키는 사람인가?를 식별합니다.

예수께서 "보지 않고 믿는 자가 더 복되다"고 하셨듯이 보고도 믿을 수 있습니다. 봐야 믿는 사람에게는 보여 주셨습니다. 도마에게는 보여 주시고(시각) 만져 보게(촉감) 하셨습니다. 하나님이 인간으로 현현(顯現)하셔서 그분 형상을, 그림, 이미지로 표현하는 것이 가능해졌습니다만 보지 못하고 믿는 믿음을 높이 평가하셨습니다.

미래 세대가 2계명에 달렸습니다. 징벌은 3, 4대까지, 그러나 은혜는 무한대이니, 미래의 번영이 약속된 계명이면서 또한, 하나님의 은혜의 수단인 그의 징계에도 사랑하라는 것입니다.

"질투한다."는 살아 계시다는 증거예요. 우상은 화를 낼 줄도 슬퍼할 줄도 모릅니다. 죽었으니까요! 산 사람이 죽은 물건을 섬기니까 하나님이 그 어리석음에 화를 내십니다. 인간은 부리기 쉬운 황소를 신으로 받듭니다. 가시나무가 아니라 고목 나무를, 돌을 숭배합니다. 사람들은 마음대로 부릴 수 있는 신을 원합니다.

3계명 경배의 태도

3계명은 "하나님의 이름을 이기적인 목적으로 사용하면 안 된다, 하나님의 이름이 사랑받게 행동하라"입니다. 그런데 이것이 도둑질, 간음, 살인보다 그렇게 큰 잘못인가요?

예수님은 3계명을 준수한다는 이유로 정죄를 받아 십자가에 못 박혀 죽임 당하셨습니다(막 9:3, 마 26:65) 3계명은 우리의 행복을 위한 것이라서 특별히 중요합니다. 다윗이 골리앗을 이겼을 때 이스라엘 백성이 "천천, 만만" 하며 사람에게 영광을 돌리니까 둘 다 불행했습니다. 하나님이 영광 받지 못해서 환장하신 분이 아니라 사람이 하나님께 영광을 돌리면 경쟁자가 생기지 않습니다. 하나님은 이처럼 사람을 위하십니다.

1, 2계명이 믿음을 요구한다면 3계명은 경외의 태도를 보이라는 실천적인 행위의 계명입니다. 2계명의 징계가 3, 4대에 그치지만 3계명이 언급한 신성모독 죄는 "이 세상과 오는 세상에서도 사함받지 못 한다"고 하셨으니 가장 무거운 계명이라고 할 수 있습니다(마 12: 31-32참고).

> 예수님이 설명하신 3계명은 네 가지다.
> 1. 하나님 아버지의 이름이 거룩히 여김을 받으시도록 기도해라. 마 6:9.
> 2. 하나님 이름으로 쓸데없이 맹세하지 말아라. 레 19:12, 신 10:2.
> 3. 너희의 착한 행실로 그 이름이 존경 받게 해라. 레 22:32, 마 5:16.
> 4. 신성(성령)을 모독하는 자는 용서받지 못한다. 마 10:31-32.

사람에게 '미련한 놈'이라고 해도 지옥 불에 들어간다고 하셨는데(마 5:22)하물며 창조주 하나님을 욕하는 자가 받을 심판이 얼마나 크겠습니까?

예수님은 "하나님이 이르셨으되 네 부모를 공경하라 하시고 또 아버지나 어머니를 비방하는 자는 반드시 죽임을 당하리라 하셨다"(마 15:4)는 말씀을 상기시키셨습니다. 모세가 아니라 "하나님이 이르셨으되"입니다. 부모를 욕해도 반드시 죽는데 하물며 하나님 아버지 이름을 비방하는 자가 받을 벌이 얼마나 중하겠습니까? "하나님의 이름을 거룩한 기록에서 삭제하지 말고 그를 예배하기 위하여 봉헌된 시설을 파괴하지 말라"고 하셨으니 하나님의 이름을 기념하는 교회를 욕하거나 기물을 파괴하거나 거룩한 일에 종사하는 진실한 사람들을 헐뜯지 말아야 합니다(신 12:3~4 참고). 예수께서는 우리에게 "하늘에 계신 우리 아버지여, 이름이 거룩히 여김을 받으시오며"라고 기도하라고 하셨습니다. 이름이 존경을 받으시도록 생활 태도도 거룩해야 합니다. 사람이 자기를 변호하기 위해서, 또는 자신의 진실을 입증하려고 하나님의 이름을 이용하는 것을 예수님은 금하셨습니다(마 5:33~37 참고).

4계명 경배의 날

예수님이 십계명을 죽음으로 지켜내셨습니다. 특히 4계명의 안식일을 제대로 지키시다가 죽임을 당하셨습니다(막 3:1~6 참고). 안식일은 예수님에 의해 보호받는 특별한 계명으로 우리에게 기도를 다 부탁하신 계명입니다. "너희가 도망하는 일이 겨울에나 안식일에 되지 않도록 기도하라"(마 24:20). 창세기의 계명이라고 할 4계명은 창조주 하나님의 피조물인 인간은 그 분의 시간 속에 존재함을 알려 줍니다. 인간은 하나님이 분리하신 시간 안에서 거룩하게 되며 하나님을 닮아 창의적인 사람이 될 수 있고 거룩한 이 날에 전신이 치유되는 역사가 일어납니다. 4계명이 있음으로 주일이 존재합니다. 이 날은 가족과 공동체예배의 날입니다.

> "내가 안식일에 사람의 전신을 건전하게 한 것으로 너희가 내게 노여워하느냐" 요 7:23.
> "여호와가 말하노라 매월 초하루와 매 안식일에 모든 혈육이 내 앞에 나아와 예배하리라" 사 66:23.

"엿새 동안은 힘써 네 모든 일을 행하고 일곱째 날은 거룩하게 지키라"는 명령은 거룩과 세속의 균형을 유지하라입니다. 애굽(세속)의 탁월한 교육은 모세를 살인자로 만들었습니다. 이처럼 자신을 거룩하게 하는 날이 없을 때 인간성이 파괴됩니다. 4계명에서 우리는 인간성의 파괴를 염려하시는 사랑의 하나님을 봅니다. 안식일(安息日)의 한자어는 "여자가 식당에 앉아서 숨을 쉰다"는 뜻입니다. 안식을 뜻하는 히브리어의 '샤밧'은 여성명사입니다. 예수님이 오셔서 이 날은 주님의 신부되는 새 언약 백성의 날로 갱신되었고 교회를 통해서 성도들은 신부 공동체의 일원이 됩니다. 십계명을 준수할 힘은 4계명이 명령한 예배를 통해서, 예배 중에 그의 이름을 부름으로 생성됩니다.

5계명 경배의 축복

이 책 p154. NO. 97. "축복"을 참고하세요.

6~10계명 경배의 삶은 이 책 4부 2장 131번(p232, 233)을 읽으세요.

알고가기

시내 산에서 가져온 유대인들의 결혼 풍습

현대 유대인들은 시내 산의 전통을 지금도 결혼식에 반영하고 있습니다.

결혼식 전 날, 신부는 흐르는 물이나 받아 놓은 빗물에 몸 전체를 깊숙이 잠그고 영과 육체를 깨끗하게 씻는 정결 의식(미크베)을 합니다. 이것도 시내 산 전통에서 가져온 것이지요(출 19:10, 15). 이 거룩한 상징이 신약에 반영되어 온 것이 오늘날 신약 성도들의 세례입니다. 성도는 끊임없이 죄를 씻고 성화되어야 합니다. 우리는 교회를 통해서 주님을 믿고 세례를 통해서 그리스도의 신부 될 언약을 갖습니다. 유대인들의 약혼식은 신랑 집에서 하지만 결혼식은 초저녁이나 밤에 신부 집에서 하는데 이 전통도 십계명을 주신 시내 산 전통을 따른 것입니다.

등불, 햇불, 나팔소리와 함께 신랑이 오신다(신랑 입장)! 고 호리 군들이 외치면 신부 가족이 맞으러 나옵니다. 신랑은 장인 될 어른이 뜰에 세워 둔 후파(장막;canopy)로 안내되고 신부를 기다립니다. 두 사람은 후파 아래에서 결혼 예식을 거행합니다. *시내 산 구름은 후파를 상징합니다.

신랑은 후파 아래서 케투바 문서를 낭독하고 신부에게 이 문서를 전달합니다. '케투바'란 '쓰다(writing)'는 말 뿌리를 가지고 있는데 하나님께서 두 돌판에 쓰셨다는 데서 기인했습니다.

유대인들에게 인상 깊이 새겨진 시내 산 사건은 우리가 느끼는 것과 달리 영적 깊은 세계가 있습니다. 지금도 유대 사회에서 변함없이 이어져 오는 결혼 예식의 풍습은 십계명을 혼인 문서라고 인식한 시내 산에서 온 전통입니다.

케투바 문서에는 두 증인과 신랑이 사인을 해야 하는데 주례자는 두 사람이 결혼하여 어떤 의무를 다 해야 하는 지를 다짐하게 하고 재차 확인시킵니다. 케투바는 신부가 법적으로 보호 받을 수 있는 중요한 문서입니다. 오늘날 케투바의 목적은 남녀 간에 도덕적 책임을 기억하게 하는 의의를 두는데 이것도 십계명의 역할에서 온 것입니다.

케투바는 신부가 법적으로 보호 받을 수 있는 중요한 문서이듯이 십계명은 신부의 신용을 보증하는 문서입니다.

3장
시내 산 미션1

극장에서 영화 상영 전에 개봉을 앞 둔 예고편을 잠간 보여 주듯이
시내 산은 미래에 있을 두 사건을 미리 알려주는 특수 임무를 받은 산입니다.

시내 산 상공이 열리고 성부하나님이 강림하셨듯이 예루살렘 상공에
하늘이 열리고 성령하나님께서 마가네 집에 강림하실 것을
미리 보여 주는 것이 시내 산의 첫 번 미션입니다.

두 번째 미션은?
시내 산 사건은 미래에 있을 '어린양 혼인잔치'의 리허설입니다.
이 세상 나라가 막을 내리면 하나님 나라의 새로운 시대가 열립니다.
구원받은 하나님 백성은 신부가 되고 신랑이신 예수님과의 혼인잔치가
있을 것입니다. 종말의 장면은 시내 산 사건과 매우 흡사합니다.

"번개가 동편에서 나서 서편까지 번쩍임 같이 인자의 임함도 그러하리라"
마 24:27.

"주 예수께서 불꽃 중에 나타 나실 때에" 살후 1:7.

36
십계명 개막식

십계명은 출애굽기20장에 있습니다. 하지만 십계명을 배우려는 사람은 출19장부터 읽으시기를 권해 드린 것을 기억하세요? 경기가 이미 시작했는데 중간에 들어가면 경기흐름을 잘 파악 할 수 없듯이 십계명이 정말 재미있으려면 19장의 예고편과 개막식을 반드시 보시라고 했지요? 여수 박람회 개막식 첫 날이 가장 멋지고 화려했지요? 올림픽도 개막식이 가장 볼 만합니다. 그날, 언약식에서 여호와 하나님은 흡족히 여기셨습니다. 모세에게 이러십니다.

> "내가 왜 **빽빽한** 구름 가운데서 네게 나타났는지 아니? 다 너를 위해서 그런 거야. 내가 너와 말하는 것을 백성들이 듣게 하려고 그랬어. 그들이 너를 영영히 신뢰하게 하려고 그랬어." 출 19:9참고.

이 장엄한 다큐멘터리가 다, 모세의 낯을 세워 주시려했다고요? 드라마나 영화가 엔딩하면 까만 화면에 쭉, 이름들이 뜨지요. 제작자, 편집자, 촬영... 아무개, 아무개.. 하지만 사람들은 이 명단이 뜨면 채널을 돌리지요. 사람들의 기억에 남는 것은 그냥 배우들입니다. 시내 산 미션도 그러하네요. 모세는 단지 완성품을 손에 들고 배우처럼 짠! 나타났어요. 하지만 우리는 압니다. 제작자, 프로듀서, 감독이 누군지를.

37
신랑입장!

신랑을 맞으러 나오시라!

이스라엘 백성들이 신랑을 맞으려고 모두 시내 산기슭에 빽빽이 입장했습니다. 빰빰빠 ~ 점점 커지는 나팔 소리, 우레와 번개와 구름, 자욱한 연기와 쏟아지는 불, 미사일 같죠? 온 산을 흔들어 대는 진동, 불 가운데, 구름 가운데, 흑암 가운데에서 나오는 큰 음성, 폭죽 터지듯이 팡팡! 불꽃놀이 같죠? (출19:16~20요약). 신랑이 오신다! 와아 ~ 신랑 하나님을 가까이서 보려고 밀려 드는 신부와 들러리 인파를 보십시오. 하나님이 밀고 들어오는 군중에게 경고 방송을 하라고 지시하십니다.

> "여호와께서 모세에게 이르시되 내려가서 백성을 경고하라 백성이 밀고 들어와 나 여호와에게로 와서 보려고 하다가 많이 죽을까 하노라" 출 19:21.

개막식의 총 천연색 배경과 장엄한 강림, 구약성경에서 이런 화려한 장면은 흑백 무성 영화 시대에서 처음 보는 광경입니다.

시내 산 빛(colorful splender)의 포로가 되다.

이 일 후 대략 1,450년쯤 지나서 예루살렘 상공이 열리며 성령 하나님께서 강림하신 사건, 아시지요?(행 2:1). 그 날은 시내 산 강림 1,450주년(?)을 기념하는 주일 아침 9시였습니다(행 2:1). 이런 걸 일맥상통, 약속 성취라고 합니다.

38
구름카펫 위에 공중 혼인잔치

> "내가 네게 장가들어 영원히 살되 공의와 정의와 은총과 긍휼히 여김으로 네게 장가 들며 진실
> 함으로 네게 장가들리니 네가 여호와를 알리라"호 2:16, 19, 20요약.

하얀 구름이 마치 너울(veil)처럼 산자락을 휘감고 있어서 신부들은 마치 공중에 붕붕 떠 있는 것처럼 보입니다. 지금 여러분은 공중 혼인식을 보는 거예요. "모세는 하나님이 계신 흑암으로 가까이 가니라" 출 20:21. 하늘이 열리고 하나님이 수만의 수행원을 거느리시고 시내 산꼭대기에 강림하셨습니다. 비천한 노예들과 의 혼인이라니! 하늘이 열린 이 엄청난 장관을 상상해 보세요. 산에는 불길이 충천하고 어둠과 구름과 흑암 이 덮였는데(신4:11) 마치 사진기자들이 플래시를 팡팡 터트려 대는 것 같아서 신랑 얼굴을 도저히 볼 수가 없습니다. 호렙 산 불 길을 타고 신랑이 입장하는데 계곡은 빨간 카펫을 깔아놓은 듯하고 불 뿜는 로켓 같 고, 이런 장엄하고 화려한 장면은 10차원 초 입체영화에서도 볼 수 없는 광경입니다. 기절 혼절한 들러리들 도 있었을 거예요. "바위야, 날 가려다오 산아 날 가려다오"라면서.

혼인식 선포
신랑이 자기소개와 함께 십계명을 선포하셨습니다. "하나님이 이 모든 말씀으로 말씀하여 이르시되 나는 너 를 애굽땅 종 되었던 집에서 인도하여 낸 네 하나님 여호와니라." 신부들은 두렵고 흥분한 상태라서 신랑이 무슨 말을 하셨는지 도무지 모른답니다. 이렇게 해서 최초의 십계명은 말과 말의 소통 즉, 문서가 아닌 구두 언약(口頭言約)에 의해서 사랑의 합의를 주고 받았습니다.
유대인들은 십계명을 받은 이 날을 오순절이라고 하여 지금까지 기념절로 지킵니다. 이 명절은 신약시대에 와서 성령 강림절, 신부를 상징하는 교회의 탄생 기념일이 되었습니다.

39
죽도록 헌신하겠소

서양의 결혼풍습은 신랑이 검정 양복차림을 하시요. 이것도 시내 산에서 유래한 듯합니다. 유대인들은 남자가 결혼하면 아내와 가족을 위해 죽도록 헌신한다는 뜻에서 결혼을 무덤이라고 묘사합니다. 맞습니다. 남자의 결혼은 무덤이에요. 이런 정신으로 살면 사실, 못 살아 낼 사람 없습니다. 아담의 결혼이 그랬고 시내 산 혼인식이 그러했고 우리 신랑 되시는 예수님도 무덤까지 들어가셨더랬습니다.

신랑이신 하나님의 주변은 완전 흑암에 싸여서 그 분은 마치 검은 턱시도를 입으신 듯합니다. 흑암으로 들어가시는 하나님은 마치 신랑이 무덤으로 들어가는 것처럼, 아마 신부를 위해서 죽으실 것 같은 그런 좀 불길한(?) 예감이 드는군요. 모세는 하나님이 계신 흑암으로 가까이 갔어요(출 20:21). 하나님은 왜 "어둠과 구름과 흑암 가운데에서 큰 음성으로"(신 4:11, 신 5:22) 자기 모습을 나타 내셨을까요? 유대인들이 전해 주는 이야기를 들어 보세요.

> 한 왕에게 결혼을 앞둔 아들이 있었다. 그는 아들의 결혼식을 준비하는 신하들에게 검은 색 커튼과 검정 후파(신랑 신부가 서 있는 지붕)를 준비하라고 명령했다. 신하들은 이것은 왕자의 결혼에 전혀 어울리지 않는 색이라면서 밝은 색을 제안했다. 왕은 "다 이유가 있어서 그런다. 이 결혼은 40일 만에 깨진다. 그런데 나의 백성들이 '왕이 그것을 몰랐다'고 생각하기를 바라지 않는다."라고 말했다.
> 신랑으로 강림하시는 하나님께서 흑암과 어둡고 두려운 배경에서 십계명을 주신 것은 그들이 금송아지 우상을 섬기므로 40일 만에 돌판(계약)이 깨질 것을 이미 아신 때문이라고.

이 정황을 신약이라는 렌즈로 보면 갈보리 산이 보입니다. 계명에게 고소 당하셔서 죽으실 예수 그리스도가 거기 계십니다.

40
깨진 돌판 ; 죽음

모세가 깨뜨린 돌판은 성자 예수님의 몸을 상징한다. -제이콥 뉴스너(J. Neusner)

하나님의 신부인 이스라엘의 과거는 참 치사 찬란(?)합니다. 이 남자 저 남자(애굽 우상들)를 끼고 살았고, 성질은 못 된 멧돼지 고집에, 밤낮 지절거리는 개구리처럼 불평을 입에 달고 사는 낯 두꺼운 뻔뻔이. 옛 남편에게 금붙이 갖다 바치느라고 살림 거덜 내고, 하여튼 신혼 초부터 있는 대로 속을 썩입니다. 신랑얼굴(형상) 왼편을 얼핏 보기는 본 모양인지 애굽에서 인도해 낸 신으로 송아지 형상을 만들었어요(겔 1:7, 10 참고). 신랑 돈 뜯어내어 금송아지 신랑과 놀아나는 이런 변심! 신혼생활 한 달 보름도 안 되어 글쎄 짱 돌(두 돌판)이 날아가 박살나고 난리가 났습니다. 하나님도 신혼 초에는 던지고 대박살내고 대단하셨군요. 옛 어른들은 "하늘같은 남편"이라고 했는데 참 성경적인 표현입니다.

> 세상에서 받아 보지 못한 사랑을 주려고 내가 애굽 왕과 10라운드 전을 치르고 너희를 데려왔어.
> 패자부활전을 신청했던 애굽왕의 무덤을 오죽하면 사람들이 '홍해 red sea'라고 하겠니?
> *홍해 = 불바다 =계15:2 = 불섞인 유리바다 = 지옥상징.

모세의 괴팍한 성질을 잘 아시는 하나님은 그가 내려가면 자기 신부를 구박할까봐 모세에게 선수치셨습니다. "내 신부가 바람이 났다. 내가 쟤네들 버릴까? 너도 겪어 보니까 염증나지? 내가 이혼하면 나하고 멋지게 새로 시작하지 않을래?"(출 32:7~10 참고). 모세는 하나님을 달래드리며 신부를 변호했어요(출 32:11~14 참고). 하나님은 기회를 놓치지 않고 얼른 "이거 갖고 가서 신부에게 전해 줘"라며 신부수업 교본인 십계명 돌판을 챙겨 주신 것입니다(출 32:15~16). 생각해 보세요. 헤어질 작정이라면 왜 혼인문서를 전해 주라고 했겠습니까? 정말 하나님이 변덕이 나셨다면 자신이 스스로 돌판의 언약을 깨 버리지 않았겠습니까? 하나님의 마음은 신부에게 향했던 것입니다. 세례요한은 그리스도의 신부들을 부러워하며 기쁨을 묘사했습니다.

> "신부를 취하는 자는 신랑이나 서서 신랑의 음성을 듣는 친구가 크게 기뻐하나니 나는 이러한 기쁨으로 충만하였노라" 요 3:2

41
두 번째 돌판 ; 부활

> 깨진 돌판이 여호와 형상의 순교의 상징이라면, 다시 써서 살린 말씀은 용서와 화해, 부활의 상징이다.
> 하나님이 인간에게 죽음을 주셨다면 생명을 주실 수도 있는 유일한 분도 하나님이시다.

하나님이 손가락으로 꼭꼭 눌러서 꼼꼼하게 새겨 쓴 연애 편지, 그 혼인문서를 모세는 산에서 내려 오자 마자 박박 찢어(?) 버렸습니다. 과연, 하나님이 염려하신 그대로군요. 그거라도 깨지 않았으면 모세 성질에 하나님의 신부는 모두 콩가루가 되었을 거예요. 모세 안색에 살기가 돈다는 것을 하나님은 아셨습니다. 산에서는 하나님을 달래더니 내려와서는 더 화를 내고 난리로군요. 하나님이 십계명을 선포하실 때 신부가 덜덜 떨어서 통 무슨 말을 했는지 모를 거라는 것을 모를 리 없습니다. 머리 나빠서 한번 듣고 다 까먹을 것도 아셨을겁니다.

두 번째 돌판은 용서와 화해의 선물입니다. 용서란 인식론적(epistemo logical) 표현으로는 정의와 대등한 논리의 "반대편에 서는 것"입니다. 이것은 "내 행위의 결과에 대해서만 책임진다"는 칸트의 근대의 법 철학과는 다른 인간관입니다. "나만 의로우면 된다(자기義)"는 자기 방어의 사고방식이 아닙니다. 하나님의 분노를 달래며 중재하던 모세는 마치 하나님보다 이로운 깃처럼 보였습니다. 하지만 자기가 당해 보니까 그게 아니었어요. 돌판이, 던지면 깨지는 산돌(living stone)인 줄도 몰랐어!

울고 불고 대판 싸운 현장인 출 32:27~35이 주는 교훈은 이것입니다. 죄 란, 하나님과 맞서는 것이고 깨진 결과는 화합의 길을 찾습니다. 우리도 이 원리를 적용하면 좋습니다. 관계를 회복하려면 속으로 미움을 키우지 말고 하나님이 하신 것 처럼 죄에 맞서는 것입니다(출 32:28 참고). 하나님이 다스리시는 이스라엘 역사는 공동체안에 들어 온 누룩을 제거하므로 용서가 되고 화해와 통합이 가능했습니다(마 18:15~17, 수 7장, 고전 5:6 참고).

> "너는 네 형제를 마음으로 미워하지 말며 네 이웃을 반드시 견책하라 그러면 네가 그에 대하여
> 죄를 담당하지 아니하리라" 레 19:17.

> 이스라엘 초등학교 교과서에는 이런 토론 과제가 있다.
> "얘들아, 모세는 산에서 하나님을 달래더니 산에서 내려와서는 왜 더 화를 내고 돌판을 깨 버렸을까요?"라고.
> 힌트; 귀로 듣는 것과 눈으로 직접 보는 것의 차이는?

다시 써서 살린 말씀은 예수 그리스도의 부활의 예표입니다. 하나님이 바람 난 신부를 버리지 않으시고 언약의 돌판을 다시 써서 주셨듯이 예수님과 우리가 맺은 새 언약은 영원합니다. 그러니까 죄 속에 자신을 가두지 말고 염치있게 살아요(롬 8:33~35 참고).

알고가기

Q 금 우상 만든 사람이 벌 받아야 하나요? 하나님의 형상인 돌판을 깨 버린 모세가 벌 받아야 하나요?
금우상과 돌판, 뭐가 더 소중할까요? 누가 더 큰 벌을 받아야 한다고 생각하세요?
하나님은 금 우상 만든 어리석은 사람들에게는 화 내시고 자신을 박살 낸 모세에게는 침묵으로 일관하십니다. "모세가 돌이켜 산에서 내려오는데 두 증거판이 그의 손에 있고 그 판의 양면 이 쪽 저 쪽에 글자가 있으니 그 판은 하나님이 만드신 것이요 글자는 하나님이 쓰셔서 판에 새기신 것이더라" 출 32:14~16.
예수님도 이러한 사랑을 표현하셨습니다. "너희가 나를 뭐라고 비웃어도 괜찮아. 하지만 성령을 모독하는 것만큼은 용서받지 못한다"고 하셔서 자신을 정죄하는 자들을 용서 하셨습니다. "그러므로 내가 너희에게 이르노니 사람에 대한 모든 죄와 모독은 사하심을 얻되 성령을 모독하는 것은 사하심을 얻지 못하겠고 또 누구든지 말로 인자를 거역하면 사하심을 얻되 누구든지 말로 성령을 거역하면 이 세상과 오는 세상에서도 사하심을 얻지 못하리라" 마 12:31, 32.

42

시내 산 미션, 순교

"사랑은 죽음같이 강하고 질투는 스올같이 잔인하며 불길같이 일어나니 그 기세가 여호와의
불 같다" 악 8:6.

하나님은 고달프게 사는 인간을 내려다보시며 늘 "어떻게 하면 내가 사람들을 더 많이 사랑해 줄까? 어찌해
야 살릴까" 만을 생각하는 분같습니다. 사랑은 사랑하는 사람 위해 죽는 것, 연인들의 불 같은 사랑으로 보여
주면 그들이 알까? 죽음으로 사랑하는 이 사랑을 인간이 알기 바라는 것이 시내 산의 첫 번 미션입니다.
하나님이 서 계신 곳이 어둡습니다. 시내 산의 하나님이 십자가에서 죽으실 죽음을 미리 보여 주는 듯 합니
다. 골짜기를 에워 싼 깊은 어둠과 번개와 우레는 골고다 산 기슭에서 죽으실 때의 배경과 너무나도 흡사합
니다. 한자어로 순교(殉教)란, 날일(日)빛을 장막이 가려서 아들(子)이 흉기에 찔려 죽는다는 뜻이에요.

"우레, 번개, 산의 연기...백성은 멀리 서 있고 모세는 하나님이 계신 흑암으로 가까이 가니라"
출 20:18, 21.

"제 육시로부터 온 땅에 어둠이 임하여 제 구시까지 계속되더니" 마 27:45, 막 15:33.
"때가 육시 쯤 되어 해가 빛을 잃고 온 땅에 어둠이 임하여 제 구시까지 계속하며" 눅 23:44.
"성소 휘장이 위로부터 아래까지 찢어져 둘이 되고 땅이 진동하며 바위가 터지고" 마 27:51.

"예수는 우리가 범죄 한 것 때문에 내줌이 되고 또한 우리를 의롭다 하시기 위하여 살아 나셨
느니라" 롬 4:25.

"그러므로 우리가 믿음으로 의롭다 하심을 받았으니 우리 주 예수 그리스도로 말미암아 하나
님과 화평을 누리자" 롬 5:1.

알고가기

"내 형은 유산 되었어." 모세 유모가 던져 버렸지.
첫 사람도 선악과를 따 먹고 하나님을 슬프게 해 드리고 그 분의 형상을 파괴 했는데 어쩜! 똑같구나. 하나님은 다시 해산
의 수고 끝에 40일 만에 둘 째인 나를 낳으셨어.
"여호와께서 모세에게 이르시되 너는 돌판 둘을 처음 것과 같이 다듬어 만들라 네가 깨뜨린 처음 판에 있던 말을 내가 그
판에 쓰리니" 출34:1.

43
이스라엘 동화, 3형제

"이스라엘 나라에 3형제가 살고 있었다. 그들은 각각 다른 나라로 여행하며 세상에서 가장 지혜로운 것을 구해 오기로 했다. 그들은 돌아와서 경험을 얘기 나눴다. 첫째가 세상에서 진귀한 거울을 구했다. 그것은 망원경이다. 둘째는 가장 빠른 시간에 세계를 돌 수 있는 양탄자를 구해 왔다. 셋째는 어떤 병이든지 치료하는 사과를 구해 왔다.

어느 날 첫째가 망원경으로 세계 구석 구석을 보다가 "내 딸의 병을 고치는 사람은 내 딸과 결혼시켜 내 다음의 왕이 되게 해 주겠다"는 벽보를 보게 되었다. 임금님에게 외동딸이 있었는데 그의 딸은 아주 중한 병에 걸렸단다. 그래서 신하들은 이 말을 사방에 알린 것이었다. 그들은 둘째가 가진 마법의 융단을 타고 갔다. 셋째는 사과를 공주에게 주었다. 사과를 먹고 공주는 병이 나았으나 왕은 고민에 빠졌다. "과연 누구에게 내 딸을 줘야하지?" 삼형제는 각기 주장한다. "내 망원경으로 보지 않았으면 어떻게 알았겠어?" "마법의 융단이 없었으면 올 수가 없었잖아?" "내 사과가 없었으면 어떻게 병을 고쳤겠어?"

그들은 서로 자기가 공주와 결혼해서 다음 번 왕이 되어야 한다고 주장했다. 왕은 결정권을 딸에게 맡겼다. 공주는 누구와 결혼하겠다고 했을까? 여러분의 생각은?" [29]

동화 속의 공주가 세 남자와 같이 살겠다고 합동 결혼식을 하면 이 네 사람은 행복할까요?
예수님은 하나 뿐인 목숨을 던져서 온 몸으로 우리를 구원하셨습니다.

 '반짝.반짝 작은 별'리듬으로 불러 보세요

Sparkle, Sparkle, shine so bright	반짝반짝 빛나리
shine for Jesus be a light	예수님을 위해서
I will be a good bride	착한 신부 될 테야
I will be a holy bride	성결한 신부 될 테야
Sparkle, Sparkle, shine so bright	반짝반짝 빛나리
shine for Jesus be a light.	예수님을 위해서.

---

2 9 R.Moshe Lieber. *The Fifth Commandment. p*20, 21. Mesorah Publications. Ltd.

4장

시내산 미션2

재림

하나님이 시내 산에 강림하셨듯이 마지막 아담 예수께서 다시 오시면

우리는 그 분 곁에 신부로 서게 됩니다. 결혼식장은?

하얀 구름 카펫트 깔린 sky 라운지! 공중 혼인식을 마치면

하늘나라 신혼 집으로 우리를 데려 가십니다.

미래 신약의 성도들에게 혼인 식장을 미리 보여주는 것이

시내 산의 두 번째 임무입니다.

그 날에 오실 예수 신랑을 보면 두려워하며 떨지 마세요.

신랑이 어떤 모습인지 사진 한 컷(?) 있습니다.

계 1:13~16을 열어서 보십시오.

44
재림

시내 산 리허설

"셋째 날 아침에 우레와 번개와 빽빽한 구름이 산 위에 있고 나팔 소리가 매우 크게 들리니 진중에 있는 모든 백성이 다 떨더라 모세가 하나님을 맞으려고 백성을 거느리고 진에서 나오매 그들이 산 기슭에 서 있는데 시내 산에 연기가 자욱하니 여호와께서 불 가운데서 거기 강림하심이라 그 연기가 옹기 가마 연기 같이 떠오르고 온 산이 크게 진동하며 나팔 소리가 점점 커질 때에 모세가 말한즉 하나님이 음성으로 대답하시더라" 출 19:16~19.

"예수께서 죽으셨다가 다시 살아나심을 믿을진대 이와 같이 예수 안에서 자는 자들도 하나님이 그와 함께 데리고 오시리라 ... 주께서 호령과 천사장의 소리와 하나님의 나팔 소리로 친히 하늘로부터 강림하시리니 그리스도 안에서 죽은 자들이 먼저 일어나고 그 후에 우리 살아 남은 자들도 그들과 함께 구름 속으로 끌어 올려 공중에서 주를 영접하게 하시리니 그리하여 우리가 항상 주와 함께 있으리라 그러므로 이러한 말로 서로 위로하라" 살전 4:14, 16~18.

예수께서 다시 오시는 그 날이 시내 산 사건과 비슷하지요?

45
혼인잔치

나? 도둑같이 올 거야.
도둑? 나쁜 인간?
우리가 정신 차리기를 얼마나 간절히 바라시면 자신을 '도둑'에까지 비유를 하셨겠습니까? "너희들을 위해서라면 죽기로 작정했는데 뭐, 말로 나를 모욕해도 나는 용서해 줄 용의가 있어." 마 26:74를 읽어 보세요. 신성 모독한 베드로가 용서받을 길을 열어두신 거예요. 이렇듯이 신부를 아끼는 예수님은 미래에 있을 하늘 잔치를 열 처녀(마 25:1~13)에 비유하셨습니다.

"천국은 등(화염)을 들고 신랑을 맞으러 나간 열 처녀(순결)와 같다. 그 중의 다섯은 미련하고 다섯은 슬기 있는 자라 미련한 자들은 등을 가지되 기름은 없고 슬기로운 자들은 그릇에 기름을 담아 등과 함께 있더니 신랑이 더디 오므로(기다림) 다 졸며 잘새 밤중에(흑암) 소리가 나되 보라 신랑이로다 맞으러 나오라(외침= 천둥과 번개) 하매 다 일어나 등을 준비할새 미련한 자들이 우리 등불이 꺼져가니 너희 기름을 좀 나눠 달라 하거늘 슬기로운 자들이 이르되 나눠 쓰기에 다 부족할까 하노니 파는 자들에게 가서 너희 쓸 것을 사라 하니 그들이 사러 간 사이에 신랑이 오므로(강림) 준비한 자들은 혼인 잔치에 들어가고 문은 닫힌지라(재림) 그 후에 남은 처녀들이 와서 주여 주여 열어 주소서 하되 진실로 이르노니 내가 너희를 모른다(심판) 하였느니라 그런즉 깨어 있으라 너희는 그 날과 그 때를 알지 못하느니라" 마 25:1-13요약.

등불과 화염과 외침, 신부의 기다림, 친구들의 들러리. 번개에 해당하는 히브리어 '랍피딤'은 햇불이라는 의미로도 쓰입니다(삿 7:16). 이 장면이 시내 산 레퍼터리와 흡사합니다. 여기서 눈에 띄는 단어는 '처녀'라는 상징이고 중요한 단어는 '기름'입니다. 열 명이 모두 처녀였어요. 모두 등잔을 들고 있기 때문에 누가 진짜 신부인지 감쪽같이 모를 수 있습니다. 등잔만 가졌다고 다 처녀가 아니라 열 명의 처녀는 '기름'에 의해 진위가 가려 집니다.

기름을 성령으로 해석하기도 하고 돈 주고 산다는 것은 가치있는 곳에 투자하는 값의 지불을 말합니다. 처녀는 처녀인데 기름없는 빈 등잔들고 허세떠는 처녀가 절반이나 됩니다. 지혜자는 그들이 기름을 나누자고 꼬득일 때 "NO!"라고 말했어요. See NO Evil, Hear NO Evil, Think NO Evil, Speak NO Evil! 지혜자는 미련자들을 따 돌리고 자신을 지킵니다. 예수의 신부는 유혹자들에게 영적 유산을 빼앗기지 않습니다(계 22:11~12참고). 십계명의 금지 선언 Eight NO 리스트 기억하세요.

 개역개정찬송가 180장 후렴을 불러 보세요.

When the roll is call up yon-der
When the roll is call up yon-der
When the roll is call up yon-der
When the roll is call up yon-der, I'll be there.

나팔 불 때 나의 이름
나팔 불 때 나의 이름
나팔 불 때 나의 이름
이름 부를 때에 찬미하겠네.

46
Handi- Work

내가 누군지 맞춰 보세요. Guess Who I am?

나는 하나님의 수공예품입니다. Handi- Work!

태초에 만드신 흙이 내 몸의 주성분입니다. 나도 사람과 같은 재료로 만들어졌어요. 그래서 사람과 제일 유사합니다. 내 나이는 대략 3,500살!

내 몸에는 하나님의 지문이 새겨져 있어요(made in GOD). 하나님의 형상이 내 몸에 있다고요. 나를 보면 하나님의 성품을 알 수 있어요. 하나님의 형상과 신성이 내 안에 다 들어 있다니까요.

나를 두고 최초의 성경이라고들 말해요. 내가 누군지 아시죠?

"신부 대표 모세야, 받으러 와라." 모세? 남자가 신부 대표? 하나님 앞에서는 남자도, 여자도 사람이에요.

"하나님이 사람을 창조하실 때에 하나님의 모양대로 지으시되 남자와 여자를 창조하셨고… 그들의 이름을 사람이라 일컬으셨더라" 창 5:1~2요약.

47
사랑의 로고스

하나님이 모세에게 "돌판을 만들어와, 다시 써 줄게, 똑같은 걸로"라고 하십니다. 동행인 없이 돌판을 지고 산을 오르는 모세는 어떤 심정이었을까요? 그런 모세에게 하나님의 말씀은 큰 위로가 되었습니다. "네가 뭔데 내 것을 깨먹니?"라고 화내시기는커녕 "나는 자비롭고 은혜롭고 노하기를 더디 하고 인자와 진실이 많은 하나님이야. 나는 참을성이 많으니까 언제든지 돌아오면 용서해줄게." 그러니까, 죄짓지 마, 알았어? 가 아니라 "언제든지 돌아와. 다음부터는 그러지 마."입니다. 십계명은 이렇게 해서 하나님의 위로와 사랑으로 다시 쓰여졌습니다. 복종을 뜻하는 영어단어 submit = sub(밑에)+mit(보낸다)입니다. 경외 respect =re(다시)+spect(본다)입니다. 라틴어= 비디오(view + Deo)입니다. 하나님이 복종의 본을 보여 주셨습니다.

"사람의 모양으로 나타나사 자기를 낮추시고 죽기까지 복종하셨으니 곧 십자가에 죽으심이라" 빌 2:8.

48
신부의 다짐

새 주인의 법인 십계명은 그의 백성을 늘 새롭게 창조하는 창조적 사랑의 방편이다.

십계명은 거룩한 삶을 위한 고정된 규칙으로 성경에 표현된 하나님의 뜻이 이 안에 담겨 있다.

하나님이 우리를 얼마나 사랑하시는가를 깨닫기 바라서서 연인의 결혼에 비유하시고 그 사랑의 증표(언약)로 십계명을 주셨습니다. 십계명 서문에서 "나는 너를 애굽 땅 종의 집에서 건져 낸 네 하나님 여호와니라"고 밝힌 관계서술형은 십계명이 은혜의 법이 될 수 있음을 말합니다. 그리스도께서 교회를 얼마나 사랑하셨다고 하나요? 엡 5:25에 보면 자신을 주셨다고 말씀 하십니다.

"우리를 물로 씻어 말씀으로 깨끗하게 하사 거룩하게 하시고 자기 앞에 영광스러운 교회로 세우사 티나 주름 잡힌 것이나 이런 것들이 없이 거룩하고 흠이 없게 하시려고 자신을 내어 주셨다" 엡 5:26-27.

영혼의 거울

예수님의 아름다운 신부가 되려면 십계명을 거울 보듯 봐야 해요. 얼룩은 예수님의 보혈로 닦습니다. 그 보혈은 우리 죄를 말갛게 지우는 지우개입니다. 여러분은 남친(여친) 만나러 갈 때 거울 몇 번 보셨죠?

신부의 다짐

다음 문장을 읽고 좋으면, '좋다' 또는 '싫다'라고 대답해 보십시오.

나에게 욕하고, 내 물건 훔쳐가고, 거짓말하고, 내 것을 호시탐탐 노리는 친구가 나는 좋다 or 싫다.

*내가 싫어하는 것은 남들도 싫어합니다. 남들이 싫어하는 일을 하지 말아요. 이것이 율법이요, 선지자의 가르침입니다(마 7:12참고).

다음의 십계명 문장을 찬찬히 읽고 결단이 서시면 사인하십시오.

"저는 하나님을 저의 주인으로 섬길 것이며 당신의 통치를 받아 들이기 원합니다. 하나님, 제가 십계명의 명령에 순종하며 살아가도록 저를 도와주세요"

_____ 년 _____ 월 ___ 일   이름 _____ 사인 _____

49
십계명을 기억하라!

십계명의 상징 선악과로 시작한 구약이 막을 내립니다. 구약의 마지막 책 말라기가 이렇게 마칩니다.

> "너희는 내가 호렙에서 온 이스라엘을 위하여 내 종 모세에게 명령한 법 곧 율례와 법도를 기억하라" 말 4:4.

십계명을 기억하라!
음악회나 연극의 1막 끝나는 막이 내리면 있는 막간의 휴식시간을 인터미션(intermission)이라고 하지요. 구약과 신약사이에는 약 400여년이라는 긴 인터미션이 있습니다. inter + mission + time ~
하나님의 침묵을 틈타서 영계의 어수선한 공백에 짠! 파르테논, 아테나, 아폴로, 올림포스 12 남신, 여신전들이 죽죽 들어서고 공자, 석가모니께서 나와서 빈 무대를 채웁니다. 우리는 이 막간의 시간을 이용해서 잠간 고대 근동의 법전 공부 좀 합시다.

50
다른 나라의 법전들

가나안에 들어 간 이스라엘 백성들은 뭘 느꼈을까요?

> 어라? 남자 같은 여자, 사람 같은데 짐승, 우상쇼핑센터? 우상박람회장도 있어!
> 왠 신전들이 이렇게 많지? 윽? 나체여신 신전(女神殿)도 있네! 수영 못하면 죽는 법도 있구나야!

십계명이 선포되던 주전 1,400년경, 주변 나라들은 어떤 법을 가지고 있었을까요? [30] 모세오경보다 900년쯤 전의 메소포타미아 지역 사람들은 법전을 만들었어요. 대략적인 연대 순으로 나열 하자면 다음과 같습니다. 선악과의 자손들이 만든 법 문서 쇼핑하러가요~

1. 주전 약 2,300년 우르-이님기나법전 (Uru-Inimgina)

이것은 인류 역사 상 가장 오래 된 법전으로 알려 져 있어요. 메소포타미아 지역의 라가쉬 제 1왕조의 마

---

30   김영진, 2005. "율법과 법전" p14~22참고. 서울;한들출판사.

지막 왕인 '우르 이님기나'가 통치할 때 수메르어로 토판과 장식 판에 쓴 법전입니다. 그들은 '닌-기르수 (Nin-Girsu)'라고 하는 신을 숭배했는데 이 신을 부유한 권력층에게서 보호하기 위해 제정된 법으로 이런 내용들이 있답니다.

신과 고아와 과부를 권력자들에게 넘겨 주지 않는다. 신전 제사장들에게 과세 면제, 신전에서 봉사하는 사람들이 권력자들에게 납부하는 세금 면제, 관할 구역에서 나오는 물은 관할자에게 소유권 보장, 신전들의 땅은 신의 소유다 라는 것을 토판과 장식판에 기록했습니다.

2. 주전 2,100년 우르남무 법전(Ur-Nammu)

우르남무(2112~2095)의 아들인 슐기 시대에 제정된 법전으로 170행의 서문과 37개 법 조항이 있습니다. 아브라함이 주전 2,090년쯤에 살았으니 이 법은 아브라함, 이삭, 야곱이 살던 사회를 이해하는데 도움이 됩니다.

강간범에 대한 형법, 가족법, 결혼, 이혼법, 신체상해, 노예에 관한 규정, 거짓증언, 재산, 고아와 과부 보호법, 약자들에게 관심이 있고 배상법이 들어 있다.

3. 주전 1,750년 함무라비 법전(Hammurabi)

날 보러 와요~ 영국의 대영 박물관에 있어요~ 나, 함무라비야.
바벨론 함무라비 왕 통치 32년에 제정된 것인데 서문과 끝을 포함해서 282개의 법문이 있습니다.

서문; 이 법의 목적이 나라의 정의를 구현하고 강자가 약자를 학대하지 않도록 하고 비뚤어진 자를 벌하기 위해 과부와 고아를 정의로 다스리기 위해서 이 법을 제정 했노라.
법문; 위증, 도둑질, 유괴, 불 끄러 가서 하는 도둑질, 군인과 관리의 의무, 농사, 상업, 대부, 이자, 소매상인, 행상인, 결혼, 이혼, 여 사제의 결혼, 지참금 재산 상속 양자. 유산 상속, 노예, 채무, 상해치사, 의사, 수의사, 이발사, 건축가, 임대 문제를 다룬 민법과 살인, 강도, 폭행, 강간에 대한 형법이 있다. 이런 판결문도 있다.

"만일 어떤 사람이 주술(sorcery)을 행한 죄를 고소했는데 증거가 없을 경우에는 주술을 했다는 사람을 강에 빠뜨려 보라, 만일 그가 살아 나오면 고소한 사람은 사형에 처해지고 그의 재산은 고소당한 사람의 것이다. 하지만 만일 강이 그를 삼키면 죽은(고소당한) 사람의 재산은 그를 고소한 사람이 것이 된다. " 헤엄쳐서 나오면 무죄! 수영 못하면 유죄! 수영 못하면 죽는 그런 법을 가진 나라가 있었군요.

십계명을 고대 근동의 법들과 비교한 스탐(J.J.Stamm)은, 그들은 이웃에 대한 인간 관계가 이중적인데 하나님과 관련된 계명들은 이스라엘을 이웃과 분리한다면서 이는 십계명이 하나님의 선물로 간주하는 명분을 제공한다고 해석했습니다. 아브라함 시대에도 십계명이 있있습니다. 불문법으로요. 창 26:5 에서, 하나님은 "아브라함이 나의 말(my voice)에 순종하고, 나의 명령(charge)을 지키며 나의 계명(commandments)과 나의 율례(statutes)와 나의 법도(laws)를 지켰다"고 말씀하십니다. 그가 돌판의 계명을 이미 가졌다는 말은 계명의 전 우주적인 보편성을 뜻합니다. 예레미야는 토라가 돌판에 쓰여진 것(겔36:26)이 아닌, 마음 판에 쓰여진 것(렘31:33)으로 내면화 될 때를 미리 내다 보았습니다.

51
십계명을 복음에 싸서 드세요

십계명 돌판 세트는 마치 식빵 처럼 생겼어요. 두 조각 사이에 푸짐하게 들어간 잼, 양상추, 계란 후라이, 치즈는 복음이라고 생각하고 드시면서 시 19:7 - 11을 읽어 보세요. 이 중에서 눈 밝아지고 싶으면 뭐죠?

> "여호와의 율법은 law 완전하여 영혼을 소성케 하고
> 여호와의 증거는 statues는 확실하여 우둔한자로 지혜롭게 하며
> 여호와의 교훈은 precept 정직하여 마음을 기쁘게 하고
> 여호와의 계명은 The commandments 순결하여 눈을 밝게 하도다
> 여호와의 법 judgment 도 진실하여 다 의로우니
> 여호와의 규례는 ordinances 확실하여 다 의로우니. "

율법 + 증거 + 교훈 + 계명 + 법 + 규례를 믹서에 다 넣고 갈아 보세요. 그 맛은? 11절에 있습니다.

「11절. 또 이것으로 경고를 받고 이들을 지킴으로 상이 크니이다.」

🎵 '반짝.반짝 작은 별'리듬에 맞춰서 불러 보세요.

Sparkle, Sparkle, shine so bright
Shiny words in Jesus
one, two, three, four, five, and six,
seven, eight, nine, ten! the ten commandments
Sparkle, Sparkle, shine so bright
Shiny words in Jesus.

3부.. 새 시대에 새로 쓰는 십계명

모든 인간은 하나님의 용서에 의해 구원됩니다. 계약자가 계약을 파기한 죄인을 살리려면 용서 역시 새 계약이 필요합니다. 새 계약 문서라고 할 신약 성경의 첫 페이지 족보는 누가 누구를 낳고, 낳다가 요셉이라는 남자에게는 특별한 부언 설명이 있습니다. "요셉은 의로운 사람이라" 마 1:19 일부분.

성경시대에 의로운 사람이란 십계명을 준수하는 사람을 뜻하는데(눅 1:6참고) 신약의 첫 페이지는 십계명을 준수하는'의로운' 한 사람으로 시작합니다. 구약이 선악과로 시작해서 호렙 산 계명으로 마쳤듯이 신약은 계명의 위인으로 시작해서 성경 전체를 마감하는 요한 계시록은 십계명을 심사기준으로 하는 심판으로 종결됩니다(계 22: 11-15참고).

"개들과 점술가들과 음행하는 자들과 살인자들과 우상 숭배자들과 및 거짓말을 좋아하며 지어내는 자는 다 성 밖에 있으리라" 계 22:11, 12, 14, 15. 참고.

1장
새 시대의 십계명!

"이 달을 너희에게 달의 시작 곧 해의 첫 달이 되게 하고" 출 12:2.

출애굽 구원사는 날짜를 새로 세는 시작이었듯이 예수님이 오셔서
지구의 나이는 다시 세게 되었습니다. 역사의 게이지를 제로(zero)로
돌리고 새로 계수하는 AD연표.
*주후 4년경에 우리나라는 한사군, 중국은 진시황제를 지나서
신나라였고 세계는 오리엔트에 집중했을 무렵입니다.

예수께서 "자기 땅에" 오시므로 십계명은 어떻게 해석되었을까요?

"새 계명을 너희에게 주노니 서로 사랑하라 내가 너희를 사랑한 것 같이
너희도 서로 사랑하라 너희가 서로 사랑하면 이로써 모든 사람이
너희가 내 제자인 줄 알리라" 요 13:34, 35.

52
신부수업 노트정리

4 천년 역사의 구약이라는 긴 터널을 통과하고 새 시대를 위한 새 계명이 문을 열었습니다. 새 계명은 유대인이나 이방인이 서로 사랑해서 하나 된 그리스도의 신부의 기쁨입니다. 아래의 도표를 참고하세요.

	과 거	현 재 (새 계명시대)	미 래
결혼의 신성성	하나님과 이스라엘의 계약	예수 그리스도와 이방의 구원 계약	어린양 혼인잔치
중매자	모세 모세가 이스라엘 백성을 하나님 데려오다	성령 하나님 성령께서 우리를 예수 그리스도께 인도하신다	성3위 하나님
결혼조건	내 언약을 지켜 행하면 열국 중에 내 소유가 되리라 출19:5	예수님을 영접하고 그 이름을 믿으면 영생을 상속 받는다 요 1:12	빛나고 깨끗한 옳은 행실의 세마포 옷
준비	몸을 씻고 옷을 빨고 성결케 하라. 출 19:10-14 산 아래서 3일을 기다려라 출 19:11	물 세례 오실 예수님을 기다림	어린양의 혼인 기약이 이르렀고 그 아내가 예비 되었다
장 소	시내산 -출 19:16-17	교회	신랑이 처소를 예비하심. 요14:2-3
신랑입장	우뢰와 번개와 빽빽한 구름이 산위에 있고 나팔소리와 불 가운데 여호와께서 강림하심이라 출 19:18	피,불,연기 성령세례와 성령 충만한 생활	번개와 불꽃가운데 예수 그리스도의 강림. 마 24:27, 살후 1:7
십계명선포	열 문장의 명령을 받아 들인다는 계약 체결과 선포 출 19:8, 출 24:3.	새 계명선포 요 13:34	계명을 지킨 자에게는 상급을, 회개치 않은 음녀에게 심판 할 것임
증인	천사들과 하늘과 땅	믿음의 공동체	허다한 증인
결혼생활	내가 네게 장가들어 영원히 살리라 호 2:19	신령한 교제와 그 분에게 만 헌신하는 거룩한 삶	영원한 천국생활
주기적인 점검	십계명을 교본으로 선지자를 통해	십계명 말씀과 성령을 통해 회개와 성결유지	완성 신세계

53
새 시대 사람들이 본 십계명

"주의 은혜의 해" 눅 4:19.

고작 3년의 공 생애를 보낸 예수 그리스도가 새 역사의 주인이라는 점을 단지 서구 문명의 영향으로 돌려야 할까요? 하나님이 낮아 지기로 작정하고 사람이 되신 "때가 차매" 오신 예수를 분기점으로 사람들은 십계명을 새롭게 보기 시작합니다. 율법에서 끊임없이 논의 된 "어느 계명이 가장 큰가?"라는 논쟁은 1c에 와서 하나님에게서 사람에게 관심을 모으기 시작했고 주님의 명령이 땅 끝까지 닿으려면 "하나님을 사랑하라는 1, 2, 3, 4계명을 어떻게 이해해야 하는가?"라는 문제에 직면하게 됩니다. 칼빈의 세속화 윤리관이나 리쾨르가 강조하는 십계명의 보편성은 이웃사랑 계명에 초점을 맞추고 있습니다. 이는 십계명이 어느 시대에나 적용되는 보편성과 영속성을 말합니다.

하나님의 양보

하나님은 5계명에서 자신의 권리를 부모에게 양보하시는 넓은 사랑을 보이셨듯이 새 계명은 "나를"에서 "서로"라는 수평적 관계로 변화되고 있었습니다. 인간을 위해, 인간에게, 인간을 향한 하나님의 양보, 이것이 Anno Domini, 주 예수님이 통치하시는 시대입니다. 유대인만을 위한 하나님이 아니라 만인이 "하늘에 계신 우리 아버지"라고 부르게 된 분기점이 AD입니다.

1. "하나님을 사랑하라"에서 낯선 이웃으로

1세기 전 후의 유대교는 율법을 어찌 하든지 요약하려는 시도를 했습니다. 모세 오경을 613개의 율법으로, 이를 하나님과 이웃 사랑으로 ,이것을 10계명으로, 이것은 사랑으로 요약되었습니다. 예수의 승천 직후, 그러니까 1C 중엽부터 유대 랍비들은 "하나님을 사랑하라"에서 "이웃을 사랑하라"는 계명에 비중을 두기 시작했습니다(이진희. 2002. p245). 이웃에게 시선을 돌리게 되었다는 뜻이지요. 하지만 '이웃'의 개념은 아직까지 '동족'에 머물러 있었습니다. 예수께서 율법을 요약하신 새 계명이 새로운 것은 유대 사회가 정의내린 '이웃의 개념'을 넘어서 '낯선 이웃'으로 확장되기에 새로운 것입니다.

1c초 힐렐(Hillel)

내 교훈 중에 인간사랑 lemma를 읽으셨소? 아론의 제자들이 되어 평화를 사랑하고 평화를 추구하며 모든 인간들을 사랑하시오!

2c 랍비 아키바(Akiba)
네 이웃을 네 몸 같이 사랑하라는 계명이 토라에서 가장 큰 원리요! The greatest principle in the Torah! [31]

2c 랍비 카니나 (Kaninah ben Dosa)
"이웃을 사랑하라", 모든 세상이 매어 달려있는 바로 그 계명(다바르)이오.(William Bacley. p244).

1c 사도들

바울
이방인의 사도로 부르심을 받았다고 자천하는 바울은 갈라디아서 5:14과 로마서 13:8-10에서, 온 율법을 요약할 수 있는 계명을 그는 '이웃 사랑'이라고 이해했습니다.

> "남을 사랑하는 자는 율법을 다 이루었느니라" 롬 8:8요약.
> "모든 율법은 네 이웃을 네 몸과 같이 사랑하라 하신 말씀 속에 다 들어 있다" 갈 5:14.
>
> "이웃을 사랑하는 사람은 율법을 다 이루었다. '간음하지 말라, 살인하지 말라, 도둑질하지 말라, 탐내지 말라'는 계명과 또 그 밖에 다른 계명이 있을지라도, 모든 계명은 '네 이웃을 네 몸과 같이 사랑하라' 는 말씀에 요약되었으니 그러므로 사랑은 율법의 완성이라" 롬 13:8-10.

요한
예수님을 가장 가까이에서 동행한 요한은 옛 것에서 새 것이 나왔다고 말합니다.

> "부녀여, 내가 이제 네게 구하노니 서로 사랑하자 이는 새 계명 같이 네게 쓰는 것이 아니요 처음부터 우리가 가진 것이라" 요이 1:5.
> "또 사랑은 이것이니 우리가 그 계명을 따라 행하는 것이요 계명은 이것이니 너희가 처음부터 들은 바와 같이 그 가운데서 행하라 하심이라" 요이 1:6.
> "너의 자녀들 중에 우리가 아버지께 받은 계명대로 진리를 행하는 자를 내가 보니 심히 기쁘도다" 요이 1:4

야고보
예수님과 한솥 밥을 먹으며 자란 동생 야고보는 예수의 삶을 가장 가까이 보면서 그의 정신을 이해한 사람이라고 볼 수 있겠습니다. 야고보는 이웃사랑을 최고의 법이라고 말합니다.

---

3 1 Gedalia Peterseil, 1998.*Tell it from the Torah, Va'yikra, B'midbar, Devarim. Vol 2.* p54,55. New York : pitspopany press.

"너희가 만일 성경에 기록된 대로 네 이웃 사랑하기를 네 몸과 같이 하라 하신 최고의 법을 지키면 잘하는 것이다" 약 2:8.

예수의 새 계명은 유대 사상에까지 편만하게 영향을 끼쳤으며 바울, 요한, 야고보에 의해 설명되고 있습니다. 사실, 사랑의 소명은 베드로가 받았는데(요 21:15~17참고) 현장에 가져 간 사람은 베드로 곁에서 귀동냥으로 배운 요한이로군요.

2. "본래는 그렇지 아니하니"

십계명은 애굽의 옛 구습과 법을 던져 버린 새 사람들과 맺은 새 계명이었듯이, 역사의 분수령을 넘어 새 시대의 사람들에게 선포된 예수의 새계명은 "낯선 세상 끝"을 향하고 있어서 새롭습니다. 새롭다는 것은 잊혀진 것을 되 찾은 것이기에 새롭게 느껴집니다.

모세는 이스라엘의 관념적 시민의식보다는 이방 세계에 더 익숙하다. 신학자들은 그가 개혁을 좋아하고 새로운 문화에 적응을 잘하는 이를테면 진보주의자라는 평을 준다(민 27장 참고). 출애굽이라는 구원사에 이방인들도 받아들인 그의 개방적 사고방식은 결혼관에서도 잘 드러난다. 히브리 문화보다 이교 정서에 익숙한 그가 이스라엘 공동체의 일원이 된 구스 여인과의 재혼은 어찌 보면 당연한데도 "낯선 이웃"에게 인색한 관습이 그의 발목을 비틀 때 보여 준 진화작업은 관용의 소질을 보여 준다. 하지만 그는 여론을 의식해서 이혼법도 자유로운 잣대로 옮기고 경계심이 없었다. 청빈이 모세의 장점이라면(민 16:15 참고) 지계 표를 헐어 버린 점은 치명적인 실수로 남겨졌다. 그는 하나님의 지시마저도 자기의 잣대로 움직이고 만다. 진보의 허점이다.

예수님이 오셔서 모세가 옮긴 지계 표를 원래 자리로 되돌리셨어요. "본래는 그렇지 아니하니라." 본래의 것을 찾으니 계명은 새롭습니다. 그래서 해석(할라카)이라기보다는 원래대로 바로 잡았다는 표현이 적절합니다.

"예수께서 이르시되 모세가 너희 마음의 완악함 때문에 아내 버림을 허락하였거니와 본래는 그렇지 아니하니라" 마 19:8.

3. "옛사람에게 말한 바, 그러나 나는 너희에게 말한다"

예수께서 유대인으로 오셔서 보니 온통 모세 신드롬입니다. 예수께서는 그의 후광에 가려져서 빛을 보지 못하셨습니다. 비교 당하는 것도 유 분수지, 말 끝마다 대 놓고 모세입니다.

모세, 모세, 우리 선생 모세. "우리는 모세의 제자라" 요 9:28.

당신은 누구의 문하생이오?

"이 사람은 배우지 아니하였거늘 어떻게 글을 알지?" 요 7:15.

"예수? 미친 사람 같아." 막 3:21.

걸핏하면 모세를 들먹이는 그들에게 "모세는 너희 마음의 완악함 때문에"(마 23:2)라고 해명하셔서 라이벌 구도로 몰아가는 그들의 장단에 놀아나지 않으셨습니다. 예수께서는 계명의 본 뜻을 바로 잡으실 때도 "옛 계명"이라고 하지 않고 "옛 사람"이라고 하셨으니 계명이 옛 사람들에 의해서 왜곡 되었다는 뜻입니다. 예수께서는 "전통"의 오류도 바로 잡으셨습니다.

> "옛 사람에게 말한 바 살인하지 말라 누구든지 살인하면 심판을 받게 되리라 하였다는 것을 너희가 들었으나 나는 너희에게 이르노니" 마 5:21, 22부분.
> "또 간음하지 말라 하였다는 것을 너희가 들었으나 나는 너희에게 이르노니" 마 5:27, 28 부분.
> "예수께서 이르시되 그러므로 천국의 제자된 서기관마다 마치 새 것과 옛 것을 그 곳간에서 내오는 집주인과 같으니라" 마 13:52.

구약에서 신약이 나오고, 안식일 계명에서 주일성수 계명이 나오고 하나님 사랑에서 이웃사랑이 나오고 옛 것에서 새 것이 나왔듯이 예수님은 계명에서 새 계명이 나오게 하시는 분이십니다. 아이히로트는 (Walther Eichrodt) "유대사회는 모세 오경을 613개의 율법으로 요약하고 이를 쉬마와 이웃사랑으로, 이것을 10계명으로, 예수는 이것을 사랑으로 요약했다"고 말합니다.

3. 네 믿음을 이웃에게 보여라

> 사마리안이 강도 당한 사람을 치료했다면
> 강도를 때려 잡는 일은 경찰의 일이고
> 강도를 회심시키는 일은 제사장과 레위인의 몫이다.

"네 이웃"이라는 단어가 네 차례나 언급된 십계명이 말하는 "이웃"을 유대사회는 "동포(레아)와 거류민(게르)"에 제한해서 적용하기 때문에 인간을 율법의 관할 아래 있는 존재로 보았고 '서로' 와 '밖' 으로 나눠서 인식했습니다. 예수님 시대의 산헤드린을 이끈 유대지도자 샴마이 하자켄의 "오직 하나님을 사랑하라"는 신앙은 사람에게 냉정했습니다. 눅:25~37에서 "누가 네 이웃이라고 생각하니?"라는 질문은 이런 샴마이학파의 유대종교와 깊은 연관성이 있는 물음입니다. 종교적인 이유로 서로 상종하지 않는 사이인 걸 알면서 기분 나쁘게 고매한 율법사들을 우상숭배자와 비교하시다니. 유대인들이 사유하는 이웃개념을 뒤 집는 사마리안 비유는 분명 질문한 율법사의 속 뒤집어 놓는 말 일텐데 그는 지성인답게 예수님의 의도를 알아 들었습니다.

시간의 여유가 있는 한가로운 여행자
그의 전대에는 돈도 있고 의료장비에, 건강식품도 있고 정신없이 바쁜 것도 아니다.
그는 강도에게 당한 사람을 여관에 맡기고 돈 쥐어 주고 떠났다.
자기 돈 써 가며 남을 돕는 그 사람? 알고보니 교회 다니지 않는 우상숭배자였어!
이거, 저녁 뉴스에 보도되면?

레위 인이나 제사장은 업무에 바쁘고 시간에 쫓겨 사는 직업인을 상징합니다. 퇴근해서 샛길로 내 빼지 않고 가족 봉사하러 부지런히 집에 가는 훌륭한 가장이 유대아버지들이란 점은 대외적으로도 높이 평가 받지요. 우리도 바쁘다는 핑계로 이웃의 세계 속에 사는 것이 아니라 동료의 세계 속에 삽니다.
우리는 사마리안, 유대관원(마 19장), 양과 염소이야기(마 25장)를 들으며 믿음보다 선행이, 이웃이 더 중요한 줄로 오해 할 수 있습니다. 예수의 상대자들은 율법에 맹신자들이었기에 이웃사랑을 강조하셨던 것입니다. 나병에서 해방된 사마리안에게는 믿음을 요구하셨습니다(눅 17:19). 그 시대의 필로는 하나님사랑이 이웃사랑으로 급전환하는 것을 우려하며 "두 부분 모두를 존중할 때 비로소 온전해 진다"고 말했습니다. 이 비유의 의도와 대상을 아는 우리는 은을 얻기 위해 금을 버리지 말아야 겠습니다.

54
천생연분

"이 말씀을 하시고 그들을 향하사 숨을 내쉬며 이르시되 성령을 받으라" 요 20:22.

시내 산 사건 후 대략, 1,500여년이 지난 AD 30년 남짓 된 그 날은 이스라엘이 시내 산에서 하나님과의 결혼기념일을 기념하는 오순절이었습니다. 유대인들의 믿음대로 그 기념식 아침 9시, 하늘 문이 활~짝 열렸어요! 성령이 바람같이, 불이 혀 같이 강림했습니다. 성령을 받으라고 하신 예수님은 성령을 보내셨습니다. 신학자들은 이 날을 그리스도의 신부가 되는 교회가 탄생한 날로 해석합니다. 십계명이 태어난 날(성부), 부활하신 주의 날(성자), 교회의 탄생(성령). 이 셋은 생일이 같습니다! 이런 인연을 천생 연분이라고 합니다.
하나님은 위험한 바벨 탑을 보시고 그 분 만이 아는 패스워드로 인간의 소통 넷(network)을 잠그시는 바람에 선포되어야 할 말씀이 제약 받으셨는데(창 11:5 참고)이 암호가 오순절에 "불이 혀 tongue 같이 갈라졌다." 즉, 말(다바르)이 풀린 날입니다. 땅끝까지 새 계명이 퍼져나가기 위한 이것 역시 선물입니다.

55
십계명 공부의 신 강림하시다

법학, 화학, 경제, 교육, 해부학, 혈액형 구분, 의학, 예술, 다이아몬드 세공, 과학 분야의 노벨상! 정보통신, 래리 페이지, 세르게이 브린, 요엘 마르크, 프로이드, 아인슈타인, 패션, 홈쇼핑, 식품.., 유대인들의 성공사례를 손으로 꼽자면 끝이 없다. 어떻게 해서 유독 유대인들은 세상에서 탁월하다는 이미지의 대명사가 되었을까? 유대인 두뇌의 신화는 어디까지 갈까? 다른 민족에게는 없는 어떤 장점이 그들에게 주어졌을까? 그들의 대답이 이렇다.

"얘들아, 우리 조상은 원래 일자무식 노예였단다. 그런데 공부의 신이 강림해서 십계명과 토라를 주면서 하도 '공부해라, 공부해라, 앉으나, 서나, 자나, 깨나 공부하라(이 말씀을 강론하라)'고 하도 채근하는 바람에 공부하다 보니 까막눈이 환 하게 열렸단다. 하나님은 지금도 1년에 한 번 하늘 문을 활짝 여시고 지혜를 쏟아 부어 주시지. 그 날이 오순절이야. 십계명을 왜 주셨는지 아니? 공부하라고!"

십계명 기념일인 오순절은 공부하는 명절입니다. 시내 산 십계명은 유대 민족을 사막의 떠돌이로 두지 않고 공부하는 민족으로 만들었습니다. 하나님은 공부의 신 이시니까요. 지금도 보좌에서 책 펴 들고 계시잖아요 (계 5:1, 20:12). 지혜가 별처럼 쏟아지던 그날 밤, 기억하시지요? 하늘이 열리고 공부의 신이 강림하셔서 주신 십계명 교과서. 십계명이 태어 난 이 날을 기념하는 오순절에 이스라엘을 여행해 보셨습니까?

56
공부하는 명절

모세 자손들이 지금도 십계명 생일잔치를 쩍지게 차립니다. 하얀 케이크, 하얀 아이스크림, 하얀, 하얀, 하얀 음식들이 전국에 쏟아 져 나옵니다. 전국의 학생들은 3일 전 부터 몸단장하고 하얀 옷 걸치고, 회당에 모여서 와자지껄 철야 기도하며 십계명 공부를 합니다. 1년에 한 번, 전 국민이 회당에 나와서 철야공부하는 명절이 오순절입니다. 아이들은 십계명 생일인 오순절에 지혜를 받으려고 회당에 모여서 밤새 십계명과 룻기를 읽습니다. 유대인들의 믿음처럼 진짜 오순절에 하늘(영계)이 열리고 지혜가 별처럼 쏟아졌어요. 행전 2장을 읽으세요.

우리나라는 수능 앞 둔 자녀의 부모님들이 "너, 공부해, 엄마가 기도할게"라면서 기도 대행업까지 하는데 이건 아니죠. 하늘이 열리는 개천절인데 지혜가 별처럼 쏟아지는 밤, 하나님은 답례품으로 지혜를 준비해 두십니다.

신학자들은 십계명의 생일인 오순절을 이방인이 들어오는 신약 교회의 출발점으로 본다고 앞에서 말했지요? 유대인과 이방인이 사랑으로 구원 동아리가 되는 Anno Domini, 교회는 주님이 다스리시는 제사장 나라이며 우리는 그 권속입니다(벧전 2:5, 2:9 참고). 그 목적은 "아름다운 덕(선)을 선포하게 하려 하심이라."

1. 십계명 생일에 하는 졸업식 전통

지금도 이스라엘에 가면 오순절 명절에 결혼식을 하고 학생들은 이 시즌을 기다렸다가 졸업식을 합니다. 이스라엘 백성이 밀 익는 오순절에 십계명을 수여 받았고 무지에서 벗어났다고 여겨서 이 날 밀단과 샤브옷 꽃 화분 가운데 서서 졸업식 사진을 찍고 야단법석입니다. 십계명 수여식이 그들에게 새로운 시작이요 민족의 출발이었듯이 성령 강림절은 새로운 시작이요 출발입니다.

2. 성령강림

예수님은 죽어서도 안식일을 지키시더니, 부활하시고, 그리고 승천하신 날도 제자들의 안식을 방해하지 않으시려나봐요. 오순절 아침 9시, 그 날은 안식 후 첫날 아침이었습니다(날짜 해석은 다른 견해도 있다). 시내 산에서는 신의 언어를 들었는데 이 날 신(神)의 언어로 사람들이 말을 합니다. 성령의 말하게 하심을 따라 다른 방언으로 말하기를 시작했답니다(행 2:4).

그 날은 세계 각처에서 오순절 명절 쇠러 온 유다의 성인 남자들이 예루살렘에 머물 때 입니다. 시내 산기슭에 엄청난 인파가 몰려 있었듯이 여기에도 세계 각처에서 온 하객들이 엄청 많이 참석했군요. 다락방에는 16개국의 대표들이 참관했는데 그중에는 아프리카에서 온 유다인 들도 있었습니다(행 2:10).

이렇게 되어 이스라엘 백성이 십계명을 받은 오순절은 신약의 신자들에게 성령 강림절이 되었답니다.

57
성령과 십계명

바울이 은혜시대의 고린도 교회와 에베소 교회를 상대로 싸워야 했던 것도 방종 때문이었다. 바울 이후에도 십계명 폐지론자들은 계속적으로 교회가 윤리적 문제로 고민하게 만들었다. 우리는 합리적인 규범이 필요하고 급진적인 개혁성을 잃지 않기 위해 종교적인 죄 의식이 반드시 필요하다. 도덕성은 신앙과 관련이 있다.

"성령 받아야 사람된다"는 말은 맞지만 오히려 성령도 모르는 사람 중에 사람도리를 잘 하는 사람들이 있습니다. 성령 충만과 윤리의식은 어떤 관계일까요? 다음의 이야기가 도움이 되실 것 같습니다. 여러분도 하나님이 에스겔에게 출제한 수수께끼에 응모해 보세요. 겔 17:1~24에 있습니다.

하나님이 에스겔에게 수수께끼를 내셨다.

알록달록 아름다운 깃털을 가진 큰 독수리 한 마리가 레바논의 백향목(=송백나무) 끝에 돋은 연한 햇순을 꺾어서 입에 물고 가서는 장사하는 상인의 성읍에 두고 그 대신 땅의 종자를 꺾어 옥토에 심되 수양버들 가지처럼 큰 물 가에 심었다. 싹이 돋고 나무는 넝쿨을 벋으며 무성한 가지를 만들었다. 어떤 나무인지 아느냐?

-포도나무요!

맞다.

그럼, 독수리는 누구를 말한 건지 맞춰 봐

-독수리는 하나님을, 포도나무는 이스라엘 백성을 상징합니다.

맞다.

상인의 "종자 한알쯤이야" 그냥 물어 오면 어때서 "이거, 가지세요"라면서 누구의 소유도 아닌 야산 백향목 햇가지의 연한 햇순(=최상품)을 주고 상인의 종자를 취한다는 이 전개는 하나님 자신이 "나? 윤리의 신이야"라는 또렷한 암시를 줍니다. 선악과 한 알 쯤이야, 나 하나 쯤이야, 시날 산 코트 한벌 쯤이야, 씨알 하나 쯤이야, 라는 이 건방진 태도는 질이 나쁜 도둑입니다. 구원받으면 만사 프리패스라는 사고방식은 폭력입니다. 성령 받아도 하나님을 아는 지식인 계명으로 훈련받아야 합니다. 성령과 십계명은 한 세트입니다. 호세아는 "이 백성이 하나님을 아는 지식이 없어서 망한다"고 했습니다. 호 4:6 참고.

> "여호와는 지식의 하나님이시라 행동을 달아 보시느니라" 삼상 2:3.
> "성령과 신부가 말씀 하시기를 오라 하시는 도다 듣는 자도 오라 할 것이요 목마른 자도 올 것이요 또 원하는 자는 값없이 생명수를 받으라 하시더라" 계 22:17.

"성령과 신부"라는 말씀에 주목! 신부? 미련한 다섯처녀 아시죠? 성령의 기름부음과 십계명이 없는 마네킹 처녀요. 오순절 혼인잔치는 미래 어린양 혼인잔치를 보여주는 프레젠테이션이라는 것 아시지요? 그들이 시내 산에서 받은 선물이 십계명이었다면 성령 받은 사람은 십계명을 배워야 세트가 맞춰 집니다. 라틴 문화에 "인간의 법은 범법자의 손을 속박하지만 하나님의 법은 영혼을 제어한다."라는 말이 있습니다.

58
십계명과 룻기 ; 오순절 로맨스

애굽이 싫다며 이스라엘을 따라 나온 허다한 이방인들(구원에 합류한 자들)도 십계명을 받았다는 점에서 십계명이 이방인 구원언약의 예표라고 이미 말했습니다. 성령은 십계명 기념절인 오순절에 강림했습니다. 이

날 마가의 집에 120명이 모여서 "더불어 마음을 같이하여 오로지 기도에 힘썼다"고 합니다(행 1:14). 유대 전통은 오순절에 십계명과 룻기를 읽고 십계명과 시편의 회개의 시를 읽으며 회개합니다. 이스라엘 백성이 십계명을 받기위해 3일 동안 물로 씻어 정결하게 했듯이 영적 정화 작업을 하는 것이지요. 이방어인 룻과 보아스의 밀애가 오순전 밀 추수 기간에 있었다는 것은 영적으로 중요한 의미를 갖습니다. 룻이 유대주의로 개종하고 토라의 삶을 살았다는데 큰 의미를 두고서 오순절에는 연례 행사처럼 룻기를 읽습니다. 이것은 우리에게도 영적인 교훈을 줍니다. 오순절 명절에 이방 여인 룻이 이스라엘에 편입 되었듯이 이날 이방인들이 구원에 들어오는 생명의 대로가 열렸습니다(행 2장).

"어머니의 백성이 나의 백성이 되고 어머니의 하나님이 나의 하나님이 되시리니" 룻 1:16.

십계명 명절 오순절을 기점으로 이스라엘의 하나님이 우리의 하나님이 되셨습니다. 룻기에는 오르바와 룻이라는 두 여인이 갈라집니다. 열 처녀의 비유처럼. 신학자들은 이것이 마지막 때에 나뉘게 될 교회의 모습이라고 해석합니다. 하나님은 이방인의 구원을 창세전에 기획하셨고 오순절에 읽는 십계명에 담아 두셨습니다. 십계명과 룻기서가 한 세트로 움직이는 것은 이방인과 십계명이 깊이 결속되어 있음을 시사합니다. 오순절 명절 때 이스라엘을 방문하면 시내 산에서 하나님과 이스라엘은 혼인 계약을 맺었다고 해서 이 명절 시즌에 타작한 밀밭에서 야외 결혼식을 하는 오순절 커플들을 많이 볼 수 있습니다. 마치, 미래의 어린양 혼인 잔치를 예행연습 하는 것처럼 보였습니다.

 알고가기

하나님이 시내 산 언약을 보여 주셨고 이것을 유대인들의 혼인 예식에 반영되어 오늘 날까지 이 전통이 이어 오게 하신 것은 이방 여인 룻처럼 언약에 들어 올 신약의 성도들을 위해서 라는 점, 잊지 마세요. 십계명 명절인 오순절은 장차 예수님의 신부가 될 우리의 견본입니다.

59
폐막과 시상식; 오순절 쯔다카

"그 날에 하늘이 불에 타서 풀어지고 물질이 뜨거운 불에 녹아지려니와 우리는 그의 약속대로 의가 있는 곳the home of righteousness.인 새 하늘과 새 땅을 바라보도다" 벧후 3:13.

폐막식의 하이라이트는 시상식이지요(출 20:19~26참고). 십계명을 주신 하나님은 "그들과 그 자손이 영원히 복 받기를 원하노라"고 하셨습니다(신 5:29). 바울은 미래 시상식의 기쁨을 이렇게 표현했습니다.

"나를 위하여 의의 면류관이 예비 되었으므로 주 곧 의로 우신 재판장이 그 날에 내게 주실 것이며 내게만 아니라 주의 나타나심을 사모하는 모든 자에게 도니라" 딤후 4:8.

늦봄 오순절은 온 들판이 황금빛으로 출렁이는 풍요로운 축복의 계절입니다. 이 계절에 십계명을 주셨고 보아스는 룻에게 밀을 자루 째 선물했습니다. 그래서 축복의 십계명입니다. 오순절이 주는 번영은 가난한 이웃을 돌아보기 위해서입니다. 십계명의 기념절인 오순절은 만인의 영과 육이 배로 누리는 축복의 상여금(Bonus)지급의 계절입니다. 십계명과 오순절이 축복을 실어 나릅니다. 여러분은 평소에 전혀 알고 지내지 않는 누군가에게 시상(상여금 지급)을 하시기 바랍니다. 쯔다카(구제)와 선행은 하늘과 현세에서 환급받습니다. 이것이 십계명을 받은 예수의 신부들이 해야 하는 사역입니다. 그래서 이 책의 타이틀이 "축복의 십계명"입니다. 주고받는 축복!

"오직 너희를 위하여 보물을 하늘에 쌓아 두라" 마 6:20.
"네 소유를 팔아 가난한 자들에게 주라 그리하면 하늘에서 보화가 네게 있으리라" 마 19:21.

60
행한 대로 받는 날

오늘날의 윤리교육 또는 인격 교육을 어떻게 시킬 것인가의 문제가 세계적 관심사가 되어 있다는 것은 그만큼 우리 사회가 윤리적이지 못하다는 말입니다. 인간 만능의 현대는 어떠한가! 종말론이 없습니다. 그런데 읽으십시오.

"내가 줄 상이 내게 있어 각 사람에게 그가 행한 대로 갚아 주리라" 계 22:12 일부분.
"이는 그들의 행한 일이 따름이라 하시더라" 계 14:13 일부분.

하늘의 복, 땅의 복, 원천의 복, 내세와 금생에서 누릴 상금을 거실 만큼 하나님의 의지가 대단하십니다.

"보좌에 앉으신 이 앞에 엎드려 세세토록 살아 계시는 이에게 경배하고 자기의 관을 보좌 앞에 드리며 이르되" 계 4:4요약.

♪면류관 벗어서 주 앞에 드리세 ♬ 현찰 청구자는 신28:1, 28:12~14을 읽어 보세요. 하지만

불 순종하는 자들은 금세와 내세에서도 저주와 심판이 있을 뿐이라는 사실도 명심해야 하겠습니다(신28:20~68참고).

"개들과 점술가들과 음행하는 사늘과 살인자들과 우상 숭배자들과 및 거짓말을 좋아하며 지어내는 자는 다 성 밖에 있으리라" 계 22:15.

 알고가기

> 옥수수 장사하다가 천국에 가신 양숙이 할머니가 천사를 붙들고 "일감 없수?" 라며 일을 달라고 합니다. 천사가 "양숙이 할머니, 천국에는 안식일만 있는 곳입니다"라고 했어요. "아니? 월, 화, 수, 목, 금, 토가 없다고요?" "예, 여기는 안식일만 있어요. 그리고 옥수수 먹을 사람도 여긴 없어요."
> 엿새는 세상을, 주일은 천국생활을 뜻합니다. 교회에 오면 회사에 있을 때 보다 착해지지요? 교회가 천국이기 때문입니다. 착한 하나님과 지내면 착한 사람이 됩니다. 4계명은 장차 하나님 나라에서의 안식을 연습하는 실습하는 날입니다.

61
예수안에서 은혜로운 계명

"나를 사랑하고 내 계명을 지키는 자에게는 천대까지 은혜를 베푸느니라" 출 20:6.
"그를 믿는 자는 심판을 받지 아니하는 것이요 믿지 아니하는 자는 하나님의 독생자의 이름을 믿지 아니하므로 벌써 심판을 받은 것이니라" 요 3:18.

십계명은 여호와(예수)의 사랑 안에서만이 은혜입니다. 왓슨(Wattson)은 "그리스도 안에서 하나님은 은혜로우시다. 그리스도 밖에서 우리는 하나님의 권능과 공의와 거룩을 보게 된다"는데 그렇습니다. 하나님은 예수 안에 있는 자에게 자비하십니다. 마틴 루터는 "누구나 선행을 알고 행하려는 사람은 하나님의 계명에서 찾아야 한다"고 했습니다.[32] "사람은 할 수 없으되 하나님은 다 하실 수 있다"(마 19:26) 고 하신 이 은혜는 "예수로 말미암아"입니다(요 1:17). 예수께서는 "인자가 땅에서 죄를 용서 할 권한이 있다"(막 2:10)고 하셔서 율법이 정한 죄는 유한하다는 것을 보여 주셨습니다.

"예수께서 대답하여 이르시되 건강한 자에게는 의사가 쓸 데 없고 병든 자 에게라야 쓸 데 있나니 내가 의인을 부르러 온 것이 아니요 죄인을 불러 회개시키러 왔노라" 눅 5:32.

---

3 2   Martin Luther. 1983. 감수 편집. 지원용. "루터선집 9권 : 세계를 위한 목회자편" p77. 서울: 컨콜디아사.
     원저: Luther's Works.

"주 안에서 부르심을 받은 자는 종이라도 주께 속한 자유인이요 또 그와 같이 자유인으로 있을 때에 부르심을 받은 자는 그리스도의 종이니라" 고전 7:22~23.

모세는 "자기의 손을 통하여"(행 7:25)노예들을 해방시킬 수 있다고 자신했었어요. 그는 "나? 애굽왕자야, 우수한 성적으로 모든 학문을 통달한 재원이야, 나? 하셉슈트공주의 아들이야! 나? 이래봬도 3개 국어에 능한 사람이야." 이 정도면 사람들이 굽신거리며 따를 줄 알았는데 "자기 의(義)"가 소용없다는 것을 알았습니다. 세상의 학문과 배경이 그를 안하무인으로 만들었습니다. 그리스도인의 자유란 "내 의(義)"가 얻어 낸 획득이 아닙니다. 의 란, "진리(십계명) 안에서의 자유."이며(갈 4:21~31) 그 자유는 은혜로 얻은 자유이기에 겸손한 자유이며 통치자의 법령안에서 누리는 "의 "입니다.

 '반짝.반짝.작은 별' 리듬으로 불러 보세요

    I'll be the saporous salt
    Like a white and salty good salt
    Love God and Love Neighbors (2회 반복)
    I'll be the saporous salt
    Like a white and salty good salt.

    나는, 나는, 소금
    맛있는 소금
    하나님을 사랑하고, 이웃을 사랑하는
    나는, 나는, 소금
    맛있는 소금.

2장
시내산 미션3

심판!

"성경이 말하는 죄를 이해하려면 시내 산의 윤리라는 명령 앞에서
내 의식을 부숴야 한다." 리쾨르.

사람들은 잘못을 하면 "아이 구, 제가 죽을 죄를 지었습니다"라고 말합니다.

죄를 지으면 죽는다는 것을 압니다.

이 말은 또한 우리 모두가 죽을 죄를 지은 아담의 자손임을 증명합니다.

살 길이 있습니다. 예수 믿고 죄 용서받아 생명을 회복하는 사람들.

어린양의 신부

어린양의 혼인잔치

신부의 자격 박탈 예상자 명단 공개합니다.

혼인문서 십계명!

62
심판!

예수님이 오시기 전의 이스라엘 백성은 죄를 지으면 당장 심판받아 죽었습니다. 그리고 살았습니다. 은혜 시대의 기독교 공동체는 중보자 예수님의 끈질긴 간구로 인해서 처벌이 유예되는 듯합니다.

> "누가 정죄하리요 죽으실 뿐 아니라 다시 살아나신 이는 그리스도 예수시니 그는 하나님 우편
> 에 계신 자요 우리를 위하여 간구하시는 자시니라" 롬 8:34.

하지만 끝까지는 아닙니다. 일어 날 일은 일어났듯이 심판을 재촉하는 사람들로 인해서 그 날은 오고 있습니다. 예수께서는 심판 장부를 미리 보여주셨는데 명단에는 예수께서 권능을 가장 많이 행하신 고라신, 벳세다, 가버나움이 있습니다.

> "예수께서 권능을 가장 많이 행하신 고을들이 회개하지 아니하므로 책망하시되 화 있을진저 고라
> 신, 벳세다, 가버나움아, 심판 날에 두로와 시돈이 너희보다 견디기 쉬울 것이다. 심판 날에
> 소돔 땅이 너보다 견디기 쉬울 것이다. 내가 너희에게 행한 모든 권능을 두로와 시돈에서 행
> 하였더라면 그들은 벌써 베옷을 입고 재에 앉아 회개 하였을것이다." 마 11:20~24요약.

이세벨의 고향 두로와 시돈은 **우상신전이 차고 넘치는 도시였습니다.** 오늘 날, 엄청난 은혜를 누리는 기독교 국가들, 십자가가 세워 진 도시에서 자행되는 악행을 묵인하신다면 예수님은 고라신, 벳세다, 가버나움, 두로, 시돈, 소돔사람들에게 사과하셔야 할 것입니다.

 '반짝.반짝 작은 별'리듬으로 불러 보세요

경이로운 그 말씀	Wonderful, wonderful, wonderful Words
그 말씀이 나를, 온전케 하네	The Ten Words makes me whole.
서문, 1, 2, 3, 4, 5	zero, one, two, three, four, five, &
6, 7, 8, 9, 10,십계명	six, seven, eight, nine, ten, the Ten
경이로운 그 말씀	Wonderful, wonderful, wonderful Words
그 말씀이 나를, 온전케 하네.	The Ten Words makes me whole.

63
어린 양의 혼인잔치

십계명 개막식과 폐막식을 관람하고 오셨나요? 시내 산은 미래 사건의 리허설로 미리 보여 준 예고편이라고 했지요? 그럼, 리얼리티(reality)한 진짜를 봐야 하겠습니다. 종말에 예수께서 그의 신부인 교회를 취하러 오실 때도 번개가 동편에서 나서 서편까지 번쩍임 같을 것이라고 하셨습니다(마 24:27). 재림에 대한 바울의 묘사도 "주 예수께서 불꽃 중에 나타나실 때에."라고 했습니다(살후 1:7). 영화 같은 진짜 혼인잔치에 그 날의 안주인인지, 들러리인지는 여기서 결정됩니다.

> "우리가 즐거워하고 크게 기뻐하며 그에게 영광을 돌리세 어린 양의 혼인 기약이 이르렀고 그의 아내가 자신을 준비하였으므로 그에게 빛나고 깨끗한 세마포 옷을 입도록 허락하셨으니 이 세마포 옷은 성도들의 옳은 행실이로다 하더라" 계 19:7, 8.

> "또 내가 새 하늘과 새 땅을 보니 처음 하늘과 처음 땅이 없어졌고 바다도 다시 있지 않더라 또 내가 보매 거룩한 성 새 예루살렘이 하나님께로부터 하늘에서 내려오니 그 준비한 것이 신부가 남편을 위하여 단장한 것 같더라(생략) 그러나 두려워하는 자들과 믿지 아니하는 자들과 흉악한 자들과 살인자들과 음행하는 자들과 점술가들과 우상 숭배자들과 거짓말하는 모든 자들은 불과 유황으로 타는 못에 던져지리니 이것이 둘째 사망이라" 계 21:1-8요약.

64
어린양의 신부

신랑이신 예수 그리스도께서 바라는 신부의 이상형은? 놀라지 마세요. 단 한 가지 조건을 보신답니다. 영적 순결! 흙수저 든, 금수저 든 상관없이 숟가락이 깨끗하면 밥을 먹지요. 신부이름 아세요? 신자들이 모인 교회 공동체입니다. 교회는 그리스도의 신부를 상징합니다(엡 5:23~32). 신부는 '거룩한 성 예루살렘'으로 묘사되어 있습니다.

> "네 옷을 항상 희게 하며 네 머리에 기름이 부족하지 않게 하라" 전 9:7-9.
> "이리 오라 내가 신부 곧 어린 양의 아내를 네게 보이리라 하고 성령으로 나를 데리고 크고 높은 산으로 올라가 하나님께로부터 하늘에서 내려오는 거룩한 성 예루살렘을 보이니 하나님의

영광이 있어 그 성의 빛이 지극히 귀한 보석 같고 벽옥과 수정 같이 맑더라" 계 21-9-11.

구속받은 공동체를 상징하는 예루살렘은 거룩한 도성입니다(엡 5:29-31참고). 우리는 거룩한 일원입니다. 하나님의 말씀과 기도로 거룩해진(딤전 4:5참고)신부가 아름답게 돋보이려면? 십계명이에요. 십계명으로 곱게 다듬은 옳은 행실은 혼인예복을 아름답게 장식하는 장식품입니다.
죽음도 불사한 사랑으로 주신 십계명은 신부를 보호하는 사랑의 보증이며 신부수업 필독서입니다. 우리는 그 사랑을 이웃에게 보내라는 심부름을 받았습니다. 이것이 예수 그리스도의 신부된 자들의 소명입니다.

65
신부의 자격 박탈 예상자 명단

신부의 자격 박탈 예상자 명단을 미리 공개합니다! 잘 듣고 후회할 일은 하지 맙시다.

    우상숭배자
    살인자
    복술자
    남색, 음행하는 자
    도둑
    거짓말
    탐욕
    계명을 어긴 자 들

"개들과 점술가(1, 2, 3계명), 음행(7)하는 자들과 살인자(6)들과 우상 숭배자(2)들과 및 거짓말(9)을 좋아하며 지어내는 자는 다 성 밖에 있으리라." 계 22:14-15적용. 이외에도 13장, 14장, 9:21, 21:8, 21을 참고하실 것.

회개하면 탈락자 명단에서 이름이 자동 삭제됩니다!

"만일 우리가 우리 죄를 자백하면 그는 미쁘시고 의로우사 우리 죄를 사하시며 우리를 모든 불의에서 깨끗하게 하실 것이요" 요일 1:9.

66
신랑의 성품 알고가기

십계명은 새로운 존재로 살기 위한 삶이 기표다.

필로, 쿠겔은 십계명에서 하나님의 성품을 본다고 말한 신학자입니다. 그런데 십계명에서 신의 성품을 암시하는 단어들을 모아보면 좀 의아합니다. "질투, 사랑, 은혜, 거룩, 용서하지 않겠다(죄 없다 하지 아니 하리라), 3, 4대까지 죄를 갚겠다"는 문구들은 슬쩍 덮고 싶을 정도입니다. 리쾨르는 십계명에 드러 난 하나님의 성품은 에로스, 필레오, 아가페의 총체적 사랑이 섞여 있다는군요. 눅 12:4, 요 15장처럼 가족 간의 애정(스톨게), 친구들과 즐기게 될 우정(필리아), 생명을 창조하기 위해 희생을 통과하는 무궁한 사랑 (아가페)으로 말입니다.

'사랑'을 뜻하는 히브리어 '아하브' 의 어원은 "나는 너에게 준다"(D. Lapin. p83)는 뜻인데 질로 말하자면 "합리적이고 냉정한 성격"을 나타낸다는 해석도 있습니다(나학진. p236). '아하브'란 말이 그리스어의 신약 성경에서 '아가페'로 번역되면서 헬라문화의 정신이 스며든 것 같습니다. 우리는 예수님에게서 합리적이고 차갑고 냉정한 면을 겸해서 봅니다. 투자자에게 억하심정을 가지고 한 푼도 이익 창출을 내지 않은 자에게는 매몰차게 "이 무익한 종을 바깥 어두운 데로 내쫓으라"(마 25;30, 22:13)고 하시고, 위선자들에게는 화가 있을 것이라고 하시고, 복음을 거절하는 집이나 도시를 떠날 때는 "발의 먼지를 떨어버리라"고 하셨습니다(마 10:14,15). 우리는 예수님의 사랑을 내가 보고 싶은 부분만 보는 것은 아닌지, 그렇다면 우리는 스스로 속이는 것입니다. 범우주적인 헷세드(ex. 마 5:45)의 자비심과 아하브의 사랑은 다른 차원입니다.

 '반짝.반짝 작은 별'리듬으로 불러 보세요

반짝 반짝 빛나리 Sparkle, Sparkle, shine so bright
예수님을 위해서   Shine for Jesus be a light.
착한 아빠 될 테야 I'll be a good Dad
착한 엄마 될 테야 I'll be a good Mom
반짝 반짝 빛나리 Sparkle, Sparkle, shine so bright
예수님을 위해서   Shine for Jesus be a light.

3장
십계명과 복음

"새 계명을 주셨는데 예수님을 믿어야지, 율법으로 구원을 받느냐?
십계명은 이스라엘에게 주셨는데 그것이 우리와
무슨 상관이냐? 우리는 모세의 자손이 아니다. 복음은 공짜인데
장사 안 되어 폐업한 모세를 왜 끌어 들이느냐?"

모세의 자손, 이스라엘 사람들도 투덜댑니다.
"기독교인들이나 세상사람들이 왜 우리의 십계명을 지키려고 하지?
그것은 하나님이 우리에게 주신 건데."

AD. 140년경의 말시온(Marcion)이라는 영지주의자가 성경의 명칭을
구약(old testament)과 신약(new testament)으로 만든 이래
율법과 복음은 깊은 골이 생기게 되었습니다.
세기적으로 식지 않는 율법, 계명, 복음에 대해 뜨거운 반응을
의식해서 이번 장이 다루는
16개의 주제에는 특별히 '스캔들(scandal)'이라는 타이틀을 주었습니다.

*본장에서는 십계명을 율법과 구분하나 이따금 유사의미로도 사용했습니다.

67
스캔들1 은혜와 진리

이이가 흙 묻은 손으로 달려와서 과자를 집으려고 한다. 아이 엄마는 얼른 과자접시를 치우며 "손부터 씻자, 손 씻고 먹어"라고 했더니, 아이가 "엄마는 나쁜 여자야!"라고 한다면? 이런 엄마, 나쁜 엄마일까? [33]

십계명은 "손이 더럽다"고 정죄하고 "과자(은혜)는 없다"고 생각할 지 모르나 십계명을 주실 때도 하나님은 과자(은혜)를 먼저 주셨습니다. 손 씻고 먹자! "나는 자비롭고 은혜롭다. 하지만 벌은 면제하지는 않겠다." (출34:6~7참고).

> "우리가 다 그의 충만한 데서 받으니 은혜 위에 은혜러라 율법은 모세로 말미암아 주어진 것이요 은혜와 진리(grace and truth)는 예수 그리스도로 말미암아 온 것이라" 요 1:16~17.

> "나를 사랑하고 내 계명(진리)을 지키는 자에게는 천대까지 은혜를 베푸느니라" 출 20:6.
> *칠십인 역; "천 대에 까지 엄격한 정의를 지키며 자비롭게 행동하는 자는." 으로 번역되었다.

율법은 모세로 말미암아 주어졌는데 십계명은 은혜로우신 하나님께로부터 직접 받은 말씀이니 은혜요, 진리입니다. 십계명을 통해서 하나님과 우리는 수평관계적이며 또한 상하에 예속됩니다. 은혜는 진리 안에서 만이 은혜 위에 은혜가 되고 십계명(진리)의 은혜 언약은 은혜와 진리되신 예수 그리스도.로 말미암아 온전한 계명이 됩니다. 이렇게 서로가 서로를 부르고 응답하는 복음과 계명, 은혜와 진리는 병렬관계입니다.

> "성도들의 인내가 여기 있나니 그들은 하나님의 계명과 예수에 대한 믿음을 지키는 자니라" 계 14:12.

68
스캔들2 율법과 복음의 기능

율법도 복음안에서 완성된다.
그리스도 안에서 율법은 은혜롭다.

---

[33] 대구 성덕교회의 원로 목사이신 윤희주 목사님의 "갈라디아서" 강의안참고.

왓슨(Wattson)은 "율법은 우리가 하나님을 창조주로 경배할 것을 요구하고 복음은 그리스도를 통해서 자의로 경배할 마음을 준다"고 설명합니다. 왓슨의 주장과 유사하게 율법과 복음의 관계를 잘 정리해준 신학자 메기의 이론으로 이 둘을 살펴 보겠습니다.

율법	복음
요구한다	준다
하라	믿으라
강요한다	수여한다
일하라	쉬라
축복과 저주를 명령한다	간청하고 축복을 선포한다
하라, 그러면 살리라	살라, 그리고 하라
잘 난 인간을 정죄한다	악인을 구원한다
하나님의 성품이 드러난다	인간의 연약성이 드러난다

J.Vernon McGee Exodus Chapter 19~40. 15. Nashville. 1991.

메기의 논리를 보면, 율법은 인간을 고발하고 정죄한다고 생각하기 쉽지만 은혜는 복음이전에, 율법에도 있었던 것으로 새삼스러운 것이 아니에요. [34] 율법은 본래 부터 의인을 위하여 만들어진 것이 아닙니다. 아래의 문장에서 "율법"의 요구를 싹 빼고 "은혜"만 읽어 보십시오.

"율법은 요구하는데 **은혜**는 **'준다'**. 율법은 '하라'는데 **은혜**는 **'믿으라'** 한다. 율법은 '강요'하는데 **은혜**는 **'받으라'** 한다. 율법은 '일하라'는데 **은혜**는 **'쉬라'** 한다. 율법은 '저주'를 선포하는데 **은혜**는 **'축복'**을 선포한다. 율법은 '행하라 그러면 살리라' 하는데 **은혜**는 **'살라 그러면 행하리라'** 한다. 율법은 '선한 사람'을 요구하는데 **은혜**는 **'악인을 구원한다'**."

준다, 믿으라, 받으라, 쉬라, 축복을 선포하라, 살라, 행하리라, 악인이여 오라! 우리 구원 받았다.

렘 7:10을 읽어보세요. 은혜는 프리패스 무료이용권이 아닙니다. 헨리는 "신자들의 영적 열매를 율법이라는 저울로 잴 수가 있다" 고 했습니다. [35] 율법은 복음을 은혜답게 합니다. 복음과 율법의 기능을 정리하면 이렇습니다.

---

34 예를 들면 아브라함과의 은혜언약이다(갈3:17, 18참고). 율법의 타당성 여부가 복잡해 진 것은 율법을 비성서적인 뜻으로 사용한 바르트(Karl Barth)에서다. 유대주석학자 라시(I. S.Rashi)는 모세5경(율법)에서 십계명을 꺼내어 율법과 구분한다.

35 "계명은 삶의 무게를 다는 저울이라" 고 한 Carl F.H. Henry의 번역 도서로는 2020."기독교 기본교리"가 있다. 서울:죠이북스.

복음의 기능	율법의 기능
수평 〉 수직	수평 〈 수직
하나님의 모성이미지	하나님의 부성이미지
인간에 대한 하나님의 도리	하나님에 대한 인간의 도리
마음의 악	눈에 보이는 악
영과 육의 영원한 사망 (저주)	영과 육의 영원한 사망(저주)
이웃의 몸과 영혼사랑	이웃의 몸사랑
예수님처럼	네 자신만큼
인과응보 법칙 유효	인과응보 법칙 유효
인류	이스라엘
최종심판	최종심판

69
스캔들3 계명과 복음의 무게달기

"계명은 인간 삶의 고정된 규칙으로서 성서에 표현된 하나님의 명령이며 그 안에 하나님의 뜻이 있다. 하나님의 존재에 토대를 둔 영원한 도덕적 뜻이 율법으로 표현된 것이다. 은총에 의해 인간이 구원된다고 해서 그것이 도덕적 법칙을 위반하여 이루어지거나 정의를 무시하면서 이루어지는 것이 아니다."Carl. F. H. Henry.

십계명과 은혜시대의 복음, 어느 것이 더 무거운가요(어려운가요?)

시내산	산상수훈	참고성구
살인하지 말라	형제를 미련한 놈이라 하는 자는 지옥 불에 들어간다	마 5:21, 22
간음하지 말라	마음에 음욕을 품는 것이 간음이다	마 5:27, 28

새 계명시대의 십계명은 저울 눈금이 아주 정교해졌습니다. 잠 16:2에 "여호와는 심령(motive)을 감찰하신다"듯이 속마음에 있는 동기(motive)를 감찰하시기에 빠져 나갈 수 없습니다. "형제에게 모욕감을 주는 말이 살인과 동일하고 마음으로 음욕을 품는 것이 간음"이라는 예수님의 설명은 십계명을 가볍게 여기지 말라는 경고이며 "나는 십계명에 대한 너희들의 잘못된 인식을 강력하게 교정한다"는 의지적 표현이라고 봅니

다. 행동하고 싶은 욕망이나 행동 자체가 꼭 같이 중요하다는 이것은 본래 율법의 사상이지 새로운 것이 아닙니다. 예수님의 이러한 가르침은 이미 "그 집문 에도 가까이 가지 말라"(잠 5:8)는 잠언의 가르침에도 있습니다. 전염병을 앓지 않으려면 '거리두기' 정도가 아니라 전염된 집 근처에 얼씬하지도 말라 했고 나실 인은 포도주는 물론 포도 껍질이나 씨도 먹지 말라는 것은 마음의 동기를 경계한 것입니다(민 6:3-4). 예수님은 이처럼 원인적인 문제, 마음의 동기를 구약에서 찾으신 것입니다. 인간 내면의 미묘한 감정들, 시기심과 성급한 분노, 음탕한 눈짓, 욕망의 근본적인 문제를 건드리시고 죄 지을 기회부터 금하셨습니다.

70
스캔들4 십계명과 복음의 역할

> 은혜란 잘못된 이전의 상태를 회복하는 것이 아니다. 은혜는 새로운 창조다.
> 십계명을 아는 사람은 예수 그리스도의 은혜를 경험한 사람이라고 할 수 있다.
>
> 십계명은 이것을 제정하신 하나님에 의해 현재형 직설법으로 선포된 명령이다.
> 성경은 바로 이것 때문에 명백한 진리를 거절하는 사람에게는 관용을 베풀지 않는다. - 앙드레 라콕.

율법이 병든 것을 가르쳐 준다면 복음은 처방제입니다. 완치되었어도 조심하며 살아야 하고 믿음은 하나님과 개인적이지만 그 믿음은 다른 이에게 하나님을 보여 주어야 하겠기에 계명의 삶이 필요합니다. 계명의 본 뜻을 오해한 사람들을 위해서 예수께서 하신 그 유명한 산상보훈이 십계명 강해입니다.
예수께서 오심으로 구약성경의 음식에 관한 계율이나 정결례 등의 의식법들은 폐지되거나 재해석되었고 구약의 이방인이었던 오늘의 신자들에게 복음의 적용이 필요하게 되므로 많은 시민법도 바뀌었습니다.
그러나, 예수님에 의해 완전하게 본래의 뜻을 찾은 것이 십계명입니다(마 5:17, 21, 22, 27 참고). 바울은 하나님의 법을 다 지켜 구원 받을 수 없음을 알고는 절망하며, "오호라 나는 곤고한 사람이로다. 이 사망의 늪에서 누가 우리를 구해 줄 것인가?"(롬 7:24) 라고 탄식했습니다. 십계명은 사람이 죄인됨을 뼈저리게 알게 하여 복음의 깊이와 은혜를 갈망해서 주님을 찾아가게 합니다(롬 3:20). 이것이 십계명과 복음의 상호 유기적 기능입니다. 불의를 심판하시는 것이 "하나님의 의" 이라면 불의한 자를 의로 여겨 주는 것이 은혜입니다.
"악은 자유의 발명품이라"는 말처럼 자유가 인간에게 독이 될 수 있음에도 자유로운 인간이 되게 하셨다면 자유의 한계를 규정하는 십계명은 살리기 위한 방편입니다.

71
스캔들5 세상을 지탱하는 두 기둥

십계명을 폐하자는 것은 마치 하나님의 명령으로 만들어진 해, 달, 별들의 규칙을 폐하자는 것과 같은 거예요. 설마, 우주의 질서가 무너지기를 바라지 않으시겠지요? 하나님은 세상을 열 마디 말씀으로 창조하시고 열개의 십계명을 주셨습니다. 십계명은 세상을 지탱하는 열 기둥과 같습니다(마 5:18참고). 창조세계가 두 개의 셋과 셋 (첫째 날~셋째 날, 넷째 날~여섯째 날)으로 설계되었듯이 서문을 모퉁이 돌로 하여 된 두개의 하나님사랑, 이웃사랑계명은 불기둥과 구름기둥처럼, 성전을 받치는 야긴과 보아스의 두 기둥처럼 세상을 받치는 기둥입니다. *이 책 p322(Q &A. 28)를 읽어보세요.

 '반짝.반짝 작은 별'리듬으로 불러 보세요.

아름다운 아이	Beautiful, Beautiful, Beautiful child
향기로운 꽃 같아	Like a fragrant flowers in the field.
하나님을 사랑하고	Love God and Neighbors
이웃을 사랑하는	Love God and Neighbors
아름다운 아이	Beautiful, Beautiful, Beautiful child
향기로운 꽃 같아.	Like a fragrant flowers in the field.

72
스캔들6 정오의 빛(Noonday Sun)

"네 의를 빛 같이 나타내시며 네 공의를 정오의 빛noonday sun같이 하시리로다" 시 37:6.
"각종 새가 그 아래에 깃들이며 그 가지 그늘에 살리라" 겔 17:23.
"공중의 새들이 그 그늘에 깃들일 만큼 되느니라" 막 4:32요약.

시편기자는 의(justice)와 공의(righteousness)를 정오의 빛에 비유했습니다. 중동의 낮 12시, 태양이 대지에 내리 꽂히는 정오의 열기는 산천초목을 태울 만큼 뜨겁습니다. 사라의 임신을 축하하러 온 은혜의 복음 전달자들은 마므레의 상수리나무 곁에서(그늘에서) 아브라함을 만났습니다. 예수께서는 하나님나라의 복음을 "공중의 새들이 깃드는 그늘"(막 4:32)에 비유하셨습니다. "피할 나의 바위"시며 "깃드는 그늘"이요, 이 그늘은 작열하는 정오의 태양에서 느낄 수 있는 완전한 은혜이며 따뜻한 빛입니다(마 5:17,18 참고).

73
스캔들7 복음의 규범

계명이 명령한다. 하지 말라, 하라!

새 계명도 명령한다. 사랑하라! 하라고! do it!

계명은 간단히 명령한다. "간음하지 말라!"

복음은 자세히 명령한다. "마음에 음행을 품는 것이 간음이다."

계명은 사랑하라고 명령한다. "네 이웃을 네 자신 같이."

새 계명도 사랑하라고 명령한다. "내가 너희를 사랑한 것처럼."

"내가 너희를 사랑한 것 같이 너희도 서로 사랑하라"는 명령에 우리는 사실 율법의 무게보다 더 부담감을 느낍니다. "사람은 할 수 없다"(마 19:26)는 말은 우리에게 책임을 지울 수 없음을 암시합니다. "하나님은 하실 수 있다"는 말은 "하나님이 우리 짐을 지시겠다"입니다. 새 계명은 하나님이 자기 의무를 다 하시겠다는 선언입니다. God does it! 그러니 새 계명은 완전한 타애(other - love)의 모범이자 또한 그 은혜로 우리는 서로 책임지는 (self-duty) 관계입니다.

"형제들아 너희가 자유를 위하여 부르심을 입었으나 그러나 그 자유로 육체의 기회를 삼지 말고 오직 사랑으로 서로 종 노릇 하라 온 율법은 네 이웃 사랑하기를 네 자신 같이 하라 하신 한 말씀에서 이루어졌나니" 갈5:13.

 '반짝. 반짝 작은별' 리듬으로 불러 보세요.

작고, 작고, 작은 돌 little, little , little stones

아름답고 신비해   how I wonder what you are.

높고, 높은 시내 산 up a-bove the mountain 시나이

바다의 진흙처럼   like a piece of mud in the sea

작고, 작고, 작은 돌 little, little , little stones

아름답고 신비해.   how I wonder what you are.

74

스캔들8 죄와 은총

자신이 얼마나 나쁜 인간인지 아는 만큼 은혜도 압니다. 건강한 사람보다 불치병을 치료받은 사람은 생명의 소중함을 압니다. 예수께서는 죄와 은총의 관계를 이렇게 설명하셨습니다.

> "사함을 받은 일이 적은 자는 적게 사랑하느니라" 눅 7:47.

바울은 "성경이 모든 것을 죄 아래에 가둔 것은 예수 그리스도를 믿음으로 말미암는 약속을 주시기 위해 서"라며(갈3:22)은총의 수혜자가 기고만장하게 죄를 남용해서는 안 된다는 말을 합니다.

> "율법이 들어온 것은 범죄를 더하게 하려 함이라 그러나 죄가 더한 곳에 은혜가 더욱 넘쳤나니
> 이는 죄가 사망 안에서 왕 노릇 한 것 같이 은혜도 또한 의로 말미암아 왕 노릇 하여 우리 주
> 예수 그리스도로 말미암아 영생에 이르게 하려 함이라 그런즉 우리가 무슨 말을 하리요 은혜
> 를 더하게 하려고 죄에 거하겠느냐 그럴 수 없느니라" 롬 5:20, 21, 6:1, 2 요약.

아담이 선악과 앞에서 실패할 것을 하나님은 아셨을 것입니다. 인간이 거역하는 존재라는 것을 다 아시면서 주신 십계명은 분명 하나님의 사랑에 초점이 맞추어진 자비의 법입니다. 사람을 죄 속에 가둘 작정으로 율법을 주었고 갇힌 사람은 나오고 싶어 합니다. 꺼내 주는 것이 복음입니다. 우리를 의롭다고 인정하신 것은 우리가 죄인이라는 사실이 드러나는 것입니다. 죄가 드러나야 은혜는 필수적인 것이 됩니다. 예수는 아버지의 계명을 지켜 그의 사랑 안에 거하신 것 같이" 하나님의 눈에 보시기에 사랑스런 인간이 되게 합니다(요 15:10, 마19:17참고). 율법으로 인해 예수님이 죽지 않으면 어떻게 은혜가 들어 올까요? 예수께서 율법을 이루시겠다고 할 때 "주여 그러지 마세요"라며 말리는 베드로를 꾸짖으셨습니다(마 16:2~23 참고).

75

스캔들9 새 계명의 모티브

> 빵에서 빵이 나오고 (요 6:9~12)
> 고기에서 고기가 나오고 (요 6:9~12)
> 밀가루 통에서 밀이 나오게 하시고 (왕상 17:9~15)
> 하늘에서 내려 온 물에서 술이 나오게 하시고 (요 2:9)

기름병에서 기름이 나오고 (왕하 4:2~10)

구약에서 신약이 나오고

안식일 계명에서 주일성수 계명이 나왔다.

그렇다면 예수님은 계명에서 새 계명이 나오게 하시는 분이다.

창조의 질서를 거스르지 않는 분은 기존의 계명들을 거스르지 않으십니다. 하나님과 이웃을 사랑하라는 예수님 윤리의 전체적인 구조(마 22:36~40)의 첫 마디 교훈은 신 6:5에서, 둘째 마디는 레 19:18에서 인용하셨습니다. 예수님은 율법을 존중하셨고 율법을 성취하심으로서 하나님의 뜻을 이루시고자 하셨습니다(마 5:17~20 참고). 예수께서 율법을 의, 인(자비), 신으로 정의하셨듯이(마 23:23), "사랑하라"는 명령은 구약에서 늘 말해 온 것이고 "나를 사랑하라(출 20:6, 신 6:5)"는 표현을 내가 너희를 사랑한다고 하셨습니다. 하나님께서 애굽에서 이스라엘을 구원하신 것도 사랑이 동기이셨습니다.

> "여호와께서 너희를 기뻐하시고 너희를 택하심은 너희가 다른 민족보다 수효가 많기 때문이 아니니라 너희는 오히려 모든 민족 중에 가장 적으니라 여호와께서 다만 너희를 사랑하심으로 말미암아, 또는 너희의 조상들에게 하신 맹세를 지키려 하심으로 말미암아 자기의 권능의 손으로 너희를 인도하여 내시되 너희를 그 종 되었던 집에서 애굽 왕 바로의 손에서 속량하셨나니" 신 7:7~9.

인간성이 좋지 않은 아브라함이 믿음으로 "의롭다"여김을 받았고, 융통성 없는 이삭이 순종함으로 하나님의 공의를 만족하게 했고, 간교한 야곱에게는 은혜의 하나님으로 나타내 보이셨습니다(롬 9:13). 이세벨 시대에 하나님의 은혜 입은 자는 7천 명이나 됩니다(롬 11:2~5참고). 율법 시대에도 이처럼 은혜가 존재했다면 은혜 시대에도 공의는 존재합니다.

> "내가 너희에게 이르노니 너희 의가 서기관과 바리새인보다 더 낫지 못하면 결코 천국에 들어가지 못하리라" 마 5:20.

스코트랜드의 신학자 램지(A.M. Ramsey)는 예수님의 정의를 "자비로 기울어진 정의"라고 했습니다. 폴 틸리히의 말처럼 교정적(corrective), 또는 분배적(distribute)정의가 아니라 은혜의 다른 표현인 구원적(relievable)정의입니다. 불가능함에도 불구하고 구원해 주신다는 "언약"덕분에 삽니다..

76
스캔들10 믿음과 삶

십계명은 예수 그리스도께서 삶으로 살아 낸 윤리다. 죽음으로 지켜내신 계명이다.

"네 죄 사함을 받았다"는 선포가 신의 몫이라면 "일어나 네 상을 들고 걸어가라"는 명령은 인간의 몫이다. "나사로야 나오라"는 선포가 신의 몫이라면 돌문을 굴려 주어서 나올 수 있게 하는 것은 인간의 몫이다. -인용.

서문이 구원의 은혜를, 1~4계명이 믿음을 요구한다면, 5~10계명은 이웃에게 그 믿음을 보여주는 삶입니다. 그래서 십계명은 믿음생활, 신앙생활이 한 켤레의 짝을 이룹니다. 예수님은 제자가 될 조건에 계명준수 여부를 물으셨습니다. "계명을 지켜라."(막 10, 29, 12, 28-30, 마 19, 눅 18장 참고). 십계명은 신앙으로만 구원 얻는다는 극단적인 주장을 조정하고 구원과 삶의 균형을 잡아줍니다.

그런데 십계명이 행위만을 위한 계명으로 착각하는 사람들은 "십계명을 지켜서 천국에 가겠느냐?"는 끝없는 의심과 질책을 합니다. 십계명은 구원받아 하나님의 일원이 될 사람이 아니라 이미 된 사람에게 주신 것으로 서문에서 봤듯이 구원의 복음은 들어 와 있습니다. 십계명의 서문, 1, 2, 3, 4계명은 믿음을 공식적으로 확인하는 문서입니다. 구원자 하나님을 뜻하는 "여호와"의 성호가 십계명에 무려 여덟 차례 나오는데 예수라는 이름은 "여호와께서 구원하신다"는 뜻으로 "여호와"와 "구원"이 합쳐서 된 이름입니다(권성수. 2018. p.179). 십계명 서문에 쓰인 단어 "하나님"은 히브리어로 "엘로힘"인데 이는 "엘"의 복수 명사라는 점을 들어서 신학자들은 엘로힘이 삼위일체 하나님을 뜻한다고 해석합니다. 십계명을 받은 유대인들이 십계명에 있는 삼위의 한 분이신 성자 예수님을 믿지 않는데 기독교인들이 이러한 유대인들처럼 생각한다는 것이 문제입니다.

"어떤 사람은 말하기를 너는 믿음이 있고 나는 행함이 있으니 행함이 없는 네 믿음을 내게 보이라 나는 행함으로 내 믿음을 네게 보이리라 하리라" 약 2:18.

"너희가 만일 내가 그인 줄 믿지 아니하면 너희 죄 가운데서 죽으리라" 요8:24요약.
"영혼 없는 몸이 죽은 것 같이 행함이 없는 믿음은 죽은 것이니라" 약 2:26.

77
스캔들11 빚 문서

빚을 졌으면 빚을 갚으면 되듯이 생명은 생명으로 갚으면 됩니다. 이것이 십계명과 예수님의 관계입니다. 십계명에서 예수의 구원 성취의 작업을 찾는 새로운 일은 우리의 몫입니다. 아래의 말씀들은 십계명이 폐지되고 지워지고 제거된 것처럼 보입니다. 그러므로 이 말씀은 다른 번역본을 비교해서 읽으면 본 뜻을 이해하는데 도움이 됩니다.[36]

> "법조문으로 된 계명의 율법을 폐하셨으니 이는 이 둘로 자기 안에서 한 새 사람을 지어 화평하게 하시고" 엡 2:15.
> "우리를 거스르고 불리하게 하는 법조문으로 쓴 증서를 지우시고 제하여 버리사 십자가에 못 박으시고" 골 2:14.

우리말성경

> "하나님께서는 우리를 거스려 대적하는 조문들이 담긴 채무 증서를 제거하시고 그것을 십자가에 못 박아 우리 가운데서 없애 버리셨습니다" 골 2:14.

공동번역

> "또 하느님께서는 여러 가지 달갑지 않은 조항이 들어 있는 우리의 빚 문서를 무효화하시고 그것을 십자가에 못 박아 없애버리셨습니다" 골 2:14.
> "나 곧 나는 나를 위하여 네 허물을 도말하는 자니 네 죄를 기억하지 아니하리라" 사 43:25.

법조문이란 율법을 설명하기 위한 법전 또는 문서나 문장을 말합니다(롬 2:27, 7:6, 고후 3:6-7; 엡 2:15, 골 2:14, 20 참고). 개역 한글 성경에서는 이것을 '의문(儀文, Written code)'이라고 번역했습니다. 법조문이라는 단어는 헬라어로 '그람마'(gramma)인데 이 뜻은 '문자' 혹은 '규약'입니다. 이를 KJV는 'The letter'로, 표준 새 번역은 '조문으로 된(=기록된) 율법'으로, 공동번역은 '율법의 조문'으로 번역했습니다.[37] 개역개정 성경의 "법조문으로 쓴 증서"를 공동번역은 "빚 문서(bill of charge)"라고 했고, 우리말 성경은 "채무증서(bill of charge)"라고 했습니다. 이로 보건대 율법이 폐지되었다는 뜻이 아니라 율법이 청구하는 죄 값을 예수님이 지불하셨으므로 죄 값 지불 청구서가 폐지되었다는 뜻입니다.

---

36 Carmen Welker. *Should christias be Torah observant?* 윤요한 옮김. "크리스챤도 율법을 지켜야 하는가? p86. 메시아닉신문방송.

37 Carmen Welker. 앞 책. p86.

율법은 범죄기록을 담고 있는 문서라고 할 수 있어요. 죄가 무엇인지 정의해 주는 것이 율법의 기능입니다. 이 율법이 없으면 예수님의 속죄 사역은 불가능합니다. 예수님은 우리의 죄 값 지불 청구서를 십자가의 죽음으로 갚아서 빚 청산을 해 주셨습니다. 다 이루었다(다 갚았다). 빚 청산했다!

아람어 학자인 앤드류 가브리엘 로스(Andrew Gabriel Roth)는 예수님을 십자가에 못 박은 것은 율법이 아니라 죄에 대한 요금 청구서라고 말합니다. 엡 2:15도 이 같은 맥락으로 이해하시면 되겠습니다. 신촌성결교회의 박노훈 목사는 예수께서 십자가 상에서 마지막으로 말하신 "다 이루었다"는 이 선언의 헬라어 본 뜻이 "다 갚았다"는 뜻이라고 해석했습니다.[38]

78
스캔들12 수건사건

> "모세가 여호와와 함께 사십 일 사십 야를 거기 있으면서 떡도 먹지 아니하였고 물도 마시지
> 아니하였으며 여호와께서는 언약의 말씀 곧 십계명을 그 판들에 기록하셨더라" 출 34:28.

십계명을 받아 들고 40일 만에 돌아 온 모세를 본 사람들은 무섭다고 달아나고 숨었어요.

> -왜 들 이러지?
> 선생님, 얼굴에서. -내 얼굴에 뭐?
> 모세는 자신의 얼굴 피부에서 광채가 나는 것을 몰랐다.
> 모세는 백성들을 만나면 수건을 쓰고 얘기했다(출34:28~33참고).

바울은 고린도 교인에게 율법과 그리스도를 모세의 얼굴을 가린 수건 사건으로 설명했습니다. "수건(히; 마스웨 =너울, 면박)을 벗으면 예수 그리스도가 보이는데, 유대인들이 수건을 덮고 모세의 글을 읽으니까 예수님이 보이지 않는다"는 것입니다(고후 3:16,18 참고). 모세가 40일 동안 본 그 분이 예수님이셨군요. 예수의 빛이 모세의 얼굴에 반사되었던 것입니다. "그 수건은 그리스도 안에서 없어질 것이라"(고후 3:14요약).

> "모세를 믿었더라면 또 나를 믿었으리니 이는 그가 내게 대하여 기록하였음이라" 요 5:46.
> "빌립이 나다나엘을 찾아 이르되 모세가 율법에 기록하였고 여러 선지자가 기록한 그이를
> 우리가 만났으니 요셉의 아들 나사렛 예수니라" 요 1:45.

---

38 신촌 성결교회의 박노훈 목사 2017년 5월 21일 설교에서. "말씀의 샘" 6월호. p43.

79
스캔들13 한 사람의 원리

"부정한(unclean) 것을 만지면 부정에 관한 모든 율법을 다 어긴 것이 된다"는 레11:33의 원리는 역설적으로, 율법 중에 하나를 지키면 모든 것을 다 지킨 것 처럼 정결하게 된다는 말과 같습니다. 아담 한 사람으로 인해 모든 인류가 죄에 빠졌다면 예수님 한 분으로 인해 모두가 구원받는다는 원리가 이것입니다. 율법은 "하나를 범하면 다 범한 것이 되어 죽이라"고 합니다. 하나님의 은혜는 "믿으면 살리라"고 합니다. 율법이 없으면 은혜 또한 알 수 없습니다.

> "아담 안에서 모든 사람이 죽은 것 같이 그리스도 안에서 모든 사람이 삶을 얻으리라" 고전 15:22.

다음의 이야기는 유다이즘의 책에 있는 "한 사람의 원리"입니다.

> 랍비 감리엘(가말리엘)이 '품행'에 관한 글을 읽고는 "이 많은 것을 어떻게 다 지켜서 현인이 될까?"하며 탄식했습니다. 그런데 랍비 아키바는 그 글을 읽고 웃으며 이렇게 설명했습니다. "토라는 말하기를 '기는 곤충들 가운데 이러 이러 한 것 들은 너에게 부정한 것들'이라고 했지요. 이것은 하나를 만져도 부정해 진다는 뜻인데 이 말을 바꾸어 말하면 한 가지를 지키면 다 지킨다는 말이기도 합니다. 우리는 이 원리를 알아야 합니다. 하나님은 벌을 주기 보다도 하나만 지키게 해서 상급을 주시기 원한다는 사실을요." 감리엘은 듣고 깨달았습니다. "한 가지 만 어겨도 모두 다 범한 것이라고 말하는 이 원리는 한 가지 만 지켜도 모든 것을 다 지킨 것으로 인정된다는 말이로군요"(M. Weisman. *Midrash Shimos.* p252).

나를 살피시는 하나님

"브엘라해로이"에서 무슨 일들이 있었나요? 브엘라해로이에서 있었던 사건을 읽어 보세요. 창16:14, 24:62, 25:11. 왜, 이곳을 오늘날의 사람들은 "하갈의 우물"이라고 부를까요?

80
스캔들14 월반(越班)한 바울

예수님의 제자들은 걸핏하면 대낮에도 곯아 떨어진다. "깊이 졸다가" 눅 9:32.

또 자니? "나와 함께 한 시간도 깨어 있을 수 없니?" "그 자는 것을 보시고" 마 26:40.

"누워 자는데" "옆구리를 쳐 깨워 이르되" 행 12:6, 7.

예수님도 곯아 떨어지셨다. "고물에서 베개를 베고 주무시시더니" 막 4:38.

그런데 통, 잠이 없는 제자가 한 명 나타났다.

"자지 못하고" 고후 6:5.

"여러 번 자지 못하고" 고후 11:27.

그는 떡 먹듯이 날 밤 새우는 바울이다.

제자훈련 3년 거치지 않고 곧장 월반(skip the grade)해서 베드로를 따라 잡은 바울생도의 비결을 아시지요? 그는 잠도 없지만 기초가 탄탄했기 때문입니다(갈 2:11참고). 초등 과정을 무시하지 마세요. 내가 정말 알아야 할 모든 것은 유치원에서 배웠다는 책도 있습니다.

"이같이 율법이 우리를 그리스도께로 인도하는 초등교사가 되어 우리로 하여금 믿음으로 말미암아 의롭다 함을 얻게 하려 함이라" 갈 3:24.

8살 밤순이가 중학생 만큼 키가 크다고 중학교로 곧 장 진학시킨다면, 범순 엄마는 좋을 것 같지만 애 잡는 엄마입니다. 진도를 따라 잡지 못하는 범순이의 학교생활은 공포의 삼겹줄이 될게 뻔하죠. 기존의 신학이 말하는 십계명이란, 죄인들을 구원의 길로 인도하는 초등교사(안내자)의 역할에 그치는 것으로 압니다만, 구속사적 관점에서 보자면 그리스도의 장성한 분량에 이르는 "선택된 백성의 가장 고상한 윤리"가 될 수 있습니다.[39] 출애굽 사건과 십계명을 단순히 바른 생활이나 윤리의 한 부분으로 정의하자는 것이 아님에도 십계명의 윤리규범이 구원 받을 자 뿐 아니라 구원받은 자 즉, 하나님의 통치를 받아들인 자에게 주어집니다. 사실, 사람의 인간성은 초등시절에 다 만들어집니다. 초등학문을 무시하지 마세요. 십계명이 신자의 영적 근력을 강화시키고 기초를 튼튼하게 합니다.

그렇다고 베드로를 무시하지 마세요. 바울은 13편의 서신을 썼어도 성경의 이름에 오르지 못했으나 짧은 단 두 편의 편지로 성경의 이름이 된 베드로는 저력이 있습니다.

---

3 9 폴 리쾨르. 양명수 옮김. "악의상징" 앞책. p122참고.

81
스캔들15 시내 산의 상징 하갈

"아기에게 돌잔치해 줘야 구원받는다." "난지 8일 만에 할례 받아야 천국 간다."

"9일째 되는 날 할례 받은 사람은 지옥 간다." "대학 다니다가 구구단 까먹어서 유치원에 입학했다."

10명 중 9명이 위의 말이 "다 맞다"라고 한다면? 여러분은 믿으실건가요? 갈라디아 교인들이 그런 식이었습니다. 바울과 교인들은 서로를 이상하게 생각했습니다.

"그리스도의 은혜로 너희를 부르신 이를 이같이 속히 떠나 다른 복음을 따르는 것을 내가 이상하게 여기노라" 갈 1:6.

"내가 내 율법을 만 가지로 기록하였으나 그들은 이상한 것으로 여기도다" 호 8:12.

바울이 그들에게 이런 비유를 주었습니다. "아브라함이 하갈을 통해 낳은 아들 이스마엘은 노력해서 난 아들이야, 이삭은 하나님이 주신 은혜의 선물이지. 시내 산과 예루살렘은 둘 다 율법을 의미하는데 하갈은 율법주의자를 상징해." 생각해보세요. 이미 테스토스테른 성호르몬이 왈왈 쏟아지는 13세 소년 하갈의 아들 이스마엘이 겪은 할례의 통증이 얼마나 끔찍했을지를요. "하나님의 자녀가 되려면 이렇게 아픈걸까?" 하지만 난지 8일 된 아기에게 할례 뉴스는 복음입니다.

율법주의자는 주일에 교회에 나오지 않고 놀러 갔다가 사고를 당하면 하나님께 벌 받았다고 자기를 정죄하고 두려워서 교회에 나옵니다. 바울은 복음으로 구원 받고도 자꾸만 율법주의자로 돌아 가려는 갈라디아 교인들에게 은혜를 알게 하려고 시내 산을 하갈에 비유했습니다(갈 4:25). 시내 산의 이스라엘 백성이 노예의 본성으로 돌아가려 했던 것 처럼요. 이런 것은 율법 맹종주의자들에게 하는 극단적인 표현입니다.

알고가기

죄가 나를 지배하지 못하게 하소서
과학과 산업 문명의 발달이 파괴한 인간성 문제, 현대 사회의 도덕적 무질서와 윤리적 타락을 극복하자며 교육은 교육대로, 심리학과 정신의학, 뇌 과학 까지 나서지만 공교육이나 종교 교육에서 모두 인성 교육이 실패 했다고 말합니다. 나쁜 줄 누가 모릅니까? 알면서도 죄의 유혹에 걸려 넘어가고 죄를 짓습니다. 거리에 나가면 다닥다닥 교회가 붙어있고 인터넷, 사이버 공간에 말씀은 넘쳐나는 은혜시대에도 이런 사람이 있습니다.
"너희가 맹인이 되었더라면 죄가 없으려니와 본다고 하니 너희 죄가 그대로 있느니라" 요 9:41.
"또한 주의 종이 알고도 죄 짓는 일이 없게 하시고 그 죄가 나를 지배하지 못하게 하소서. 그러면 내가 흠이 없게 되고 큰 죄에서 결백할 것입니다" 시 19:13 우리말 성경.

82
스캔들16 초등교사(schoolmaster)

어떤 것이 쉬운 지 선택해 보세요.

_____주일에도 출근해서 일하는 것 or 주일에 일하지 않고 쉬는 것

_____우상신전에 참배하러 산꼭대기 올라가는 것 or 엘리베이터 타고 교회 예배실에 오는 것

_____사람 죽이는 것 or 죽이지 않는 것

_____도둑을 직업으로 하는 것 or 당당히 벌어서 먹고 사는 것

_____남의 등쳐 먹고 사는 사기 군 or 사기치지 않고 사는 것

바울이 갈라디아 교인들을 아무리 가르쳐도 은혜의 복음을 받지 않으니까 예를 들면 이런 식의 말을 했습니다. "너희들 왜 그렇게 어려운 문제에만 매달리니? 미적분 배워 봤자 사회 나가면 써 먹을 데 없거든." "이봐요, 우린 스콜라 학파 문과 출신이야. 쉽다니까 상대 못하겠네." 유대주의적인 헬라 파 지성들의 반응은 이런 식으로 싸늘했습니다.

"그렇지? 바로 그거야, '못 한다!'가 정답이야. 1 +1 +1 +1, 이렇게 문제 풀지 말라니까. 1x3 하면 간단해." 하지만 그들은 듣지 않았어요. "108 계단이 아니라 613 상아탑을 올라가야지, 어떻게 낮짝 빤빤하게 노력 없이 100점을 바라?"라는 식이었어요. 그들에게는 율법이 어려운 문제집(율법)이었으나 바울에게는 율법이 쉽고 복음을 받기가 오히려 어려웠던 경험 때문에 서로 견해가 달랐던 것입니다. 승강기 있잖아!

사실 바울 같은 율법 전공생들은 어려서부터 계명을 다 지킵니다(마 19장). 누가 그렇게 사람을 죽입니까? 도둑질 하는 것 보다 하지 않는 게 더 쉽습니다. 바울 자신이 "율법으로는 흠이 없는 자"라고 자찬했으니 "하라"면 하고, 하지 마려면 하지 않는 게 얼마나 쉬운 가요? 영, 수, 국, 물, 도(덕)에서, 공부하지 않아도 점수 잘 받는 과목은 '도덕' 아닙니까? 하지만 갈라디아 교인들은 어려운 문제집(율법)을 붙들고 사네, 못사네하니까 답답한 바울은 율법의 기능을 스쿨 메스터에 비유해서 설명한 거예요.

> "이같이 율법이 우리를 그리스도께로 인도하는 초등교사(kjv:schoolmaster)가 되어 우리로 하
> 여금 믿음으로 말미암아 의롭다 함을 얻게 하려 함이라. 믿음이 온 후로는 우리가 초등교사 아
> 래에 있지 아니하도다" 갈 3:24, 25.

주인 집 아이 옷 입히고 씻기고 먹이고 코 풀어 주는 노예를 schoolmaster라고 합니다. 그는 아이가 철이 들때까지 학교에 에스코트합니다. 그는 의무에 이끌려서 충성합니다. 바울이 언급한 초등교사란 school teacher가 아니라 schoolmaster를 말합니다. 바울이 살던 로마시대는 가부장제도의 엄격한 계급사회로서

로마인들은 서 네댓 명의 노예는 부리고 살았다고 합니다. 'schoolmaster'는 헬라어에서 '페다고고스'라는 단어인데 신학자 메기는 '어린 아이 지도사(child conductor)'라고 번역했습니다(Vernon McGee. p16).

누가 더 훌륭하다고 보세요?
a. 지시를 받고 하는 사람. b. 지시를 받지 않았는데도 자발적으로 하는 사람.

유대 랍비 하나는, 지시를 받고 움직이는 사람(a)이 더 훌륭하다고 말합니다. 자발적인 사람은 일이 싫증 나면 그 일을 자발적으로 그만 두지만 일에 의무감을 느끼는 사람은 눈이 오나, 비가오나, 한다는 것입니다. 여러분은 어떻게 생각하세요?

여러분은 어떤 사람입니까?
a. 싫어도 하는 사람. b. 간섭받지 않고 내가 좋으면 하고 싫으면 그만두는 사람.

당신은 어떤 유형의 사람을 친구(직원)로 선택(채용)하고 싶습니까?

여러분이 생각하는 제 3의 인간형을 적어보세요. _____

 '반짝. 반짝 작은 별' 리듬으로 불러 보세요.

    I'll be the light of the world
    shine for world be a light
    Love God, and Love Neighbors(2회 반복)
    I'll be the light of the world
    shine for world be a light.

    나는, 나는 될 테야 세상의, 빛이 될 테야
    하나님을 사랑하고, 이웃을 사랑하고
    나는, 나는 될 테야 세상의, 빛이 될 테야.

이상한 나라의 벨릭스

돈만 주면 어떤 죄인도 무죄로 석방시키는 재판장이 있었어요. 그의 이름은 벨릭스.

하루는 사람들이 바울을 고소했어요. "재판장님, 이 사람 때문에 시끄러워서 못 살겠습니다."

벨릭스는 바울에게 물었습니다. "피고, 당신, 돌아다니며 시끄럽게 했소? 말하시오"

"나는 가난한 형제들에게 줄 돈을 갖고 온 길에 부활하신 예수님에 대하여 말했을 따름입니다."

"돈? 돈 택배 하는 사람? 너 돈줄 많구나! 여러분! 오늘 재판은 이것으로 마칩니다!"

그는 자기 부하에게 "바울에게 자유를 줘서 맘대로 돌아다니게 하시오. 그의 친구들이 면회 오면 반갑게 맞이하게. 돈 줄이 있는 친구야, 돈!"이라고 일러둡니다.

벨릭스가 자꾸만 감옥에 있는 바울을 불러 냅니다. "내가 너에게 성경 공부하면 나한테 돈 얼마 줄래? 내가 새 신자 데리고 올게, 얼마 줄래?"(냉장고 주는 곳도 있지). 정말, 그는 새신자를 데리고 왔어요.

"벨릭스가 그 아내 유대 여자 드루실라와 함께 와서 바울을 불러 그리스도 예수 믿는 도를 듣거늘 또 바울에게서 돈을 받을까 바라는 고로 더 자주 불러 같이 이야기하더라"(행 24:24, 26).

이~~상 하네요. 누가 누구에게 돈을 줘야 하나요? 배우는 학생이 돈 내야 하는 거 아니에요?

벨릭스는 바울을 2년 동안이나 감옥에 두었습니다. 돈 못 받았나 봐요.

전도 대상자들이 감옥에 다 모여 있는데 보석금 주고 얼른 나와서 교회 세워야 하지 않나요?

한국교회는 배우는 학생에게 돈 주고 밥 먹이고 성경 가르치죠. 이런 걸 "이상한 나라의 벨릭스 법칙"이라고 해 두죠. 바울의 설교로도 변화되지 않은 벨릭스는 왜 사람이 변화되지 않는지, 그 이유를 알게 합니다. 마 6:21을 읽어 보세요.

"진리를 사라" 잠 23:23요약.

"너희는 와서 사 먹되... 포도주와 젖을 사라" 사 55:1요약.

4부.. 기독교인에게 십계명이 필요합니까?

기독교인은 윤리적이지 못하다는 지탄을 받습니다. 그렇다면 윤리 부재의 원인이 무엇일까요?

칭의의 개념을 오해하여 아무것도 하지 않고 믿음에만 치중하는 것도 한 가지 이유입니다. 오직 믿음으로(sola fidei) 살면 된다는 행위 때문에 기독교는 이제 신학적 해명보다 윤리적 해명이 필요합니다. "기독교는 구원을 가르쳐야지, 무슨 윤리냐? 윤리가 밥 먹여 주냐?"는 무지에서 벗어나야 합니다.

신앙은 택한 자에게 내려 주시는 예수 그리스도의 사랑과 은혜에 기인합니다만 우리는 불완전한 의인입니다. 루터의 말을 빌리자면, 구원받은 신자는 "시물 유스투스 에트 페카토르(simul iustus et peccator)" 즉, "항상 죄인이면서 동시에 하나님의 은혜로 항상 의인"입니다. 칭의(justification)의 교리로 당당하여진 기독교인이 겸허한 자세로 돌아가 뿌리 깊은 회개를 불러 오려면 십계명과 대면해야 합니다.

"왜, 하나님이 그의 모습을 십계명에 나타내셨을까? 를 생각해 보자. 하나님이 그의 모습을 십계명에 나타내 주셨으므로 인간 정화의 표준이 될 수 있다. 그러므로 계명에 관심을 가져야 한다. 십계명의 주된 목적이 인간의 본성을 정화시키는 데 있다."밀턴 스타인벅(M. Steinberg).

1장

구원의 케리그마(선포)

구원의 선포로 시작하는 십계명은 예수님과 사도들과 신약성경 전반에서
확고한 지지를 받습니다. 십계명은 구원사와 불가분의 관계입니다.

"나는 너를 애굽땅 종 되었던 집에서 인도하여 낸 네 하나님 여호와니라"
출 20:2.

하나님과 인간은 죄- 용서- 속죄- 거듭난 삶으로 화해가 이루어집니다.
그런데 이 넷은 십계명 안에서 서로 만납니다.
십계명의 서문은 노예- 탈출- 해방- 자유인이라는
연속관계로 풀리기 때문입니다.
이들은 십계명 안에서 순환되는 사건입니다.
십계명은 인간이 구원받은 은혜의 수혜자라는 선포와 동시에 죄인임을
깨닫는 것으로 그치지 않습니다.
그 구원의 길이 삶의 어디에까지 미치는지를 알게 합니다.
1장은 구원론에서 보는 십계명입니다.

83
그래, 너 의롭다고 내가 인정해 줄게

칭의(稱義)

"그 때에 온 땅이 하나님 앞에 부패하여 포악함이 땅에 가득한지라" 창 6:11.

아담이 거의 1천년을 살며 그의 자손들이 비도덕적으로 매우 빠르게 진행되는 것을 보았을 것입니다. 아담의 10대 손들이 그런 거대한 홍수를 일으키게 한 범죄는 무엇이었을까요? "포악함"이란 히브리어로 "하마스"라는 뜻인데 오늘날에는 테러리스트들이 이 용어를 사용합니다. 아담의 자손들, 그들 중에 두 명의 주목할 인물이 있습니다. 에녹과 노아입니다. 아담과 노아사이의 10세대에서 두 사람이 하나님과 함께 걸었습니다(창5:22, 창6:9). 홍수전에 노아는 여호와의 눈에 들어서(의롭다고 인정하셔서) 그 세대에 하나님의 길을 걷는 의로운 사람이었습니다(창 6:8, 9참고). 그러나 노아가 방주에서 나온 후에는 "땅의 사람"(9:20)이라는 타이틀을 받았습니다. 노아의 포도밭 사건은 그 사람이 은혜로 의롭다고 구원받은 의인이었으나 여전히 그는 죄인이라는 사실을 보여 줍니다. 노아는 홍수전과 홍수 후, 그의 생애에서 두개의 대조적인 타이틀을 가집니다. 의인, 그러나 구원받은 죄인.

기독교인들은 율법의 요구로부터 자유하였지만 여전히 구속받지 못한 현실에서 살고 있습니다. 그러므로 구원받은 인간은 의롭다고 인정해 주신 비의(非義)에 의한 사랑스런 존재인 동시에 죄인의 상태에서 하나님의 긍휼을 필요로 합니다. 루터는 이성으로 이해할 수 없는 이 의를 '낯선 의' '바깥에 있는 의'라고 말했습니다. 기독교인들이 살아가는 세상은 복음만으로 유효한 세계가 아니라는 이 사실 때문에 십계명의 보호를 받아야 합니다. 십계명은 죄인들의 갱생을 위해서만 필요한 게 아니라 구원받은 사람에게도 두 가지 이유로 필요합니다. 은혜의 차원에서 복음이고, 윤리적 차원에서 계명입니다.

84
세상이 강해지는 이유

역사적으로 교회가 영적, 도덕적 상실에 빠졌을 때 이벤트 성 활동이 왕성해지고 예배가 화려해지고 요란해
진다. -옥한흠 목사.

교회는 힘을 잃어가고 세상은 강해집니다. 일찍부터 이런 현상에 의문을 가진 유대 랍비들은 사사기에서 이

상한 사실을 발견했답니다. 이스라엘 역사가 왜 "범죄, 은혜, 범죄, 은혜"라는 패턴을 계속해서 반복하고 있을까를 연구하던 그들은 삿 3:12에 와서 깨달았다고 합니다. 우리가 범죄하면 세상이 강해지는구나!

> "이스라엘 자손이 여호와의 목전에 악을 행하므로 여호와께서 모압 왕 에글론을 강성하게 하
> 사 그들을 대적하게 하시매" 삿 3:12.

이 원리는 기독교에도 적용됩니다. 기독교인이 범죄하면 세상이 강해진다는것을요. 재앙에서 인류가 살아남을 수 있었던 것은 역설적이지만 제사장 나라가 존재한 때문입니다. 성경 역사에서 이스라엘이 범죄 할 적마다 예언자들은 십계명을 경고의 잣대로 삼아서 분개의 칼로 갈라 놓으므로 갱신을 거듭했습니다. 십계명은 죄를 깨닫게 하고 갱신의 기회를 주어서 새롭게 했습니다. 암울한 유대 역사를 절망에서 희망으로 끌어 올려 주었고 모든 선지자와 예언자들의 가르침이 십계명에 기초했습니다. 이러한 예언정신과 율법주의의 역동성은 지금도 살아 움직이고 현대 사회를 구속합니다. 하나님께서 우리를 신령한 제사를 드릴 거룩한 제사장이 되게 하시려고 부르신 이유를 생각해야 합니다. 법궤가 없는 실로의 교회를 하나님이 떠나셨습니다. 기독교는 도덕적 상실에 대해서 고민해야 합니다.

> "너희가 도둑질하며 살인하며 간음하며 거짓 맹세하며 바알에게 분향하며 너희가 알지 못하
> 는 다른 신들을 따르면서 내 이름으로 일컬음을 받는 이 집에 들어와서 내 앞에 서서 말하기를 우
> 리가 구원을 얻었나이다 하느냐 이는 이 모든 가증한 일을 행하려 함이로다 내 이름으로 일컬음을 받는
> 이 집이 너희 눈에는 도둑의 소굴로 보이느냐 보라 나 곧 내가 그것을 보았노라 여호와의 말씀이니
> 라 너희는 내가 처음으로 내 이름을 둔 처소 실로에 가서 내 백성 이스라엘의 악에 대하여 내
> 가 어떻게 행하였는지를 보라" 렘 7:9~12.

85
왜, 이런 명령이 인간에게 필요했을까요?

1. 하나님의 형상회복

사람에게 십계명이 필요한 것은 파괴되고 잃어버린 형상을 되찾기 위해서다.

십계명은 하나님과 인간을 '형상'으로 결속시킨다.

라틴 교부들은 하나님의 형상(imago)을 육의 속성으로, 모양(similitudo)을 윤리적 측면으로 이해했습니

다. "하나님의 형상과 모양대로"창조된 인간은 "하나님이 보시기에 심히 좋게"(창 1:31) 지어져서 가장 아름답고 선하고 거룩한 존재라는 것이 창조의 본성입니다(전 7:29, 골 3:10, 엡 4:24 참고). 하나님께서 인간에게만 "영화와 존귀로 관을 씌우셨고, 잠시 동안 하나님보다 조금 못한 존재"(시 8:5)라고 했습니다. 모든 피조물 가운데 인간만이 홀로 독특한 위치를 차지하고 있다는 것이 성경의 인간관입니다(고전 7:7 참고). 하나님의 형상을 닮은 영적 존재인 인간은 하나님과 관계를 맺으며 살 때 하나님의 의와 자비, 지혜와 거룩으로 올바르게 성장하고 만물을 다스릴 수 있습니다.

롬 8:29에서 우리를 부르신 목적이 예수 그리스도의 형상을 본받기 위해서라고 했습니다. 인간이 하나님의 형상을 찾으려면 먼저 하나님의 형상을 상실했다는 사실부터 깨달아야 합니다. 어디에서 하나님의 형상을 잃었는지 알아야 합니다. 계명이 이를 알게 해 줍니다. 게머른(A. Gemeren), 차일즈(B. Child)는 "십계명에 하나님의 형상이 담겨 있다"고 했고, [40] 필로(A.Phillo)는 "십계명은 하나님이 친히 말씀하신 것으로서 그 분의 거룩한 성품과 일치한다"고 했고, 쿠걸(L. Cugal)은 "십계명 외에 성경 어느 곳에도 이처럼 하나님의 성품이 강조되어 나타난 곳은 없다"고 했지요.

로젠즈바이그가 1계명을 "나를 사랑하라"고 해석했고 레비나스는 6계명을 "사람을 죽이지 말라"고 했는데 리쾨르는 이 두 계명 사이를 하나님의 형상으로 중재했습니다. 그 결과 타인을 죽이는 것은 곧 나를 죽이는 그 이상의 것으로, 하나님을 살해하는 것입니다.

2. 21c에 경쟁력있는 인간의 특질 ; 창의와 경건(거룩)

21세기에 가장 경쟁력 있는 인간의 특질은 "창조성"과 "경건(거룩)"입니다. 창조성이 파괴되지 않도록 견제해 주는 것이 경건입니다. 창조성이란, "다른 사람과 얼마나 다르며 특이한가?" 에 있습니다. 우리가 사는 세상이 빠르게 변하는 것도 순전히 창의적인 사람들 때문입니다. 자기부상 열차로 시속 1천 km가 가능한 시대이니 머잖아 우리는 빛의 속도에 편승해서 살게 되겠지요. 놀라운 것은 이런 발전을 이끌어 온 인간입니다. 사실 평범한 인간이란 존재하지 않습니다. 모든 인간은 천재성을 지니고 태어납니다. 무한한 가능성을 가진 존재가 인간입니다. 천재(天才)란 하늘이 준 능력입니다. 자녀가 부모를 닮듯이 하나님의 형상으로 창조된 인간이 창조주의 본성을 닮는 것은 당연합니다. 그러니 제일 놀라운 것은 인간을 만드신 하나님이지요.

십계명이 왜 중요하냐고요? 십계명이 인간의 세속적 특질을 견제하므로 창조의 힘을 건강하게 지속시킨다는 점입니다. 경건 성을 상실한 인간은 금수와 버러지 형상으로 전락합니다. 죄는 뇌의 혈류와 심장, 맥박, 혈압의 균형을 사정없이 파괴합니다. 경건의 능력이 하나님과 사람에게 유익을 주는 올이 바른 창조자를 만듭니다. 그래서 4계명은 일과 거룩을 병행하라고 명령합니다.

---

40 *New Internationary*. 1997. 앞책. p 594.

3. 올바름

순수 우리말이 "얼굴"은 '얼'의 '굴'이듯이 "올바름"이란 "얼이 바르다"는 뜻입니다. 앙드레 라콕(A. Lacocque)은 십계명이 정언 명령의 말투로 쓰여 진 것을 볼 때 "계약의 법" 이기 보다는 바른 사회생활을 위한 지침서라고 말합니다. 그럼, 도덕적인 사람은 바른 생각을 하는 사람일까요? 거룩을 도덕의 관점으로 볼 때 둘은 같은 의미 같지만 거룩과 도덕성은 같은 말이 아닙니다.

> 째즈 음악을 심취 하는 것이 부도덕 하다고 볼 수 없다.
> 하지만 거룩한 행위에는 상반 될 수 있다.
> 주일에 극장에 가고, 술집에서 먹고 마시는 것이 부도덕하다고 볼 수 없다.
> 하지만 경건한 사람의 모습은 아닐 수 있다.

도덕적인 것과 거룩(경건)한 것

기독교는, 세계에 대한 앎을 바탕으로 하는 일반 종교와 달리 윤리적 종교라고 한 슈바이처의 말이 떠오릅니다. 이 말은 기독교가 형이상학적 사변에 빠지지 않으므로 앎과 행함의 단절을 가져오지 않을 것을 기대한 말이라고 봅니다. 도덕(moral)이 각 사회에서 고유한 경험의 관습(mos, moeurs)에서 왔다면 윤리(ethics)는 어느 시대, 사회에나 통하는 삶의 원리입니다. 존 맥카티(J.McCarthy) 는 "필연법과 십계명의 기원은 조약이 아닌 다른 곳에서 찾아야 한다"면서 윤리의 측면을 강조했습니다.[41] 윤리란 사람 대 사람의 관계일진대 사람 대 사람의 관계를 사람 대 하나님의 관계에서 사랑으로 풀어낸 것이 십계명이며 이 사랑은 도덕성과 구분됩니다. 도덕규범은 사회와 시대마다 다를 수 있고 사회가 변하면 도덕 규칙도 바뀝니다. 그러나 윤리원칙은 언제, 어디서나 통하는 절대적인 그 무엇입니다. 절대적인 그 무엇이 무너지는 사회를 놓고 사람들은 혼란의 시대라고 말합니다.

의에 대한 면죄부

교회가 부패했다는 것은 기독교의 교리적 핵심인 성결과 거룩(경건)을 도덕으로 이해했기 때문입니다. 믿음은 있는데 삶이 없다는 말은 "서로" 속에 있는 이웃을 배제한 것이고 성결의 십계명을 제거시킨 결과입니다. 박충구의 말대로 거룩함은 전혀 없이 헛배 만 불러서 은총을 "의에 대한 면죄부"로 여기고 "성결의 대용품" 정도로 여기는 사람들이 교회 안에는 많습니다.

믿음으로 '살자'

바르트(K.Barth)는 말하기를, 루터는 하나님이 '우리를 위하여(fuer uns)' 무엇을 하셨는가를 물었다면,

---

4 1 Andre Lacocque & Paul Ricoeur. 2006. 김창주 옮김. "성서의 새로운 이해" p114. 서울: 살림.
원제명 : *Thinking Biblically: Exegetical and Hermeneutical studies.*

칼빈은 하나님이 우리에게서(an uns) 무엇을 했느냐를 물었고, 루터가 '믿음으로' 살아야 한다고 했다면, 칼빈은 믿음으로 '살아야 한다'고 했습니다(K.Barth. 1935. *Die Kirche und die Kirchen.* 박충구 앞 책. p211, 212).

리쾨르는 살아낼 수 있도록 소망있는 위로를 줍니다. "율법은 우리를 끊임없이 죄인으로 만들지만 예수는 '인자가 땅에서 죄를 용서할 권한이 있다(막 2:10)'고 하시므로 율법이 정한 죄는 유한하다고 말씀하셨다. 이처럼 의무 불 이행의 죄는 용서와 구속에 의해 속죄 될 수 있다는 약속이 이미 주어 져 있다. 이스라엘 백성이 파멸의 위기 때 마다 출애굽 사건이 구원의 상징으로 나타난 것은 바로 이러한 약속을 회상시켜서 희망을 낳게 한 것이다."

"이로 보건대 율법은 거룩하고 계명도 거룩하고 의로우며 선하도다" 롬 7:12.

86
십계명과 자연

지구는 하나님의 말씀으로 창조되었으므로 하나님의 말씀으로 만이 온전한 회복이 가능합니다.

"보좌에 앉으신 이가 이르시되 보라 내가 만물을 새롭게 하노라" 계 21:5요약.

창3장의 죄로 인해 하나님과 사람, 자연과 사람의 의사소통이 끊어졌고 창 10장의 바벨탑 죄로 인해 사람과 사람사이의 의사소통이 끊어졌습니다. 하나님을 거역하고 죄를 지을수록 인간은 하나님, 자연, 사람과의 소통이 단절되고 그래서 살기가 어려워집니다.

하나님이 첫 사람 아담을 창조하시고 모든 땅을 경작하고 다스리라고 하셨다. 모든 세상은 잘 정돈되어 있었고 소들은 아담의 소리를 들었고 밭고랑도 아담의 말을 잘 들었다. 그러나 아담이 죄를 지은 이후부터 그들이 아담의 말을 듣는 것은 멈추어 졌다. 소가 아담의 말을 듣지 않고 밭고랑들이 아담의 말을 듣지 않아서 아담은 일하는데 많은 어려움이 생겼다. -이스라엘 초등학교 창세기 교과서(Daalia Khorah.p.19).

산불, 기근, 가뭄, 대홍수, 지진과 해일, 쓰나미, 바이러스, 생태계의 교란, 환경 재앙들이 자연과학, 백신, 각종 캠페인으로도 해결이 안 될 때 그 이유를 성경에서 찾을 것을 제안합니다.

"이 땅에는 진실도 없고 인애도 없고 하나님을 아는 지식도 없고 오직 저주와 속임과 살인과 도둑질과 간음뿐이요 포악하여 피가 피를 뒤이음이라 그러므로 이 땅이 슬퍼하며 거기 사는 자와 들짐승과 공중에 나는 새가 다 쇠잔할 것이요 바다의 고기도 없어지리라.... 네가 네 하나님의 율법을 잊었으니 나도 네 자녀들을 잊어버리리라(생략) 그들은 번성할수록 내게 범죄하니... 그들이 먹어도 배부르지 아니하며 음행하여노 수효가 늘지 못하니 이는 여호외를 버리고 따르지 아니하였음이니라" 호 4:1~10요약.

호세아는 들 짐승, 조류독감, 어패류, 동식물이 쇠잔하고 땅을 슬퍼하게 만든 원인을 계명을 어긴 악에서 찾고 여호와께 희망을 걸고 십계명으로 돌아가야 한다는 것입니다. 십계명이 생태계와 관련이 있음을 호세아는 말하고 싶었던 것입니다. 땅과 인간은 불가분의 관계입니다(창3:17,18). 십계명이 자연질서를 바로잡고 그 영역은 살아있는 피조물과 땅에 영향을 줍니다(롬 8:22참고).

"너희는 나를 찾으라 그리하면 살리라" 암 5:4, 6.
"이를 행하라 그러면 살리라" 눅 10:28요약.

1. 발 타슈킷의 원칙

"너희가 어떤 성읍을 오랫동안 에워싸고 그 성읍을 쳐서 점령하려 할 때에도 도끼를 둘러 그곳의 나무를 찍어내지 말라 이는 너희가 먹을 것이 될 것임이니 찍지 말라 들의 수목이 사람이냐 너희가 어찌 그것을 에워싸겠느냐" 신 20:19.

마빈 토케이어(M.Tokeyer)는 그의 책에서 신 20:19의 율법을 '발타슈킷의 원칙'이라고 알려주는데 이런 내용입니다. 토라는 불필요한 파괴를 금지한다는 뜻입니다. 사익을 챙기려는 목적으로 자연을 파괴하거나, 건물을 무너뜨리거나 음식으로 장난을 치거나 훼손하는 행위는 율법을 어기는 것이 됩니다. 하나님은 싯딤나무로 십계명 돌판을 보관하는 언약궤를 만들라고 명령하셨는데(출 36:20)싯딤나무는 과일이 열리지 않는 나무예요. 세상에 있는 모든 것이 다 그 분의 것인데 왕 중의 왕이신 하나님은 자신의 사원을 세울 것을 명령하실 때 과일이 열리지 않는 나무만을 사용할 것을 명령하셨습니다.

2. 티쿤 올람

죄는 반드시 유신론과 같이 합니다. 죄를 아는 것은 "신 인식"에서 만이 가능합니다. 죄도, 은혜도 하나님을 아는 만큼 압니다(시10:4참고). 유다이즘에 "세상을 고친다"는 "티쿤 올람"사상은 신과 대면해서 불의를 조정하고 하나님의 공의를 바로 세운다는 뜻입니다. 티쿤작업은 시온(말씀)에서 출발합니다.

"또 이 산에서 모든 민족의 얼굴을 가린 가리개와 열방 위에 덮인 덮개를 제하시며 사망을 영

원히 멸하실 것이라 주 여호와께서 모든 얼굴에서 눈물을 씻기시며 자기 백성의 수치를 온 천
하에서 제하시리라 여호와께서 이같이 말씀하셨느니라" 사 25:7, 8.

"이는 율법이 시온에서부터 나올 것이요 여호와의 말씀이 예루살렘에서부터 나올 것임이라"
미4:2. 사 2:3 참고.

*이 산=시온 산(사 24:23) ; 다윗시대에 십계명 법궤가 있던 곳이다(삼하 24:18, 왕상 8:1).

3. 십계명과 IT(International Telecommunication)

성경을 온 라인이나 전자기기로 읽지 않고, 켜고 끄는 일 만 줄여도, 펄프제지(종이), 즉 책으로만 읽어도
지구 온난화를 줄일 수 있습니다. 전자기기, 화상예배, SNS, 전자필기, 우리들이 사용하는 메일들을 최소
한으로 줄이면 이산화 탄소의 배출 량은 감소됩니다. 하나님은 십계명을 쓰실 때 친 환경소재인 자연석
에 쓰셨습니다. 십계명 수업에서 만큼은 코팅, 플라스틱 제품을 멀리하자는 것도 이런 이유에서 입니다.

4. 자연과의 친밀

4계명에 관심만 가져도 우리 각자가 지닌 공격성을 줄일 수 있습니다. 창조신학의 정수라고 할 4계명과
탐욕을 금한 10계명은 "소나 나귀에게"까지 자비롭고 그 자비는 말방울에 까지 미칩니다.

"그 날에는 말방울(the bells of the horse)에까지 여호와께 성결이라 기록될 것이라" 슥 14:20.

그러니 말(horse)과 말의 주인은 어떻겠습니까? 예수께서 망아지를 타시고 예루살렘에 입성하실 적에 새
끼 곁에 어미 나귀를 동행하게 하시는 인자함이나 사마리안의 비유가 보여 주듯이 이웃사랑의 자발적 동
기가 '자비'에서 나옵니다. 자비심은 자연에서 영향 받을 수 있습니다(앙드레 라콕.p192). 예수께서는 공
중을 나는 새, 들의 백합화, 들풀을 낙천적인 윤리의 최고 모델로 말씀했습니다. 오늘 있다가 내일 아궁이
에 던져지는 들풀을 입히시는 하나님의 자비, 참새 두 마리의 생명을 보호하시는 하나님, 시편 8편의 "창
조에 대한 명상"은 우리를 구원으로 이끕니다. 창조의 아름다움이 경외심을 일으켜서 자연과 이웃을 사
랑할 자원이 됩니다. 하나님의 피조물을 돌봄으로 따뜻하고 우호적인 인간이 될 수 있습니다. 자비의 영
역은 나와 전혀 다른 낯선 제 삼자 와의 간격을 극복하는 것입니다(양명수. "호모테크니쿠스" p246. 244).
짐멀리는 레 19:34 의 "너희와 함께 있는 타국인을 너희 중에서 낳은 자 같이 여기며 자기 같이 사랑하라"
는 이 본문을 "너는 너 자신과 같은 그 사람(나그네)을 사랑하라"고 번역했습니다. 그들은 나와 '다른'이
아니라 '나와 같은' 입니다. [42]

5. 인간 존재의 회복

---

4 2   앙드레 라콕.135참고. Zimmerli. *Old Testament Theology*.p137; cf. 신 10:19, 갈 6:10. p191,192.

덕이야(dog;강아지이름), 엄마왔다! 우리 덕이 맘마 먹어야지, 엄마가 먹여줄게.

뉴~스 ; 쓰레기통에 버려진 18개월의 영아가 시신으로 발견되었습니다.

자연을 새롭게 보는 "가이아 이론"(그리스 신화에 나오는 대지의 신)이 자연을 생명의 실체로 보는 시각은 열어 주었으나 인간의 주체성은 날로 비참해지고 있습니다(양명수. "녹색윤리" p116-117). 사람은 다른 피조물 특히 동물과 구별 된 존재로서 여전히 중요한 것은 사람입니다. 4계명의 수혜 대상의 순서가 보여 주듯이 하나님의 관심은 첫 째가 사람입니다. 모든 창조에 퍼져 있는 하나님의 염려에서 가장 우선적인 수혜자가 인간입니다. 우리가 하나님의 마음을 이해한다면 우리 역시 하나님을 위하고(1~4계명), 인간을 위하고(5~10계명), 그리고서 동물과 자연을 위하므로(4, 10계명) 하나님과 인간존재가 주인이 된 세상을 잃지 말아야 합니다. 십계명은 말합니다. 하나님의 형상으로 지음받은 사람이 우선이라고요.

87
십계명과 인간

십계명을 지키라는 명령이 인간에게 왜 주어졌느냐는 질문은 왜 선악과의 명령이 인간에게 주어졌을까를 생각하면 쉽게 알 수 있습니다. 아담을 에덴에 두시고 "그것을 경작하여 지키라"고 하셨는데(창 2:15) 선악과를 지키지 못한 아담은 가시덤불과 싸우며 땀 흘려야 먹고 살게 되었고, 하와는 임신의 고통과 해산의 수고로 자녀를 낳아 기르고, 뱀은 다리 몽둥이가 부러 뜨려져서 땅을 기며 흙을 주워 먹는 운명이 되었습니다.

아담, 하와, 뱀.

이 셋 중에서 누가 제일 큰 형벌을 받은 걸까?

유대인들의 창세기 미드라쉬에서는 뱀이라고 결론짓더군요. 아담은 "하나님, 비 좀 내려 주세요, 하나님, 비 좀 그만 오게 해 주세요.. 하나님, 먹을 것을 주세요. 하나님, 하나님"하나님을 찾아야 살고, 하와는 아기가 안 생기면 "잉태하게 해 주세요" 아기가 생기면 "순산하게 해 주세요" 아기를 낳으면 "애가 아프지 않고 잘 자라게 해 주세요"라고 끊임없이 하나님을 찾는 존재가 되었습니다. 하나님과 연결된 존재로 말이지요. 하나님과 소통하며 사는 것은 저주가 아니라 축복입니다. 하지만 땅을 기는 뱀은 어떤가요? 입만 벌리면 먹을 것이 들어옵니다. 자기 힘으로 사는 존재는 결코 하나님을 찾지 않습니다. 이것이 저주요, 형벌입니다.

죄가 들여 온 고통이 하나님을 갈망하게 했듯이 십계명은 인간을 죄인으로 만들어서 하나님 앞을 떠날 수 없도록 만듭니다. 바울은 "율법에 비춰보지 않고서는 나는 죄가 무엇인지 알지 못 하였을 것이라"고 했습니다(롬 7:7). 양명수 교수는 "역설적이지만 인간의 생존방식이 죄"라는 말을 합니다. 구원받은 백성을 죄와 계속 맞서게 하므로 끊임없이 하나님과 사랑의 관계를 회복시켜 내려는 것이 십계명의 기능입니다. 십계명에는 이미 '용서'라는 은혜의 장치가 있습니다(신 4:41~44, 5:1~22 참고).

> "이러므로 내가 네게 말하노니 그의 많은 죄가 사하여졌도다 이는 그의 사랑함이 많음이라 사함을 받은 일이 적은 자는 적게 사랑하느니라" 눅 7:47.
> "네가 선을 행하면 어찌 낯을 들지 못하겠느냐 선을 행하지 아니하면 죄가 문에 엎드려 있느니라 죄가 너를 원하나 너는 죄를 다스릴지니라" 창 4:7.

88
하나님과 인간

윤리교육 또는 인격교육을 어떻게 시켜야 하는 지의 고민은 줄기차게 있어 온 물음입니다. 가인, 노아시대, 그리고 이사야 시대는 아예 선악의 개념이 바뀌었습니다.

> "악을 선하다하며 선을 악하다하며 흑암으로 광명을 삼으며 광명으로 흑암을 삼으며 쓴 것으로 단 것을 삼으며 단 것으로 쓴 것을 삼는 자들에게 화가 있을진저" 사 5:20.

예수께서는 자기 시대를 "악하고 음란한 세대"라고 하셨고 인간성을 독사와 독사의 새끼에 견주셨습니다. 세상에 임박한 진노를 늦춰 온 십계명이 모든 시대에 윤리적 기초인 새 계명의 골자가 되었다는 점에서 십계명은 기독교의 정언윤리이고, 이 말씀들 만이 모세의 중보없이 하나님으로부터 왔고, 오직 이 말씀들 만이 "열 가지 명령"이라는 특별한 이름을 가졌고, 성경에서 되풀이 되고 있으며 "하나님은 더 이상 더 하지 않으셨다."(신 5:22)라고 마침 표를 찍음으로 완결이 선언된 유일하고 완전한 이 말씀도 인간의 협조 없이는 세상이 온전하게 되지 못한다는 이 사실을 알아 주셨으면 합니다.

> 어떤 사람이 랍비 아키바(R. Akibba)를 찾아와서 볼 멘 소리로 "어떻게 이 불 완전하고 모순 투성이의 세상이 완전 해 질 수 있을까요? 조물주가 세상을 너무 서둘러 창조하신 것이 아닙니까?"라고 물었다. 아키바는 벼 이삭을 보여 주며 물었다. "이 벼는 누가 만들었습니까?" 그 사람은 "하나님이 만드셨지요"라고 대답했다. 아키바는 다른 손에 쥔 빵을 보여 주며 또 물었습니다. "이 빵은 요?" 그 남자가 대답했다. "빵은 사람이 만들었지요." 아키바는 답했다. "하나님이 주신 재료를 가지고 인간이 먹을 수 있는 음식을 만들 때에야 완전한 음식이 되는 것처럼 하나님이 주신 법을 인간이 수행할 때 세상은 완전해집니다"라고.

하나님은 인간의 수고를 필요로 하십니다. 펠라기우스가 윤리적 가능성을 인간 자율에서 보았고 어거스틴은 인간의 행위나 모든 동기도 하나님께 의존하는 존재임을 강조했다면 이 둘을 종합해서 하나님과 우리는 상호 협력관계입니다. 언약이란 쌍방이 맺는 관계입니다. 인산이 계명을 따를 때 하나님의 의무는 인간을 지켜 주시는 것입니다. 십계명이 책임과 사랑의 계명이 될 때 우리는 새 역사의 창조자들이 될 수 있습니다.

89
주기도문에서 본 십계명

예수께서 "너희는 이렇게 기도하라"고 가르쳐 주신 기도문에 "이름이 거룩히 여김을 받으시오며"는 3계명을 바탕으로 한 축사입니다. 신학자 카이저(W. C. Kaiser)는 십계명의 주제를 "거룩"으로 말합니다.

첫 번째 간구가 "나라가 임하시오며 뜻이 하늘에서 이루어진 것 같이 땅에서도 이루어지이다"(마 6:10) 인데 십계명을 세상에서의 구원이라는 관점으로 보자면 십계명은 하나님나라가 이 땅에 임하기 위한 것입니다. 이것이 십계명의 소명이자 목적입니다. 하나님의 뜻이 땅에서도 이루어지기 위해서 입니다. 계명에 순종하는 것은 현세 뿐 아니라 내세에서 받게 될 보상의 약속에 응답하는 것입니다.

십계명의 정도를 걷는 것이 왜 중요할까요? 예수께서는 "우리를 시험에 들게 하지 마시옵고 다만 악에서 구하시옵소서"(마 6:13)라고 기도하라고 가르치셨습니다. 주기도문이 악으로부터의 구원을 말하는 한 우리는 절대로 계명을 피해 갈 수 없습니다. 계명을 따라 살지 못 하는 자에게는 심판이 있다는 것을 기도를 통해서 각성하기를 원하셨습니다.

십계명은 그 분의 나라와 권세와 영광을 빛나게 하며 그 영광이 아버지께 영원히 머물도록 합니다. 그 분의 나라에는 "개들과 점술가들과 음행하는 자들과 살인자들과 우상 숭배자들과 및 거짓말을 좋아하며 지어내는 자는 다 성 밖에 있을 것이라"(계22:15)고 하신대로 계명을 어긴 자는 그 영광에 참예하지 못합니다. 그러니 십계명이야말로 하늘과 땅을 연결하고, 금세와 내세를 아우르는 참 윤리(meta-ethics)입니다.

"하나님의 뜻은 이것이니 너희의 거룩함이라" 살전 4:3 요약.

90
사도신경에서 본 십계명

"만약 우리가 십계명을 잘 지킨다면 신조나 주기도문은 필요치 않다." 마틴루터 (루터전집. p481).

십계명에서 하나님이 무엇을 원하시는지를 알았다면 신조는 십계명이 요구하는 것을 믿는 믿음입니다. 사도들의 믿음의 신조라는 뜻의 사도신경은 창조~ 종말까지의 기독교 세계관을 정립시켜줍니다. AD 2c에는 교회를 무너 뜨리려는 이단들이 많아서 그들로부터 신도들을 보호하고, 누구를 믿는지 신앙의 확신이 필요했습니다. 사도신경의 기록이 맨 처음 나타나 있는 문서는 3 세기 초반의 터툴리안의 저작물에 나타납니다만 초본은 170~180년 대에 로마교회가 세례 문답을 위해서 만들었다고 해서 사도신경은 문답식으로 된 "로마신경(symbolum Romanum)"또는 선언식으로 된 "세례신조"로 불리어 오다가 4 세기에는 선언식 세례 신조로 발전되었습니다. 사도신경은 우리가 누구를 믿는지, 왜, 믿어야 하는지, 그 믿음을 어떻게 지킬 수 있는지를 제시한 대로 믿는 믿음의 고백인데 이는 경배의 대상과 경배의 조건을 말하는 서문과 1계명과 계명이 명령한 삶의 고백입니다. 믿사오며, 믿사오니, 믿사오며, 믿사옵나이다.

주기도문과 사도신경이 우리의 바람과 믿음을 하늘에 올려 드리는 것으로 인간이 하나님께 드린다면, 십계명은 하나님이 인간에게입니다. 바울은 믿음, 소망, 사랑 중에 사랑이 제일이라고 했어요(고전 13:13). 백금산 목사는 사도신경을 믿음, 주기도문을 소망, 십계명을 사랑이라고 정의했습니다(백금산. 2013. p9).

91
교부들이 본 십계명

155~240년의 사람으로 교회사 최초로 라틴어를 사용했다고 해서 최초의 라틴교부라는 칭호를 받는 테르툴리아누스(Tertullians)가 이런 말을 남겼습니다. "하나님은 그의 신적인 교훈을 석판에 쓰기 전에 인간의 마음에 새기셨다. 옛 율법의 모든 교훈들은 자연법에 속하는 것으로 십계명은 단지 죄에 의해 흐려진 의무를 상기시켜 주기 위해 주어진 것이다"라고. 그의 이 말은 후대의 교부들에게 지지를 얻고 교부신학에 기초가 되었습니다(이기문.1980. p.681).

어거스틴(Augustine of Hippo) ; 십계명을 다시 분류할께요.나요? 4 세기 성자, 울 엄마? 모니카!

그레고리우스대제(Gregory1) ; 동의합니다! 찬성합니다! 나요? 6 세기 최초의 교황!

보나벤투라(Sanctus Bonaventura; 1221년 - 1274) ; 맞소! 십계명을 중세의 교본으로 가르칠께요

2세기 기독교인들의 윤리를 기록하고 있는 "12 제자의 교훈"의 6장 2절에는 산상 설교나 예수의 교훈을 전적으로 실천하는데 윤리적 한계점을 의식하고 그 어려움을 이렇게 고백합니다. "주의 멍에를 완전히 수행하면 완전 해 진다. 그러나 주의 멍에를 완전히 따를 수 없다면 최소한 네가 할 수 있는 것을 실천해라."

3 세기 이래(콘스탄티누스 황제; 306-337)로 교회는 급격히 사랑의 실천 문제에 방향을 바꿉니다. 산산수훈의 예수의 사랑윤리는 성직자에 한해서 만 필요하고 일반 신자에게는 실현 가능성이 없는 이상적인 것이 된 것입니다. 이것은 토마스 아퀴나스에 이르러 더욱 분명해졌습니다. 그래서 그것을 흔히 기독교 제2 단계 윤리라고 부른 답니다. 1 단계는 일반인의 계율(pracepta mandata)이고, 2 단계는 복음적 윤리(concilia evangelica)로서 성직자와 수도사를 위한 것입니다. 아가페 즉 이기심이 없는 사랑에 초점을 맞추는 전통적 견해에 대한 의문은 아직도 끊임없이 제기되는 문제입니다.

그럼, 5 세기의 성경의 사람들은 율법을 어떻게 이해했을까요? 라비 심라이(Simlai)는 613 항목의 율법을 "의인은 그 믿음으로 말미암아 살리라" 로 요약했는데 그 과정은 다음과 같은 단계를 거칩니다.

"613개의 계명을 다윗이 11개로 요약했다(시 15편).

다음으로 이사야가 6개로 줄였다(사 33:15).

그 후 미가가 나타나서 3개로 줄였다(미 6:8).

이사야가 다시 2개로 줄였다(사 56:1).

다음으로 아모스가 나타나서 이것을 한 줄로 줄여서

"너희는 나를 찾으라, 그리하면 살리라" 고 했다(암 5:4).

하박국이 나타나서 이것을 "의인은 그의 믿음으로 말미암아 살리라" 고 했다(합 2:4).

십계명은 하나님을 찾는 믿음으로 시작해서 믿음으로 삽니다(믿음생활). 심라이 이후 바빌로니아 출신의 라비 나흐만(Nahman) 역시 선지자 하박국이 그 모든 계명들을 하나로 줄여서 "의인은 그 믿음으로 말미암아 살리라"(합 2:4)고 했다는데 동의했습니다. 이처럼 5세기 이후부터 유대인들은 하나님과 인간에 대한 동시적 사랑을 모티브로 하여 의인은 믿음으로 살리라는 유대교 제1의 원리로 삼기에 이릅니다.

밀턴 쉬타인벅 (M. Steinberg)은, 의인은 믿음으로 살리라는 이것이 모든 유대 율법의 최종적 결론이고 그 뿌리이자 결실이라고 합니다. 결국 구원은 율법의 행위가 아니라 온전히 하나님의 사랑에 의해서 만이 가능함을 율법에서 찾아서 말했던 것입니다.

바클레이(W.Barclay)는 "기독교 윤리로서의 십계명은 저 세상의 조명을 따라 오늘을 살게 한다"고 했는데 하늘의 조명을 받아 산다 해도 원수를 사랑한다는 것이 솔직히 불가능하다는 것을 성자들도 인정할 수 밖에 없었던 것이었지요. 결국은 믿음으로 삽니다.

92

십계명과 종교개혁, 그리고 그 후

"오직 믿음으로 살리라"는 은혜의 신학은 루터에게서 새로운 것은 아닙니다. 앞에서 이미 언급했듯이 그것은 5세기, 2, 3세대의 유대 랍비들의 사상이었습니다.

반면에, 교회는 초대와 중세에 걸쳐 은총보다 참회와 선행의 윤리를 강조하다 보니 모든 질병이나 상처는 다 죄가 원인이고 죄에 주력한 신학 사조는 그 해결책으로 고행을 독려하고 오히려 예수 시대의 바리새인들을 닮고 있었습니다. 퇴보하는 이런 풍조에서 인간의 죄책 문제를 새로운 관점에서 보자는 것은 수도원의 여성들이었어요. 기독교의 커다란 분수령이며 프로테스탄트의 태동이라고 할 종교개혁은 십계명을 어떻게 구별했는지, 그리고 더 나아가 십계명이 근대에 끼친 영향을 살펴보겠습니다.

1. 노르비치의 줄리안(Julian of Norwich ; 1343-1413)

12세기를 전후한 중세의 프로테스탄트가 교회를 저울에 올려놓고 미흡하다는 것을 발견하고 유럽의 교회에는 변화의 바람이 불기 시작했습니다. 이것은 이미 루터보다 훨씬 전에 있었으니 그 토대는 12세기 여성들에 의해서입니다. 교회의 영적 쇠퇴를 직감한 사람들의 묵상의 영성에서 은총이 새어 나오기 시작했습니다. 기독교가 새로운 사고방식으로 틀을 짜려는 움직임이 시작되었고 기존 교회의 예배 방식을 허무는 일은 수도원에서 시작되었습니다. 종교개혁은 여성들이 느낀 하나님의 경험에서 비롯된 것으로 개인 명상은 하나님과 직접적인 만남을 이루고 그 신앙을 직접 표현하게 된 것입니다. 수도원 운동은[43] 사제나 교황을 통하지 않고 개인적으로 하나님과의 만남을 열었습니다. 응답의 체험을 말로 표현하는 여성이 나타나기 시작한 것입니다. 이것은 종교 개혁자 마틴 루터가 "칭의와 만인 제사장" 직을 주장하기 100년도 전의 일입니다.

1) '칭의'는 하나님의 모성이미지

줄리안(Julian of Norwich.)과 캐더린(Catherine of Siena.1347~80)은 인간의 죄를 멸하시는 하나님이 아니라 치료하시는 하나님으로[44] 얘기하기 시작했습니다. 수도원 여성들의 종교적 경험은 위로하시는 하나님이셨거든요. 그녀는 성부 하나님을 the Lover, 성자 예수님을 the Loved, 성령 하나님을 Love로 표현 하였으니 하나님을 온통 사랑으로 이해했습니다.

---

43 14세기 초, 유럽에는 약 600개의 수도원이 있는데 이 가운데 1/4이 여자들의 수녀원이었다. 윌리스턴 워커, 송인설 옮김 "기독교회사" p353. 서울:크리스챤 다이제스트. 시드니 휴튼, "기독교 교회사" p104. 서울:나침반. 중세 교회는 교리와 교회의 전통들을 맹종하고 있었으며 그것이 성경과 조화를 이루는 지에 대하여 전혀 생각지도 않았다. 사람들이 하나님의 말씀과 직접 접촉하는 일은 매우 드물었다. 13세기에 와서는 선행의 면죄부까지 팔았다.

44 Translated by Edmund colledge and James Walsh, 1978. *A history of christian women.* p20, 308~313. New York; paulist press.

우리가 죄의 진흙에 빠지더라도 부끄러움이나 비난의 구렁텅이에 빠질 필요 없이 곧 바로 우리 어머니에게 달려가면 된다. 어머니는 환영해 주시고 깨끗하게 닦아주시고 안아 주시면서 우리의 길을 도와 주신다.

무한 자비의 은총을 앞세우는 "칭의" 교리의 선구자 줄리안은 이러한 하나님을 모성애로 밖에 달리 표현할 길이 없던 것입니다. 줄리안은 그리스도께서 그의 가슴으로 우리를 먹이시고 교회에 대하여 진실한 이해와 사랑의 위로가 있는 어머니로 이해했습니다. 이것을 나중에 루터는 '칭의' 란 용어로 정의한 것입니다.

2) 오직 믿음

"함에도 불구하고" 만인을 구원에 이르게 하는 칭의는 분명 정당하지 않은 사랑입니다. 아무 이유 없이 "야곱은 사랑하고 에서는 미워 하였다"는 말은 부성으로는 이해되지 않습니다. 그 동안 하나님은 강하고 의로운 의인에게 낯을 향하신다고 알았는데 약하고 형편없는 죄인에게 낯을 향하시는 하나님의 사랑은 어머니로 볼 때 만이 가능합니다. 종교 개혁을 준비하는 여성들에게서 정의(율법)가 숨고 사랑(복음)이 넘쳐서 밖으로 나갔습니다.

*유대 주석가들은 출19:3에 근거해서 여성이 먼저 계명을 받았다는 견해에 이의 없이 동의한다. "모세가 하나님 앞에 올라가니 여호와께서 산에서 그를 불러 말씀하시되 너는 이같이 야곱의 집(이스라엘을 기르는 어머니들)에 말하고 이스라엘 자손(혈통을 이어주는 아버지들) 들에게 말하라" 고 해석되었다(이영희. 2017. p141~173. "복음과 교육 제 21집" 한국 복음주의 기독교교육학회).

2. 루터(1483~1546)

칭의교리 다음으로 그에게 중요한 개혁은 윤리였고 십계명입니다. 카톨릭에서 분리되는 종교개혁은 십계명 분쟁이 발단이었습니다. 루터의 사상은 두 가지 입니다. 오직 믿음(sola fidei), 오직 십계명 (sola decalogie)!

믿음을 강조했더니 신앙생활은 엉망이 되어 버렸군

이게 다 '솔라 휘데이'를 외치고 다닌 루터 탓이야

실컷 욕을 먹은 루터는 마 19장을 초안으로 십계명 논문을 썼다.

"선한 일에 관하여(Von den guten Werken)."

루터 논문의 핵심은, 하나님의 형상으로 회복된 의인의 표식은 십계명에 입각한 윤리적 행동이라야 한다는 것입니다.[45] 그는 인간 삶의 현실을 크게 2 가지 범주로 나누었는데 하나님 앞(coramdeo), 그리고 이

---

45 이 글은 루터의 *Tessaradecas consolatoria*라는 책자인데 루터가 1519년 8월 병상에 누워 있는 그의 후원자 프레드릭 요한 공에게 바친 글이다. 이 글이 그의 십계명 강해에 있다. *Luther's Works*. 지원용 감수편집.1983 "루터 선집 9권."세계를 위한 목회자편.컨콜디아사. 이 글은 헤겔의 형벌론의 당위가 되었다. "세상의 통치자는 검을 차고 하나님을 섬기는데, 이것은 선한 사람을 두렵게 하기 위함이 아니라 악한 사람을 두렵게 하기 위해서다"(13:3, 4).

웃과 타자 앞에서 살아가는 삶의 범주(coram hominibus, coram mundo)입니다. [46]

종교 개혁자들은 중세 교회가 타락한 원인 중에 십계명 분류법도 한 몫 했다며 기존의 어거스틴의 십계명 분류의 전통을 버리고 과감하게 유대인 필로의 십계명 분류법을 개혁의 기초로 삼자는 긴 논쟁 끝에 갈라 서기도 했습니다. *이 책 p.324. QA 29, 30을 읽으세요. 가장 치열한 개혁 논쟁 중에 2, 6, 7계명은 신학에 초점을 맞추려다가 개혁자들끼리 결별하는 지경까지 갔습니다. 16 세기 신학논쟁 가운데 가장 먼저 일어나고 가장 치열했던 것이 2계명인데 이것은 칼 슈타트와 루터의 논쟁에서도 발견됩니다.

칼슈타트 ; 여러분, 2계명이 이스라엘에게 향한 계명이지만 기독교 교회에도 구속력을 가지고 있습니다. 교회역사에서 볼 때 종교적 성상들을 세울 때는 언제나 우상숭배와 미신 숭배로 떨어졌지요. 비텐베르크 시의 회 의원님, 시 의회의 관할 하에 있는 교회들의 상들을 제거하는데 서둘러 주십시오.

루터 ; 나는 성상 철회를 거부합니다. 칼슈타트씨, 웜즈 회의에서 봅시다.

회의 참석자들 ; 어거스틴의 저 옷 차림은 뭐요? 마치, 성 어거스틴 같군.

루터 ; 그래요. 나, 어거스틴 같죠? 나는 2계명을 1계명에 통합시킨 어거스틴을 지지한다는 뜻으로 이 수사복을 입고 나온 것이오. 나는 1계명에서 2계명을 다시 꺼낼 필요가 없다는 것을 주장하기 위해서요. 2계명이 '형상'을 금지한 것은 숭배의 대상으로 잘못 사용되기 때문이지, 성상 자체를 거부하는 것이 아니니까 나는 2계명을 삭제한 어거스틴의 분류법을 지지합니다!

칼슈타트 ; 뭐요? 성상을 만들어 놓으니까 숭배하는 것 아니오?

결국은 이 분쟁으로 개신교는 루터파, 칼빈파, 로마정교회파로 나눠지고 말았다.

2계명 외에도 6, 7계명 문제로 논쟁하다가 교회는 또 다시 분열이 일어났습니다. 자카리아스 우르시누스(Zacharias Ursinus)는 그의 저서 "하이델 베르그 교리 문답주석(commentary on the Heidelberg catechism)"에서 7계명 윤리를 다루었는데 정당한 결혼범위와 친척의 범위, 재혼의 가능성 문제로 7계명을 놓고 치열하게 논쟁하다가 로마 가톨릭 교회와 갈라서기도 했습니다. 신학적인 문제로 싸우다 보니 윤리의 설정에 신학이 개입하게 되고 이성이 서로 대립되는 경향을 빚고 말았습니다. 7계명 논쟁에 6계명이 개입된 것은 싸움을 하다 보니 6계명에 의한 중재가 필요했기 때문입니다. [47]

이런 분쟁속에서 루터의 칭의 론(Justification)이 윤리에 끼친 영향은 세 가지입니다. 하나는, 중세의 주

4 6 박충구. 1994. "기독교 윤리사" p195. 대한기독교서회.

4 7 *Iinterpretation, July.*1989에 실린, 듀크대학교 신학부 기독교교사 교수인 David C. Steinmetz, *The Reformation and the commandments*. 김광후 옮김, "종교개혁과 십계명" 「기독교 사상」 1989. p133.10월호 VOL. p370. 서울: 대한기독교서회.

체 철학을 일 깨워 내가 주인이 되도록 한 계기를 만들고 기독교 윤리를 세속 질서로 확장 했다는 점입니다. 근대가 추구한 개인 윤리의 길을 열어 주었다는 점에서 기독교 윤리의 근대성을 개척했다고 봅니다. 서로 다르게 보는 이성주의, 개인이 들어오게 된 것은 종교 개혁과 1계명의 공헌입니다.[48] 두 번째는 십계명이 신앙을 성숙하게 한다는 개혁주의 성화관의 토대를 마련했다는 점입니다.[49] 세 번째는, 아쉽게도 칭의는 은총에 안주하는 계기를 만들었습니다.[50] 이것은 루터가 의도한 것이 전혀 아님에도. 하나님을 그 어떤 이성의 합리적 근거도 거부하시는 분, 어떤 정당화도 필요 없는 냉정한 하나님으로 전락시키고 말았습니다. 종교개혁 이후는 자기 이성에 하나님을 맞추려는 방향으로 가고 규범을 정치권력과 공적에 이용하는 지배적인 신학이 되었습니다.

3. 칼 빈(1509~1564)

칼빈의 십계명에 나타난 예언적 통찰은 두 가지, 하나님의 공의와 자비입니다.

내 말 잘 들으시오, 여러분!

"그리스도인은 십계명에 완전한 순종을 통해 성화됩니다!"[51]

칼빈의 도덕률은 십계명을 의미하며 "참되고 영원한 의(義)의 규범"이라는 정의에 입각한 십계명을 개신교의 윤리로 견고히 했습니다.[52] 루터(Luther)는 그의 "갈라디아서에 관한 강의"에서 율법의 저주가 제거된 것에 초점을 맞춘 반면, 칼빈은 참 되고 영원한 의의 규범이라는 정의를 내리고 십계명이 인간을 자기기만(self-deception)과 자기의존(self-reliance)으로 부터 불러내어 인간의 삶을 위한 하나님의 규범과 마주하도록 했다는 점입니다.[53]

칼빈의 윤리적 통찰이 가져온 공헌은 개인, 그리고 세속사회에까지 영향을 주는 개혁입니다(이 책 p345. Q&A. 46을 읽으세요). 칼빈이 인간의 사회적 관계를 건설하려고 노력했고, 종교개혁의 신학은 은혜의 교리였음에도 윤리는 자꾸 정의로 기울었습니다. 극단적인 칼빈이즘은 정의를 정죄의 도구로 악용했고 여기에 제동을 건 자유주의는 은혜의 교리를 남용하는 방향으로 끌고 갔습니다. 서구 근세의 윤리성은

---

48 16세기에 분출한 논쟁 가운데 가장 먼저 일어나고 가장 치열 했던 것 중에 제1계명에 대한 논쟁도 빠질 수 없다. 제1계명의 의미를 놓고 상이하게 본 것이 뿌리가 되어 여러 관련된 문제들에 대해서도 다르게 보는 결과로 발전했다. *Interpretation, July* 1989에 실린, 듀크대학교 신학부 기독교사 교수인 David C. Steinmetz, 김광후 옮김,앞 책.p132.

49 신원하 옮김, 앞책 p192.

50 지나치게 선행을 강조한 중세 교회의 '자기 의' 를 칭의 신학으로 돌려놓으려 한 신학적 전쟁이라고 할 종교개혁이 선행을 약화시켰다는 점이다.

51 *Calvinistic Ethics, In baker's Dictionary of christian Ethics.* p81. 신원하의 앞 책. p192. 재인용.

52 벤자민 팔리 편역, 박희석 옮김, 1991. "칼빈의 십계명 설교" p37~40. 서울; 성광문화사.

53 벤자민 팔리 편역, 박희석 옮김.앞 책. p41.

기독교인들이 은혜에 취하여 살지 않을 장치로 정의를 강화했고 결과적으로 여전히 사람을 정죄하고 처벌하는 일을 정당화 했습니다. 루터와 칼빈에 의하여 십계명이 윤리로서 분명하게 되풀이 되었음에도 정의 사상은 중세에서 근대시대의 사람들 마음에 차갑게 흘러 들어갔습니다. 일부의 기독교인들은 십계명을 유대인의 율법으로 치부하고 방관하다 못해 폐기 론까지 나오기 시작했습니다.

 알고가기

> 서양 사학자들은 역사를 고대, 중세, 근대, 현대로 4 등분합니다. 15세기 에로스의 상징 르네상스, 칭의 론의 종교개혁, 18~19세기에 일어 난 합리적인 이성주의 주체철학, 지리상의 발견, 산업혁명을 근대 문명의 특징이라고 할 수 있습니다. 데카르트, 스피노자를 비롯해서 근 현대를 이끈 사상가로는 칸트가 있습니다.

4. 칸트(1724~1804)

나? 똑똑한 현실(이성) 주의 자야

결혼 상대를 고를 때는 말이야, 냉정해야 해.

얼굴이 밥 먹여주니? "여자란 미모보다 지참금이 중요하다"는 이 말, 내가 했어. 나? 독신했어.

칸트의 작업은 아리스토텔레스가 제거하지 못한 감각의 세계를 철저히 제거하여 합리적인 세계에 도덕을 건축하려는 것이었습니다. 십계명을 차가운 정의 론의 근거로 삼은 근대는 "각자의 몫"이라는 정의와 권리 주장 외에 다른 아무 것도 고려하지 않는 사랑과는 엄격히 구별했습니다. 헤겔의 되갚음의 정의와, 주체성과 개인주의 인간 론이 강해지면서 윤리는 행위에서 존재로 진행되고 말았습니다.

18세기의 스웨덴의 청교도는 한 여자가 남자의 복장을 입고 말을 타고 가는 것을 보고 모세의 율법대로 돌로 쳐 죽여야 한다고 까지 했으니 아무래도 무슨 일이 일어 날 조짐이 보입니다. 마침내 돌판을 깨부수겠다며 망치를 손에든 사람이 여기저기서 나오기 시작했습니다.

93
세계 대전과 십계명

교육은 성선설을, 경제는 유물론, 과학은 진화론, 신학은 사신 론, 철학은 염세주의, 법은 정의의 가면을 쓴 단두대가 18세기를 휘두르고 있었습니다. 십계명은 '작센법전(Sachsenspiegel, 독일최고의 법령서)' 은 될 수 있으나 사회 윤리상 진리의 인식을 위한 원천은 못 된다는 지적을 받기에 이르렀고 [54] 마침내 19 세기 초

---

5 4   에밀 부르너 앞책,165. *IInterpretation, July.* 1989에 실린, 듀크대학교 신학부 기독교사 교수인 David C. Steinmetz, 앞책 김광후 옮김, 앞책. p137,370.

에는 그 죄책감으로 인해 십계명 폐지론자들이 광장으로 쏟아져서 북적거렸답니다.

루소(1712~1778), 헤겔(1770~1831), 칼 막스(1818~1883), 다윈(1809~1882), 니체(1844~1900), 프로이드(1856~1936), 히틀러(1889~1945), 사르트르(1905~1980).

인간은 본래 선한 존재야, 성선설 알지? 나의 대표 작 "에밀"은 내가 카톨릭에서 개신교로 개종해서 쓴 책이야. 내 조부가 유대교 랍비인데 말이야, 어쩌다 세례받고 기독교인이 되었어. 하지만 알잖아, 내가 무신론자라는거. 공산 당원이 되려면 읽는 필 독서 "공산당 선언"이라는 책, 내가 30세에 쓴거야.

내가 왜 인간을 원숭이에서 진화된 존재라고 말했는지 알아? 내 초상화 잘 봐, 원숭이 닮았잖아.

나? 서구의 기독교 전통을 부수기 위해 망치를 든 목사 아들이야. "신은 죽었다"며 외치고 다니다가 이상하게 멀쩡했던 정신이 돌아서 12년 동안 혼수상태로 지내다가 죽었어.

죄, 죄, 죄, 죄책감! 십계명이 양심을 괴롭혀서 초자아가 스트레스, 강박관념에 시달리잖아. 하나님이 나를 사랑하시니까 죄, 죄, 죄 하지 말고, 내 모습 그대로 나를 긍정하라고!

예수님을 죽인 유대인에게 적대감을 품고 악필을 퍼부어 댄 마틴루터 사상을 내가 실천하겠어! 십계명을 가져 온 유대들을 싹 쓸어버릴 거야. 유대인을 상대로 전쟁을 일으키기로 나는 작정했다.

아프리카 성자로 알려진 슈바이처가 내 외할아버지의 큰 아버지이셔. 나? 실존주의자, 자유로운 영혼이야.

1. 세계대전(1914~1918년, 1939~1945)

히틀러는 마침내 십계명을 상대로 전쟁을 선포합니다. *이 책 NO. 15(p39)를 읽고 오세요. 유럽 인구의 1/3을 처참하게 쓸어버린 세계 대전은 지구상에서 "십계명을 없애자" 는 목적으로 독일에서 발발했고 동 아시아는 유일 신론을 거부하는 일본 천황이 자칭 신으로 등장했다가 박살났습니다. 근대 사조에 영향을 받은 기독교 윤리의 주체는 2차 세계 대전으로 산산 조각나고 한 풀 꺾인 인간은 신을 찾으며 남을 의식하는 눈을 뜨게 됩니다. 2차 대전은 신학 뿐 아니라 윤리의 세계에서도 전환기입니다.[55] 역사의 소용돌이 속에서 개신교 윤리는 정의와 사랑 사이에서 갈팡질팡하며 십계명에 대한 낙관과 회의와 반대 여론은 계속 들끓었습니다.

십계명을 깨부수려는 전쟁 난리 통에 만신창이가 되었어! 뭐가 문제지?

오라, 성경을 문자적으로 보지 말고 상징으로 보자고!

---

55 앤더스 니그렌의 아가페저인 신학윤리, 폴 램지의 덕 이론, 조셉 플레처의 상황윤리, 본훼퍼의 거룩한 세속성으로서의 윤리학, 니버의 철저한 타락의 인간론 사랑과 정의, 틸리히의 사랑 정의 힘의 균형, 상황 윤리의 플레처, 마틴루터 킹의 해방의 윤리, 상생 철학의 임마누엘 레비나스, 연대 책임이론의 리케르로 연결된다.

옛 계명과 새 계명을 분리시킵시다!

맞소! 작센 법에 따라 들어 온 규범들은 휴지통에 집어 던집시다!

2. 전후세대

에밀부르너(1889~1966)

따지는 정의에서 사랑에 시선을 돌렸으니 당연하게 올 것이 왔습니다. 윌리엄 바클레이는 세계가 기독교 윤리의 다른 면을 발견하기 시작하는 데 1,800년이 걸렸다고 할 정도였어요.[56] 십계명 폐지론이 광장에 쫙 깔린 마당에 자유의 물결이 도도하게 밀고 들이 닥쳤습니다.

스텐달(K.Stendahl), 뮐렌버그(James Muilenburg)를 비롯한 기독교 윤리학자들은 종교개혁의 전통을 좇아 전능한 타자(powerful other), 신 중심적인 시각(theocentric perspective)으로 회복시키려 한 반면, 에밀 부르너는 십계명은 교육을 위한 다시없는 교재로서 기독교의 훌륭한 교재는 되지만, 차가운 정의론의 상징이 되어 버린 십계명은 기독교 윤리로서 적합하지 않다는 것이 그의 줄기 찬 주장이었습니다.[57] 십계명이란 하나님의 율법을 요약한 것으로서 구약적인 표현이기 때문이라는 것이 이유였습니다. 부르너에게서는 이렇게 신약과 구약이 분리됩니다.[58] 에밀 부르너의 두 번째 지적은 "십계명은 콘스탄티누스와 테오도시우스 이래 교회 가운데 뿌리를 박은 신권주의를 한층 더 강화시켰다는 점"을 들었습니다.[59] 성서를 규범윤리로 인정 하는 것을 반대한다는 학자들이 우후죽순 들고 일어났습니다. 옛 것은 마치 새 장작을 지피기 위한 불쏘시개 정도로 여겼으니 새것과 옛것을 한 곳간에 두는 것이 이렇게 어려운가 봅니다.

> "이 모든 것을 깨달았느냐? 천국의 제자 된 서기관마다 새것과 옛것을 그 곳간에서 내 오는 집주인과 같다" 마 13:51, 52.

이 모든 것"이란 마 13: 34~50에서 들려 주신 천국 비유인데 천국이 새 것만 있는 줄로 오해하지 말라는 결론이 51, 52절입니다.

---

5 6   윌리엄 바클레이, 한중식 옮김,1985. "기독교윤리학" p39.서울 :양서각.

5 7   구약 성서의 율법이 현재의 입장에 따라서 의무를 요구하는 정의의 법이 되려면 각자에게 그의 몫을 돌리는 창조의 질서에서 세워진 정의의 정식화(正式化)가 필요하다는 주장을 하였다. 에밀부르너, 앞책,p164.

5 8   부르너는 "구약전체 메시지가 신의 거룩 성에 귀의한다면 신약의 모든 내용은 신의 사랑에 귀의한다"고 말한다. Emil Btunner,Dogmatics I: The christian doctrine of God, trans. by Olive Wyon (philadelphia:the westminster press,1950; print, 1980), ch.14~15참고; 김철영,1995. "믿음과 삶의 윤리학: 기독교윤리학 방법과 과제" p132,133재인용. 서울: 장로회 신학 대학교 출판부. 구미정 "기독교윤리학개론" 8장. "사랑의 윤리적 의미." 재재인용.

5 9   에밀 부르너, 앞책 p164.

3. 현대신학

아리스토텔레스(Aristoteles)는 그의 유명한 저술서 "니코마스 윤리학(Ethika Nikomacheia)"에 있는 "행복론"에서 "좋은 게 선이다(좋다)"라고 말했다면 칸트는 순수이성비판에서 이성적 판단에 의해 "옳은 것이 선이다(좋다)"라고 했습니다. 정의에 입각해서 판단하고 고치는 것이 칸트적이고 그래서 그의 도덕 행위가 개인이라면, 21세기는 사랑에 입각해서 이해하는 수평적 관계의 세계관을 말한 아리스토텔레스 쪽으로 향하고 있습니다.

1965년에 롱(Long)과 거스탑슨에 의해서 성서 사용에 대한 유형론적인 연구가 최초로 진행 되었는데, 성서를 규범적인 것으로 사용하는 것이 거부되었고[60] 1976년에 버치(Bruce C. Birch)와 라스무센(Rasmussen)은 "상호 작용"(interaction)모델을 신학적으로 세우면서 성서의 규범적인 사용은 비논리적(undialectical)이라는 이유로 거부했습니다.[61] 최근 들어 1984년에 버히(Verhey)는 "성서를 도덕률이라는 차원에서 주장하는 것은 존중될 수 없다"를 주장으로 규범의 무용 론을 들었습니다.[62]

3. "십계명"이라는 명칭의 상품화

십계명 무용론이 거세게 신학을 강타하는데 시장에서는 더할 나위없이 각광받는 타이틀이 되었습니다. 웰빙 십계명, 다이어트 십계명, 부부행복 십계명, 부동산과 금융업계에까지 영향을 미치며 재 태크 십계명도 있습니다. 십계명이 보편적이고 대중적인 용어로 널리 사용되고 세상에서 인기짱입니다. 십계명이라는 성경의 언어가 세상에서 친밀한 주제가 되었다는 것은 매우 이례적입니다.

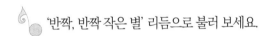
'반짝, 반짝 작은 별' 리듬으로 불러 보세요.

반짝, 반짝 빛나리 예수님을 본 받아
사랑, 친절, 온유, 인내, 자비, 절제
반짝, 반짝 빛나리 예수님을 본 받아.

60 Edward Leroy Long, *The Use of the Bible in Christian Ethics, Interpretation. 19. (April, 1965)*. p149-162.
James M. Gustafson, 1965. *The Changing Use of the Bible in Christian Ethics; The Place of Scripture in Christian Ethics : A Methodological Study.* 1970. *in Readings in Moral Theology no.4.* eds. Charles E. Curran and Richard A. McCormick. New York : Paulist Press, 1984. p133~177. 한기채, 앞책 p55.재인용.

61 Bruce C. Birch and Larry L. Rasmussen, *Bible and Ethics in the Christian Life.* Minneapolis : Augsburg publishing House. 1976. p54-78. 한기채, 앞책 p55. 재인용.

62 Allen Verhey, The Great Reversal : *Ethics and the New Testament.* Grand Rapids: Eerdmans, 1984.p196. 한기채, 앞책, 재인용.

94
사단의 혐오대상 십계명

"다섯째 인을 떼실 때에 내가 보니 하나님의 말씀과 그들이 가진 증거로 말미암아 죽임을 당한 영혼들이 제단 아래에 있어 큰 소리로 불러 이르되 거룩하고 참되신 대주재여 땅에 거하는 자들을 심판하여 우리 피를 갚아 주지 아니하시기를 어느 때까지 하시려 하나이까 하니 각각 그들에게 흰 두루마기를 주시며 이르시되 아직 잠시 동안 쉬되 그들의 동무 종들과 형제들도 자기처럼 죽임을 당하여 그 수가 차기까지 하라 하시더라" 계 6:9~11.

예수님을 실패자로 만들려는 당돌한 사단은 하필 십계명을 응용해서 문제를 출제했고 예수께서는 십계명 말씀으로 사단을 물리치셨습니다. 사단은 마치 십계명 도전자 같습니다.

"예수께서 대답하여 이르시되 기록되었으되 사람이 떡으로만 살 것이 아니요 하나님의 입으로부터 나오는 모든 말씀으로 살 것이라 하였느니라 하시니" 마 4:4.
"기록되었으되 주 너의 하나님께 경배하고 다만 그를 섬기라 하였느니라" 마 4:10요약.

십계명과 예수의 증거

"용이 여자에게 분노하여 돌아가서 그 여자의 남은 자손 곧 하나님의 계명을 지키며 예수의 증거를 가진 자들과 더불어 싸우려고 바다 모래 위에 서 있더라" 계 12:17.

21세기는 개인의 권리와 자유, 인간중심, 자연우월이라는 미명아래 십계명을 거부합니다. 미국 일부의 주 의회는 법원에 세워 둔 십계명 철거 판결을 내렸고 대법원은 십계명 조형물 철거에 승인했습니다. 북한에서는 십계명을 주체사상 교육에 이용했고 중국에서는 십계명을 시진 핑의 연설로 각색했고, 이용할 대로 이용하면서 여기저기서 십자가와 십계명 제거 운동이 일고 있습니다. 동성애, 종교통합, 간음이라는 구속으로부터의 해방 등 십계명에 반대되는 노선은 거침이 없습니다.

"악과 과실과 죄를 용서하리라 그러나 벌을 면제하지는 아니할 것이다" 출 32:7요약.
"그러나 두려워하는 자들과 믿지 아니하는 자들과 흉악한 자들과 살인자들과 음행하는 자들과 점술가들과 우상 숭배자들과 거짓말하는 모든 자들은 불과 유황으로 타는 못에 던져지리니 이것이 둘째 사망이라" 계 21:8.
"보라 내가 속히 오리니(생략) 내가 각 사람에게 그가 행한 대로 갚아 주리라(생략) 개들과 점술가들과 음행하는 자들과 살인자들과 우상 숭배자들과 및 거짓말을 좋아하며 지어내는 자는 다 성 밖에 있으리라" 계 22:11~15요약.

"나를 위하여 의(righteousness)의 면류관이 예비되었으므로 주 곧 의로우신 재판장이 그 날에 내게 주실 것이며 내게만 아니라 주의 나타나심을 사모하는 모든 자에게 도니라" 딤후 4:8.

의의 면류관의 첫 수상자는 눅 1장과 마 1장에서 만날 수 있습니다. 마태는 요셉을 의로운 사람 righteous man 이라고 소개했는데 그는 눅 1:6에서 "의(righteousness)를 "계명"이라고 풀이했습니다.

95
십계명 기본기 (基本技)

한 동안 우리나라 공익광고에 "기본이 바로 선 나라가 되자"는 캠페인이 있었습니다. "맘대로 죄 짓고 용서 받으면 돼! 지옥에만 안 가면 되잖아!" 이 공식이 맞나요? 예수 안에서 은혜롭다는 이 약점(?)을 이용하는 사람은 정말 기본이 안 된 사람입니다. 천사처럼 말을 잘하고 탁월한 예지력과 지식과 산을 옮길 만한 믿음이 있고, 사재를 다 털어 구제하고 자기 몸을 불 사르게 내 줄 정의심이 있어도 기본이 안 된 사람은 "아무 소용이 없다!"고 했습니다. 바울은 기본 바탕을 "사랑"에 두었는데 그 기본도 사랑의 계명인 십계명과 무관하지 않습니다. 롬 13:10을 읽어보세요. 예수께서는 유대 관원에게 "영생에 들어가려면 계명을 지키라"고 하실 때 "어렸을 때 부터 다 지켰다" (마 19:16-19)고 말한 이 사람이 기초가 탄탄한 걸 아시고 그를 사랑하셨고 제자 되기를 바라셨습니다.

> 예수께서 승천하신 후의 사적(史蹟) 은 새로운 멤버로 교체된다. 바울, 바나바, 마가, 아볼로, 디도, 로이스, 유니게, 디모데, 브리스길라, 아굴라, 유니게, 예수의 형제 야고보, 유다. 율법의 기본기가 탄탄한 레위 가문의 사람들. 야고보는 일찍 순교했고, 재정을 맡은 유능한 유다는 자살했고, 살로메, 마리아, 마르다, 삭개오, 헤롯의 청지기 아내를 비롯한 후원자들의 행방도 묘연하다. 바울이 펜을 쥔 때문이라고 이해해야 할까? 우리가 장차 천국에 가서 천국서고의 마태서적을 열람하면 성경에는 없는 생소한 이름을 많이 만날 것 같다.

"성경에 능통한" 아볼로(행 18:24), 바울과 형제된 소스데네 회당장(고전 1:1)을 비롯한 율법교사들, 초대교회는 기본기(basic skills)가 탄탄한 기독교인들이 초석을 놓았습니다. 지금도 이스라엘에서 예수님을 믿는 유대인 공동체 메시아닉 쥬(Messianic Jews) 의 예배에 참석하면 "율법의 기탄(기본기가 탄탄한) 교사들이 예수를 믿으니까 정말 잘 믿는구나!"라고 감탄합니다.

96
십계명과 조직신학

신학은 조직적인 체계, 성경의 진리, 생활 실천의 분야로 연구합니다. 조직신학(systematic theology)은 성경의 주요 주제들을 논리적, 체계적인 방법으로 서술하는 학문으로 교의학(Dogmatics)이라고도 합니다. 성서신학은 성경에 계시된 하나님의 진리를 역사적 연대적 관점으로 연구하는 학문입니다. 실천신학(practical theology)은 기독교 윤리, 그리고 교회 활동에서 실천에 관한 이론과 적용을 제시하는 학문으로 전개됩니다. 십계명은 그동안 성서신학과 실천신학에서 활발하게 연구되어 왔습니다. 십계명을 조직신학의 신론, 인간론, 기독론, 구원론, 교회론, 종말론, 6 가지 주제로 풀어 보겠습니다.

십계명과 조직신학

계명	조직신학	설명
0(서문)	기독론, 구원론	출애굽은 예수그리스도의 총체적인 구원 사역의 프리젠테이션이다.
1계명	신론	삼위일체 유일신론. '엘로힘'이란 3위1체 하나님을 의미한다.
2계명	인간론, 구원론	타락한 형상은 은혜와 계명으로 회복된다.
3계명	종말론	"죄 없다 하지 아니하리라"는 최종적인 심판의 경고문이다.
4계명	교회론, 창조론	기독교의 안식일인 주일은 교회를 통해서 거룩하게 된다.
5계명	인간론	십계명은 인간을 죄인으로 만들고 예수님을 필요로 하는 존재를 만든다. 5~10계명은 인간의 죄성이 어디까지 미치며 죄로 부패한 인간은 칭의에 의해 의로워진 죄인이므로 지속적인 회심과 성화가 여전히 필요하다.
6계명		
7계명		
8계명		
9계명		
10계명		

1. 신론

이 책에서 읽기 ; NO. 0, 19, 29, 30, 31, 35, 37, 38, 44, 45, 46, 136, 137, Q &A 28.

1) 창조론

4계명에는 여호와께서 천지 만물을 엿새 동안 창조하심을 선포하고(창조론), 서문은 새 언약의 예표로서 옛 사람(종)이 새 사람(구원받은 자)으로 오는 자유의 소동에서 시작합니다. 십계명에서 우리는 인간을 다스리시는 하나님을 만납니다.

2) 3위1체

십계명에 3위1체 신학이 있습니다. '여호와'라는 성호가 여덟 번, '하나님(엘)'의 복수명사인 '엘로힘'이라는 명칭이 여섯 번 나오는데 '여호와'는 서문에서 구원자, 인도자로 소개 했으니 구원자 예수 그리스도이십니다. '엘'의 복수 형태인 '엘로힘'이란 3위1체 하나님을 의미합니다.

3) 유일 신론

1계명은 유일하신 한 분 하나님을 선포합니다. 십계명에는 경배의 대상인 유일하신 여호와, 경배의 조건, 태도, 시간을 분명하게 명시했습니다.

4) 예정(섭리)

예수 그리스도의 성육신, 성령강림, 심판을 예표하는 시내 산 사건은 하나님의 섭리와 예정 속에서 일어 날 일을 미리 보여 준 pro-missio 입니다.

2. 인간론

이 책에서 읽기; NO. 42, 83, 85, 88, 104.

1) 인간의 기원

2계명에서 인간은 하나님의 모양대로 "하나님이 보시기에 심히 좋게"(창1:31) 지어진 존재로서 주체의식을 가진 인간의 존엄성을 증거합니다(전7:29, 골3:10, 엡 4:24 참고). 그러므로 인간보다 못한 하등의 어떤 피조물을 숭배한다는 것은 어리석은 행위입니다.

2) 타락(죄)

인류의 원죄를 가져다 준 선악과는 십계명의 계율을 담고 있습니다. 십계명은 우리의 죄성이 어디까지 미치며 죄로 인해 부패한 존재임을 증거합니다.

3) 은혜언약

율법은 모세로 말미암아 주어졌으나 십계명은 하나님께로부터 직접 왔습니다. 계명은 그래서 은혜요, 진리입니다. 계명이 약속한 은혜는 무한대(1천대)입니다. 은혜는 진리 안에서 만이 은혜 위에 은혜가 될 수 있습니다. 이렇게 서로가 서로를 부르고 응답하는 관계가 계명과 은혜의 관계입니다. 복음과 계명, 은혜와 진리는 병렬관계입니다.

3. 기독론

이 책에서 읽기 ; NO. 0, 19, 29, 30, 31, 35, 37.

1) 예수그리스도의 신성과 인성

십계명 돌판은 하나님의 형상과 지문이 새겨진 신성을, 손가락은 인성을 예표합니다. 십계명은 인간을 죄인으로 만들고 예수님을 필요로 하는 존재를 만들고 그 말씀이 성육신 하셨습니다.

2) 낮아지심과 높아지심

하나님이 죄인을 만나시려고 시내 산에 내려오신 모습은 예수 그리스도의 낮아지심을 예표합니다. 두 돌판을 받은 백성이 그 분의 통치를 받아들임으로 거룩한 백성이 되었듯이 예수 그리스도는 만물을 다스리시는 우리의 주가 되셨습니다.

3) 죽음

깨진 돌판은 예수 그리스도의 몸이 찢기심과 죽으심의 예표입니다. 예수의 죽으시고 부활하신 사건은 일곱째의 날 안식일의 계명을 첫째 날인 주일이라는 거듭난 새 계명으로 완성하셨습니다.

4. 구원론

이 책에서 읽기; NO. 61, 76, 77, 79, 87, 96, 100, 114, 137, 139, Q3, Q5.

1) 은혜

십계명은 만인이 죄인 됨을 깨달아 예수 그리스도의 은혜 앞에 우리를 세웁니다. 십계명 서문은 모든 율법의 서론이며 하나님의 은혜로 구원받은 복음입니다.

2) 부르심

애굽에서 자기 백성을 불러 내셨듯이 우리를 죄에서 불러 내셨습니다. 부르심을 받은 자의 믿음은 하나님과 개인적이지만 그 믿음은 다른 이에게 하나님을 보여주어야 하겠기에 계명의 삶이 필요합니다.

3) 중생

십계명의 서문은 구속이라는 이야기입니다. 십계명은 자신이 누구이며 누구의 소유인지를 아는 사람이 세속 문화와 그 가치에 대항하여 살게 합니다. 십계명은 단지 세계 보편성을 지닌 윤리로 그치지 않고 거듭난 사람이 하나님과 사람을 사랑하여 복된 삶을 살게 합니다.

4) 회개와 믿음

예수님의 신부는 십계명으로 자신을 거룩하게 단장해야 합니다. 옳은 행실의 십계명은 회개로 이끌고 믿음을 세워줍니다.

5) 칭의

십계명의 *서문*은 칭의를 선포합니다. 성도는 믿음으로 의롭다고 인정을 받은 죄인입니다. 우리를 의롭다고 여겨주신 것은 하나님의 사람으로 온전하게 하며 모든 선한 일을 행할 능력을 갖추게 하려 함인데 그 선한 일이 십계명입니다(마 19:15~17, 딤후 3:15-17참고).

6) 성화

성령은 그리스도인을 성화시켜 하나님의 온전한 사람이 되게 합니다. 십계명이 기독교적 가치관과 도덕의 표준, 구원과 믿음과 삶의 방향을 분명하게 제시하고 성령님은 그 길로 우리를 인도하십니다.

7) 성도의 견인과 영화

선한 일을 행한 자는 생명의 부활로, 악한 일을 행한 자는 심판의 부활로 나온다(요 5:29)고 하셨으니 믿음으로 구원받은 사람은 선한 삶의 표준인 십계명으로 생명을 지켜야 하겠습니다.

"네가 생명에 들어가려면 계명들을 지키라" 마 19:17

5. 교회론

이 책에서 읽기 ; NO. 56, 58, Q&A 46.

1) 교회의 본질

시내 산에서 하나님과 이스라엘이 맺은 혼인계약은 교회의 예표입니다. 구속 받은 공동체를 상징하는 예루살렘 성은 그리스도의 신부인 교회를 상징합니다(엡 5:29-31참고). 그의 신부인 우리는 하나님 나라의 거룩한 일원입니다.

2) 교회의 권세와 임무

교회는 4계명의 명령을 통해서 신앙 공동체가 결속되며 4계명은 교회를 통해서 거룩하게 됩니다.

3) 은혜의 수단

구원이 택함 받은 자손에게 주시는 은총인 것처럼 십계명도 애굽에서 구원받은 자들에게 주신 은혜와 사랑의 선물입니다. 이 은혜는 교회 공동체를 통해서 강화됩니다.

4) 성례

성경책 뒤표지 안면에는 십계명이 있습니다. 이는 기독교인의 신앙과 생활의 규준으로 항상 기억하고 행함으로 기독교인다운 인격과 생활을 하게 합니다.

5) 교회의 탄생

성령의 중매로 그리스도의 신부인 교회가 탄생한 이 날은 십계명의 생일인 오순절입니다. 십계명을 받은 오순절은 신약의 신자들에게 성령 강림절이 되었고 교회의 출발점이 되었습니다.

6. 종말론

이 책에서 읽기 ; NO. 40, 41, 42, 43, 44, 59, 60, 62, 63, 64, 95, 140, 146~157.

1) 죽음
계명이 죽음을 불러 왔고 죄의 삯은 사망으로 정죄됩니다.

2) 부활
다시 써서 주신 두 번째 돌판은 부활의 상징입니다. 십계명은 생명의 법입니다.

3) 재림
구원받은 성도들은 하나님의 계명과 예수의 믿음을 지키는 옳은 행실의 옷을 준비해야 합니다. 시내산 사건은 구원받은 백성과 예수님과의 혼인잔치를 예표합니다.

4) 심판
심판의 기준은 예수의 믿음과 십계명입니다. 그가 와서 죄에 대하여, 의에 대하여, 심판에 대하여 세상을 책망하시는데 죄에 대하여라 함은 그들이 예수를 믿지 않은 것으로 이 믿음은 십계명의 서문, 1, 2, 3계명에서 확인됩니다.

5) 천국과 지옥
십계명은 세상에서 삶의 질을 높여주고 내세에까지 그 영향력은 확대됩니다. 계명을 어기고 회개하지 않은 자들은 둘째 사망에, 불 못에, 성 밖에서 산대요.

♪ 찬송가 413장의 후렴 "내 영혼 평안해"를 한글. 영어. 히브리어로 불러 보세요.

내 영혼 평안해
내 영혼, 내 영혼 평안해

It is well , with my soul
It is well , It is well ,
with my soul

리 샬롬, 베납시
리 샬롬, 리샬롬
베 ~납시

2장
축복의 십계명

"네 행복을 위하여 네게 명하는 여호와의 명령과 규례를 지킬 것이 아니냐?"
신 10:13.

"나를 경외하며 내 모든 명령을 지켜서 그들과 그 자손이 영원히 복 받기를
원하노라그들과 그 자손이 영원히 복 받기를 원하노라" 신 5:29요약.

인간의 행복은 하나님이 바라고 바라시는 것입니다.
십계명은 하나님의 통치를 받아 들이기로 한 거듭난 의인을 영원히 복되게 합니다.
풍요로운 밀 추수 계절에 하나님이 십계명을 선물로 주신 것은
십계명이 우리 삶을 풍요롭게 함을 의미합니다.

"윤리를 지킨다는 것은 노예 상태에서 벗어나 행복한 상태로 존재하려는
우리의 노력을 내 것으로 삼는 것이다." Spinoza.

*스피노자의 문맥을 살필 때 그가 말한 '윤리'란 '십계명'을 뜻하는 듯하다.
P. Ricoeur. 양명수 옮김. "해석의 갈등" p369.

97
축복조건

사랑을 정의가 견제 하듯이 축복(reward)은 저주(repay)에 의해 견제된다(신 28:15참고).

십계명은 사람을 축복과 저주의 갈림길에, 죄와 사망의 법에 세웁니다. 복을 받기 위해서 계명을 준수하자는 의도가 분명히 아님에도 하나님이 십계명에 거금(reward) 을 거신 것은 모든 사람에게 가장 좋은 것이 무엇인지를 아시는 때문입니다. "네 행복을 위하여." 이 행복을 너희가 선택해라! 5계명은 땅에서 번영하고 장수하는 특권을 주신다고 그의 이름으로 약속하셨습니다. 부모는 어린이 장래의 안전과 행복을 위해서 보험을 들고 저축하듯이 십계명은 현세와 내세의 보험약관 같습니다. 사랑, 지혜, 성결, 축복. 이 넷은 십계명의 열매입니다.

1. 뛰어난 민족이 되게 하겠다 - 민족의 복

"네가 네 하나님 여호와의 말씀을 삼가 듣고 내가 오늘 네게 명령하는 그의 모든 명령을 지켜 행하면 네 하나님 여호와께서 너를 세계 모든 민족 위에 뛰어나게 하실 것이라" 신 28:1.

2. 머리가 되게 하겠다 - 대표가 되는 복

"여호와께서 너를 머리가 되고 꼬리가 되지 않게 하시며 위에만 있고 아래에 있지 않게 하시리니 오직 너는 내가 오늘 네게 명령하는 네 하나님 여호와의 명령을 듣고 지켜 행하며 내가 오늘 너희에게 명령하는 그 말씀을 떠나 좌로나 우로나 치우치지 아니하고 다른 신을 따라 섬기지 아니하면 이와 같으리라" 신 28:13~14.

3. 천대까지 은혜를 베풀겠다-가문의 복

"나를 사랑하고 내 계명을 지키는 자에게는 천 대까지 은혜를 베푸느니라" 출 20:6

4. 땅에서 잘 되고 장수 하겠다 - 건강과 재물의 복

"너는 네 하나님 여호와께서 명령한 대로 네 부모를 공경하라 그리하면 네 하나님 여호와가 네게 준 땅에서 네 생명이 길고 복을 누리리라" 신 5:16요약.

5. 하나님의 사랑을 받는다- 보호 받음의 복

"내가 아버지의 계명을 지켜 그의 사랑 안에 거하는 것 같이 너희도 내 계명을 지키면 내 사랑 안에 거하리라" 요 15:10.

"네가 계명을 아나니 살인하지 말라, 간음하지 말라, 도둑질하지 말라, 거짓 증언 하지 말라, 속여 빼앗지 말라, 네 부모를 공경하라 하였느니라 그가 여짜오되 선생님이여 이것은 내가 어려서부터 다 지켰나이다. 예수께서 그를 보시고 사랑하사 예수께서 그를 보시고 사랑하사" 막 10:17-22.

6. 화를 면한다 - 이김(승리)의 복

"성도들의 인내가 여기 있나니 그들은 하나님의 계명과 예수에 대한 믿음을 지키는 자니라" 계 14:12.

"또 내가 들으니 하늘에서 음성이 나서 이르되 기록하라 지금 이후로 주 안에서 죽는 자들은 복이 있도다 하시매 성령이 이르시되 그러하다 그들이 수고를 그치고 쉬리니 이는 그들의 행한 일이 따름이라 하시더라" 계 14:13.

7. 하나님의 합당한 사람이 된다 - 사명자의 복

"새 계명을 너희에게 주노니 서로 사랑하라 내가 너희를 사랑한 것 같이 너희도 서로 사랑하라 너희가 서로 사랑하면 이로써 모든 사람이 너희가 내 제자인 줄 알리라" 요 13:34, 35

찢어진 축복(reward)

시몬이라는 어부는 야근을 하고 "그물을 씻어서"(눅 5:2)널어 말리고 퇴근하려는데 배를 빌려 달라는 손님이 왔으니 마지못해 빌려 주었다. 임대 사용자는 렌트비를 주실 모양이다. "깊은 데로 가서 그물을 내려 고기를 잡으시오" (5:4). 시몬은 "고기? 없어요. 게다가 지금은 고기가 잡히지 않는 시간입니다. 정 그러시다면 한번 해 보이죠.뭐." 라며 한 마디 하고 그물을 던졌다. "잡힌 고기가 심히 많아 그물이 찢어지고(Their net was torn) 시몬의 동료들이 도와서 두 배에 실었는데 배가 잠기게 되었다." (6~7). 그물이 찢어지고 두 배가 과체적으로 침몰위험수위(the point of sinking)를 넘어서 뱃 머리까지 물이 찰랑거렸다. 예수님이 주시는데 복 그릇(그물)은 왜 찢어지고 이 난리가 났을까? 물고기들의 대화를 상상하자.

와아 ~우리 몽땅 그물로 들어가서 순교하자!
우리 주인이 시몬이라는 어부의 그물로 들어가래.
와와 ~ 그런데 너희들 어떻게 살아 나왔어?
그물이 찢어 졌거든.

KJV성경은 "예수께서 그물들을 (nets)내리라"고 하셨는데 시몬은 "그물(net)을 내렸다."라고 번역했습니다. 델리취의 번역 성경인 "히브리와 영어 복음서 (*The Delitzsch Hebrew Gospels*)"는 "예수는 그물들(히:미크 메로트)을 내리라고 하셨는데 시몬은 그물(미크메레트)을 내렸다"라고 되어있습니다. "아, 아깝다. 저 분의 말대로 그물들을 몽땅 다 던질 걸, 한 개만 던졌다가 손해봤어" 가 아니라 시몬은 무릎꿇고 "I am a sinner" 라고 했습니다.

그 후, 부활하신 예수님과의 재회에서 물고기가 많아 그물을 들 수 없을 정도로 잡혔는데 그물이 찢어지지 않았습니다(요 21:11). 예수님의 부활을 축하하러 몰려 온 물고기들은 기꺼이 주님의 아침 밥상에 맛있고 신선한 숯불구이로 순직했습니다(눅 6:38).

98
왜, 십계명으로 나타나셨을까?

왜 하나님이 그의 모습을 십계명으로 나타내셨을까요?

> "십계명의 주된 목적이 인간의 본성을 정화(회심) 시키는 데 있는데 하나님이 그의 모습을 십계명에 나타내 주셨으므로 인간 정화의 표준이 될 수 있다. 그러므로 계명에 관심을 가져야 한다"(Milton Steinberg. 1996. p153-154).

아래 항목들은 십계명을 반대로 말한 것입니다. 만약에 하나님이 이런 모습으로 자신을 나타내 보이시고 "나? 이런 신이야, 너희들도 나처럼 살라"고 하신다면?

> 잡신들을 모두 불러 모시고 제사 지내라/ 12시 땡, 치면 목욕 재배하고 정한 수 떠놓고 빌어라/ 예수 잘 믿는 척하고 사기 쳐라/ 쉬는 날이 없이 일해라/ 부모 자식을 내다 버려라 /사람을 죽여라 / 바람피우고 맘 놓고 간음 질해라/ 도둑질, 강도질해서 먹고 살아라/ 밤낮 속이고 속고 살아라/ 남의 돈 떼먹고 오밤도주해라.

1. 술을 마시고 운전 할 것인가? 십일조와 구제금으로 외식을 할 것인가? 커닝을 해서 점수를 올릴 것인가? 이것은 하나님이 원하는 방식이 아니라고 거절하고 수입의 일부를 가난한 이웃에게 주는 사람은 하나님을 신으로 섬기는 사람입니다.
2. 강아지와 예배드리겠다는 사람은 강아지를 우상으로 모신 사람입니다. 잡신, 다신 숭배자는 정신병원 신세를 질 수 있습니다.

3. 십자가 마크를 하고서 사기 협잡질 하는 사람을 처벌하기 위해서 하나님은 가끔 그 분의 피조물이나 자연을 동원하십니다.

4. "교회 가지 않아도 난 하나님 믿어, 꼭 교회에 나가야 해? 이런 사람은 자기가 신입니다.

5. 무례한 말, 반말, 의식적인 외면, 불친절, 반항의 결국은 말년을 빌어먹으며 떠돌이로 지낼 수 있습니다.

6. 시기, 험담, 미움, 질투, 살인, 폭력, 음주운전, 업신여기는 말투와 태도는 자기 주변을 생지옥 만듭니다.

7. 성추행, 성희롱, 성폭행, 동성애, 수간, 포르노. 간음외에 하는 이혼, 혼음 후 재결합, 통간의 결국은 수족 장애가 오고 자신이 가장 아끼고 소중하다고 생각되는 것을 잃을 수 있습니다.

8. 커닝, 약속 시간 늦는 것, 사람의 감정을 훔치는 것, 남의 물건을 허락 없이 취하는 것, 절도, 폭리, 불법복사, 무단 전재, 사기, 절도 행각은 화재로 몽땅 잃고 잿더미에서 쪽잠 자는 인생으로 끝낼 수 있습니다.

9. 험담, 비난, 악담, 까닭 없는 저주를 퍼붓는 사람은 어느 날, 홀연히 자기가 서 있는 땅이 꺼질 수 있습니다.

10. 가족, 친지, 동료에게 인색하면 인재, 천재를 당할 수 있습니다.

우리가 믿는 하나님이 반듯하셔서 천만다행입니다. 슈라이너(J. Schreiner)는 "인간은 질서있는 삶을 살도록, 그리고 하나님 앞에서 책임있는 존재가 되도록 자유를 부여 받았다"고 말합니다.[63]

알고가기

> 회개하시옷! 내가 안수 기도해도 낫지 않는 걸 보니 당신, 분명 회개하지 않아서 그런 것이니 회개하시옷! 회개해도 낫지 않는 걸 보니 헌금을 하지 않은 모양이군! 헌금하시옷! 이런 사람 수상해요. 예수께서 병 고쳐 주실 때의 순서를 관찰해 보세요. 먼저 "죄를 회개해라 그러면 고쳐 준다"가 아니라 먼저 고쳐주신 다음에 "다시는 죄를 짓지 말라"고 하셨습니다 (요5:14). 간음한 여인도 먼저 용서하신 후 다시는 죄를 짓지 말라고 하셨습니다(요 8:11). 하나님은 먼저 은총과 자비를 약속하시고나서 십계명을 주셨습니다(출 34: 6~7참고).

99
천국에서 큰 사람

셈할 가치도 없는 실로 풀 같은 존재, 저울에 달면 입김보다 가볍고 그 잠간의 영화는 들의 꽃처럼 허무한 것이 인생입니다. 이사야, 시편기자는 조물주 앞에서 인간이 얼마나 작은 존재인가를 먼지, 티끌, 들풀에 비유했습니다(사 2:22, 시 62:9, 시 103:15). 이런 우리를 은혜의 복음과 의의 계명이 얼마나 부요하게 하는가?

---

63 앞책 130.

의의시대 : "누구든지 이 계명 중의 지극히 작은 것 하나라도 버리고 또 그같이 사람을 가르치는 자는 천국에서 지극히 작다 일컬음을 받을 것이요 이를 행하며 가르치는 자는 천국에서 크다 일컬음을 받으리라 내가 너희에게 이르노니 너희 의가 서기관과 바리새인보다 더 낫지 못하면 결코 천국에 들어가지 못하리라" 마 5:19,20.

"내가 진실로 너희에게 말하노니 여자가 낳은 자 중에 세례 요한보다 큰 이가 일어남이 없도다 그러나 천국에서는 극히 작은 자라도 그보다 크니라" 마 11:11, 눅 7:28.

은혜시대; "그러므로 누구든지 이 어린 아이와 같이 자기를 낮추는 사람이 천국에서 큰 자니라" 마 18:4.

아브라함 코헨(Abraham Cohen)의 *Every man's Talmud* 라는 책에 의하면(p225), 유다이즘이 정의한 의의 개념은 "신을 닮는 것, 형제우애, 겸손, 자선, 정직, 용서, 절제, 짐승에 대한 배려"라고 정리되어 있습니다.

100
우리의 답례 숙제하기

출애굽 사건이 십계명과 무슨 관련이 있기에 십계명은 애굽이야기로 시작할까?
출애굽은? 율법을 선물하기 위한 절대적인 역사다. -리쾨르.[64]

본 회퍼는 십계명을 "선물"이라면서 이 선물은 "숙제"랍니다.[65] 숙제 내 주지 않는 선생님이 제일 좋은데요. 숙제한 사람에게 어떤 쿠폰을 주는지는 신 28:1~12, 단3:18를 읽으세요. 그럼, 오늘은 9계명 숙제를 드리겠습니다.
첫째, 아무개는 나쁜 인간이야(= 나는 의롭다는 뜻) 라며 남을 은근히 비판, 비방했으면 사과하고 주무실것.
둘째, 매일 이웃에게 착한 일을 해서 서로 즐거워 하실것.

칼빈은 이스라엘 백성이 받은 십계명이 이스라엘에만 국한되지 않고 오늘날 기독교인에게도 동일하게 주어졌듯이 이제 기독교인은 이 계명을 세상에 보내야 할 의무가 있다는 말을 합니다.

---

64 앙드레 라콕. 김창주 옮김. 앞 책.130.
65 앞 책 p130.

알고가기

숙제를 돕는 이야기

북한의 평양예술대학에서 미술을 전공한 젊은 청년이 탈북하여 대한민국 국민이 되었습니다. 어느 날, 그의 집을 방문했습니다. 부엌도 없는 반 지하 두 칸 방에 들어가려고 계단을 내려 가는데 그리 크지 않은 내 키인데도 머리가 천정에 부딪힐 것 같았습니다. 노모와 함께 살면서 그는 그림 작업을 합니다. 노모도 일 다니시고 그의 아내도 일을 다니고, 그 청년도 그림을 그리니까 제법 돈을 모을 텐데 부엌도 없는 반지하방에서 삽니다. 북한은 저주받은 땅이라며 지옥같은 이북에서 한 명을 탈출시켜 데려 오려면 2천 5백만원이 드는데 그 한사람을 위해서 그 돈을 마련한답니다.

"어떻게 해서 예수님을 믿게 되었나요? 대한민국에 와서 믿었나요?"라고 물었더니 탈북 할 때 예수님을 믿었다고 합니다. 기독교 단체가 탈북을 도와줘서 왔다면서 이런 말을 합니다.

"세상에 누가 우리를 위해 자기 목숨을 걸겠는가?
어떤 종교도 우리를 위해서 목숨은 내 놓지 않습니다.
그런데 기독교인들은 우리를 위해서 목숨을 겁니다.
그래서 나는 그때 알았어요. 아, 기독교의 하나님이 진짜다!
그래서 예수님을 믿게 되었고, 주님의 사랑을 알고나서
나 역시 탈북자를 돕는 일에 내 재산과 목숨을 겁니다."

이 세상에 그 어떤 신이 죄수들을 위해 자기 목숨을 던질까요?
우리 주 예수 그리스도는 죽기 살기(죽으시고 부활하심)로 인간을 구조하셨습니다.
세상에서 가장 무서운 사람이 죽기 살기로 덤비는 사람입니다.
그래서 예수 그리스도를 당해 낼 신은 이 세상 그 어디에도 없습니다.

5부.. 영혼양육, 인성, 성품

일반인들이 말하는 종교발달은 인지특성에 따라 영적인 것을 이해하고 발달시켜 간다는 주장을 합니다만 종교(영적)발달이 지능과 관련이 있다면 비종교인이나 지적으로 미숙한 사람이 종교인의 지능보다 덜 발달한다는 주장을 만들게 됩니다. 종교심이라는 영적 본성은 지적 능력과 상관없이 하나님과의 문제입니다.

인간은 영혼의 주인이신 하나님의 형상대로 지어졌고 그 안에서 완전 할 수 있으므로 하나님과의 관계가 깨어지면 영혼이 상처를 입습니다. 이 관계를 깨뜨리는 것을 우리는 죄라고 부릅니다.

우리의 환경, 행동, 능력 등에서 비관적으로 나타나는 인간성, 성품, 우리의 신념(가치관)과 자아상이 상처를 입었을 때 나타나는 현상들이 심리학이나 유전학으로 해결되지 않을 때 영적 차원에서 그 답을 찾아보자는 것이 신앙인들의 시각입니다.

하나님과 대면시키는 십계명은 치유와 회복, 그리고 하나님을 모방하는 인격으로 성장하기 위한 견본입니다.

"이러므로 나의 마음이 기쁘고 나의 영도 즐거워하며 내 육체도 안전히 살리니"

시 16:9.

1장
십계명과 영혼양육

인본주의 시각에서는 사람을 원숭이에서 진화한 존재로 봅니다만
모두가 알다시피 사람과 원숭이의 공통점은
하나님께서 흙을 재료삼아 창조 하셨다는 것 외에 없습니다(전 3:20~21참고).
하나님의 생기를 받아 생령이 된 영적 존재가 유일하게 사람입니다.

"사람의 영혼은 여호와의 등불이라 사람의 깊은 속을 살피느니라" 잠 20:27.

삶이 기계화(technology)되면서 기술과 책임을 강조하다 보니 학교 교육의 목적이 배움보다는
경쟁에서 이기기를 준비하는 것이며 시험은 인격의 장애물이 되어 버렸습니다.
코헨(Alfie Kohn)은 시험과 상에 초점을 맞출수록 아이들은 잔인해지고 있다는 것을 발견하였습니다.
최근에는 종교의 가치관과 영혼에 대한 관심이 부쩍 늘고 있습니다.

"우리는 지금 영적인 르네상스 시대에 있다." williamson.

"교회 교육이란 자기를 돌아보는 성찰(reflection)이요, 이것이 영성교육이다." Maria Harris.

101

내적 삶(inner life)

*내적 삶의 실제적인 방법은 총서 6권(9, 10, 서문1계명)에 있고 여기서는 간결하게 개요만 다루었습니다.

종교적 가치관

노벨상 수상자들의 가정을 연구한 결과 중 하나는 교육의 중요성을 강조하는 종교적 가치관이 큰 구실을 했다는 점을 듭니다. 의사들은 신체를 육체로 보는 관점에서 신체와 마음의 관계로 보려고 하는 종교 차원의 관점으로 옮겨가고 있습니다. 사람의 감정적인 상태와 심장병의 연관성을 연구한 윌리암스(Redford Williams)는 적대감과 분노가 심장에 위해를 가 할 수 있다며 마음을 신뢰하는 사람들은 건강해 질 기회가 더 많다고 합니다.

> 칼 융은 자신이 치료하는 환자의 40%가 35세 이상의 연령이었는데 그들은 인간에게 제공되어진 종교를 포기함으로 생긴 병이 원인이라고 밝힌다. "만약 그들이 종교를 인정하는 것으로 돌아 갔다면 그들은 치유되었을 것이다. 우리 세대는 향락에 엄청난 기회들을 가지고 있다. 그들은 끊임없는 욕망을 채우지 못한 데서 기아 상태에 빠진다. 향락의 욕구는 영적 불 만족에서 야기된 결핍 현상이며. 그것은 영적 갈망의 다른 한 형태다." [66]

1. 감성윤리와 인성

오늘날 인터넷 발달과 미디어 산업은 상상력을 뿌리 채 뽑아 버리고 인간의 감성을 삭막하게 만들고 오직 이기적인 존재로 전락시키고 있습니다. 보살핌의 윤리로 유명한 길리건(Giligan)은 옳고 그름을 따지기 전에 어떻게 수습하느냐에 관심을 갖자는 것입니다. 상상력. 공감능력을 상황 해결의 가능성으로 보고 간접 경험에 기초한 감성과 인간 의지에 호소하자고 합니다. 그런데 인간은 본래부터 의지력이 강한 존재가 아닙니다. 이것이 인간 한계입니다(5부 2장 126을 참고하세요).

2. 호르몬 컨트롤

최근에는 뇌 호르몬과 약물 치료법이라는 카드가 나왔습니다. 뇌에서 세로토닌 호르몬을 많이 나오도록 하는 여러 방법을 찾습니다. 머리카락의 500만분의 1mm도 안 되는 '나노 로봇'을 혈관에 넣어서 로봇이 신체 구석 구석 쏘 다니며 손상된 세포를 수선하고 생각자체를 바꾼다고 합니다. 범죄 수사학은 전두엽과 호르몬이 범인이라는 판정을 내리고 범법자는 정신치료 대상으로 분류되어 무죄 선고를 받는 세상입니다.

---

66 칼 융(Carl Jung). *Modern man in search of the soul.* "영혼을 찾는 현대인" 재인용. *A Light unto The Nations "Or-La' amim.p38.*

3. 교육에 영혼을 가져오자

1,990년대에 들어서부터 영성에 관한 책들이 급증하고 있습니다. 미국의 출판사들이 조사(survey)한 결과 21세기 초반은 영성에 관한 책이 가장 많이 출판 되었다고 합니다. 우리 시대가 왜, 영혼에 관심을 가질까요?

인간 삶이 기계화, 테크놀로지화 되면서 현상적 세계에 대한 균형을 잃었기 때문입니다. TV, 비디오, 컴퓨터, 게임 문화에서 자라는 어린이들의 생활에는 내적 삶이 발달할 수 있는 환경이 결핍되어 있고 학교는 내적 삶을 전혀 고려하지 않습니다. 현대교육은 상상력을 키우기 위해서 내적 삶에 관심을 가지게 되었고 건강한 정서와 내적 발달의 열쇠가 되는 중요한 요인 중 하나로 사람의 감정 상태를 monitor 하는 능력을 개발하자는 것입니다. 이를 위한 중요한 기술 중 하나가 분노나 증오처럼 몸의 감수성과 느낌을 깨닫는 내면의 능력입니다. 이 능력은 초월적인 상상력에 의존합니다. 예를 들면 꿈도 그 하나입니다. 프로이드의 정신분석, 에릭슨의 성격심리학은 내적 삶을 발전시키는 소재가 되고 있습니다.

내적 삶과 행동 발달을 연관시켰던 싱글러(Jerome Singer;1976)의 연구에서는 과실(delinquency), 폭력(violence), 과식(overeating), 그리고 마약사용(the use of dangerous drugs)의 원인이 발달하지 못한 상상력에 있다고 지적합니다. 그는 상상력이 풍부한 어린이들이 그렇지 못한 또래들에 비해 덜 폭력적이었음을 밝혀 냈습니다. 한편 미스텔(Walter Mistel)은 네 살박이 어린이들이 자신의 충동을 자제 할 수 있는지에 관한 연구를 했는데[67] 어린 나이에 만족감을 미룰 수 있는 능력은 후에 학생들이 학교에서의 수행능력과 시험성적과 사회에 진출한 이후에까지 연관된 것으로 보고된 바 있습니다.

4. 내 안에 있는 나와 만나기

밀러(J. Miller)의 책 "교육과 영혼 ;영적교과"와 "전인교육교과(Holistic Curri.)"는 영혼양육을 다룬 대표적인 책입니다. 밀러는 일반교육학자인데 영혼양육과[68] 공감(empathy)의 중요성을 들고 나왔습니다. 어른들과 교제하는 어린이들은 감정과 조화를 이루는 기술을 배우게 되므로 그렇지 못한 또래보다 건강하고 성공적인 시민으로 자라는 듯 하다는 말을 합니다. 공감능력을 가진 어른이 공감할 수 있는 어린이를 만든다며 이와 관련해서 내적 삶에 대한 구체적인 프로그램을 만들었습니다. 예를들면 명상, 시각화, 꿈, 자서전 쓰기 등의 예술을 통한 영혼 양육을 제시했습니다.

---

6 7 네 살박이 어린이들을 대상으로 한 Water Mischel의 연구는 marshmallow에 닿으려는 충동을 자제할 수 있는지에 대한 실험으로 진행되었다. 약20분동안 marshmallow에 손이 가는 것을 참음으로써 어린이들은 두 개의 marshmallow를 얻을 수 있었다. Mischel은 이 어린 나이에 만족감을 미룰 수 있는 능력이 후에 학교와 SAT시험에서 학생들의 수행능력과 연관된다는 것을 밝혀냈는데, 대체로 marshmallow를 움켜쥔 아이들에 비해 만족감을 미룰 수 있었던 어린이들이 SAT에서 평균적으로 210점 이상의 점수를 받았다고 한다.

6 8 John P.Miller의 책 "내적 삶을 위한 교과과정"에 있는 "교육과 영혼; 영적교과에 대하여(Curriculum for the Inner Life)" 라는 주제를 요약해서 여기에 옮겨 실었다. 밀러는 케나다의 토론토 대학출신으로 커리큘럼 전공교수다. 동양철학에 관심을 갖고 일본에 체류하며 고베에 있는 신와(Shinwa)여대와 교토에 있는 리엣수메이켄(Rietsumeiken)에서 강의하면서 동양의 신비문화를 접했다. J.P.Miller with a foreword by Thomas Moore. Albany. 2000. *"Education and the soul : toward a spiritual curriculum."* 2NY : University of York press. : State University of New York Press,

명상(meditation)
명상을 시각화 하기(visualization)
꿈 작업(working with dreams)
자서전, 일기 쓰기(Autobiography, Journal Writing)

1) 명상 Meditation

"학교에 '명상'이라는 과목을 추가합시다! 교육에 양혼을 가져 옵시다! "

"어떻게 영혼을 우리의 학교로 가져올 것인가?"

밀러; 그건 예술이오.

영국의 소설가이자 철학자인 **머덕**(Iris Murdoch); 학교에서 명상을 가르칩시다. 분리되고 조용한 가운데 행해지는 훈련, 다른 수준의 감수성, 다른 공간, 보다 큰 영역에 대한 이해력이 생깁니다. 단순히 조용하게, 평온하게 앉아 있는 것이 불친절하거나 열광적인 사상들을 완화시킵니다. 중동지역의 한 남학교에서 일 년 동안 매일 명상을 실시했던 그룹이 명상하지 않은 그룹에 비해 학문적으로 더 나은 수행능력을 보였다는 연구 보고도 있습니다. 명상이 스트레스를 격감시키고, 혈압을 낮추는데 도움이 됩니다.

영국학교에서 명상에 대한 작업을 진행시켜 왔던 **레벳**(Gina Levete) ; 내가 말이오, 한 초등학교에서 4주 동안 7, 8세 아동들에게 명상을 시도했는데 어린이들이 눈에 뜨이게 조용해지고 집중력이 좋아졌거든요. 명상이 비종교적인 틀에서 진행된다면, 학교에서도 사용합시다!

레벳이 몇몇 학교를 방문하면서 실행한 방법은 다음과 같습니다.

(1) Following the Breath : 천천히 숨 쉬기는 마음을 집중시키고 몸을 안정시켜준다.

(2) Connecting to the Body : 몸의 막힌 혈을 풀어 주어서 몸 전체(total body)를 연결한다. 좌정하고 머리로 생각하는 것(thinking head)을 내려놓는다.

(3) Walking Meditation : 천천히 걸으며 묵상한다. 느리게 걷기(the action of slow walking), 호흡에 맞춰서 한발 한발 걷는 스텝의 움직임은 땅과 연관을 갖는다.

(4) Mediating on a Sound or Word-Mantra Meditation : 소리에 주목하기, 소리듣기를 통해서 내면의 깊숙한 차원으로 인도될 때 까지 계속해서 주문을 반복한다.

(5) Meditating and Visualization : 자신에게 잠재된 긍정적인 특성에 대해 많이 알게 되는 방법이다. 예를 들어, 빛, 태양의 온기, 친절이나 인내, 선 의지와 같은 긍정적인 상상을 하는 명상은 다른 사람의 마음을 열게 한다.

(6) Meditation Observing the Mind : 평정의 감각을 발달시킬 수 있는 가장 효과적인 방법이다. 마음의

흐름, 애착, 판단, 압박감에 대한 간섭 없이 마음에 스쳐 지나가는 생각의 흐름들을 관찰한다. 각각 머리에 지나치는 사상들을 주목하고 그 덧 없음을 알아차릴 것.

이러한 기술에는 약간의 긴장과 균형이 필요합니다. 의자에 똑 바로 앉거나 거실에 누워서 처음에는 발부터 근육을 긴장시키세요. 몇 초간 그 상태를 유지하고 나서 긴장을 풀고 숨을 내쉽니다. 발목, 종아리, 허벅지, 엉덩이, 배, 가슴, 팔과 손으로 서서히 진행하며 이 과정을 반복하세요. 근육을 긴장, 유지, 이완하면서 몸 전체로 갑니다.

2) 명상의 시각화 Visualization

시각화는 이야기, 창작, 역사적인 인물이나 주인공을 상상하거나 그림으로 그려서 자기 삶에 연결하기, 대인관계 기술, 태도 고치기 들이 있습니다. 예를들면 공동체 앞에서 고치겠다는 선포를 합니다.

3) 꿈 사역 Dream work

꿈을 그림으로 그리기

꿈 이야기 나누기

꿈을 통한 시 쓰기

꿈에 제목을 달아 보기

기억하는 꿈을 적어 보기

개인의 의식, 혹은 집단적 무의식에서 나올 수 있는 꿈은 보다 큰 자기지지(self-direction) 와 자아인식(self-awareness)을 위한 강력한 도구입니다. 꿈은 예언적입니다. 의식에서 다룰 수 없는 문제를 반영해 주고, 심지어 문제의 해결책을 제시해 주는 경우도 있습니다. 이런 점에서 꿈은 과거, 현재, 미래를 연결하는 영적인 고리(spiritual links)입니다.

4) 자서전, 일기 쓰기 Autobiography, Journal Writing

개인적인 역사쓰기, 지난 경험을 돌이켜 생각해보기, 마음에 떠오르는 것은 무엇이든 생각하기, 기억에 있는 키 워드 적기, 또는 "당신에게 큰 영향력을 가지고 있는 누군가를 생각하세요. 무슨 일이 있었나요? 그들이 말하는 것은 무엇이었지요?" 등의 질문이 영혼을 강화 할 수 있다고 합니다.

밀러는 세계 경제에서 경쟁력 있는 개인을 양산하기보다 인간 영혼에 우선 순위를 두어야 할 교육이 길을 잃었다면서 영혼양육을 예술 교육에서 찾았습니다(영성 교육의 방법을 최초로 말한 사람은 플라톤이었다. 플라톤은 지구와 우주의 음악이 우리의 영혼을 정돈해주는 역할을 한다고 말했다). 밀러는 잠재된 내면세계가 몸을 통제하고 이것에서 행동 교정의 가능성을 본 것입니다. 이처럼 영혼에 관심을 가진 것은 교육의 한계를 인식한 때문입니다. 현대 교육은 알파고, Ai인공지능, 로봇이 따라 잡지 못하는 이미지, 상상력, 창의력에 주목하고 있습니다.

기독교는 이미 영의 교육으로 감사기도, 묵상, 찬양을 하고 있으니 AI에 대응할 창의적 교육을 해 왔다고 말할 수 있습니다. 축복과 감사 메시지, 성경암송(명상)을 우리 몸의 세포들이 좋아합니다.

5. 수도원, 템플 스테이(temple stay)

알파고 인공지능시대에서 인류의 희망은 영혼입니다. 자기와의 대화법(명상, QT), 영혼터치, 템플 스테이, 경건운동은 결국은 종교로 복귀하자는 것이지요. 힌두교의 만 트라, 이슬람의 수피, 유대교의 카발라와 히트보데드, 불교수행법인 요체의 공통점은 반복해서 주입하는 메시지즉, 주문을 외운다는 것입니다. 명상의 목적은 한 마디로 잠재의식(혼)의 통제입니다. 되풀이해서 반복하는 동안 자아로부터 육체를 격리시키고 예언자적 에너지를 모으기 위해서 정신을 집중합니다. 이 중에서 유대교가 일상에서 하는 명상인 '히트보데드' 를 간단히 소개하겠습니다.

1) 유대교의 명상

"유대인은 매일 세 번 '조용한 헌신'을 드린다. 신에 대해서 명상한다. 그래서 가장 고상하고 아름다운 단어로 드리려고 한다. 어린이와 새 신자는 기도가 친밀하지 않기 때문에 기도와 투쟁한다. 그럴 때는 기도문으로 기도의 감각을 몸에 붙이고 자아를 훈련한다." (*Day To Day Judaism : Prayer.*를 쓴 랍비 Maurice Lamm).

유대교에서 기도는 마음의 노동입니다. 창 2:15의 일(work), 노동을 뜻하는 "경작하다(히; 아보다)"의 히브리어 '아보다'의 말 뿌리는 '예배(기도)'를 뜻합니다. 에덴에서 아담이 하는 일은 육체노동이 아니라 기도, 즉 하나님과 교제하는 예배의 '아보다'입니다. 하나님과 교제를 나누며 동산을 보살피라는 것입니다. 아담이 하나님과 교제하는 아보다에 게으른 틈을 타고 뱀이 들어왔고 아담은 실패합니다. 고된 육체노동은 죄를 짓고 나서 부터라는 것이 유다이즘의 사고입니다. 창 3:17~18.

히트보데드(자아격리)

명상이라는 말은 히브리어에서 "하가"라는 단어가 보편적으로 가장 많이 쓰이는데 명상의 목적과 의미를 가장 잘 반영하고 있는 단어는 "혼자 남다"라는 뜻을 가진 "히트보데두트"입니다. 이 단어의 동사형 "히트보데드"의 어원이 "바데드" 인데 이 말은 "자아격리" 라는 뜻입니다. 육체와 자아를 떼어 놓는 것이 명상이라는 말입니다. 예수께서도 틈틈이 자아격리의 시간을 가지셨습니다.

"그들을 떠나 돌 던질 만큼 가서 무릎을 꿇고 기도하여" 눅 22:41.
"새벽 아직도 밝기 전에 예수께서 일어나 나가 한적한 곳으로 가사 기도하시더니" 마 1:35.
"성령이 곧 예수를 광야로 몰아내신지라" 막 1:12.

(1) 무사르

19세기 유대교 랍비 살란테르(Salanter)가 설립하여 대중화된 무사르(musar) 학교의 "신과 대화하기" 프로그램은 명상을 통해 마음의 평화, 겸손, 사려 깊은 배려, 자기 성찰, 마음의 정결, 일상에서 신과 만나는 생활 훈련들이 계명을 기반으로 시행되고 있습니다. 명상훈련 교재 "무사르"는 선악을 인식하고 악을 버리는 것이 목적입니다. 책망, 경고, 훈계, 억제, 교정을 뜻 하는 무사르는 계명이 성인(saint)에 이르게 한다며 십계명 묵상이 내면을 성장시킨다는 주장을 합니다(마 5:44 참고). 십계명이 하나님과 인간 사이를 친밀하게 해서(시 145:18) 하늘 곳간을 엽니다(마 7:9~11, 시 32:6).

"여호와"의 이름 명상하기

무사르에서 하는 명상으로 가장 대표적인 것이 "여호와"의 이름을 명상하는 것입니다. 십계명의 짧은 17절 문장에 '여호와'의 명칭이 여덟 차례 나오므로 십계명은 여호와를 묵상하는 좋은 훈련교재가 될 수 있습니다. 불타는 시내 산을 상상하며 여호와의 이름을 명상하는 것만으로도 빛 에너지가 모입니다. 상상에 의존하는 이런 사상은 대제사장의 가슴에 붙인 흉패와 흉패 안에 있는 우림과 둠밈에서 유래했습니다.

(2) 우림과 둠밈

가톨릭의 묵주, 불교의 목탁처럼 우림과 둠밈이 여호와의 이름을 묵상하는 명상의 장치(도구)였다고 이해하는 유대 경건주의자들은 우림(urim)은 빛을 뜻하는 "오르(or)"에 근원을 가지고 있다는 데서 착안한 것입니다. 우림과 둠밈을 만지작거리며 여호와의 이름을 명상할 때 빛 에너지가 모아져서 예언, 판단, 치료의 작용을 했다고 합니다.

(3) 어린이의 영혼 양육을 위한 묵상과 예전(ritual)

이스라엘 공립 초등학교 창세기 교과서에는 이런 질문이 있다.
"아담이 에덴동산의 직원으로서 해야 했던 두 가지 의무(타프키드)를 쓰세요." 힌트 창 2:15. 이책 p166.

천부적으로 놀라운 감수성과 순수한 믿음을 가진 어린이들은 영혼양육의 반응이 가장 활발한 시기입니다. 하지만 눈 감는 것을 잠시도 참지 못 하는 어린이들이 명상, 묵상은 외로운 투쟁입니다. 어린이가 명상의 세계로 들어가려면 시각적 묵상과, 음각적 묵상법이 있습니다. 말씀을 그림으로 그리거나 챈트식으로 노래를 창작하는 과정은 깊은 몰입에 들어갈 수 있습니다. 예전(ritual)의 중요성을 강조한 신학자 웨스트 코프 3세(John westcoff)는 예배에 기구들(성물), 꽃, 촛대, 십계명 돌판, 포도주 잔으로 꾸민 제단(alter)등이 종교성을 부여하고 명상(레이트르기아)에 도움이 된다고 합니다. 영혼양육의 잠재적인 커리큘럼(hidden curri.)이라고 할 이런 요소들이 아이들의 정서에 상당한 영향을 주는 것으로 인식되고 있습니다. 마태21:16은 영생으로 안내하는 십계명을 몇 살부터 가르쳐야 하느냐는 물음의 답입니다.

2) 예수님이 비난하신 만트라식 명상

유대문학 중에 주전 150년경에 만들어진 '나시 파피루스(The Nash Papyrus)'라는 기도서가 있습니다. 이것은 신6:4~6절과 십계명 본문이 담긴 기도서인데 주후 70년 이전에까지 유대인들의 회당과 기도모임에서 사용했습니다. 이 기도서는 십계명과 쉐마의 세 부분(신6:4~9/11:13~21/민15:37~41)이 함께 암송되었다고 합니다. 이 오랜 전통이 폐지 된 것은 유대교 안에 있는 십계명 광신자들 때문이었다고 합니다. 이 외에도 많은 기도문들이 주전 2 세기 50년동안 저작되어 쏟아져 나오고 외우는 것이 유행했는데 예수께서는 그들의 만트라식 중언부언을 비판하셨습니다.

> "또 기도할 때에 이방인과 같이 중언부언하지 말라 그들은 말을 많이 하여야 들으실 줄 생각하
> 느니라" 마6:7.

사이버 공간, 엑시타시한 접신, 다신론적 샤먼을 접촉점으로 하는 영매산업, 감성과 직관, 뉴에이지, 초월세계의 경험, 유체이탈, 신비체험이 현대의 영적 커리큘럼의 요소가 되고 있습니다. 십계명의 제1, 2계명은 다시 시험대에 올려졌습니다.

칼빈은 "하나님이 심은 종교의 씨앗이라는 것이 본능적으로 하나님을 알 수 있게 한다"고 했는데(박문제 옮김. 1973. p379) 그렇다면 이 종교심이라는 본성이 하나님을 만나는 계기가 되어야 합니다.

하나님의 생기(빛)를 받아 그 분의 형상대로 지음받은 영적 존재라는 기독교 인간론의 영혼 양육은 밀러가 말하는 영(spirit)과는 구분되는 영(holy spirit)입니다.

> "악(evil)을 행하는 자마다 빛을 미워하여 빛으로 오지 아니하나니 이는 그 행위(deeds)가 드러
> 날까 함이요 진리를 따르는 자는 빛으로 오나니 이는 그 행위가 하나님 안에서 행한 것임을 나
> 타내려 함이라 하시니라" 요 3:20, 21.

102
내면의 빛(Inner light)

1. 예수의 빛

> "십계명은 예수의 빛 안에 나타난 인류구원이라는 하나님의 뜻의 빛에서 만 드러날 수 있다." J.Calvin.[69]

인간의 근성이 교육으로 교정이 가능한가? 라는 의문은 늘 회의적입니다. 앞에서도 말했듯이 모세는 그의 시대에 최고 지성의 전당인 애굽 왕실에서 모든 학문을 익히고 지혜를 배워 그의 말과 하는 일들이 유능했는데 이것들은 그를 살인자로 만드는 교육이었습니다(행 7:22. 출 2:12참고). 그런 모세의 인생은 애굽인으로 시작했으나 민족을 위해서 살다 간 "하나님의 사람 모세" 로 마칩니다(신 33:1). 모세를 만든 것은 애굽의 학문이 아니라 가시덤불의 빛, 그리고 그 말씀(율법)이었습니다.

1 세기, 유대사회의 최고의 지성이라고 할 가말리엘의 문하생으로 수학한 바울의 학문은 "살기가 등등"한 사람을 만들었습니다. 그런 그가 예수의 빛에 감전된 후, "내 주 그리스도 예수를 아는 지식이 가장 고상하기 때문에 나머지는 다 배설물로 여긴다"는 고백을 합니다(빌 3:8). 지식경쟁을 부추길수록 인간은 탐욕 덩어리가 됩니다. 그래서 바울은 인간 쓰레기를 만드는 "배설물 교육"이라고 했습니다.

하나님의 영광의 광채시요 그 본체의 형상인 "참 빛 곧 세상에 와서 각 사람에게 비추는 예수의 빛"(요 1:9)이 모세의 신을 벗기고 바울의 눈의 비늘을 벗겨서 눈이 바로 박힌 사람을 만듭니다(히 1:3 참고). 빛은 심령(내면)을 관통해서 마음의 음욕, 은밀한 죄, 악한 생각 곧 음란과 도둑질과 살인과 간음과 탐욕과 악독과 속임과 음탕과 질투와 비방과 교만과 우매함을 몰아냅니다. 막7:21,22에 있는 대로 예수의 빛이 "어둠에 감춰진 것을 드러내고 마음의 뜻을 나타내며" 죄를 부수고 들어가서 계명의 참 뜻을 밝힙니다(고전 4:5 참고).

육체를 영과 관련하여 보신(막 7:16) 예수께서는 악이 물러간 자리를 비워두지 말라고 하셨습니다(눅 11:24, 마 12:43~45 참고). "내가 나의 법을 그들의 속에 두며 그들의 마음에 기록해 두겠다" 고 하셨건만(렘 31:33 참고)오늘 날의 사람들은 "하나님의 계명을 잘 저버리는도다."

> "너희가 하나님의 계명은 버리고 사람의 전통을 지키느니라" 막 7:8.
> "또 이르시되 너희가 너희 전통을 지키려고 하나님의 계명을 잘 저버리는도다" 막 7:9.

예수께서 하나님의 계명을 버렸다고 두 차례나 거듭 반복해서 책망하시므로 십계명의 중요성을 강조하셨습니다. 막 7:8, 9에 이어서 강론하신 7:10~23을 읽으면 "하나님의 계명"이란, 십계명을 뜻합니다.

---

6 9 손규태.1998. "개신교 윤리사"p68. 재인용. 예수의 빛은 총서1권 6부1장의 1. "태양보다 먼저 온 시내 산의 빛"이라는 주제를 쓴 p174~180에 자세하게 있다.

2. 말씀(토라)의 빛

"얼굴에 다시는 근심 빛이 없더라" 삼상 1:18.

한나의 안색을 성경은 "근심 빛"으로 표현했습니다. 안색, 낯빛은 마음의 빛깔입니다. "이스라엘의 하나님이"(삼상1;17)라는 말에서 한나를 덮고 있던 불안, 우울, 어둠의 영이 떠났습니다. 한나와 마찬가지로 사무엘을 예로 들 수 있습니다.

"사무엘은 하나님의 궤 있는 여호와의 전 안에 누웠더니"삼상 3:3.

많은 주석가들이 이 본문을 놓고 "사무엘이 앉는 것도 금지된 지성소에서 어떻게 잠을 잘 수가 있었는지 이해하기 어려운 본문이라"고 말합니다. 그런데 아리에 카플란(Aryeh Kaplan)이라는 유대 명상가는 '눕다(lie)'라고 번역된 이 말이 히브리어로 '샤카이'인데 이 뜻은 육체적으로 눕거나 잠자는 것 외에 명상을 통한 마음의 완전한 이완을 말할 때도 쓰이는 단어라고 합니다(Aryeh Kaplan. 2012. p98). 그래서 그는 어린 사무엘이 십계명이 들어있는 언약궤에 대하여 깊이 명상을 하던 중에 예언자적 비전을 받았다고 해석합니다. 대제사장이 흉패, 우림과 둠밈을 보며 묵상의 재료로 삼았듯이, 사무엘은 십계명을 담은 언약궤에서 성스러운 어떤 생각에 몰입하였을 것이라고 말입니다. 그렇다면 십계명 돌판이라는 형상은 명상으로 이끄는 도구가 되며 영감을 얻고 신의 음성을 듣는 매체가 될 수 있습니다.

3. 영파(靈波)

1) 뇌파와 기도의 힘

뇌파란 마음에서 투사되는 독특한 뇌 신호를 말하는데 호주 UTS 대학의 애슐리 크레이그 박사팀에 의하면 사람이 눈을 감고 있을 때 가장 신뢰할 만 하고 판독 가능한 뇌파가 발생한답니다. 그렇다면 기독교의 예배모임은 뇌의 활동범위가 넓어지고 엄청난 뇌파가 쏟아지는 시간입니다. 그런데 뇌파보다 더 강력한 파동이 있습니다. 광자학에서 말하는 빛의 입자입니다.

2) 기도와 영력(spirit power)

창1:1에는 "하나님의 신이 수면 위를 운행 하신다" 고 했는데 '운행' 이 일으키는 파동(영파 靈波)이 만든 빛 알갱이(입자)가 첫째 날의 빛이 아닐까 추론합니다. 그렇다면 영혼은 '발달한다'기보다는 '충만해 진다, 소생된다'고 보는 것이 적절합니다. '영'이란 하나님의 생기이므로 본래부터 완전한 상태이기 때문입니다. 기도의 힘이 물을 깨끗하게 만드는 '영적파동' 이 있다고 합니다. 물 분자는 시끄럽고 불협화음으로 구성된 소리에는 기형을 보이는데 기도 소리, 감사, 클래식찬송이 치유 파동을 만든다고 합니다. 70%가 물인 우리 몸이 좋은 소리에 민감하게 반응하여 세포와 유전자까지 치료한다는 연구가 에모토 마사루라는 일본학자에게 의해 발표되었습니다. 그렇다면 90%수분의 가장 깨끗하고 맑은 피의 물 분자를 지닌 아기들이야말로 기도, 축복과 같은 좋은 소리에 가장 민감하게 반응하여 치유파동을 만들어 내는 장본인들 입니다. 실제 아기들의 뇌파에너지는 엄청난 영력을 발휘합니다(시 8:2, 마 21:15~17 참고).

4. 기독교 명상의 주제들

골방(침묵)기도/십계명 말씀암송/십계명QT /십계명으로 하는 회심기도 '츄우바.'

1) 기도서

기도와 성경공부, 어떤 것이 더 쉬울까요? 기도는 성경을 공부하는 것 만큼 쉽지 않습니다. 구도자들이 기도를 '마음의 노동'이라고 하는 것은 그만한 이유가 있습니다. 기도가 자연스럽고 편안한 일이 되려면 기도 문을 읽는 기계적인 기술도 필요하고 자원하는 영적인 태도, 마음과 마음이 통하는 진실한 요구가 필요합니다. 사람이 배운 언어를 유창하게 유지하려고 공부하고 음악가는 본 선에 설 때까지 매일 리허설을 하는 것처럼, 기도하려면 규칙적인 헌신이 있어야 합니다.

*십계명으로 하는 츄우바(회개) 기도서는 총서 1권 2부 1장 십계명 츄우바를 참고하세요.

2) 십계명 암송QT

매일 어떤 단어나 문장을 지속적으로 묵상하거나 입으로 소리내어 낭독하면 그 문장의 메시지가 습관을 만듭니다. 교훈을 낭독하고 나서 잠시 그것에 대해서 관조하면서 자신의 삶과 연결시킵니다(QT). 개념이나 말씀을 만트라처럼 반복하면 자아통제가 이루어집니다(암송). 예를 들어서 9계명을 공부할 때 암송해야하는 관련 성구로는 레 19:16이 있습니다.

> "너는 네 백성 중에 돌아다니며 사람을 비방하지 말며 네 이웃의 피를 흘려 이익을 도모하지
> 말라 나는 여호와이니라" 레 19:16.

이 말씀을 매일 아침마다 20분 정도 소리내어 낭송하면 메시지는 무의식에 흡수되고 험담을 피하는데 필요한 자아통제가 이루어집니다. 유다이즘의 나흐만(R.Nachman; 1772~1810)은 말씀을 명상할 때 말씀에 해당되는 신체부위에게 말하라고 합니다. 예를들어 레19:16의 말씀을 입을 치면서 낭송하면 입을 통제하는 방법이 된답니다(Aryeh Kaplan. 2011. p85). 십계명의 관련성구인 잠 6:16~19을 묵상할 때 신체의 특정부위를 지적(터치)하며 낭송해 보세요(낭송- QT- 암송). 눈, 혀, 손, 마음, 발.

*영혼양육 교과로서 암송법에 관해 자세한 것은 총서 1권 2부 2장 11번에 있습니다.

103
십계명과 양심

"롬브로스(Lombroso)는 이태리의 범죄학의 개척자로서 범죄자의 과정을 통한 조사로 공헌을 남긴 사람이다. 그는 그의 책 '죄악의 용광로(The furnaces of guilt)'에서 범죄의 현장이 범죄자를 끌어 들이는 설명할 수 없는 현상이 있다고 한다. 거기에 그를 기다리는 경찰이 있다는 사실과 또 거의 잡힌다는 사실에도 그가 죄를 범한 장소로 마치 밧줄의 힘에 끌려서 오는 것처럼 끌려 온다는 것이다.

또 한 가지 설명할 수 없는 두 번째 현상은 다른 사람들 앞에서 그의 범죄를 술술 털어 놓도록 범죄자를 이끄는 충동이다. 이러한 양상에서 지각할 수 있는 것은 사람의 영혼속에 있는 깊은 감정을 보여 준다는 것을 말한다. 그만큼 그는 그가 행한 잘못한 것에 대하여 어떻게 해서든지 후회하여야만 한다는 것이다."(이영희. 2008.재인용).

양심이 뭘까?

> 양심은 내면의 빛. 내적인 법.
> 십계명이 양심을 모니터 한다.
> 양심이 없다는 말은 가슴에 십계명이 없다는 뜻이다.

우리는 인성이 파괴된 사람을 놓고 "양심도 없다" 라고 합니다. 바울은 "양심이 화인(hot iron) 맞았다" 고 했습니다(딤전4:2). 인성은 양심의 문제라는 말입니다. 이해하는 방식이나 표현방법이 다르더라도 인류문화는 양심의 존재를 의식합니다. 양심이 있어서 하늘을 두려워 합니다.

터툴리안은 신적(神的)인 교훈(=십계명)은 석판에 쓰여 지기 전에 인간의 마음에 새겨졌다고 한 말을기억하세요? 어거스틴, 그레고리우스, 아퀴나스, 보나벤투라는 옛 율법의 모든 교훈은 자연법에 속한 것으로 십계명은 죄에 의해 흐려진 의무를 인간에게 상기시켜 주기 위하여 양심에 주어졌다고 말했지요.[70] 초대교부들과 칼빈은 하나님의 형상을 통찰하는 감시기능(inner moniter)을 양심에 있는 십계명이 한다고 합니다. 십계명이 양심을 모니터한다는 말입니다.

양심의 어원

영어에서 양심(Conscience)의 어원은 라틴어로 "콘스시엔티아(Conscientia)" 에서 왔는데 "with, 혹은 together"의 뜻을 가진 "com"과 "내가 안다"는 의미의 "scio"에서 유래했습니다. 어원적으로 "무엇과 함께 안다, 뭐뭐에 동의하다"는 뜻이에요. 헬라어는 같은 뜻으로 "쉬네이드(suneide)"가 사용되었습니다.

*숙제 ; 동양에서는 "양심"을 어떻게 보았을까?

---

70 이기문 편집주간, 1980. "기독교 대백과사전" 10권. p681. 서울: 기독교문사.

신앙 양심

할레스비는 양심을 내적 음성이고 하늘의 불문율이며 불변의 법칙이라고 했는데 그렇게 되면 양심을 하늘에 묻지 않을 수 없게 됩니다.[71] 그는 신앙 양심을 내가 누구와 함께 하며 누구에게 동의하는가?를 묻고 옳고 그름에 관해 하나님께 동의한다는 뜻으로 이해했습니다. 양명수는 "신앙 양심은 처음부터 사람과의 관계가 아니고 하나님과의 관계다."라면서 일반 양심과 신앙 양심을 구분하고 신앙 양심은 깊은 죄의식이라고 말합니다. 양심에 어긋나는 일이 없어도 죄인이라는 말은 양심보다 더 예민하게 죄의 깊이를 알고 그래서 은혜를 구할 수밖에 없는 상태에서 나온 말입니다.[72] 바울 역시 도덕적으로 잘 훈련된 사람들과 자연인 사이에 양심을 다루었는데 기독교인의 양심이란 하나님과 사람을 대하는 것입니다(행 24:16, 고후 4:4).

구약성경에서 본 양심

구약에서는 "양심"이란 말이 명확히 나오지 않지만 '레브 (רב ;마음)'란 단어가 양심을 대신하고 있습니다. 양심을 담고 있는 자리로서의 "마음"은 양심의 가책을 느끼고 번민하는 자리이고, "양심의 명령"에 응답하는 자리가 "래브(רב ; 마음)"입니다.[73]

신약성경에서 본 양심

구약의 "레브(רב)" 에 해당하는 단어가 신약에서는 "카르디아($K\alpha\rho\delta\iota\alpha$)" 라는 형태로 쓰였는데 (눅 12:57, 마 6:23) "네게 있는 빛" 즉, "내면의 빛" 으로 나타나 있습니다. 양심은 죄를 책망하며(요 8:9, 히 10:22), 하나님의 형상이 회복되는 자리를 말합니다.

양심은 칼빈, 칸트, 프로이드에 의해서 본능이론, 선천적속성, 이성적 판단으로 보는 관점이 있습니다.[74]

1. 본능이론: 칼빈(1509~1564)

하나님이 인간의 양심에 십계명을 새겨 두시므로

자신의 본성을 인간에게 나타내셨으며 인간이 하나님을 사모하도록 하셨다.

---

71 O.Hallesby, *1950. Conscience.* p10~11. Londen, Inter-varsity. 여현주 옮김.1979. "양심" p8,9. 서울;대한 기독교 서회."한국 복음주의 기독교 교육학회"제8호 논문 발표회.2006. 한상진, "양심 교육과 영적 리더쉽" p2. 재인용.

72 "이와 같이 성령도 우리 연약함을 도우시나니 우리가 마땅히 빌바를 알지 못하나 오직 성령이 말할 수 없는 탄식으로 우리를 위하여 친히 간구하시느니라. ..누가 우리를 정죄하리요.. 누가 우리를 그리스도의 사랑에서 끊으리요 환난이나 곤고나 핍박이나 기근이나 적신이나 위험이나 칼이랴" 롬8:26-27, 34-35요약.

73 김찬국. 1975. 「기독교사상」 19호.5월. "성서에 나타난 양심선언" p20,21.

74 양심을 하나님의 음성, 내면의 음성으로 이해하는 것은 잘못된 이해라며 양심을 이성(intellect)의 실용적 기능으로 보는 사람은 오스틴 파고데이이다. 그는 "양심은 개인의 행동에 대하여 선한 것이면 실천에 옮기고 악한 것은 실행하지 않도록 하는 이성의 실천적 판단"으로 보았다. Austin Fagothey, S. J. *Right and Reason.* &. 1963. *Ethics in Theory and Practice, 3rded.* p45. Saint louis :The C.V.Mosby company. 김희수, 2004. "기독교윤리학의 이론과 방법론" p128. 재인용. 서울: 동문선.

십계명은 양심에 새겨진 내적 법(interior law)이다.

이 법의 내적 감시자(inner moniter)인 양심이 도덕적 무감각을 깨운다."[75]

십계명을 양심에 새겨진 내적 법(Interior Law) 이라고 말한 사람은 칼빈입니다. 양심은 십계명이라는 휠터를 통해 걸러져서 내면의 빛이 됩니다. 노르웨이의 신학자 할레스비(O.Hallesby)는 "양심이란 거룩하고 초인간적인 어떤 법에 대한 자각"이라고 하였는데[76] "그가 말하는 '그 어떤 법'이 무엇을 뜻하는가? 그 내면의 법관은 무엇에 근거해서 판단하고 구속하는가? 인간 안에 본질적으로 갖추어져 있는 그 무엇인가?"라는 질문에 칼빈은 십계명으로 설명했다고 봅니다.

양심이 훈련이나 경험에서 얻어진 것이 아니라는 주장은 칸트와 유사하고 양심을 이성과 별개의 속성으로 본 점은 양심을 선험적(a priori)으로 인식하고 의지의 내면화된 타자로 본 칸트의 견해와 달리합니다. 칼빈은 "옳음과 정의에 관한 관념은 사람의 마음속에 나면서부터 가지고 있는 관념이며, 정의의 빛이 그 관념 속에서 빛을 발하고 있다."면서 본능을 주장합니다.[77] 칼빈의 주장은 롬 2:14, 15에 근거한 것 같습니다.

"율법 없는 이방인이 본성으로 율법의 일을 행할 때는 이 사람은 율법이 없어도 자기가 자기에게 율법이 되나니 이런 이들은 그 양심이 증거가 되어 그 생각들이 서로 혹은 송사하며 혹은 변명하여 그 마음에 새긴 율법의 행위를 나타내느니라"[78]

칼빈은 "그 마음에 새긴 율법" 즉, 율법 전체를 십계명으로 이해하고 나아가서 종교와 경건의 형태로 보았습니다.[79] 모리스(Maurice)는, 양심이란 "내가 무엇을 해야 한다거나 해서는 안 된다고 말하는 내 속에 있는 그 무엇"이라고 파악했는데[80] 칼빈에 있어서 "그 무엇"이란 십계명이 인간내면의 법이라고 말한 것입니다다.[81] 신 30:14에는 이 법이 "마음에 있은 즉 행할 수 있다"고 했고 호세아는 하나님을 아는 지식이라고 말합니다(호 4:1, 2, 5:4 참고).

---

75 재인용 : 한상진."한국 복음주의 기독교 교육학회" 제 8호. 논문 발표회. p90~100. John Calvin. 1960. *Institutes of the Christian Religion. II. Viii, I.* ed.by John T. Mcneill, trans by ford Lewis Battles. Philadelphia, Pennsylvania : Westminster Press.

76 한국 복음주의 기독교 교육학회, 제8호 논문 발표회.2006. 한상진. "양심 교육과 영적 리더쉽" 앞책 p2,9,10.재인용. 글요약. 원자료; John Calvin, 1960. *Institutes of the Christian Religion* II, Viii. ed.by John T.Mcneill,trans by ford Lewis Battles. Philadelphia,Pennsylvania : Westminster Press.

77 앞 책. 참고. p37,49. 에밀 부르너는 본능은 자연의 영역에 속하지만, 옳고 그름에 대한 판단은 정신영역에 속해 있다고 말하므로 칼빈과 견해를 달리한다.

78 바울은 양심을 독립적 속성으로 보았다. 고후 4:2에서 "유대인이든 이방인이든 가리지 않고 모든 사람에게 도덕적 분별력이 주어져 있다"(고후5:11참고)고 하여 양심의 보편성을 말했다.

79 Inst2.7.1(CO2.252): "Legis nomine non solum decem praecepta quae pie iusteque vivendi regulam praescribunt inteligo, sed formam religiomis permanum Mosis a Deo traditam ("나는 율법이라는 단어를 경건하고 의로운 삶의 규범의 표현인 십계명과 모세의 손을 통하여서 하나님께서 주신 종교의 형태라고 이해한다" 2005. *Exodus*. 국제 출애굽학 연구회. Dec. 2005. vol.1 창간호. 문병호. "칼빈의 기독론적 출애굽 이해" 사랑나라. p144. 재인용.

80 Fredrick Denison Maurice.1883. *The Conscience*. **p27**. London:MacMillan and Co.,

81 John Calvin, 이종흡외 3인 공역 1995. "기독교 강요" p405. 서울: 생명의 말씀사, 한상진, 앞 책.재인용 p9.

십계명의 양심기능

칼빈은 율법의 세 가지 용도(역할)를 풀이하기를 인간에게 죄인됨을 가르쳐서 하나님의 은혜를 찾도록 히는 것, 시민국기의 용도로시 자연법, 거룩한 삶으로 인내하는 용도로 징의하고 이 세 가시 억할에 양심이 관련되어 있다는 말을 합니다. 칼빈이 말하는 중생한 양심은 성장해야하는데 이 요소는 하나님의 뜻에 대한 지식에 좌우된다는 점은 칸트와 일치하고[82] 성장해야 한다는 것은 프로이드와 융의 견해와 일치합니다.[83]

칼빈의 한계

칼빈의 양심 이론은 하나님을 알지 못하는 자연인에게 적용하기에는 한계가 있습니다. 하나님을 믿는 신앙인들의 양심보다 비기독교인이 도덕적으로 양심 바른 사람들이 많습니다. 그런데 만일 행위의 결과만을 따진다면 사실판단이 가치판단을 좌우하게 됩니다. 칸트의 말대로 결과를 따지는 것은 지식의 문제지, 양심의 문제가 아니지요.

근대에 이르러 인권을 확립한 윤리는 양심을 중시해서 양심 이론이 쏟아져 나왔습니다. 세상은 가치 기준은 없어도 사실판단에서 기독교인을 앞서는 경우가 많지요. 하지만 기독교인들에게는 사실판단이 가치판단 못지않게 중요하게 되었습니다. 대답이 아니라 책임입니다. 그래서 기독교 윤리에는 우리의 의지적 노력이 동원됩니다.[84]

칼빈의 죄책론과 양심 문제

죄책감, 죄의식은 프로이드가 말했듯이 억압과 정신병적 요인이 될 수 있습니다. 법의 기능은 판단력과 분별력을 주어 선한 양심을 성장시켜 주지만 죄책을 가져와서 괴롭힙니다. 칼빈은 인간의 죄책에 대한 해결을 회심에 놓습니다. 회개하지 않으면 여전히 죄책은 남기 때문입니다. 죄책을 해결하는 방법을 처벌이라고 한 근세철학과는 다른 점입니다. 용서가 죄책을 지웁니다. 고백의 결단이 있으려면 양심이 민감해야 하는데 구약 성서에서 양심을 뜻하는 "마음 판(잠 3:3, 7:3)"은 거울의 기능을 합니다. 성경은 십계명을 자녀의 "마음 판에 새기라"고 명령했고 순서는 우선 부모입니다(신 6:4~7참고).

양심의 소리(하나님의 소리)를 민감하게 들으려면 인간이 자기의 행위가 도덕률이나 하나님의 뜻에 일치하는지를 아는 기초지식 또는 의식(Consciousness)이 필요합니다. 양심은 우리가 무엇이냐? 우리가 무엇을 해야 하느냐를 말해 줍니다.[85]

---

82 · 칼빈은 양심을 직관적 인식(intuitive perception) 즉, 지식의 일종으로 보았다

83 · 히 10:2, 벧전 2:19에서 양심을 "죄를 깨닫는 일, 하나님을 생각함"으로 번역했는데 이 주제를 한상진은 중생한 자의 양심과 중생하지 못한 자연인의 양심, 중생한 자의 양심의 성장과 퇴화의 개념으로 구분한다.

84 · 니버는 사랑의 이상은 무엇보다도 의지에 호소하는 계명이라고 말한다. 라인홀드 니버. 노진준 옮김.앞 책 p189.

85 · 앞 책, p18~19.

칼빈과 유사해서 약간 헷갈리지게 조금 다른 학설을 들고 나온 양심학자가 나타났어요. 칸트입니다. 본성(nature)과 선천(birth)의 차이를 두고 칸트를 따라오세요.

2. 선천적 이론: 칸트(1724~1804)

칸트는 인간은 도덕적 존재라는 전제를 갖고 양심이란 근원적으로 인간 안에 있다고 보았습니다. 인간이 후천적으로 획득할 수 있는 것이 아니라는 것이지요. 양심의 판단은 내면의 법정에서 이루어지는데 그 법정의 판단자는 마음을 구속하고 관찰하는 이성적인 인격자로서 전지전능한 하나님이라는 주장입니다.

> 양심은 하나님 앞에서 자신의 행위에 책임지는 주관적 기능이야. 양심의 힘은 자의적으로 만들어낸 것이 아니라 인간 안에 본래 갖춰져 있는 존재이지. 양심은 하나님의 공의를 인식하고 행동을 감시하며 선을 행하도록 인도하는 역할을 해. 양심은 훈련이나 경험에 의해 얻어진 것이 아니라 선험적인 것 이거든. [86]

구약에 나타난 히브리인들에게 있어서 양심은 선천적인 본능으로 개인 내부에 존재하는 것으로 보았다는 점에서 칸트의 견해는 히브리 사고에 가깝습니다. 칸트가 말하는 양심은 인간 자신의 의지나 이성보다 더 높은 신적인 의지로서 인간을 다스리고 깨닫게 하시는 하나님의 법칙입니다. 결국 자기 대 자기의 관계입니다. [87] 그러나 "나만 옳으면 된다. 선을 행해야 하겠다"고 느끼는 개인의 책임의식이 강하면 프로이드가 염려한 죄책에 시달릴 수 있습니다. 칼빈, 칸트와 생각이 아주 다른 사람이 나타났어요. 프로이드입니다. 그의 주장도 들어 보세요.

3. 이성적 판단이론: 프로이드(1856~1939)

> 양심?
> 그것은 이상아(ego-ideal)와 초자아(super-ego)라는 거야. 양심이란 신적 의지가 아니야. 교육과 훈련의 결과물이지. 환경과 어떤 영향에 의해 나타나는 반응으로 사회적 교육의 결과지. 예를 들면 말이야. 부모가 가르친 규칙과 표준이 양심을 설정하는 중요한 가치가 돼. [88]

프로이드의 견해를 지지한 융(Carl Gustav Jung) 역시 양심을 후천적으로 형성된 판단력이라고 말했습니다. 이 두 사람은 양심을 이성의 실천적 기능으로 본 것입니다. 그러나 양심을 이성으로 보면? 도덕적으

---

8 6   박윤선, "로마서주석" 앨음사. 1980. pp 21~22. 박윤선은 양심은 훈련이나 경험에 의해 얻어진 것이 아니라 인간 본래의 본성으로 보았다.

8 7   양명수는 "공자나 칸트는 누가 알아주지 않아도 자기가 자기를 알아주는 의식 곧 양심에서 자유를 찾으려 했다. 양심법은 보편법이다. 남을 생각하는 마음이요, 누가 봐도 옳게 생각하는 법이다. 공자의 말로 하면 공심이요. 칸트의 말로 하면 정언명령이다. 칸트는 실천이성에서 누가 봐도 옳게 생각하리라고 여겨지는 법에 따라 행하는 것이 양심스런 행위라고 말한다. 자기 대 자기의 관계에서 부끄러움이 없는 것, 그것은 인문주의자들이 생각한 구원의 방식이다" 라고 했다(강의 내용에서).

8 8   김희수의 앞책. p130.

로나 지적인 환경에서 성장한 사람의 양심이 더 반듯하다는 말인가요?

이성적 판단력을 양심의 본성이라고 보는 그의 이론은 그래서 받아 들이기가 좀 어렵습니다. 이성적인 사람이 더 양심 바르다고 볼 수 없기 때문입니다. 하지만 양심이 교육에 의해 성장할 수 있다는 점에서는 인간의 가능성을 말합니다. 프로이드가 유대인이라서 그 사상의 영향을 받았는지 모르지만 그의 이론은 히브리인들이 마음의 판(tablet) 즉, 양심에 새기는 작업을[89] 부모에게 위임하셨고 옳고 그름을 판단하는 능력이 가르침과 훈련에 의해서 성장한다는 히브리사고와 근접한 면이 있습니다. 프로이드는 양심의 가책을 발생학적으로 해석해서 양심을 공격하는 것이 죄책이라고 말합니다. 양심은 죄책감 때문에 행복을 잃는다는 햄릿의 말을 인용해서 "양심은 우리 모두를 겁쟁이로 만든다"[90]고 합니다. 도덕적 의무나 엄격성은 양심을 가책해서 정죄, 욕망과 두려움, 강박신경증, 도덕적 경계심과 정신착란, 후회와 우울을 가져오는 "의무의 병리학(=의무에서 온 병)"으로 구분하고 이 재판정(양심)을 걷어 치우지 않는 한 인간은 죄책이라는 의무의 병을 앓는 존재라면서 여기서 해방 된 존재라야 행복하다는 행복론을 주장합니다.[91]

초자아

프로이드는 개인의 초자아(super ego)를 양심으로 보았고 초자아는 죄책감을 갖게 하는 장치라는거죠. 십계명이 양심을 괴롭혀서 스트레스, 강박관념을 가져다 준다는 프로이드의 시각은 하나님이 나를 사랑하시니까 죄, 죄, 죄, 그러지 말고 "나를 긍정하라"입니다. 그가 인류에게 준 공헌이라면 나를 긍정하고 사랑하는 것으로 내가 행복해 지는 것, 그것은 나 와의 화해입니다. "복음은 자기를 용납하는 것" 이라는 것이 프로이드의 견해입니다.

양심의 가책(呵責)

간음하다가 현장에서 발각된 경우 남녀를 돌로 쳐 죽이는 율법[92]을 무시하고 여인만 끌고 온 의인(?)들은 "너희는 죄 없느냐?"는 예수의 물음에 양심이 가책하는 소리를 들었습니다. 이 소리가 어디서 오는 것일까요? 프로이드가 말하는 자아일까요? 칸트의 이성일까요? 칼빈이 말하는 내적 법(십계명)일까요?

> "서기관들과 바리새인들이,...선생이여 이 여자가 간음하다가 현장에서 잡혔나이다(생략),너희 중에 죄 없는 자가 먼저 돌로 치라 ......저희가 이 말씀을 듣고 양심의 가책을 받아 하나 씩 하나 씩 나가고........나도 너를 정죄하지 아니하노니 가서 다시는 죄를 범치 말라 " 요 8:1~11 요약 .

서기관과 바리새인들은 도덕적으로 잘 훈련된 사람들입니다. 그들이 양심선언을 했다는 것은 그들 안에

---

8 9   "오늘날 내가 네게 명하는 이 말씀을 너는 마음에 새기고 네 자녀에게 부지런히 가르치며" 신 6:6~7.

9 0   폴 리쾨르. 2001. 양명수 옮김, "해석의 갈등" p140. 아카넷.

9 1   양명수. 앞 책. p367.

9 2   "누구든지 남의 아내와 간음하는 자 곧 그 이웃의 아내와 간음하는 자는 그 간부와 음부를 반드시 죽일지니라" 레 20:10.

율법이 있었고 따라서 내면의 소리가 있었기 때문입니다.[93] 칸트의 책임지는 주관적 양심은 저지른 잘 못만 문제 삼지만[94] 신앙이 있는 양심은 자기 안에 들어 있는 잘못(본성)을 압니다.[95] 율법 준수 자들 속에는 옳고 그름을 판단하는 법이 마음에 있기에 의도적인 자신들의 잘못을 알았고 그래서 정당성을 내려 놓았습니다. "죄 없는 자가 돌로 치라"고 하셨을 때 양심이 아프게 알아 차렸습니다. 율법은 양심을 가책하기 때문에 죄를 깨닫습니다. 이처럼 진리가 속에 있어야 양심을 심사하고 떳떳한 주체로 서게 됩니다. 칼빈은 하나님이 사람의 마음에 새겨 놓으신 십계명의 소리에 민감해야 한다고 했고 칸트는 인식을, 프로이드는 경험을 말했듯이 십계명은 인식과 선험과 교육을 통해서 신앙양심을 성장시키는 내면의 빛이 될 수 있습니다.[96]

> "내가 그들에게 한 마음을 주고 그 속에 새 영을 주며 그 몸에서 돌 같은 마음을 제거하고 살처럼 부드러운 마음을 주어." 겔11:19. "또 새 영을 너희 속에 두고 새 마음을 너희에게 주되 너희 육신에서 굳은 마음을 제거하고 부드러운 마음을 줄 것이며" 겔 36:26.

양심이 선악을 지시해 주는 내적 증인이라면 신앙양심은 죄의식의 통찰입니다. 그리스도의 은혜로 죄책에서 자유한 이 자유는 양심이 율법의 저주에서 해방되는 자유이며 영적 치유가 일어나는 자유입니다.

104
십계명과 영적각성

반(反)기독교주의는 기독교인들에게 회개의 기폭제 역할을 하는 경우가 많다는 것이 역사의 교훈이다.
만약, 세상이 기독교와 교회를 박해한다면 세상이 기독교에게 회개의 기회를 주는 것이다.

이스라엘이 타락할 적 마다 십계명을 경고의 잣대로 삼아 거룩하게 변화되고 절망의 벼랑에서 끌어 올

---

93 칼빈은 신앙양심을 "중생한 양심"이라고 말했다. 우리는 흔히 "하늘이 알아주면 되지" 라고 말한다. 여기서 하늘은 성경의 하나님이 아니라 양심의 법을 말한다. 칸트로 말하자면 선험으로 바뀐 초월이다. 초월은 사람의 내면으로 들어와 선험적인 양심의 법이 되었다. 그때 하늘은 사람 바깥에 있는 것이 아니라 사람 안에 있는 법 곧 양심을 가리킨다(양명수).

94 양심은 다른 사람이 다 그렇게 하면 그저 그렇게 해도 괜찮다고 판단한다.그래서 적당히 범죄 할 수도 있다. 남들도 다 그렇게 하고 그것이 사회 관행이면 양심에 거리끼지 않는다. 남들이 다 그렇게 한다는 것이야말로 결정적인 순간에 판단의 기준이 될 수 있다.

95 Wilhelm Ernst는 양심은 이상이나 의지나 느낌이 아니라 인간존재의 심리로서 하나님을 향하여 나아가고 하나님에 의해 자신을 궁극적으로 으로 유지 시켜 나가는 인간의 내밀한 중심이라고 말한다.

96 십계명은 어두운 양심을 회복시켜서 바른 표준앞에 인간을 다시 세운다. 주의 말씀은 분별력을 주며(마6:22-23). 정직하게 하며(히 13:18,시 19:7~10참고), 승리케 하며 (딤전 1:18-19참고), 우리로 바른 길을 이탈치 않도록 하며(딤전1:3-5참고),우리로 주님의 증인이 되게 한다(벧전 3:14-17 참고).

려졌고 새로운 전기를 주도했습니다. 신학자 리쾨르는 제사장 세계 속에 예언자들의 선포를 불어 넣은 것이 "출애굽기 20장의 십계명"이라고 말합니다. 요한이 "회개의 세례"로 유대정신을 일깨웠고 예수는 회개의 선포로 공 생애를 시작하셨습니다. "회개하고 복음을 믿으라"(막 1:14, 15). "죄인을 불러 회개시키러 왔다"(눅 5:32)라고. 예수를 믿는다는 것은 자기 죄를 안다는 말입니다. 예수를 만난 사람들마다 "하나님이여 불쌍히 여기소서 나는 죄인이로소이다"(눅5:8, 18:13)라고 합니다. 회심, 즉 돌아옴의 어원 "shub" 는 악한 길에서 돌이키는 것으로 "죄"라는 굽은 길에서 하나님께 돌이키므로 용서와 짝을 이루는 단어입니다.

영적각성운동: 츄우바(돌아옴)

"shub" 라는 말 뿌리를 가진 명사형 "츄우바"를 직역하면 "답"이라는 뜻입니다. "헤메다가 길을 찾는 것, 답을 찾았다, 답안으로 돌아간다, 회개하여 종교인이 된다"고 할 때 이 단어를 사용합니다. 정답을 "츄바 네호나"라고 합니다. 하나님께 돌아가는 것이 정답(길)입니다.

정답! 하나님께로 돌아가는 것!

예수께서는 자신을 하나님께로 돌아가는 길이라고 하셨습니다(요 14:6참고). 딤후 3:5에서 "돌아서는 자"를 "경건의 능력을 가진 자"라고 했습니다. 신앙깊은 행위, 헌신, 세속에 물 들지 않는 것입니다(약 1:27 참고).

case 1
"유다가 이르되 그는 나보다 옳도다 내가 그를 내 아들 셀라에게 주지 아니하였음이로다 하고 '다시는 (again)' 그를 가까이 하지 아니하였더라" 창 38:26. 유다는 '다시는' 그 죄를 반복하지 않았다.

case2
얘들아, 포도밭에 와서 일해라
-예, 아버지
-싫어요, 아버지
"예" 라고 한 아들은 가지 않았고, "싫어요"라고 한 아들이 뉘우치고 돌아와서 일을 했다. 누가 더 나은가?
정답!

"주 되신 구주 예수 그리스도를 앎으로 세상의 더러움을 피한 후에 다시 그 중에 얽매이는 사람은 마치 개가 그 토하였던 것에 돌아가고 돼지가 씻었다가 더러운 구덩이에 도로 누운 것과 같다" 벧후 2:21, 22.

105
십계명과 영혼양육(nurturing soul)커리큘럼

십계명으로 하는 영혼 양육 교과 7개 중에 여기서는 5 가지를 설명드리겠습니다. 나머지 2가지 방법은 이 책 5부 2장 110, 111을 참고하세요. *십계명 총서 1권에 영혼 양육 커리큘럼을 자세하게 소개했습니다.

1. color(총서 38, 39권)

시내 산 빛은 색color입니다. 아름다운 색채는 설명보다 힘이 있습니다. color는 언어입니다. 빛이 프리즘을 통해 반사하는 그 파장에 따라서 빛깔을 분사하듯이 빛으로 온 십계명 말씀은 10 조각으로 분산된 빛입니다. 따라서 칼라로 설명한 십계명은 도덕적 가치 체계와 영성의 새로운 시도입니다. 십계명 색채 이미지 게임, 케릭터 게임, 하트 홀리 북이 있습니다. *십계명 빛 교육의 원리와 방법은 총서1권 7부에 있습니다. 이 책 4부 2장 125를 참고하세요.

2. 노래(총서 36권)

십계명 말씀을 멜로디로 암송하는 방법은 묵상을 음각화 한것으로 창의력과 영성을 자극합니다. 왕하 3:15, 대상 25:1, 대하 20장, 시 8:1,2, 엡 5:19, 마 21:15,계 5:8. 읽기, 쓰기, 암송은 악보집에 있는 노래로 마무리하세요. *노래 음반과 악보집은 별도의 책이 있습니다(십계명 총서 36 안에 있는 13권).

3. 성경이야기(총서 7~16권)

이야기는 풍부한 상상력을 길러 줍니다. 소재는 성경과 미드라쉬 책(총서 27~30)이 있습니다.
*성경이야기와 십계명 미드라쉬 동화는 ppt와 설교집, 그리고 동화 책이 있습니다.

4. 잠재적 커리큘럼(Hidden Curriculum)

예전(retual); 출 12:24-27, 신 6:5~9.

> 십계명을 주실 때 하나님은 인간이 그의 위엄을 눈으로 보게 하고, 그의 목소리로 귀에 들려 주고, 얼굴과 얼굴을 대하고, 그 앞에서 먹는 생존 방식의 의식을 통해서 십계명은 인간에게 전달되었다(출 24:11). "그 들은 하나님을 보고 먹고 마셨다."

기독교 교육학자 하리스(Maria Harris)는 우리 교육이 좌뇌 중심인 분석적, 문학적, 성서해석, 언어문법, 자료 분석 중심이었다면 이제는 우뇌 중심의 종합적 은유, 직관, 예술, 찬양, 성소(sanctuary)에 대한 개념이 중요하다는 제안을 합니다. 이 말은 우뇌를 통한 영혼양육을 주장해 온 밀러의 시각예술, 음악, 드라마, 창조적 저술과 일맥상통합니다. 교회는 공동체가 응답하는 공동기도문을 비롯해서 많은 의식(ritual)이 있습니다. 내 삶의 중요한 시기는 하나 하나가 중요한 사건(event)입니다. 지금은 출생, 생일, 이사, 임신, 유산, 낙태 능 삶의 경험에 종교적 의미를 부여하는 삶의 '통과의례'가 교육에 새로운 이슈가 되었습니다. 세상이 컴퓨터와 하이퍼텍스트화 되면서 가정에서도 공동체예배가 가능한 시대입니다. 가정에서 하는 예전(ritual)들이 영혼 양육의 잠재적 커리큘럼이 될 수 있습니다(출 12:25-27 참고). 신명기의 쉐마는 밥상, 침상, 예전에서 "이 말씀들" 즉 십계명을 가르치라고 명령합니다(신 6:5~9 참고). 십계명을 받으러 올라 간 그들은 하나님을 보고 먹고 마셨습니다.

5. 츄우바(회심)예배

총서1집에 십계명 츄우바(회개) 기도책이 있습니다. 그동안 기독교가 좋은 교육을 했다는 것을 알 수 있습니다. 예배가 영혼과 심성을 교정합니다.[97] 다음의 표는 1계명의 츄우바 예배의 예시입니다.

1부 (20분)	십계명 스포츠 예배 S.S.신체놀이	십계명 리듬체조, 스카프, 리본, 태권체조, 사도신경 댄스, 주기도문 행진곡, 혼자놀기.	음반, 악기, 스카프, 막대리본
2부 (7~10분)	인터미션 예배 티. 명상음악	손 씻기, 머리카락 손질하기, 허리 곳게 펴고 방석에 앉기	음반, 머리카락손질, 빗, 물티슈, 방석
3부 (30분)	1계명 축복예배	1계명 츄우바 교독문 교독하기 인도자; 1계명! 너는 나 외에는 다른 신들을 네게 두지 말라 　　다른 신들 숭배금지! 어린이; 믿습니다. 믿습니다. 한 분 하나님을 믿습니다 인도자; 우리는 하나님보다 더 많이 사랑한 것이 있습니다. 　　우리의 믿음 없음을 회개합니다. 어린이; 회개합니다. 회개합니다. 우리는 회개합니다. 인도자; 오직 하나님 한 분 만을 사랑하게 하옵소서! 　　우리를 축복하소서, 예수님의 이름으로 다같이; 아멘! 축복의 1계명 말씀듣기; 설교자 (설교집) 축복기도; 설교자 마치는 송영; 다같이(빌4:20 영광 송). *음원 3계명 11번.

9 7　차동엽. 2006. "무지개 원리" p232-234.참고. 서울; 바오로의 딸.

2장
십계명과 인성

인성

십계명은 인간의 본성을 이해하는 중요한 자료입니다.

인간을 이해하면 인간을 좀 더 사랑할 수 있을 것입니다.

십계명은 하나님의 형상을 회복시켜서 인간의 성품을 교정시키고 경건한 삶을 살게 합니다.

모든 인간이 공유하고 있는 '하나님의 형상'이라는 특성이 우리로 하여금

이웃에게 사랑으로 가는 길을 열어 줍니다.

요즈음은 인성교육이 최대의 화두이다 보니 인간론이 강해집니다.

하나님을 밀어내고 인간을 믿었던 근대의 주제 철학이 다시 고개를 쳐듭니다.

인간에게 희망을 찾으려는 인본주의가 현대인에게 어느 정도 맞는 듯합니다.

하나님이 사람과 함께 걷기 위해 사람과 보조를 맞추는 스텝으로 십계명을 생각하고자 합니다.

"사람이 되자"에서 더 나아가 "하나님의 사람이 되자"라고요.

우리 자녀에게 구구단보다 먼저 십계명을 가르칩시다!

Let's be holy in Jesus with Ten.

2장은 인간론에서 보는 십계명입니다

106
어떤 사람이 되어야 하는가?

> 유대교나 기독교는 창조론으로
>
> 근대는 이성에서
>
> 자연과학은 진화론에
>
> 유전과학은 DNA으로 인간을 이해하려 한다.

성서의 인간 이해는 하나님의 형상으로 창조된 인간입니다. 그러나 인간은 너무 일찍이 하나님의 형상을 상실했고 예수 그리스도의 은혜만이 새로운 피조물로서 회복이 가능하다는 것이 인간의 본성을 다루는 기독교의 인간관입니다.

인격과 도덕성을 회복해야 한다는 목소리에 십계명이 기여할 수 있다면 그것은 십계명이 그리스도와의 대면이기에 가능합니다. 십계명이 왜 인성교육의 지표가 될 수 있느냐 하면 인간을 지으신 하나님이 인간에게 말하시고 쓰셨기 때문입니다.

게머른(willem.A.Gemeren)은, 십계명은 성서에서 신의 지문이 새겨진 유일한 문장이란 뜻에서 "십계명에 하나님의 형상(imago dei)이 담겨 있다"고 말했는데 그렇다면 십계명은 인성의 표본 자료집입니다. 십계명은 하나님을 모방하는 인격체로 성장시키는 성장판 같습니다. 십계명이 하나님의 성품으로 성장하기 위한 모방(견본) 자료가 되는 것은 인간은 타락하였고 하나님은 선하시기 때문입니다.

사람이 타락했다는 말은 그의 존재가 하나님의 선과 모순되는 가운데 있다는 말입니다. 하나님은 예수 그리스도를 통하여 사람을 속죄하셨고 선을 행 할 수 있는 힘을 주십니다. 하나님은 선악의 기준을 밝혀 주며 정의를 일깨워 주고 악으로부터 우리를 바로 잡아줍니다.

선악과는 하나님의 명령을 어기는 것이 악이요, 순종하는 것이 선이라는 것을 가르치기 위한 것입니다. 그들의 수치를 가려 주시려고 애매한 양을 죽여서 가죽 옷으로 가려 주셨듯이 불순종한 악인도 멸망시키지 않고 사랑으로 그 인간의 인간성을 회복시키는 작업을 하나님은 하십니다. 이 엄청난 사랑에 응답하는 인간의 책임에 대하여 십계명이 그 초점이요, 윤리적 기반이 되고 있다고 예수는 말씀하십니다(마 19장).

하나님과 이웃이라는 십계명의 두 기둥으로 이스라엘 사회는 펼쳐졌고 하나님의 자녀로 훈련되었습니다.[98]

---

98 기독교 윤리학개론. 앞 책. p37.

107
인간성

누구나 인간성 좋은 사람을 좋아하고 우리 자신들도 좋은 사람이라는 평가 받기를 원합니다. 이삭의 두 아들은 성경이 보여주는 그 대표적인 사례라고 할 수 있습니다. 에서, 그리고 야곱.

"내가 피곤하니 그 붉은 것을 내가 먹게 하라 한지라" 창 25:30.

에서는 몹시 시장할 때에도 품위를 잃지 않는군요. 약자(동생)를 한대 줘 박고 빼앗아 먹을 수도 있는데 "please, please, 그 붉은 것을 나로 먹게 해 달라"며 신사적으로 말하네요. 사흘 굶어 도둑 안 될 사람 없다는 금언처럼 어떤 인간인지는 굶겨보면 압니다. 그런데 허기져서 돌아 온 에서는 음식냄새의 유혹에 놀랍게도 욕구를 다스립니다. 에서는 비폭력 인도주의자였지요. 그는 충동적으로 행동하지 않았어요. 폭력대신 동생이 요구하는 액수를 다 주고 사 먹었어요. 이것은 풀떼기 죽도 배불리 못 먹을 정도로 집안 살림이 거덜났음을 말해줍니다. 장자 명분이 거치른 죽 한 사발 값밖에 안될 만큼 양식이 귀했다는 암시지요. 아브라함의 재혼과 처첩생활로 재물은 첩들과 서자들이 가로채고 이삭은 "언약" 만 물려 받았다고 성경은 들려줍니다(창25:1~6을 히브리어 성경으로 읽어보세요). 언약의 상속자 에서는 "언약이 밥 먹여 주냐?" 는 식으로 빗나갔습니다. 요즘 부모들은 교회 밖이나 안에나 에서가 모델입니다. 에서는 금 수저 출신에 성격 좋고 직업 확실하고 인간미 좋고 남자다운 매력적 외모에 정많고 관대하고 효성지극하고 장래가 촉망되는 스펙의 엘리트 청년이었어요. 야곱이 가파른 사다리 인생이라면, 에서는 엘리베이터 인생을 삽니다. 야곱은 신본주의자, 에서는 인본주의자, 신앙으로는 무신론자 이었습니다. 터프(touge)하면서도 따뜻한 에서의 교양과 예절심은 우리가 배울 점입니다. 하지만 그는 난봉꾼. 할아버지의 말년의 인생을 닮았나봅니다.

아브라함보다는 욥이, 야곱보다는 에서가, 요셉보다는 유다, 다윗보다는 요나단, 솔로몬보다는 압살롬, 모세
보다는 고라가 더 나은 사람으로 보인다. 내 눈에는.
그런데 하나님은
경건한 욥이 아니라 비열한 이기주의자 아브라함을,
인간미 좋은 에서가 아니라 좀팽이 야곱을,
자기관리에 충실한 유다가 아니라 깐죽대는 요셉을,
곧고 반듯한 요나단이 아니라 사기, 살인, 협잡, 권모술수의 달인 다윗을,
정의를 바로 세우자는 압살롬이 아니라 겁쟁이 솔로몬을,
사리 판단이 명석한 고라가 아니라 살인마에 내로남불 호박씨 까댄 모세를 택하셨다.

포장이 잘 된 사람

"사람은 외모를 보거니와 나 여호와는 중심(heart)을 보느니라" 삼상16:7요약.

"여호와는 심령(motive)을 감찰하시느니라" 잠 16:2요약.

인격을 뜻하는 "personality"란 극중 인물, 가면을 뜻하는 라틴어 "perzonar"에서 왔습니다. 분석 심리학의 융(C.G.Jung)은 성품(character)과 유사하게 쓰이는 사람(person)의 인격(personality)을 라틴어 어원인 "페르소나"에서 찾았습니다. 인격이란, 다른 인물로 포장하는 가면이라는 것입니다. 융의 이러한 분석으로 볼 때 스펙, 교양, 예절등은 본성을 잘 치장하고 포장하고 다듬어서 격이 높은 인간을 만드는 일종의 기술입니다. 인간은 본래 하나님 앞에서 벗은 자들인데 범죄 후 짐승가죽을 뒤집어 쓴 인간이 되었지요.

기독교의 사랑은 인간행위를 제도에 맞추는 것이 아니라 하나님의 뜻에 맞춥니다. 선의 기준은 하나님이 원하시는 것이니까요. 예를 들면 하나님은 창세 초부터 자신과 상대 할 fighter를 찾으셨고 그 자는 목이 곧고, 패역하고, 대대손손 반역자의 특질을 지닌 자가 적합합니다. 야곱이 "하나님과 싸워서 이겼다"는 말은 "하나님을 ko시켰다, 즉 죽였다"는 말을 점잖게 표현했다고 봅니다. 하나님에게는 예수를 죽일 fighter가 필요했고 발꿈치를 잡고 태어난 야곱은 예수님의 발꿈치를 물고 늘어 질 족속의 전형적인 상징입니다. 아브라함이 이삭의 얼굴에서 오실 메시야를 바랐을 때 또 다른 면에서 메시야가 자기의 자손에게 죽는다는 것도 내다보았을까요?

하나님만이 어떤 인간인지를 아십니다. 그리고 그에게 있는 가능성을 인간을 위해 활용하십니다. 이것이 하나님의 선입니다. 그러므로 아무리 나쁜 인간일지라도 그 분 앞에서는 희망이 있습니다. 야곱, 모세, 다윗처럼 F로 시작해서 A+ 로 마치는 인생 역전 드라마 보시는 게 하나님의 취미(?)이신 것 같습니다.

"진흙이 토기장이의 손에 있음 같이 너희가 내 손에 있느니라" 렘 18:6 일부분말씀.

108
신성(信聖) + 지정의

교육학에서는 인성교육이 지향하는 좋은 사람의 기준으로 지(知), 정(情), 의지(意志)를 듭니다. 그런데 하나님의 사람이 되라는 기독교인의 인성은 신(信), 성(聖)에 지, 정, 의(義)를 추가합니다. 악한 사람은 착해야 하고 착한 사람은 거룩해야 합니다. 불의한 사람은 의로워야 하고 의로운 사람은 거룩해야 합니다.

"불의를 행하는 자는 그대로 불의를 행하고 더러운 자는 그대로 더럽고 의로운 자는 그대로 의를 행하고 거룩한 자는 그대로 거룩하게 하라" 계 22:11.

틸리히는, 의(儀)로운 사람을 뜻하는 히브리어 '짜디크'라는 단어는 신성한 질서와 공의로운 법을 주신 분을 향해 긍휼이 우러나와 복종하려는 뜻이라고 말합니다.[99] 공의와 긍휼에서 우러 나온 구제를 "쯔다카" 라고 하는데 "짜디크"에서 온 말입니다. 인본주의는 자신의 의(意)를 믿습니다. 그래서 의지가 강한 사람은 좋은 사람입니다. 그런데 성경은 자기 힘을 믿는 사람이 아니라 공의를 행하는 사람입니다.

성경은 하나님의 공의(쩨데크), 인애(헵시바), 정의(미쉬파트), 신실(에무나) 을 각기 다르게 표현하는데[100] 예수는 의(쩨데크), 인(헵시바), 신(에무나)을 나란히 놓으시고(마 23:23) 하나님께 대한 신앙 의무(信)보다 사람의 관계에서 공의와 인을 앞에 두셨습니다. 그래서 하나님의 의는 자비로 기울어진 구원적 정의이면서 또한 정당한 정의입니다.

> "나는 자비를 원하고 제사를 원하지 아니하노라 하신 뜻을 너희가 알았더라면 무죄한 자를 정
> 죄하지 아니하였으리라" 마 12:7.
> "공의와 정의를 행하는 것은 제사 드리는 것보다 여호와께서 기쁘게 여기시느니라" 잠 21:3.

109
십계명과 잠언

> "잠언의 지혜 자체는 현저하게 십계명 내용을 제시한다." Delitzsch. p204.

자녀교육하면 누구나 잠언성경을 쉽게 떠올릴 것입니다. 잠언 전편은 십계명을 모방한 것으로서 십계명의 새로운 양식입니다. 신학자 델리취가 보았듯이 누구든지 하나님의 형상을 닮은 인격자가 되려면 십계명으로 훈련받아야 한다는 것을 일찍이 간파한 사람이 솔로몬입니다. 그는 "여호와를 경외하라"는 텍스트의 주제를 십계명에서 찾았습니다(대하 5:10, 왕하 8:9참고). 그에 의하면 사람의 영혼은 여호와의 등불(lamp)과 같은데(잠 20:27), 이 등불이 계명이라는 것입니다.

> "계명을 지키는 자는 자기 영혼을 지키지만 자기 행실을 삼가지 않는 자는 죽는다" 잠 19:16.

---

99   Tillich ,Paul. *Love, Power, and Justice.* p65-66.

100   *New International Dictionary of old testament theology and tregesis. Volum 2.* 1997. p563.willem A.Gemeren. Michigan : Zondervan publishing house.

솔로몬이 다윗 성에 둔 언약궤를 예루살렘 성전의 지성소에 봉헌하려 할 때 언약 궤 안에 둔 세 가지 성물 중에 두 돌판 만 보관되어 있었으니 솔로몬 시대에 왕실 자녀교육의 핵심은 십계명일 가능성이 큽니다.

> "궤 안에는 두 돌판 외에 아무것도 없으니 이것은 이스라엘 자손이 애굽에서 나온 후 여호와께
> 서 그들과 언약을 세우실 때에 모세가 호렙에서 그 안에 넣은 것이더라" 대하 5:10, 왕상 8:9.

십계명에 기초한 잠언교육을 간략히 정리하면 이러합니다.

계명별	잠언 성경 장절
1계명	잠 3:9~10, 잠 16:1
2계명	잠 2:16~22, 잠 5:3~8, 잠 6:26~35
3계명	잠 6:1, 잠 6:6~19, 잠 18:10
4계명	잠 1:7, 잠 9:10
5계명	잠 1:8~10, 잠 20:20, 잠 17:6, 잠 23:24~25, 잠 22:6,15, 잠 16:9, 잠 19:6, 잠 3:1~5, 잠 3:6, 잠 3:8, 잠 10:1
6계명	잠 12:18~19, 잠 14:30, 잠 20:22, 잠 12:16, 잠 18:21, 잠 17:5
7계명	잠 5:15~20, 11:6, 잠 11:22, 잠 18:22, 잠 7:24~25
8계명	잠 28:24, 잠 20:23, 잠 16:1~4, 잠 19:17, 잠 11:25, 잠 21:13, 잠 6:6~11, 잠 26:13, 22:13, 잠 26:14~15, 잠 21:17, 잠 20:10, 잠 20:13
9계명	잠 20:10~15, 잠 25:8~25, 잠 20:19, 잠 11:13, 잠 20:24, 잠 6:16~19, 잠 10:18, 잠 1:5, 10:14, 잠 14:5, 잠 20:11~12, 잠 20:14
10계명	잠 1:11~19, 잠 28:25~27

 "인디언 보이' 리듬에 맞춰 잠언송을 불러보세요

암돼지와 수돼지, 방주에 들어갔네
암염소와 숫염소, 방주에 들어갔네
암탉과 수탉도 방주에 들어갔구나
한 쌍 씩 들어갔구나
꿀꿀, 메에에, 꼬꼬.

110
인격훈련

하나님의 사람다워지는 훈련 3가지

> 하나, 선명한 주제를 설정할 것. 해야 할 것 2가지, 해서는 안 되는 것 8가지!
> 두울, 성경이 준 분명한 모델을 따를 것. 예수그리스도!
> 세엣, 옛날 버릇으로 돌아가지 않으려면 반복, 또 반복 할것. 4번!

우리 삶에 새로운 세계관의 질서를 정립해 주며 인간의 갱생(renew)을 위해 봉사할 방법에 있어서 십계명만큼 주제, 모델, 학습법이 선명한 자료는 없습니다. 십계명은 하나님이 짜 주신 완벽한 커리큘럼이지요.

주제

칭의(서문)
신앙윤리로서 고유한 윤리(1, 2, 3, 4계명)
사회윤리로서 보편윤리(5, 6, 7, 8, 9, 10계명)

모델

세 주제는 예수 그리스도를 모델로 해서 '사랑'이라는 한 개의 단어에 요약됩니다. 모든 계명은 예수님과 연결되고 예수님을 필요로 합니다. 롬13:8-10을 읽고 노트에 써 보세요.

반복

십계명은 하나님도 선포1회, 4번을 쓰셨고(4번 반복), 모세도 반복해서 가르쳤습니다. 십계명은 Teaching book 이 아니라 Training book입니다.

111
죄책과 죄의식

> 죄를 지은 인간에게 가장 먼저 나타나는 반응은, 하나님으로부터 도망치려고 한다. 하지만 하나님은 사람을 저주
> 하는 대신 다시 일으키신다. 예수께서 바리새인 시몬의 집에서 식사 하시는데 머리를 산발로 풀어 헤친 한 여

자가 예수의 발에 입 맞추고 향유를 쏟아 부었다. 예수님도 사실 얼마나 놀라셨을까? 동네에서 소문난 죄인 중에 상 죄인이 남자를 만진다며 수근대는데 예수님은 "여자여, 네 죄 사함을 받았다" 고 하시고 재차 또 말 하셨다. "네 믿음이 너를 구원하였으니 평안히 가라" 고. 왜, 예수께서는 먼저 죄의 문제를 다루셨을까? 죄는 자기를 정죄하고 선행으로 마음의 짐을 덜려 한다. 예수가 누군지 제대로 아는 사람은 이 여자였다.

죄?

"죄에 대하여라 함은 그들이 나를 믿지 아니함이요" 요 16:9.

죄는 "하나님 앞"이라는 범주입니다. 믿지 않는 것이 죄입니다. 주님을 대면하면 "나는 죄인입니다" 라고 고백하지요(눅5:8, 18:13). 하나님으로부터 도망치려는 것은 죄인이라는 증거입니다. 믿지 않는 것은 하나님과 기본적인 관계를 어기는 것이고, 그 거역이 하나님의 인격을 모독하고 훼손합니다. 죄에 대한 히브리어는 카탓 (chattat ; 목표가 없다), 아온(awon ; 비뚤어진 길), 페샤(pesha ; 목이 뻣뻣한거역), 샤가브(shagab ; 혼자 떨어져 유실된 상태, 존재론적 상실) 가 있습니다[101] 언어학자 게르네(Gernet)와 물리니에(Moulinier)가 찾 아 낸 헬라어 단어에는 "하마르티아"와 "휘브리스"가 있습니다. 하마르티아에는 "용서의 여지가 있는 잘못, 우연한 사고, 신이 눈을 멀게 했다' 는 뜻이 있습니다. 이처럼 죄의 상징에 용서가 들어 있으니 죄란 결국에는 "살리는 움직임"입니다. 휘브리스가 주는 죄의 개념은 적극적인 범죄와 교만, 무례함, 부에 대한 욕심, 지배욕을 뜻합니다. 게르네는 이것을 "악한 자의 결정체" 라고 정의했어요. 휘브리스는 이처럼 윤리적인 측면에서 죄를 언급했습니다.

죄의식

누구나 떳떳하지 못한 행동을 하면 마음이 무겁습니다. 죄의식은 사람에게서 믿음을 떨어 뜨리고 영적인 지위에서도 그를 끌어 내립니다. 죄책감은 강박 신경증, 도덕적 경계심과 후회와 우울, 긴장으로 자기를 정죄합니다. 죄책감을 갖게 하는 초 자아(super ego)를 양심으로 본 프로이드는 초 자아가 발달할수록 자기에게 엄격하다면서 인간 내면을 억압하는 죄의식이 정신장애병로 발전될 수 있다고 했지요.[102] 옥합을 깬 여인처럼 숨지 않고 "그래, 나 죄인이기 때문에 예수님 앞에 나온다" 라고 하면 죄를 다스리는 주체적인 사람입니다. 마크 킨저 (Mark Kinzer) 는 자기를 정죄하는 것과 하나님의 자비로운 성품은 서로 양립할 수 없다고 했지요.[103] 그런데 이 여인이 보여 주었듯이 죄책감이 하나님께로 돌이키는 놀라운 역기능을 합니다. 자기

---

101 양명수 옮김. "악의 상징" p80-81,113~118. 죄는 끊어진 관계. 방랑의 상징인 죄는 신과의 관계에서 실패의 각성을 표시한다. 죄를 뜻하는 히브리어 단어 'chattat' 을 놓고 맥렌돈은 법(law)이 방향을 지정하다. 길을 제시하다는 뜻이므로 '카탓'은 법을 깨 뜨린 죄가 아니라 '빗나간 길(miss the way)'을 뜻한다고 했다. James Wm. McClendon. JR. 2002. *"Ethics."* p187.

102 프로이드. "문명의 불만" 앞 책. p36.

103 Mark Kinzer. 1982. "죄책감으로부터의 자유" 정옥배 옮김. 서울: 두란노. 원제목명: *Living with a Clear. Conscience.*

정죄로부터의 해방! 자신을 마음으로부터 용서하는 이것이 고백(츄우바)입니다. 시인입니다. 남이 나를 어떻게 평가하는가를 의식하는 외식은 나를 남에게 맡겨서 종속시킵니다. 죄는 용서 편에서 봐야 의미가 완벽합니다. 인간이 죄책에서 자유로우려면 하나님과 재결합해야하고 '용서'라는 화해조건이 있어야 하는데 예수께서 "내가 죄인을 불러 회개시키러 왔노라" 고 손을 내미셨습니다. "찾으라 살리라" (아모스5 : 4).

용서

계약자가 계약을 파기한 죄인을 살리려면 새 계약이 필요합니다. 용서는 하나님의 의지에서 온 것으로 용서가 하나님과 인간 사이의 계약을 유지합니다. 용서는 하나님 편에서 인간에게로 거리가 좁혀지는 사건입니다. 용서가 잘못을 고백하는 인간에 대한 하나님의 응답이기 보다는 용서는 하나님에게 달렸고 약속에 기인합니다. 십계명이 없었다면 우리는 용서라는 은혜를 알 수 없습니다. 차일즈(B. Child)는 하나님은 먼저 용서를 말씀하시고 죄의 처벌을 말씀하신 십계명은 자비의 법이라고 했습니다(출 34:6절 참고).

죄 짓지 않으려는 착한 사람보다 죄인임을 아는 사람

"자기를 의롭다고 믿고 다른 사람을 멸시하는 자들에게 비유로 말씀하시되 두 사람이 기도하러 성전에 올라가니 하나는 바리새인이요 하나는 세리라 바리새인은 서서 따로 기도하여 이르되 하나님이여 나는 다른 사람들 곧 토색, 불의, 간음을 하는 자들과 같지 아니하고 이 세리와도 같지 아니함을 감사하나이다 나는 이레에 두 번씩 금식하고 또 소득의 십일조를 드리나이다 하고 세리는 멀리 서서 감히 하늘을 쳐다보지도 못하고 다만 가슴을 치며 이르되 하나님이여 불쌍히 여기소서 나는 죄인이로소이다 하였느니라 내가 너희에게 이르노니 이에 저 바리새인이 아니고 이 사람이 의롭다 하심을 받고 그의 집으로 내려갔느니라" 눅18:9~13.

십계명을 잘 준수한 사람은 바리새인입니다. 그런데 예수님은 세리를 의롭다고 인정하셨습니다. "그리스도인은 죄 짓지 않으려는 착한 사람보다는 죄인임을 아는 사람이다." -엘룰. [104]

112
하나님의 노여움을 푸는 기술배우기

"당신이 주셔서 나와 함께하게 하셨죠? 그 여자가 그 열매를 내게 주므로 먹은 내가 잘못입니까?" 창 3:12참고.

---

104 양명수. 앞책. p56.

"당신이 만든 뱀이 나를 꾀므로 내가 먹었지요" 창3:13.

아담과 하와는 자기들에게 무죄를 선언하고 하나님을 정죄했다.

창3;15는 하나님이 자신에게 선고하신 사형선고문이다.

"그래, 내가 책임진다. 내가 죽으마."

자기에게 무죄를 선언하는 '자기 의' 가 죄(악)입니다. 남 탓으로 돌려야 자기는 정당한 사람이 되니까요. 나는 불쌍한 사람, 나를 착한 사람 만들려면 상대방을 "나쁜 사람"으로 만들어야 하니까 남을 정죄합니다. 아담은 "당신이 만들어 준 저 여자 때문"이라며 자기의 정당성을 주장하려고 하나님을 정죄했습니다. 죄는 가해자 측에서 노여움을 버리든지, 잊는 것입니다. 하나님이 잊겠다고 하십니다(사 43:25). 리쾨르가 말했듯이, 하나님은 불확실하고 유죄한 역사의 책임을 모두 그 분 자신에게로 돌리셨습니다. 그리고 그가 나서서 인간을 구원하였습니다.

교회에 악인이 들끓는 이유

택시를 타고 OO교회를 간다며 행선지를 알려 주었습니다. 택시에는 부처님의 연꽃이 대롱대롱 매달려 있었습니다. 기사 분이 "교회 다니는 사람들은 왜 그렇게 나쁜 사람들이 많습니까?"라고 묻습니다.

그래서 "맞습니다. 맞아요. 악인들이 들끓는 곳이 교회예요." 라고 하자, 왜 그런가를 묻기에 "기독교의 하나님은 악인들을 교회에 끌어 오시는 일을 하십니다. 악인들이 교회에 나와서 좀 착해져야 그나마 세상이 나아지지 않겠습니까? 맨날 악인들만 상대하시는 기독교의 하나님은 얼마나 딱합니까? 제가 아는 사람들 중에 절에 다니는 사람들은 정말 착해요. 착한 사람들과 상대하시는 부처님은 그래서 항상 편~하게 앉아 계시나 봐요" 라고 했더니 기사 분이 "하하하하" 웃습니다.

"하나님이 기껏 악인을 좀 착하게 만들어 놓으면 악인들이 또 들어와요. 이런 일이 늘 반복되면서 교회에는 악인들이 차고 넘친 답니다. 하나님은 그래도 이 일을 멈추지 않으십니다."

그랬더니 또 "하하하하" 웃습니다. 그러면서 하는 말이 "실은 이 택시회사 경영주가 절에 다녀서 모든 택시에 절마크를 붙인 택시를 운전하는 것뿐이에요. 나는 불교 안 믿어요." 라고 하기에 잽싸게 "그럼, 예수 믿으십시다!" 라고 했더니 고개만 끄덕입니다. 절에 다니는 사장님과 동업하는 기사 분은 사장님 닮아서 착한 사람 같습니다.

3장
십계명과 성품

인격적 자아 윤리로서 십계명

기독교 윤리에 있어서 도덕적 유형의 또 다른 면이 바로 인격(character)적인 자아입니다.

어떻게 우리가 이웃을 사랑할 수 있을까? 우리가 만나는 이웃이 누구일까?

십계명에서 네 개의 계명은 하나님과 관련된 계명으로 종교적인 것이고

여섯 개의 계명은 사람에게 관계되는 윤리입니다.

십계명은 종교와 윤리, 신앙과 행위가 인격적 관계로 연결됩니다.

그러므로 인격은 최종적으로 하나님의 인격(형상)의 연결입니다.

십계명이 기독교인들의 품성에 어떻게 기여하고 형성시켜 주느냐? 에 대해 살펴보고자 합니다.

113
신의 성품(divine nature)과 십계명

하나님의 성품 배우기 - 주인의식

기드온은 자기가 부릴 수 있는 집 종이 10명, 똘똘한 부하는 따로 거느린다. 포도 과수원에, 밀농사에, 양, 염소, 암소, 수소 떼들이 있다. 어느 날, 그는 여호와의 사자에게 "염소 새끼 한 마리"를 잡아 대접했다.

그날 밤

여호와께서 기드온을 찾아오셨다.

너희 집에 소들이 많지?

나이 일곱 살 된 수소 있지?

일곱 살 수소 중에서 생일이 두 번째 되는 수소를 나에게 줘.

예? 당신 그 소의 사연을 아오? 당신은 우리 집 소들의 생년월일까지 아오?

"네 아버지에게 있는 수소 곧 칠 년 된 둘째 수소를 끌어 오고 그 둘째 수소를 잡아 네가 찍은 아세라 나무로 번제를 드릴지니라" 삿 7:25, 26. * 이 본문은 다른 번역서로도 읽어보세요.

삿 7장은 사람을 다루시는 하나님의 성품을 보여줍니다. 하나님이 왜 기드온에게 이런 까다로운 문제를 내셨을까요? 일전에 겨우 염소새끼 한 마리 받은 게 서운해서 그러셨을까요? 그랬다면 아마 소의 나이 황금기인 열 살 된 소를 달라고 하셨겠지요. 기드온은 7년 전에 태어난 소떼에서 그 해에 두 번째로 태어난 수소를 금방 찾았습니다. 아마도 하늘도 알고 기드온도 아는 무슨 사연이 있는 소 같습니다. 하늘이 그걸 아신다는 사실이 기드온의 영을 제압했습니다. 그날 밤에 기드온이 뭘 믿고 문중 우상들을 다 부쉈겠어요? 기선제압으로 치고 들어 오시는 하나님에게 기드온이 손을 든 거죠.

"산 염소가 새끼 치는 때를 네가 아느냐 암사슴이 새끼 낳는 것을 네가 본 적이 있느냐 그것이 몇 달 만에 만삭되는지 아느냐 그 낳을 때를 아느냐" 욥 39:1, 2.

미디안과의 전쟁에 나가는 군인이 무술연마를 한 게 아니라 문중 우상을 치우는 작업부터 했습니다. 군인이 갖출 용기와 대담성을 길러주는 정신강화 훈련으로 2계명 수업을 한 셈입니다. 십계명 서문에 밝혀 있듯이 인간을 죄로부터 해방시키신 하나님은 근본을 바꾸셨습니다. 신성의 성품에 참예하는 제사장이 되겠느냐는 보증을 받고서 십계명을 주셨듯이 자칭 "가문에서 가장 약하고 집안에서 가장 작은 자"(삿 6:15)라고 자신을 비하한 기드온은 미디안에게 종노릇 하는 종의 성품을 버리고 주인의식을 가져야 했습니다.

신의 성품

버치(Bruce C. Birch)는 그리스도를 믿는 신자의 윤리적 삶의 최종적인 과제를 "품성"이라고 말하며 이를 하나님의 품성으로 폭을 넓혔는데 차일드는 하나님의 성품을 십계명에서 찾았습니다. 그런데 그 말씀이 세상에 오셨으니 이제는 예수 그리스도이신 그 분을 모방(imitatio christ)하는 것이 그리스도인이며 신앙인격의 윤리적 과제입니다.

성경에는 바울이 그리스도인의 성품을 성령의 9가지 열매로 들었고, 베드로는 8가지의 신성을 말했습니다. 바울은 성령의 열매로, 베드로는 하나님의 거룩한 본성 즉, 신성한 성품이라고 설명한 것입니다. 이처럼 성결을 신성의 기반으로 언급하는 한, 신의 성품은 계명과 분리될 수 없습니다. 이들이 십계명과 어떤 관련이 있는지를 탐색하고 여기서는 벧후1:4~7에서 베드로가 말한 8개의 신성 중에 믿음, 선, 경건, 세 가지를 다루려고 합니다.

믿음(faith) - 선(goodness)[105] -지식(knowledge) -절제(self-control) -인내(perseverance) -경건(godliness) - 형제우애(brotherly kindness) - 사랑(love).

> "이런 것이 없는 자는 맹인이라 멀리 보지 못하고 그의 옛 죄가 깨끗하게 된 것을 잊었느니라"
> 벧후 1:9.

1. 믿음(신앙;信)

> 신의 성품에 참예하는 첫 단계는 믿음(신앙)이야!
> 암만 그래도 믿는 사람이 안 믿는 사람보다 낫다?
> 절에 다니는 옆 집 아줌마 인품이 김 집사님보다 더 훌륭한 건 뭐라고 설명해야 하나?

이야기 윤리로 품성을 향상시키고자 노력했던 하우어와스는, 내가 무엇이 되어야 하는가? 라는 질문이 내가 무엇을 할 것인가 보다 선행해야 한다고 말합니다.[106] 품성의 가장 기초적인 작업은 믿음에서 시작함을 말한 것입니다. 인간의 질은 하나님의 형상앞에서 정체가 드러나고 하나님에 대한 지식(신앙)과 직관이 도덕형성(선행)에 작동하지 않는다면 온전한 도덕적 자아가 형성 될 수 없습니다. 개혁교회의 신앙고백 문서에[107] 사람의 의지가 완전히 죄의 노예라는 구절이 있습니다(라 로셀 신앙고백 confession de foi de La Rochelle 9조). 인간은 은혜 없이는 회복 할 수 없는 존재입니다.[108]

---

105 개혁성경은 덕으로 해석했으나 헬라어와 영어(niv)는 '선'이라고 번역했다. 따라서 본 논지는 덕virtue)을 선(goodness)으로 해석했고 선으로 용어 통일을 했다.

106 한기채, 제10장 "기독교윤리와 이야기"앞 책. p242.

107 Paul Ricoeur. 양명수 옮김. "해석의 갈등" 앞책. p287.

108 양명수. "기독교 사회 정의론" p31. 칸트에서 동기가 순수하지 않으면 악이다. 왜 그런 행동을 했느냐?그냥 해야 하니까 하는 것, 옳은 것은 옳으니까 하는 것이다. 그는 무언가 이바지 할 수 있는 것을 선으로 보았다.

"믿음이 없이는 하나님을 기쁘시게 하지 못하나니 하나님께 나아가는 자는 반드시 그가 계신 것과 또한 그가 자기를 찾는 자들에게 상주시는 이심을 믿어야 할지니라" 히 11:6.

믿음생활

"성품은 신앙(믿음)에서 출발한다. 신앙이 행위에 대한 토대라면, 행위는 신앙에 대한 인식의 토대다." M.Luter.[109]

철학이나 모든 종교의 공통적 이슈는 "선(goodness)"입니다. 하지만 기독교 윤리와 신학은 타락한 인간을 아예 선하게 보지 않습니다. 기독교가 말하는 선행은 구원에 이르는 수단이 아니므로 믿음을 요구합니다. 예수께서 하나님의 본성인 "선"을 계명으로 정의하셨고 믿음을 그 앞에 놓았다는 이 점은 인간이 행함으로 구원되는 것이 아니라는 것을 명확하게 하신 것입니다. 베드로는 믿음(be) 다음에 선행(do)을 신성의 두 번째 열매라고 했습니다.

2. 선(goodness)

덕은 사람이 노력하면 얻을 수 있는 것, 사람끼리 해결할 문제.
선은 은혜에 의해 인정받는 것, 하나님과 해결 할 문제.

좋고, 나쁨은 행위의 결과에 따라 결정된다는 아리스토텔레스의 목적론적 공리주의 윤리론(utilitarian ethics)은 결과에 따른 처벌은 당연하고 정당한 공리입니다. 아리스토 텔레스가 인간은 습관에 의존하며 이러한 도덕적 습관을 구성하는 것을 미덕(virtue)이라고 불렀다면 칸트는 선 그 자체를 행위자의 동기, 즉 선의 의지에서 찾으려는 노력을 했습니다. 이처럼 서구 철학에서는 인간 행위의 당위성을 덕(virtue)과, 그리고 믿음을 동기로 한 선(goodness)을 논의해왔습니다. 덕은 악(evil)과는 다른 개념입니다. 덕의 반대어가 버릇이 나쁘다는 뜻의 vice 입니다. 아리스토 텔레스의 관점에서 본다면 인간은 신앙 없이도 덕을 지닐 수 있는 잠재력을 지닌 존재입니다. 좋은 습관은 성품을 결정하며 습관은 판단의 기준이 됩니다. 그의 영향을 입은 아퀴나스는 도덕적 '덕(virtue)'이란 인간의 방향을 결정하는 동시에 선한 습성에 의존하는 것이라고 말했습니다. 덕이 관습이라면 선은 "하나님이 보시기에" 좋은 것입니다(창 1:31).[110]

---

109   루터에게서 최고의 선행은 그리스도를 믿는 신앙이다. 그의 "선한 업적"의 유일한 출발점은 오직 신앙이다. 신앙은 모든 선행의 원천이며 또한 모든 선행은 신앙이라는 나무의 결실로 맺어진 과일에 불과하다. 그러므로 신앙이 선행에서 출발하는 것이 아니라, 선행이 신앙에서 출발한다.

110   3세기의 팔레스틴 랍비 벤 파파(Hanina ben pappa)는, "한 인간이 어머니의 태반에서 임신되기 전에 이미 하나님이 그에 관해 강할지 약할지 총명할지 둔할지 부유할지 가난할지를 정해준다고 주장한다. 하지만 그가 사악할지 선할지는 결정되지 않는다. 하나님마저도 이것만은 결정할 수 없다. 왜냐하면 랍비 카니나가 가르친바 있듯이, 하나님에 대한 인간의 경배를 제외하면 모든 것이 하나님의 손에 달려 있기 때문이다" 라고 했다. 성품은 후천적 영향이 크다는 것을 의미하는 말이다. Milton Steinberg, *"Basic Judaeism."* 이수현 옮김, 앞 책. p73.

악(Evil)

"우리가 우리에게 죄 지은 자를 사하여 준 것 같이 우리 죄를 사하여 주시옵고 우리를 시험에 들게 하지 마시옵고 다만 악(evil))에서 구하시옵소서" 마 6:12, 13.

악은 하나님이 보시기에 좋은 게 아니요, 그러므로 악은 하나님과의 화해를 통해서 만이 사라집니다. 인간을 악에서 구원한 출애굽 사건은 오직 언약을 이루시겠다는 하나님의 의지에 의한 화해입니다. 따라서 그의 인간론은 비 의지적인 인간론입니다. 악은 vice와 달리 용서되기 보다는 무한 은총에 의해 극복(surpassed) 됩니다. 십계명은 악의 압제에서 구원하신 하나님이 통치하신다는 통치자의 법령이라는 점에서 하나님의 선하심이 계명 속에 드러났습니다.

선한 일(Good Thing)

예수께서는 선하신 하나님이 쓰신 계명이 인간에게 선한 것(good work)이라고 하셨으니, 십계명은 선하신 하나님을 표방합니다. 선을 범했음이 악이요, 선하신 하나님이 말씀하셨기에. 그렇다면 십계명은 또한 갱생의 여지가 있습니다. 이것이 잘 드러난 2계명은 사람을 덕, 믿음, 선, 세 종류로 구분했습니다.

하나님을 미워하면서(믿지 않고) 덕을 쌓는 덕의 사람

덕도 선도 모르는 무례한 인간인데 단지 예수를 믿는 사람

예수님을 사랑하고 계명(선한 일)을 수행하는 선한 사람

예수는 하나님 만을 "선하신 분"으로 정의하고 선하신 하나님이 하신 말씀이므로 십계명은 선한 일이라고 하셔서 선한 일(행위)을 믿음 다음에 두셨습니다. 하나님에게 있는 '선'의 신성이 인간에게 계명이 기여하는 것과 그 가능성을 열어 주신 것입니다. 믿음이 하나님의 선물이라면 선한 행위는 인간이 신의 성품에 이르는 첫 걸음입니다. Childs는, 하나님이 십계명을 주실 때 이방인에서 거룩한 왕국의 제사장 나라로 분리되기를 원하셨고 계명을 받기 전에 정결 기간을 그들에게 명하셨다는 점을 들어서 계명은 신성의 기간을 통해서 믿음으로 받은 것이라고 말합니다.[111]

회개와 중생의 은총으로 거듭난 사람은 하나님을 믿는 믿음에서 하나님을 아는 지식으로 연결됩니다. 마크 킨저는 챠일즈와 동일하게 하나님의 성품을 이해함에 있어서 가장 좋은 방법은 출 33장과 34장 6-7절을 연구하는 것이라고 말했는데 칸트의 물음처럼 하나님이 동기입니다. 예수께서는 선한 이는 오직 한 분 하나님 뿐 이라면서(마 19:17) 선에 있어서 유일하신 하나님이 선포하신 말씀이므로 십계명은 유일한 선행이라고 하셨습니다.

---

1 1 1   Childs, Brevard S. 1976.*The book of Exodus The old testament Library. p*342.U.S.A. Louisville, Kentucky :The westminster press.

114
내가 무엇이 되어야 합니까?

이 물음은 신앙인격이 윤리적이 되어야 함을 말합니다. 십계명이 하나님을 모방하는 인격의 표본임을 밝히는 눅 10:25, 마 19:16에서 "내가 무슨 선한(토브 일)을 해야 영생을 얻으리이까?"라는 질문은 "내가 무엇이 되어야 합니까?"라는 물음과 함께 옵니다. 예수께서는 그 기준으로 여섯 개의 계명을 모두 말씀하셨다는 이 사실은 신약에 와서도 십계명이 여전히 중요한 윤리라는 것을 의미합니다. 마 19장 본문을 자세히 보겠습니다.

> "어떤 사람이[112] 주께 와서 가로되 선생님이여 내가 무슨 선한 일(good thing)을 하여야 영생[113]을 얻으리이까? 예수께서 이르시되 어찌하여 선한 일을 내게 묻느냐? 선한 이는 오직 한 분이시니라[114] 네가 생명에 들어가려면 계명들을 지키라[115] 가로되 어느 계명 이오니이까? 예수께서 이르시되 살인하지 말라 간음하지 말라 도적질하지 말라 거짓 증거 하지 말라 네 부모를 공경하라, 네 이웃을 네 몸과 같이 사랑하라 하신 것이니라 하신 것 이니라.[116] 그 청년이 가로되 이 모든 것을 내가 지키었사오니 아직도 무엇이 부족 하니이까? 예수께서 그를 보시고 사랑하사[117] ... 네가 온전하고자 할 찐 대 가서 소유를 팔아 가난한 자들을 주라 그리하면 하늘에서 보

---

112   마태는 부자요, 젊은 청년으로(마19:20), 누가는 율법사로(눅18:18)설명하였다. *Bilievers church bible commentary; Mattew. Cannada*; herald press.1991.p.295에서 Richard B.Gardner는 'young man'을 40세 미만으로 주석했다.

113   영생을 얻는다는 표현은 유대주의에 고정된 표현이다. 영생은 의인에게 하나님이 제공해 주실 '생명' 이라는 표현으로도 나온다(에녹1서 38:4, 40:9, 마카비 2서 7:9, 4서 15:3). William L. Lane, 1985. *The New International Commentary on the new testament-mark.*뉴 인터내셔널 성경주석 "마가복음" p68.생명의 말씀사.

114   구약과 후대 유대주의에 따르면 하나님 만이 본질상 "선하시다"하며 파생적 의미로 "선한 사람"이라고 할 수는 있었다(잠 12:2, 14:14, 전 9:2, 마 12:35). 그러나 "선한 선생"의 칭호는 유대인 자료에는 그 예가 없다. "선한"의 의미가 "친절" "관용이 큰" 을 표시한다. "뉴인터네셔널 성경주석" 앞책. p68.

115   눅10장에는 이와 유사한 기록이 또 한 차례 반복된다. 누가에 의하면 영생을 얻는 것에 대한 질문과 마찬 가지의 질문을 받으신 예수께서 "율법에 무엇이라고 기록되어 있느냐 네가 어떻게 읽느냐"고 질문하셨다. 그리고 그가 하나님을 사랑하고 이웃을 자기 몸과 같이 사랑하라고 기록되었다고 말했을 때 예수께서 "네가 잘 말하였도다 그대로 하라. 그러면 네가 영생을 얻으리라"(눅 10:25-28)고 하셨다.

116   누가와 마태는 "네 이웃을 네 몸과 같이 사랑하라"(레19:18) 는 계명을 덧 붙이신 것으로, 마가는 "탐심을 갖지 말라"는 구절 대신에 "속여서 빼앗지 말라"는 계명을 덧 붙였고 5계명(부모를 공경하라)을 뒤로 놓았다. 복음서 저자 세 사람 모두 살인, 간음, 도적질, 거짓증언의 금지로부터 시작하여 "네 부모를 공경하라"는 적극적인 계명으로 끝나도록 열거했다. 예수께서 제시하신 요구 조건들은 십계명의 두 번째 돌판(출 20:12-16, 신 5:16-20)의 네 이웃을 사랑하라에서 온 인용이다.

117   "그가 그를 사랑 하셨다"에서 '사랑' 이 '아가파오' 로 표기되어 있다.

화[118] 가 네게 있으리라 그리고 와서 나를 좇으라 하시니 그 청년이 재물이 많으므로[119] 이 말씀을 듣고 근심하여 가니라" 마19:16~22.

십계명은, 하나님 앞에서 선한사람인지, 아닌지를 식별합니다. 십계명이 선악의 기준을 밝혀서 하나님의 뜻에 거스르는 악에서 우리를 바로 잡아줍니다. 악인도 멸망시키지 않고 사랑으로 그 인간의 인간성을 회복시키는 작업을 하나님은 하십니다.

"이 엄청난 사랑에 응답하는 인간의 책임에 대하여 십계명이 그 초점이고, 윤리적 기반이다." 양명수.

사람을 향한 하나님의 사랑이 선이라면 인간은 하나님에게 선한 일로 반응해야 합니다. 예수는 망서릴 것도 없이 선한 일의 규범으로 계명을 제시하셨으니 십계명은 인간이 직면하는 모든 문제들에서 선을 식별하는 첫 번째 자료이자 성화의 표본입니다.

선은 자비의 다른 표현

선하신 하나님이 쓰신 십계명은 그래서 선의 주체가 될 수 있습니다. 결국 십계명의 동기는 "토브메오드" 즉, 하나님 보시기에 심히 좋은 것이요, 나타나는 선행도 좋은 것이 되려면 사람은 실천으로 응답해야 합니다. 히브리어에서 선(goodness)이 '토브'라면 자비(benevolence)는 자연을 포함하여 범 우주적인 '헷세드'에 가깝습니다(마5:45참고). 예수께서는 선한 일을 이웃사랑의 계명이라고 하셨으니 계명은 선에서 나온 사랑이며 자비와는 다른 표현입니다. 죠나단 에드워즈는, 우리는 이 자애심 때문에 나를 좋아하는 사람만 사랑하는 자연적 성향에 빠지기 쉽다는 말을 합니다(고범서외. p200).
예수는 율법에 나타난 하나님의 뜻 이외에 다른 어떤 뜻도 선한 것으로 받아 드리지 않으셨고[120] 선하신 하나님의 입에서 나온 말씀을 수행하는 것이 선한 일이라면 십계명은 적어도 인간을 하나님의 사람답게 하는 성화의 윤리입니다.

---

118 "하늘의 보화"의 약속은 당시 유대주의에 흔히 있던 관용구다. 이러한 관용구의 사용은 예수께서 동시대의 유대적 사상을 지닌 분으로 예수님도 역시 유대인이셨음을 말한다. 청년은 재물 때문에 하늘의 보화를 선택하는데 망설이다가 돌아갔다. S-BKI(1992), pp.429-431, F.Hauck. *TWNT III*(영역,1965), pp.136-138. 앞책.p71. 재인용. 유대교로 개종한 아디아벤의 왕 모노바주스는 너무 많은 재물을 풀어 가난한 자에게 베푼다하여 비난을 받았다. 그는 이런 답변을 하였다. "나는 장차 올 세대를 위하여 썩지 않을 보화를 쌓아 둘 필요가 있다"고.(Tos.Peah IV.18) 이 내용은 탈무드 Ta'an. 24a에도 나와 있다.1974. *The New International Commentary on the new testament-mark*. p367. William B.Eerdmans publishing Company.

119 희랍어κτμα는 뒤에 나온 語義에서는 "토지로 된 소유"의 뜻으로만 한정되고 있다. 그러므로 "그의 부동산이 크므로"라고 번역이 되어야 할 것이다. 앞책. p65. RSV 번역에서는 "재물을 소유하는 자가 하나님의 나라에 들어 감이 어찌 어려운지"로 번역 되었다.

120 1c초기에는 교사에게 'good teacher' 로 불리운 문헌이 발견되지 않는데 Talmud(b.Taan.24b; cf.Dalman,word,337)에서 한 가지 단서를 제공하고 있다. Hagronya의 라비 엘리에제르의 글에 (4c) 'good greeting to the good teacher from the good Lord who from his bounty dispenses good to his people." "그의 백성에게 그의 선을 베풀어 주는 선한 주님의 선한 스승에게 문안 인사를 드립니다" 리는 문구가 나온다. *Word Bible*. p16-20.

115
경건(godliness)

경건(敬虔)은 베드로가 벧후 1:4~7에서 말한 신성에서 지식, 절제, 인내다음에 옵니다. 야고보 사도에 의하면 경건이란 오직 하나님을 경외하는 믿음과 세속에 물들지 않는 신앙의 깊은 행위로 어려운 이웃을 도와주는 헌신적 태도를 뜻합니다.

> "하나님 아버지 앞에서 정결하고 더러움이 없는 경건은 곧 고아와 과부를 그 환난중에 돌보고
> 또 자기를 지켜 세속에 물들지 아니하는 그것이니라" 약 1:27.

바울은, 경건한 삶을 살려면 연습(훈련)이 필요하다고 말하는 걸 봐서 경건은 지식, 절제, 인내의 산물임을 느끼게 합니다(딤전 4:7). 경건한 사람은 하나님의 말씀을 받아(행 17:4), 봉사하고(행 8:2), 구제하며(행 10:2), 기도하며(눅 2:37-38), 말에 신실하고 (약 1:26), 하나님의 뜻에 순종하고 (요 9:31), 하나님의 날을 사모합니다(벧후 3:11-12). "경건"은 다가오는 미래의 두려운 그 경외의 날(=심판의 날)에 점검받게 됩니다.

> "보라 주께서 그 수 만의 거룩한 자와 함께 임하셨나니 이는 뭇 사람을 심판하사 모든 경건하
> 지 않은 자가 경건하지 않게 행한 모든 경건하지 않은 일과 경건하지 않은 죄인들이 주를 거슬
> 러 한 모든 완악한 말로 말미암아 그들을 정죄하려 하심이라 하였느니라" 유다 14~15요약.

칼빈은 "기독론적 출애굽 이해"라는 그의 논문에서 "나는 율법이라는 단어를 경건하고 의로운 삶의 규범의 표현인 십계명과 모세의 손을 통해서 하나님께서 주신 종교의 형태라고 이해한다"고 말했습니다.

116
회심의 영성

장산곶 앞바다 인당수에 '풍덩' 몸을 던진 효녀 심청전을 아시지요? 성경에는 심청이의 대 선배로서 지중해에 '풍덩' 몸을 던진 요나라는 남자가 있습니다.

포도주 생산지로 유명한 가드 헤벨 출신의 체격 왜소한 요나.
큰 물고기가 꿀꺽 삼킬 정도의 몸 사이즈였다면, 그는 분명 작은 키에 깡 마른 몸매 같다.
물고기 이빨 사이를 통과해서 씹히지 않았다니! 요나는 기질이 못 된 성품의 소유자다.

아마 그 성질 덕에 기절하지 않고 버텨 낸 듯도 하다. 물고기도 소화 못 시킨 질긴 고기.

발끈 발끈, 화를 못 참는 예민한 성격이다. 요나서 4장은 완전 angry장이다.

angry 1절, angry 4절, angry 9절, angry 9절.

여호와께서 그런 그에게 "네가 성내는 것이 옳으냐?"(욘 4:4)고 따지자

"그래요! 내 성질에 죽어도 내가 옳지요!"라고 대들며 죽어 버리겠다고 으름장을 놓는다.

물고기 위장의 산성 식초에 절여져서 더 왜소해진 이런 요나가 어떻게 니느웨의 수십만 인파를 회개 시켰을까?

하나님은 자신의 감정을 솔직하게 표현해서 가끔 당황하지요. 하나님도 한 성질 하시는 분인데 다시스로 떠나는 요나가 아마 그분을 좀 닮은 듯 합니다.

너, 정말 정신 나갔구나, 그래? 나도 한 고집하지.

이런 하나님과 맞짱 뜨던 요나가 승객들을 위해서는 자기 몸을 지중해 바다에 '풍덩' 던진다.

선장이 "우리가 너를 어떻게 해야 하겠느냐"라고 물을 때

"나는 사명자요. 이 배의 항로를 바꿔서 니느웨로 갑시다"라고 말해도 되지 않았을까? 이것도 회개니까.

다시스행 승객들의 스케줄은 엉망이 되거나 말거나 천부여 의지 없어서, 회개하고

사명 감당해야 한다며 니느웨로 선미를 돌리라고 했다면? 요나는 아마 평신도 심청이를 업어줘야 할 것이다.

요나는 자기 십자가를 지고 바다의 골고다로 몸을 던졌습니다. 그날, 이런 요나를 위한 승객들의 중보기도가 있었다고 합니다. "그 사람들이,…. 여호와 하나님께 제물을 드리고 서원을 하였더라." 이렇게 가끔은 세상이 사역자를 염려하는 것 같지만 희생양으로 삼아서 집어 던지지요.

어느 날, 그 다시스 행 승객이 니느웨에 볼일 보러 왔다가 길에서 요나를 만났다면? 사실, 물고기 뱃속에서 나왔다는 말을 누가 믿겠습니까? 그들은 사건의 목격자, 증인들입니다. 요나의 회심이 사람들의 마음을 뒤집어 엎었습니다.

회심이란, 하나님의 노여움을 푸는 일종의 기술(?)이다. 기독교의 인격이나 도덕적 삶은 최종적으로 발달 (development)되므로 이루어지는 것이 아니고 회심(conversion)에 속하는 것이다." S.Hauerwas.

도덕 발달 이론가인 콜버그(L. Kohlberg)나 길리건(C. Gilligan)이 인류학적 발달 접근으로 도덕을 이해했다면 하우어 워즈는 신학으로 도덕을 이해한 것이지요. 하나님 앞에서 책임 있다는 것이 기독교 신앙입니다. 그 책임이 불러 온 회심은 사람을 변화시키는 영적 힘이 있습니다. 심판과 구원은 동전의 양면 같습니다. 심판은 어찌보면 치료이며 회복입니다. 심판주로 오신다는 것은 인간들이 엉망으로 만든 구제 불능의 세상을 구원하러 오신다는 의미이기도 합니다. 심판이라는 징계를 통해서 세상은 치료되고 교정됩니다(계 21:5, 22:2). *타이타닉호의 승객모집 광고문이 "이 배는 하나님도 부수지 못한다"는 문구의 포스터이었다.

선한 목자 구세주여

기도들어 주소서(2번 씩 반복)

Blessed Jesus. Blessed Jesus

hear, O hear us When we pray(2번 씩 반복).

베알 켄 후 마드리 케니

베숌레니 미콜 라아(2번 씩 반복).

*마드리케니= 인도하다 /베쇼무레니=지키다/미콜 라아=모든 악에서.

117
십계명과 발달심리

욕망은 책임보다 감정을 앞세우고 에로스적 충동에 따라 살다 보니 다 자기 맘대로입니다. 모든 것이 충분한데 아이들은 사소한 일에도 과민하게 반응하고 던져 버리고 충동적입니다. 폭력을 예방하는데 십계명이 어떻게 기여할까요? 이 질문은 성경과 발달에서 그 답을 찾아보려고 합니다.

전자는 생명에 접붙임입니다. 예수는 흙으로 빚어진 인간의 모양(인성)과 하나님 본체의 형상(신성)으로 오셨습니다. 사람이 인자의 형상으로 회복하려면 포도나무 가지처럼 생명의 접붙임이 필요하고 생명의 주입은 "내 말이 너희 안에 거하면" 과 "너희도 내 계명을 지키면"에 의해서 입니다(요 15:1~10참고).

후자는, 인성발달입니다. 인간은 저마다 유전, 환경에 깊은 관계를 가지고 일정한 순서나 방향으로 발달(development)합니다. 성장(Growth)이 신체적, 생리적으로 모든 면이 자라는 것이라면 발달(development)은 질적인 변화로써 정신적, 행동적 기능의 변화를 말합니다. 성장과 발달을 통합한 것을 성숙(maturation) 또는 전인적 발달이라고 하는데 전인적(holistic)이라는 뜻이 "holy"의 어근에서 왔습니다. 십계명은 이처럼 성숙(성화)과도 관련되고 전인적 발달의 기초가 됩니다.

탈무드에는 "다섯 살 아이의 실수를 각성시키고 그것을 고치려면 3주 걸리지만 열두 살 아이를 바로잡기 위해서는 1년이 걸린다"는 말이 있습니다. 발달 초기 시절은 교정이 가장 쉽고 아이의 발달 상태를 일찍이 이해할수록 적절히 대처할 수 있습니다. 다음 장의 도표는 십계명 교과에서 다루는 발달심리입니다.

십계명과 발달심리

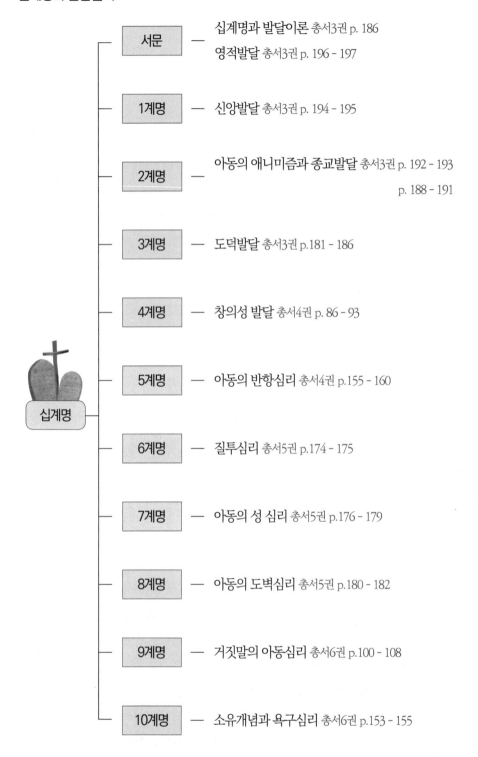

서문	십계명과 발달이론 총서3권 p. 186
	영적발달 총서3권 p. 196 - 197
1계명	신앙발달 총서3권 p. 194 - 195
2계명	아동의 애니미즘과 종교발달 총서3권 p. 192 - 193
	p. 188 - 191
3계명	도덕발달 총서3권 p.181 - 186
4계명	창의성 발달 총서4권 p. 86 - 93
5계명	아동의 반항심리 총서4권 p.155 - 160
6계명	질투심리 총서5권 p.174 - 175
7계명	아동의 성 심리 총서5권 p.176 - 179
8계명	아동의 도벽심리 총서5권 p.180 - 182
9계명	거짓말의 아동심리 총서6권 p.100 - 108
10계명	소유개념과 욕구심리 총서6권 p.153 - 155

*계명별로 자세히 풀이한 발달이론은 십계명 총서3, 4, 5, 6권 강의안집에 있습니다.

118
십계명과 성령의 열매

이웃을 사랑하지 못하는 이유가 뭘까요? 바울은 고전 13:1~13에서 사랑의 성품을 12 가지로 정의했는데 여기서 그 이유를 추려 보세요. 그리고 이것을 갈라디아서에서 말한 성령의 아홉 열매와 대조해 보십시오.

사랑은? 오래 참고 온유하며 시기하지 아니하며 자랑하지 아니하며 교만하지 아니하며 무례히 행하지 아니하며 자기의 유익을 구하지 아니하며 성내지 아니하며 악한 것을 생각하지 아니하며 불의를 기뻐하지 아니하며 진리와 함께 기뻐하고 모든 것을 참으며 모든 것을 믿으며 모든 것을 바라며 모든 것을 견딘다.

사랑 love, 희락 joy, 화평 peace, 오래 참음 patience, 자비 kindness, 양선 goodness, 충성 faithfulness, 온유 gentleness, 절제 self-control. 갈 5:22~23.

여기서 알 수 있는 것은 "아, 성령의 열매란 사랑의 다른 표현이로구나."입니다. 바울은 성령의 열매가 십계명에서 금지한 법을 지켜야 맺어진다는 말을 하기 위해서 열매를 맺지 못하는 원인인 육체의 일들을 먼저 나열했습니다(갈 5:16~21참고). 십계명의 순종의 결과가 사랑과 성령의 열매입니다.

음행(7계명), 더러운 것(2, 7, 8계명), 호색(7계명), 우상숭배(2계명), 주술(1계명), 원수 맺는 것(6계명), 분쟁(9계명), 시기, 분냄, 당 짓는 것, 분열, 이단(1, 3계명), 투기, 술 취함, 방탕이 성령의 열매를 맺지 못하게 한다.

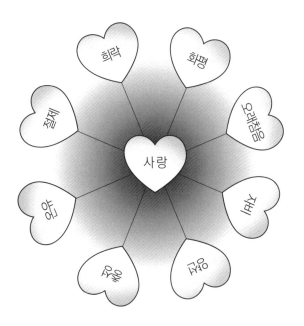

119

벧세메스 암소와 십계명

"나는 자비를 원하고 제사를 원하지 아니하노라 하신 뜻을 너희가 알았더라면 무죄한 자를 정
죄하지 아니하였으리라" 마 12:7.
"공의와 정의를 행하는 것은 제사 드리는 것보다 여호와께서 기쁘게 여기시느니라" 잠 21:3.

1. 새끼에게 젖 먹이는 두 마리 암소

삼상 6:7~19에는 십계명이 관대한 자비의 법이 되어야 함을 가르치는 이야기가 있습니다.

블레셋 사람들이 이스라엘에서 빼앗아 온 법궤를 돌려줄 때 새끼에게 젖을 먹이고 있는 두 마리 암소에
게 십계명 돌판이 들어 있는 법궤를 끌고 가게 했습니다. 이 날, 인륜도리를 무시하는 잔인한 광경을 성
경은 삼상 6:7절과 6:10, 이렇게 두 차례나 반복해서 기록했습니다.

"젖 나는 소 둘을 끌어다가 수레를 메우고 그 송아지들은 떼어 집으로 돌려보내고"
"그 사람들이 그같이 하여 젖 나는 소 둘을 끌어다가 수레를 메우고 송아지들은 집에 가두고"

우는 새끼 송아지들을 떼어 내어 집으로 돌려 보냈더니 송아지들이 울며 불며 어미 소를 찾아서 달려 왔
나 봅니다. 그들이 따라오지 못 하게 집에 가두어 두었다고 합니다. 생이별을 시킨 것입니다.
그들은 왜 하필 젖먹이는 어미 소를 택했을까요? 암소 두 마리가 어느 길을 선택하는지를 보려고 실험용
도구로 삼은 것입니다. 젖을 먹이는 어미 소들은 당연히 새끼 송아지에게로 갈 거라고 생각한 그들의 예
상은 빗나갔어요(9절). 십계명을 실은 암소들은 울면서 이스라엘 땅 벧세메스로 질주했습니다.

"암소가 벧세메스 길로 바로 행하여 대로로 가며 갈 때에 울고 좌우로 치우치지 아니하였다"
12절요약.

벧세메스 주민들은 그 날, 십계명을 운반하는 성스런 임무를 마친 어미 소 둘을 새끼에게로 돌려 보내지
않았습니다. 새끼를 두고 와서 우는 암소를 도살해서 제물로 바쳤습니다.
하나님은 그날 여호와의 궤(십계명)를 들여 다 본 벧세메스 사람들에게 화를 내리셨습니다(19절). 오만
명 내지는, 칠십 명이나 죽은 이 사건은 "궤를 들여 다 본 그 만한 일로 하나님은 그렇게 화를 내리셨을
까?"라는 의구심을 줍니다.

젖 먹이는 암소를 제물로 바치라는 잔인한 규정은 제사법에 없는 일입니다. "어미는 반드시 놓아 줄 것이요"(신 22:7참고)라고 했는데. 암소 가족을 실험용 도구로 삼은 블레셋도 잔인하지만 벧세메스 성도들은 블레셋도 하지 않는 무자비한 일을 예배라는 명목으로 했습니다.

젖 먹는 자식을 떼어놓고 십계명을 운반해 준 사명 자를 그렇게 각을 떴습니다. 제물이 되어 올라 간 암소 두 마리가 하늘 법정에 선다면, 뭐라고 고소했을까요? 젖 먹이 송아지들의 울음이 하늘법정에 상달할 때 하나님은 얼마나 민망하셨겠습니까? 십계명은, "네 집의 소나 나귀나" "네 이웃의 소나 나귀나" 미물에까지 관대한 자비의 법입니다. 그렇다면 사람에게 미치는 십계명의 자비로운 법을 더 말해서 무엇 하겠습니까?

2. 암나귀와 망아지

예수께서 어린 망아지를 타시고 예루살렘에 입성하실 적에 새끼 곁에 그의 어미 나귀를 동행하게 하셔서 젖 먹는 어린 망아지가 분리 불안을 갖지 않도록 배려해 주셨습니다. 인류구원이라는 위대한 일을 수행하기 전에, 그 분은 하찮고 작은 미물에게 따뜻한 구원의 손길을 내미셨습니다.

3. 십계명은 사람을 보호하는 자비의 계명

예수님과 제자들은 안식일 아침 밥을 거르고 외출했다. 제자들이 밀밭의 이삭을 훑어 먹는 것을 목도한 파파라치들이 "아무 일도 하지말라" 는 안식일 계명을 어겼다고 cc카메라(?)증거자료 들이댄다. 예수는 비난자들에게 안식일이 사람을 보호하기 위해 있다면서 주린 사람을 제도앞에 세우셨다(막 2:25, 26 참고). 십계명이 자비의 법이 될 수 있는 것은 이처럼 예배보다 사람을 먼저 생각하시는 하나님의 양보에 의해서다. "나는 자비를 원하고 제사를 원하지 않는다." "너희 아버지의 자비로우심 같이 너희도 자비로운 자가 되라" 눅 6:36.

이 날 예수께서는 제사장에게만 허용되는 물린 떡을 다윗이 먹은 사례를 들어서 십계명이 사람을 보호하기 위해 존재한다고 하셨습니다. 이 본문에서 비난자들이 "너희들 왜 남의 집 밀을 건드리느냐? 도둑이지?"라고 몰아 세우지 않고 유대원로들이 만든 안식일 금지법을 들고 나온 것은 배 고픈 사람을 배려하는 신 23:25 율법의 관대함을 적용했기 때문입니다.

"네 이웃의 곡식밭에 들어갈 때에는 네가 손으로 그 이삭을 따도 되느니라 그러나 네 이웃의 곡식밭에 낫을 대지는 말지니라" 신 23:25.

120
십계명과 유전학

아버지가 신 포도를 드셨다.
그런데 아들이
"아아, 내 이빨이 되게 시다"라고 한다.
우습지요?

이게 다 조상 탓이야
3, 4대까지 벌이 내려간다고 십계명에 쓰여 있잖아
아버지의 죄 값을 내가 받는 거야
물려받은 DNA, 유전자 탓이야
트랜스 섹스(trance-sex)?
그거 다, 내 운명이니까 어쩔 수 없어.

믿은 경력이 얼마나 되십니까?
3대 째 믿는 가문입니다.
오, 그럼 복은 덩쿨째 굴러 오겠군요.
우리 조상 3대가 잘 믿어서 그냥 잘 될겁니당.

십계명에는 죄의 유전에 관련해서 말합니다. 3, 4대, 1천대. 죄와 벌이 3, 4대까지 이른다는 말은 대 가족 가부장 시대에서 조상의 습관이 3, 4대에까지 영향을 끼친다는 말인데 이를 잘못 이해한 유전 신봉자들은 십계명 운명론자가 되었고 에스겔, 예레미야 시대에는 이런 속담까지 유행했습니다.

"아버지가 신 포도를 먹었으므로 그의 아들의 이가 시다."

내 이빨이 신 것은 아버지 탓이지, 내 잘못이 아니라며 조상 탓으로 돌렸습니다. 이런 사고방식에서 빚어진 도덕적 해이는 유다 멸망의 원인이 되었습니다.
20 세기가 아인슈타인의 분자 물리학의 시대였다면 21 세기는 유전자가 생명의 형질을 결정짓는다해서 붙여진 생명설계도, 생명의 책으로 불리는 DNA시대입니다. 두 가닥이 배배 꼬인 사다리 모양의 이중나선 구조의 암호가 해독되어 마침내 유전정보의 메커니즘이 해명되었습니다.
유전형질, 전두엽 뇌, 호르몬의 불균형등의 선천적 타고 난 이유를 들어서 성전환 수술을 하고, 살인범은 정신치료 대상 일 뿐이고, 동성애 성향은 타고 난 기질이고, 충동을 억제하지 못하는 것은 뇌 호르몬 탓이고, 그러니까 저지른 과오를 묻지 않는 무죄 선언시대입니다. 나의 나 된 것은 다 조상이 물려 준 형질 탓이요, 부모가 신 포도를 먹은 탓이요, 더 거슬러 올라가면 결국은 조물주 하나님 탓입니다. 모든 것을 운명이라고 여기고 전혀 자기 운명을 개척할 생각을 하지 않는 숙명론자들에게 예레미야, 에스겔이 누구나 자기 죄로 죽을 거라고 경고했습니다.

> "아버지가 신 포도를 먹었으므로 아들들의 이가 시다 하지 아니하겠고 신 포도를 먹는 자마다
> 그의 이가 신 것 같이 누구나 자기의 죄악으로 말미암아 죽으리라" 렘 31:29, 30.

인간은 자기의 죄로 죽습니다. 죄를 범하는 그 영혼은 죽습니다.

> "너희가 이스라엘 땅에 관한 속담에 이르기를 아버지가 신 포도를 먹었으므로 그의 아들의 이
> 가 시다고 함은 어찌 됨이냐 주 여호와의 말씀이니라 내가 나의 삶을 두고 맹세하노니 너희가
> 이스라엘 가운데에서 다시는 이 속담을 쓰지 못하게 되리라 모든 영혼이 다 내게 속한지라 아
> 버지의 영혼이 내게 속함 같이 그의 아들의 영혼도 내게 속하였나니 범죄하는 그 영혼은 죽으
> 리라" 겔 18:2~4.

태양이 오면 아침 안개는 말갛게 사라지듯이 하나님께서 자신을 나타내시면 이전에는 영광이었던 모든 것이 완전히 소멸됩니다. 태양도 빛을 잃고 별들도 어둠속으로 돌아가듯이 그 분의 앞에서는 어떤 경쟁자도 얼굴을 내밀 수 없습니다.

> "구스인이 그의 피부를, 표범이 그의 반점을 변하게 할 수 있느냐 할 수 있을진대 악에 익숙한
> 너희도 선을 행할 수 있으리라"렘 13:23

> "내가 와서 그들에게 말하지 아니하였더라면 죄가 없었으려니와 지금은 그 죄를 핑계할 수 없
> 느니라" 요 15:22.

> "창세로부터 그의 보이지 아니하는 것들 곧 그의 영원하신 능력과 신성이 그가 만드신 만물에
> 분명히 보여 알려졌나니 그러므로 그들이 핑계하지 못할지니라" 롬 1:20.

6부.. 십계명과 기독교윤리

"윤리란 영혼의 의사다."–프로타고라스(Protagoras. BC.415).

윤리가 영혼의 치료사라면 윤리의 차원은 분명 종교적입니다. 윤리란 문자적인 의미에서, 인간의 이치, 사람이 되는 문제이니 인간다운 삶을 사는 도리를 말합니다. 기독교 윤리란 사람이 되는 문제에서 더 나아가 하나님의 사람이 되어 하나님 사람답게 사는 도리입니다. 사람과 사람의 관계가 사람과 그리스도의 관계에 의해 영향 받기 때문에 그리스도 안에서 자유 할 수 있다는 이 점이 세상 윤리와 다른 점입니다.

기독교 윤리는 성경에 기초를 두고 하는 작업이므로 기독교 윤리를 논 함에 있어서 가장 중요한 자료가 성경입니다. 따라서 기독교 윤리에는 언제나 두 가지 문제가 병행합니다. 윤리적 차원에서 율법과 은혜의 차원에서 복음의 관계입니다.

성서에 기초한 윤리이기에 이것은 도덕이 아니며 예수께서 말씀하신대로 삶을 살리는 생명과 자유의 케리그마입니다. 기독교윤리를 대표하는 십계명은 초월윤리(meta-ethics)이며 십계명이 풀어낸 사랑은 새로운 정의가 될 수 있습니다.

기독교 윤리에서 십계명은 하나님의 부름에 응답하려고 세상윤리와 거리를 두는 개념입니다.[121]

---

121   양명수. "기독교 사회정의론" 앞 책. p15,101.

1장
기독교 윤리의 근본 명제

"자비(Eumenides)가 잠잘 때 범죄(crime)가 그들을 깨운다."
-헤겔(1770~1831).[122]

헤겔은 죄인을 돕는 하나님의 새로운 방식을 '자비'에서 찾으려 했습니다.

헤겔이 자비를 말하던 18세기 근대 철학은 정의가 강했습니다.

하지만 21세기는

정의는 없고 자기를 사랑하는 애로스적 이기주의가 판을 칩니다.

그러니 사랑의 진정한 의미는 다시 정의되어야 하겠습니다.

"서로 사랑하라 내가 너희를 사랑한 것처럼."

십계명은

예수 그리스도께서 삶으로 살아 낸 윤리입니다.

---

122 G.W.F.Hegel. *philosophy of right*. trans,*T.M.Know*. New York:oxford university press. Paul Ricouer,1967.앞 책 p145. 재인용 p247.

121
독수리의 새끼 사랑 메타포(은유)

이스라엘 공동체가 배역할 적마다 수백 년에 걸쳐서 하나님이 상기시키신 문장이 서문입니다(렘 2:6, 7:25, 11:4,7, 16:14, 31:32, 32:20~13, 겔 20:9 참고).

너희가 애굽에 있을 때 내가 너희를 어떻게 구해 내었니? 생각해 봐라. 애굽에서 내가 무엇을 했는지, 내가 어떻게 너희를 독수리 날개로 업어 나름같이 했는지, 내가 너희를 어떻게 나에게 데려 왔는지 너희가 다 봤잖아. 알잖아. 그런데 너희들이 어떻게 나한테 이럴 수가 있니? 나는, 정말 상처가 크다.

*이 말을 갈보리 십자가에 매어 달려 죽으신 예수그리스도로 여러분이 재 각색해 보세요.

1. 독수리 날개로 업어 나름같이

"내가 애굽 사람에게 어떻게 행하였음과 내가 어떻게 독수리 날개로 너희를 업어 내게로 인도하였음을 너희가 보았느니라" 출 19:4.

라시 (S. L. Rashi)

유대인 주석가 라시는 이 구절이 하나님의 부성을 나타낸다고 말합니다.[123] "독수리 날개로 업어 나름 같이"란 하나님의 상징적 메타포입니다. 독수리 날개와 그 날개 위에서 날아오르는 관계는 짐꾼(bearer)과 짐(borne)의 관계와 흡사합니다. 이것은, 은혜 베푸는 사람(benefactor)과 은혜 입은 사람(beneficiary)의 관계입니다."[124] 그런데 하나님이 짐꾼이 되셨습니다. 새끼를 위험으로부터 안전하게 옮겨 주기 위해 하늘을 비상하는 독수리 형상은 자녀를 등에 업은 아버지를 연상시킵니다. 독수리 새끼는 아버지 날개 등에 업혀 있을 때 찬란한 구름 밑으로 펼쳐지는 아름다운 세상을 봅니다. 그를 공중에 던지고 낚아채는 방법으로 새끼가 자유로이 날 수 있도록 엄하게 훈련하는 모습은 "나는 내 자녀가 의롭고 강하기를 바란다"는 메시지를 줍니다.[125]

부버(M. Buber)

부버는 이 은유를 다른 측면에서 하나님의 사랑을 이해하려 했습니다. 그는 신명기 32:11의 "모세의 노

---

123 Nehama Leibowitz. 1993. *New studies in Shemot Exodus. p293,294.* Jerusalem : Haomanim press.

124 Nehama Leibowitz. 앞 책. p293.

125 앞 책. p293-294.

래"에 나오는 비유에서 찾아냅니다.[126] 새끼를 등에 업기 위해서 그의 날개를 편 모습은 마치 태초에 그의 영이 창조를 위해 수면 위에 운행 하였듯이 하늘을 운행했다고 말이지요. 그는 "내가 너를 독수리 날개에 업어 날랐다"는 말에서 두 가지의 형상을 발견합니다. 하나는 그 행위의 진지성을, 다른 하나는 단지 "그가 홀로 하셨다"입니다(Nehama Leibowitz. 294). 어떤 신들도 그들을 위해 함께 하지 않았습니다. 그러니 우리는 유일하신 하나님의 전폭적인 지지를 받은 자 입니다. 하나님을 부성애로 묘사한 삶의 구조는 강압적 복종관계가 아닌 것으로 하나님이 주셨으므로 자유로운 자에게 주신 절대 표준(moral absolutes)이며 그래서 의무이며 또한 자율성을 가리킵니다.

2. 강한 손과 편팔

신명기의 십계명에서 4계명에는 출애굽을 상기시키는 서문 사건이 다시 들어옵니다.

> "너는 기억하라 네가 애굽 땅에서 종이 되었더니 네 하나님 여호와가 강한 손과 편 팔로 거기서 너를 인도하여 내었나니 그러므로 네 하나님 여호와가 네게 명령하여 안식일을 지키라 하느니라" 신 5:15

4계명이 독수리 날개를 의인화 한 "강한 손과 편 팔" 형상에서 십자가를 봅니다. 독수리가 날개를 펴고 비상하는 모습은 영락없이 십자가입니다. 그렇게 되면 독수리 새끼는 예수 그리스도의 예표입니다.

> 아버지 독수리는 새끼를 십자가 모형의 날개에 업어서 세상으로 던진다.
> 엘리, 엘리, 왜 나를 버리십니까?
> 새끼는 아버지의 날개 깃을 잡고 놓지 않아도 된다.
> 하지만 새끼는 자기 목숨을 스스로 던져서 피투성이가 되어 사람의 밥이 된다. 나를 먹어라
> "내 살은 참된 양식이요 내 피는 참된 음료다 내 살을 먹고 내 피를 마시는 자는 내 안에 거하고 나도 그의 안에 거하나니" 요 6:55. 새끼는 사람의 살이 되었다. 그 살을 받아 먹은 사람의 생명은 독수리 새끼의 살이다. 그 살과 피를 먹고 마심으로 예수로 거듭나는 것이다.

아들을 내어 준 하나님의 행동에 대한 장엄한 이야기에서 자식을 버려서까지 사람을 구원한다는 그 사랑의 위대함은 드러났습니다. 아들은 교회를 탄생시키기 위해 죽음까지 받아 들이셨습니다. 하우어워즈는 하나님이 이스라엘을 구원하기 위해서 엄청난 모험을 하셨다면서 "십계명은 구속이라는 이야기 속으로

우리가 들어갈 수 있도록 돕는다"고 말합니다.[127] *이책 141번 (p251)을 읽어보세요.

3. 사랑받을 조건

성경은 죄에 대해 말할 때 꼭 구원의 각도에서 말하지요. 신명기의 4계명이 예수 그리스도의 구원사를 기억하라고 합니다. 하나님과 아들과 우리는 사소하거나 하찮은 사이가 아닙니다. 이스라엘에게 남 다른 헌신을 보이신 그 열정을 십자가에 다 쏟으셨기에, 이에 대한 우리의 응답도 기억으로 응답해야 합니다. 십자가 사건은 용서와 구속을 절대적으로 필요로 하는 종교개혁입니다.[128]

누군가를 사랑하는 것은 우리가 사랑받을 조건이기도 합니다. 하나님이 "돌판을 다듬고 친히 자신의 손가락으로 새겨 썼다"는 말에서 피로 쓴 십계명은 피조물을 속량하신 하나님의 엄청난 사랑을 보여 줍니다. 아버지의 이 뜻을 아시는 예수께서 하나님과 이웃을 사랑해야 하는 의무를 다하라고 우리에게 주신 십계명은 절대적인 윤리(absolutist ethics)입니다. 이 말은 인간 행위를 상황이나 제도에 맞추는 것이 아니라 하나님 말씀에 맞춘다입니다. 십계명은 "너는 하지말라, 하라"(출 20:15, 레 19:2)는 윤리적 명령형으로 필연적 유형이며(apodictic style), 결의론(casuistic style)으로서 어떤 재해석도 붙어 있지 않으므로 비범합니다.

🎵 개역개정찬송가 144장 "예수 나를 위하여"의 후렴을 세 나라 언어로 불러 보세요

예수님, 예수님, 나의 죄 위하여, 보배 피를 흘리니, 죄인 받으소서.

Jesus, Lord, Jesus, Lord, Jesus, Lord, for my sin
Now by thy deer blood restored,
Draw the sinner to thee.

우- 바쯜라브, 우-바쯜라브, 엣 할렐. 아리아.
앝 타보, 하루아흐 비,
루아흐 하모시아.
* 쯜라브= 십자가.

---

127 Stanly Hauerwas, William Willimon. 2007. "십계명"강봉재 옮김. 서울: 복 있는 사람. 원제명: *The Truth about GOD*. p38.

128 한스 요하킴 이반트(H.J.Iwand)는 희망을 종교개혁의 약속의 개념에서 기독론으로 가져왔다. 위르겐 몰트만. 2002.김균진 옮김 "신학의 방법과 형식" p103. 서울: 대한기독교서회. . 출 애굽 사건은 약속을 성취하는 히브리인들의 종교 개혁이라고도 볼 수 있다.

122
예수의 새 계명

> "십계명은 예수의 가르침의 핵심이고 윤리의 전체적인 구조다. 예수는 토라의 모든 내용을 십계명으로 요약하고 이것에서 사랑이라는 하나의 간단한 원리를 만들어 내었다." Geza Verms.

> "그가 나간 후에,.....예수께서 이르시되 새 계명을 너희에게 주노니 서로 사랑하라 내가 너희를 사랑한 것 같이 너희도 서로 사랑하라" 요 13:31, 33~35 참고.

"그가 나간 후에"

왜 예수께서는 "유다가 나간 후"11명의 제자들에게 새 계명을 선포하셨을까요? 새 계명의 배경은 어둡고 침울합니다. "예수께서, ... 심령이 괴로워"(13:21 참고). 그가 나간 후에 선포된 새 계명은 어쩌면 그가 돌아오면 너희들이 받아주기 바란다는 마지막 유언처럼 들립니다. 새 계명은 배반자가 비집고 다시 들어 올 여지를 남겨 둡니다. 양명수에 의하면, 예수의 사랑은 수양을 해서 저 쪽을 닮아가는 모방(imitation)이기보다 서로의 관계입니다(엡 4:13참고). "서로"라는 관계는 죄인임을 고백하고 은혜에 끌려가는 계시(revelatio)의 구조에 가깝습니다.[129] 두 사람의 배신자 가 그날 "서로" 속에 들어 있었습니다. 유다가 베드로처럼 회개하고 새로운 시대에 합류했더면 어땠을까요? 그런데 그는 "멸망의 자식"으로 정해진 그 운명을 거슬러 가지 못했습니다(요 17:12). 베드로처럼 은밀하게 지은 죄는 그럭저럭 묻히지만 유다처럼 공개 된 죄인은 잘못을 뉘우치고 감옥에서 나와도 받아 주는 사람이 거의 없습니다. 예수께서는 이것을 아셨습니다.

'서로'라는 관계는 서양의 구도로 볼 때 "가까운 사이"를 의미합니다. 그런데 도스토 엡스키가 "카라마조프의 형제들"에서 말하듯이[130] 우리는 멀리 있는 아프리카 사람은 사랑할 수 있어도 가까운 가족을 사랑하지 못합니다. 유다에 대한 제자들은 가깝고도 멉니다. 예수님 당시 유대 사회는 이처럼 "필레오"에 머물고 있었습니다. 정당성의 원리에 입각한 필레오의 사랑 말입니다. 그들에게 이방인이 된 유다처럼 이방인이 하나님과 그들 사이를 비집고 들어갈 공간이 없었습니다. 단지 사랑하라는 원리 만으로는 결단할 수 없다는 이유에서 사랑은 이처럼 이 세상에서 푸 대접을 받는군요. 예수님은 십자가에서 "저들이 알지 못하고 하였으니 용서해 주소서"라고 기도하셨습니다. 그들이 사과하지도 않았는데 그들을 먼저 용서하셨습니다. 유다의 "예수 무죄선언 고백"은 증인의 증언자료로 남아 있습니다.

> "내가 무죄한 피를 팔고 죄를 범하였도다" 마 27:4.

---

1 2 9 양명수, "기독교 사회정의론" 앞책. p108.

1 3 0 Fyodor Dostoyevsky, *The Brothers Karamazov*, Bk,2,ch.4. 56.Moden Libray, Giant edition. 나학진, 앞 책. p151, 152. 재인용.

새 계명과 6계명의 관계

앙드레 라콕이라는 프랑스 신학자는 6계명의 "살인하지 말라"를 긍정문으로 바꾸면 "사랑하라"고 해석된다며 예수님이 주신 새 계명은 6계명의 새로운 형태라는 말을 합니다. "살인하지 말라"는 사람의 생명을 살리라는 말이니 살리는 움직임은 사랑에서 옵니다. "나를 사랑하라"는 계명이 "내가 너희를 사랑한다"고 선포된 새 계명은 그래서 보수적이면서 자유로운 새로운 세상을 꿈꾸게 합니다.

사랑과 정의

현대의 트렌드는 요란하고 일시적이며 자기를 자랑하고 재미를 추구하지요. 의무와 책임감에 살던 시대의 개인은 자유가 제약받았다면 현대는 욕망의 무한 해방시대입니다. 책임보다는 사랑이 앞서고 개인의 감정이 먼저입니다. 에로스적인 충동으로 살다 보니 무책임합니다. 누구도 책임지지 않는 것이 은혜 인걸로 착각하는 교회는 이러다가 세상에게 외면 받는 외로운 섬이 될 것입니다.

"책임지지 말자, 아무에게도 책임을 묻지 말고 덮고 가자, 누가 누구에게 책임을 물을 자격이 있는가?" 이러면 은혜로운 줄 알았는데 사회와 교회는 병들고 부패합니다. 정의와 정죄를 구분 못한 때문입니다. 책임 회피라는 도식을 일찍이 끊어 내기 위해서는 정의적 요소의 중재가 필요합니다. 악을 선으로 극복하는 태도가 사랑이라면 이 악이 재순환 되지 않도록 견제하는 것은 정의입니다. 책임지는 자세가 용서로 가는 통로이며 인간관계의 회복이 이루어집니다.

인간을 철저하게 타락한 존재로 본 프랑스 신학자 리쾨르(P.Ricoeur)는 "그러니까 용서해 버리자"가 아니라 "은혜를 은혜 되게 하자"는 말을 합니다. 그러할 때 독일 신학자 틸리히(P. J.Tillich)의 말대로 비례적 정의(proportional justice)가 아니라 창의적 정의가 될 수 있습니다(Tillich, Paul. 1954. *Love, Power, and Justice.* p66). 합리성이 알지 못하는 하나님의 비의(非義), 곧 은혜에 맡겨진 정의 말입니다.

> 정의는 사랑의 선 조건이다. 정의가 윤리적이라면 사랑은 종교적이다.
> 정의가 사람의 권리에 관계된 것이라면 사랑은 이웃의 요구에 관련된다.
> 왜 정의가 필요할까? 사랑을 지켜주기 위해서다.
> 왜 계명이 왜 필요할까? 은혜의 복음을 은혜답게 하기 위해서다.

무한책임과 관련해서 켄터베리의 대 주교 이었던 램지(M.Ramsey)는 예수의 정의를 "자비로 기울어진 정의"라고 말했습니다. 공동체와 제도의 세상에서 정의롭지 않고서는 사랑이 유지될 수 없습니다.

사랑과 정의의 갈등

칼빈은 "정의란 사람의 마음속에 나면서부터 가지고 있는 관념이며 정의의 빛이 그 관념 속에서 빛을 발한다"며 정의를 "본능"이라고 말합니다("칼빈전집"p37, 49). 니버(R. Niebuhr)는 사랑과 정의를 대조적인 관계로 보았고, 니그렌(Anders. Nygren)은 양립할 수 없는 반대개념으로 이해했고, 정의와 사랑을 같은 것으로 이해한 사람으로는 플레처(Joseph Fletcher)가 있습니다. 모든 종교와 세상이 "사랑"을 주제로 합니다. 기독교가 세상과 다른 근본명제는 하나님을 사랑하라는 명령이 이웃사랑 앞에 놓여 있습니다. 그래서 기독교의 사랑은 의(righteousness)의 정의적 요소로서 거룩한 사랑입니다.

> 사랑의 문제 만 가지고는 기독교 윤리의 특성을 말할 수 없다.
> "하나님을 사랑하라"는 것 만 있으면 종교이지 윤리가 되지 못한다.
> "이웃을 사랑하라"는 것 만 있으면 일반 윤리지, 특별히 기독교 윤리라 할 것이 없다.
> 내가 나의 목적이듯이 남도 목적으로 삼는 것은 일반윤리에서 정언명령으로 이미 인정되어 있다.
> 기독교 윤리는 사람사이에 지켜야 할 도리를 신앙이 주도한다는 점에서 세상 윤리와 다르다.
> 이웃을 사랑하는 것이 최고의 가치는 아니라는 것이다.
> 최고의 가치 행위는 하나님께 영광을 돌리는 것으로 하나님이 목적이다.
> 그런데 이 목적은 이웃과 함께 있어야 드러난다. -양명수.

하나님을 목적으로 삼으면 정의가 강해지고 사람을 목적으로 삼으면 사랑이 강해집니다. 그래서 사랑과 정의는 갈등합니다. 사랑이 어떻게 정의를 능가하는지, 랍비 마이어(R. Meir)의 아내 베루리아흐(Beruriah)의 사례가 있습니다.

> "마이어의 이웃은 무뢰한들이었다. 그들은 마이어를 늘 괴롭혔다. 마침내 화가 난 마이어는 이웃이 죽기를 바란다고 하나님께 소원을 빌었다. 그의 기도 소리를 들은 그의 아내 베루리아흐는 ' 당신의 마음속에 무엇이 있습니까? 땅의 죄인(sinner)들아 사라지라는 시편104:35 말씀 때문입니까? 이 본문은 죄악(sin)을 세상에서 소멸하신다는 뜻으로 읽을 수 있습니다만 끝 절을 보면 죄는 영원히 사라져. 죄가 그치면 악인들도 사라질 것이라고 하지 않았나요? 차라리 그들이 회개하고 행위를 그치게 해달라고 기도하세요. 왜 그들을 위하여 하나님께 회개의 기회를 빨리 달라고 기도하지 않으십니까?' 라는 아내의 말대로 마이어는 그들을 변호하는 기도를 했고 그들은 마침내 회개했다."

*히브리어 텍스트에는 'era' 모음이 없다. 그러므로 악인이나 죄인을 나타내는 'sinner' 대신 'sin' 이 발음상 일치한다. Abraham Cohen. 1995. *Everyman's Talmud*. p215, 216. New York : Schocken Books.

123
보수와 진보주의 윤리관

현대 기독교는 사랑을 제대로 이해하는 걸까요?

1. 니버(R.Niebuhr)가 본 기독교의 사랑

"정통 보수주의는 여러 면에서 자유주의보다 월등한 통찰력과 관점을 소유했으면서도 현대인들에게 아무 도움을 주지 못하고 있다. 전통주의 윤리가 교리적이고 권위적인 도덕률로 표현되었기 때문이다. 유대 관원에서 보듯이 종교를 의무로 여기거나 윤리를 신의 명령으로 선언하고 끝내는 율법주의자는 위선자다."

그러면, 현대인 마음에 맞도록 치장하는데 온 정력을 쏟아 온 자유주의는?

"주제넘은 자신감과 오래 가지도 못할 편견으로 현대의 문화라고 하는 말(bushel;마5:15) 아래 등불을 감추어 왔다. 그 꿈과 희망이 산산 히 부서진 후 그 파편 가운데서 방황하는 서글픈 처지에 놓여 있음을 뒤 늦게 깨달았다. 자연주의 철학과 실천주의 윤리를 단순히 경건하고 종교적인 문구로 치장한 것에 불과한 결과 이 지경에까지 이르렀다."[131]

2. 상황과 표준

돌아오지 않는 참모들. 사울 왕의 함흥차사 이야기입니다.

> "다윗은 만점, 나는 천점?" 이 말 듣고 좋아할 천점은 없다. 천점의 표적에 든 만점다윗의 도피생활이 시작되었다.
> "내가 천점사울 왕에게 맞아 죽겠구나 내 머리에 올리브기름을 부어 준 그 노인을 찾아가자."
> 이렇게 해서 "다윗과 사무엘이 나욧으로 가서 살았더라" 삼상18:19.
> 하지만 사울 왕은 마침내 다윗의 위치추적에 성공했다. 잡아와!
> 사무엘은 체포조 요원들에게 "다윗이 도망쳤으니 빨리 쫓아가면 잡을 수 있을거요"라고 둘러 대지 않았다.
> 요원들은 사무엘의 얼굴을 본 순간 새사람으로 변화된다. "오! 회개합니다. 다윗을 잡으러 다니지 않을래요."
> 사울은 두 번째 요원을 보냈다. 그들도 사무엘의 집에 가자마자 은혜 받았다.
> 사울 왕은 세 번째 또 보냈다. 그들도 은혜를 받고 돌아가지 않았다.
> 사울이 직접 다윗을 잡으러 나섰다.
> 사무엘이 사는 동네에 들어서자마자 사울의 마음이 착해졌다.

---

1 3 1 · Reinhold Niebuhr, 1998. 노진준 옮김, "기독교윤리학" p10 요약. 서울 은성.

체포하러 온 요원들이 은혜 받고 아예 집에 갈 생각들을 않는다. 거기에 사울 왕도 와서 앉아있다.

사무엘은 거짓말 한 마디 하지 않고도 다윗을 탈출시키고 잡으러 온 요원들은 변하여 새사람이 되었다.

거짓말이란?

인간의 연약성과 죄성에서 기인한다. 영성의 문제이지, 상황이 아니다.

라합의 집은 술집이고 사무엘의 집은 예배하는 집이다.

술집은 속고 속이는 집이고 성령의 집에 가면 정신이 개조된다.

거짓말탐지기, cc카메라, 마음을 프린트하는 3d 프린터 시대에는 망신 당한다.

십계명이 뭔지, 율법을 배워본 적 없는 신앙의 왕초보의 술집에서 벌어진 일을

신앙의 표준모델로 삼으면 아니 된다.

야고보가 "믿음으로 라합은" 이라고 한 "그 믿음"이란 율법이 없는 믿음이다. 죄는 존재했는데 그 죄를 정죄할 율법이 여리고에 없었다. 문제는, 율법이 있음에도 우리가 라합이라는 사실이다. 이런 우리의 연약함을 주님은 아신다.

죄가 율법 있기 전에도 세상에 있었으나 율법이 없었을 때에는 죄를 죄로 여기지 아니하였느니라 롬 5:13.

"율법으로 말미암지 않고는 내가 죄를 알지 못하였으니 곧 율법이 탐내지 말라 하지 아니하였더라면 내가 탐심을 알지 못하였으리라" 롬 7:7요약.

라합의 딜레마는 규범과 자율성의 예입니다. 여리고의 도덕성을 알 수 있는 단서는 라합입니다. 그녀는 규범 자체를 모르기에 죄의식 없이 평소의 습관대로 거짓말을 합니다. 여기에 무능한 여리고 경찰의 직무유기가 합세했습니다. 이 사건은 여리고의 부패상과 율법 무지의 실상을 고발합니다. 라합의 거짓말은 과학수사 부재의 환경에서는 가능했듯이 율법부재에서는 죄를 죄로 여기지 않았습니다. 십계명은 어제나 오늘이나 영원한 절대 규범이며 예수께서 그 영원성을 선언하셨습니다(마5:18). 라합의 거짓말 사건은 사무엘의 진실(삼상 19장)과 대조해서 읽어 보세요. *이 책 p 230. "알고 가기" 를 읽어 보세요.

124
교회의 윤리적 실패 원인

"엘리야가 모든 백성에게 가까이 나아가 이르되 너희가 어느 때까지 둘 사이에서 머뭇머뭇 하려느냐 여호와가 만일 하나님이면 그를 따르고 바알이 만일 하나님이면 그를 따를지니라 하니 백성이 말 한마디도 대답하지 아니하는지라" 왕상 18:21.

니버는 교회의 윤리적 실패 원인으로 "세상과 타협하는 경향"을 들었습니다.[132] 그렇다면 교회가 지닌 이 약점을 보완할 수 있을까요? 바르트(K.Barth)는 기독교 윤리학을 신론에 복속된 하나님의 계명 론에 초점을 맞추고 십계명의 윤리가 인성 중심(이웃사랑) 우선 사고가 아니라 복종과 의무가 우선되는 신성 중심 사고 (하나님 사랑) 라야 한다는 주장을 합니다. 그런데 문제는 하나님을 우선으로 하는 십계명의 이 계약사상이 지닌 배타성입니다. 십계명의 확고한 윤리적 신념이 교회를 보호하지만 다른 종교와 갈등의 원인이 됩니다. 그런데 이 배타성이 타협을 방지하고 도덕적 의무를 불러일으킵니다. 이 문제에 대해서는 리쾨르의 책 'The Just'가 도움이 됩니다. 이 책이 말하는 인간관계의 최대 과제는 다름에게 하는 보복을 막는 것입니다. 인간에 대한 폭력은 동일성에 통합시키려는 질서에서 발생한다면서 "다름을 다름으로 놔 두지 못하고 같음의 질서에 편입시키는 것이 폭력이라"는 그의 견해는 그럼, 복음전도를 폭력으로 봐야 하느냐는 점에서 동의하기 어렵습니다. 한강에 몸을 던지려는 사람을 강제로 끌어내는 것도 폭력으로 봐야 하는가? 말입니다.

125
황금률(Golden rule; 마7:12)

> "그러므로 무엇이든지 남에게 대접을 받고자 하는 대로 너희도 남을 대접하라. 이것이 율법이요 선지자니라" 마 7:12. 눅 6:31참고.

이 본문을 "기독교의 황금률"이라고 부르기 시작한 것은 16 세기입니다. "이것이 율법이요 선지자"라는 예수님의 설명에서 이 본문은 기독교 최고의 법(golden rule)이 되었습니다. 예수님의 산상 수훈에 포함된 이 본문은 "율법이요 선지자의 대강령이라"고 하신 십계명의 다음자리에 놓았습니다. 얼만큼? 받은 만큼? 16 세기 기독교가 왜 이 본문을 "황금률" 이라고 정의했는지를 살펴봐야 하겠습니다.

1. 황금률의 유래

우리가 황금률이라고 부르는 이 문구는 예수님이 처음 말하신 것이 아니라 이미 널리 통용되던 금언입니다. 황금률 사상은 논어에 나오는 충서(忠恕)에서도 발견됩니다.

"恕는 내가 하고 싶지 않은 것을 남에게도 베풀지 말라(『중용』 13장)는 것이니 恕는 소극적인 측면이요, 忠은 적극적이다. 대체로 仁者는 자기가 서고 싶으면 남도 세워 주고 자기가 영달하고 싶으면 남도 영달할 수 있도록 해 준다. 자기 신변의 예를 취하여 남을 위하려 생각한다면 仁을 구하는 방도라 할 수 있다."

---

132 박충구 지음. 1994. "기독교 윤리사" p48. 대한기독교서회. 니버. "기독교 윤리학" 재인용.

이 사상은 신 구약 중간 시대의 랍비 유대교와 지중해 문화권에도 널리 퍼져 있었습니다. 주전 2 세기 초반에 예수 벤시라(Jesus ben Sira)는 그의 독자들에게 "네 자신에게처럼 이웃에게 친절하라. 그리고 그를 대할 때 네가 싫어하는 모든 것에 유념하라"고 조언합니다. 랍비의 글들에서도 황금률은 이웃을 사랑하라는 계명의 일환으로 이해되었습니다. 가장 오래된 것은 외경에 속하는 토빗(Tobit 4:15)입니다. "네 자신이 싫어하는 것은 다른 사람에게 강요하지 말라." 예수님과 거의 같은 시기 것으로는 필로의 책 "히포테티카(Hypothetica.7. 6)"와 랍비 문학인 탈무드에 기록된 힐렐의 격언입니다. 필로는 그 책에서 "그가 겪기 싫어하는 것을 다른 사람에게 하지 말아야 한다."고 했습니다. 힐렐의 격언은 황금률을 연구할 때 마다 자주 언급되는데 다음과 같습니다.

> "랍비 샴마이는 는 화를 잘 내는 성격이었다. 그에게 이방인이 찾아와 '내가 한 발로 서 있는 동안에 토라 전체를 내게 다 가르친다는 조건으로 나를 개종시켜 보라'고 하자 성격이 급한 샴마이는 그 이방인을 던져 버렸다. 그러자 그 이방인은 친절하다고 소문난 랍비 힐렐에게 갔다. 힐렐은 '네가 싫은 것은 네 동료에게도 하지 말라'는 한 문장으로 그를 받아들여 유대인으로 개종시켰다. 그리고는 이렇게 말했다. '이것이 율법의 전부이며 나머지는 이에 대한 해석이다. 가서 연구하라.' 고. 그의 이 조언은, 선지자들은 율법을 전달하고 해석한 자라는 고대 유대인의 생각을 반영한 것이다."

같은 교리가 탈무드에서 비 풍자적으로 반복되었습니다.

> 랍비 아키바(Akiba)에게 한 이방인은 아주 공손하게 물었다. 랍비여, 토라 전체를 한 문장으로 내게 가르쳐 주소서. 아키바는, "나의 아들아 우리의 선생 모세는 '그에게 평안이 있을지어다.'라는 이것을 배우기 전에 40주 40야를 산에서 지냈다. 그런데 너는 토라 전체를 한 문장으로 말하라고 하는구나. 그러나 나의 아들아, 이것이 토라의 원리니라. 네 싫어하는 것은 이웃에게 행하지 말라."

예수는 신구약 중간시기와 그 시대에 폭 넓게 알려 져 있는 이 금언을 수용하시고 인간관계의 모든 영역에 번져 있는 토라의 이념과 계명들을 간단하게 요약하시고 이것이 율법의 핵심이요, 선지자들이 가르쳐 온 것이라고 설명하셨습니다.

2. 황금률을 초월한 새 계명

사랑 받기 위해 태어 난 사람? 받고 싶니? 그럼, 너도 줘 = 황금률

서로 사랑하려고 태어 난거야 = 새 계명.

"받은 만큼"은 상호성의 규범이고 소극적인 명령입니다. 평면구도에 놓고 "준 만큼 준다"는 이기적인 원

칙입니다. 예수의 윤리는 황금률이 말하는 것처럼 윤리적 상대주의(ethical relativism)가 아닌데도 예수께서 율법과 선지자를 존중하시고 율법이 요구하는 공의의 원칙에 동의하셨습니다. "그러므로"(마7:12)라는 말로 시작한 황금률은, 너희가 악한 자라도 좋은 것으로 자식에게 줄 줄 알거든 하물며 하늘에 계신 너희 아버지께서 구하는 자에게 좋은 것으로 주시지 않겠느냐는 논리를 끌어 오신 것이기 때문입니다. 악한 부모도 "남만큼은 한다."입니다.

> "그러므로 무엇이든지 남에게 대접을 받고자 하는 대로 너희도 남을 대접하라. 이것이 율법이요 선지자니라 좁은 문으로 들어가라 멸망으로 인도하는 문은 크고 그 길이 넓어 그리로 들어가는 자가 많고 생명으로 인도하는 문은 좁고 길이 협착하여 찾는 자가 적음이라" 마 7:9-14.

3. 생명으로 인도하는 좁은 문

남이 한 만큼, 내 몸만큼만 사랑해도 율법의 수준은 됩니다. 그래서 황금률은 공의롭습니다. 그러나 예수께서 이 말씀에 이어 "좁은 문으로 들어가라"(마 7:13)는 것은 분명 보편성이 아닙니다. 남들이 가는 길이 아닌 것은 남만큼이 아닙니다. 황금률을 좁은 문으로 연결하신 예수께서는 일명 사람들이 말하는 황금률에 만족하지 않으셨음을 읽을 수 있습니다. "이건 율법과 선지자다." 필로는 생명으로 인도하는 이 좁은 문을 십계명의 길이라고 설명했습니다. 십계명은 남들이 다 가는 길이 아닙니다. 그것은 "사랑하라"는 명령에서 온 복음의 규범으로서 의무이기 때문입니다. 필로의 주장을 존중하는 입장에서 보자면 서문과 4계명은 유대인의 세계에서 출발해서 문화적 한계의 영역을 넓혀가는 전형적인 예를 보여줍니다. 문안에 유하는 임시거류자는 낯선 이방인들에게로 확장되었듯이 환대의 수혜자인 타자들이 "문안에서" 문밖으로 확장됩니다. 문밖은 좁은 길입니다. 그런데 "보라 내가 새일을 행하리니"(사 43:19), 좁고 협착한 광야와 메마른 땅에 시내가 흐르고 사막이 백합화 같이 피어 즐거워하는 생명의 대로가 생기는 새 일은 좁은 길을 선택한 사람들이 개척한 길이요, 그들은 "광야에서 여호와의 길을 예비하는"(사 40:3) 사람들입니다. 그 길에 심겨진 "백향목과 싯딤 나무와 화석류와 들감람나무와 잣나무와 소나무와 황양목"(사 41:19)은 예수께서 말씀하신 "좋은 나무"입니다. *이 책 163번(p289)를 읽어보세요.

> "여호와께서 그들을 사막으로 통과하게 하시던 때에 목마르지 아니하게 하시되 그들을 위하여 바위에서 물이 흘러나게 하시며 바위를 쪼개사 물이 솟아나게 하셨느니라" 사 48:21.

4. 황금률의 윤리적 의미를 넘어서는 새 계명

새 계명은 "내 행위의 결과에 대해서만 책임진다"는 칸트와는 분명 다른 시각입니다. 이 삭막한 세상에 은총과 무한 연대책임 (unlimited responsibility)으로 현대의 문제를 "서로"극복하자는 것입니다. 그 사람의 악에는 나도 책임이 있다는 연대의식 때문에 용서도 가능해집니다. 이성적 판단으로 따지면 정당하지 않은데 이 공평치 못한 사랑을 루터는 "믿음으로 받는 은총"이라고 했습니다.

남만큼이 아니라 남 보다 먼저 더하려면 이것도 결국은 그리스도의 사랑이 우리 안에 들어와야 가능합니다. 여성과 어린이와 소외된 자들이 사람대접 받지 못하던 시대에 황금률은 엄청난 사회혁신의 법이었습니다. 선을 악으로 갚는 세상에서 황금률은 16 세기 기독교인들이 최소한의 준칙으로 삼은 것이지요. "네 몸 만큼"이라는 말은 내가 한 만큼 가치를 재는 것으로 율법은 '한 만큼' 이지만 "서로(another = an+other) 사랑하라"에는 이미 타자(another)가 들어 와 있습니다. 비록 내가 자유로운 주체일지라도 타자에게에서 자신을 분리시킬 수 없습니다.[133]

1 세기에 선포된 예수의 윤리(새 계명)는 수 세기를 거쳐 오면서 많은 우여곡절을 거칩니다. 앤더스 니그렌은 아가페적 신학윤리, 폴 램지의 덕 이론, 조셉 플레처의 상황윤리, 본 훼퍼의 거룩한 세속성으로의 윤리학, 니버의 철저한 타락의 인간론과 사랑과 정의, 틸리히의 사랑, 정의, 힘의 균형, 마틴루터킹의 해방윤리, 리케르의 상생 철학, 응답의 무한연대책임을 주장한 임마누엘 레비나스까지 오는데 근 2천 년이 걸렸습니다. 유대인 레비나스(E. Levinas.1906-1995)가 말한 "나는 항상 타자보다 더 책임적이다."[134] 라는 21 세기의 상생철학은 예수의 윤리로 귀결됨을 봅니다. 쉽게 말해서 이런 거죠. "아, 2천 년 살아보니 2천 년 전 그 예수의 가르침이 맞는구나!"

상호주의에 대한 권리를 "서로" 존중할 때 최고의 윤리가 될 수 있다는 이것이 새 계명입니다. 황금률이 동등한 논리(logic of equality)라면 낯선 이웃을 비롯해서 원수를 사랑하는 것은 넘치는 논리(logic of superabundance)입니다. 전자가 윤리적이라면 후자는 종교적입니다. 일반성은 보편성과 구별됩니다. 원수를 사랑하는 것은 윤리를 보편화하는 것이지 일반적인 수준의 것은 아닙니다. 그래서 황금률만이라도, 그게 어딘데 라면서 윤리의 눈높이를 낮춰 봅니다.

126
타자(他者)윤리학

그리이스 사상에 기반을 둔 후설의 현상학, 하이데거의 존재론을 비롯해서 서양철학 전체가 개인을 고립시키는 철학입니다. 리쾨르는 "왜 하이데거는 횔더린(Holderin) 을 말하면서 예레미야는 말하지 않는가?"[135]

---

133 George Robinson. 2000. *Essential Judaism*. p.455. New York : Pocket books.

134 George Robinson 앞책. 456. 양명수. 2001. "근대성과 종교" p59~77. 서울: 이화여대 출판부.. Paul Ricoeur, *Figuring The Sacred*. 앞책. p109~ 112. 양명수. 1997. "호모테크니쿠스" 앞 책. p221.

135 횔더린 (Holderlin, Johann Christian Friedrich.1770~1843년)은 독일시인이며 헤겔의 영향을 받았다. 그는 자기가 가르친 제자의 모친과 사랑에 빠져서 작품을 쓰게 되는데 광기의 징후가 나타나서 만년에는 폐인이 되었다, 독일 실존주의 철학자 하이데거(Martin Heidegger;1889~1976)는 횔더린의 시에 매료했다. 히틀러 집권 시기에는 나치 독일을 공공연히 지지하는 발언을 자주했으나 패전 후 그의 정부였던 유대인 한나 아렌트의 변호로 처벌을 피했고 이후 5년 동안 학문 활동을 금지 당했다.

라며 신학자 하이데거에게는 윤리가 없다고까지 비판 했는데 그것은 서구 사회가 남에게 간섭받지 않고 독자적으로 판단하고 행동하는 개인의 자율성을 중요하게 생각했기 때문입니다. 하지만 마 5:38~42은 주체의식(자발적 의지)을 가지되 타자의 요구에 응답(responsible to)하라는 응답의 윤리입니다.

> 눈은 눈으로, 이는 이로 갚지 말라. 받은 만큼, 한 만큼, 되갚음은 세상 이치다.
> 오른편 뺨을 치거든 왼편도 돌려대라. 그의 분노에는 네 책임도 있다.
> 속옷을 가지고자 하는 자에게 겉옷까지 줘라. 그가 동사(凍死)하면 네가 죽인 것이 된다.
> 강제로 오리를 가자고 하면 십리를 동행해 줘라. 그를 거절한 만큼 너도 자유롭지 못하다.
> 구하는 자에게 주며 꾸러 온 자를 빈손으로 보내지 말라. 그가 가난한 것은 네가 가졌기 때문이다.
> 너희가 만일 선대 하는 자 만을 선대 하면 칭찬받을 것이 무엇이냐, 죄인들도 이 정도는 한다. 마 6:33 참고.

형제를 외면하는 무책임은 그를 죽이는 것이 됩니다. 율법시대에는 마을에 낯선 사람이 왔다가 죽으면 그가 죽음에 이르도록 방관한 마을 사람들도 공범의식을 가지고 대신 속죄했습니다(신 21:19). 그런데 남이야 어떻든 말든 관계없는 지금의 현대사회를 놓고 베르그송(H. L. Bergson1859~1941)은 "개인주의 주체철학이 전체를 망각하게 만들었다"고 합니다. 그래서 21 세기는 무한 연대책임을 주장하는 타자(他者)윤리학에 관심을 모읍니다. 제 2계명에서 보듯이 십계명은 개인의 책임을 간과하지 않는다는 점에서 책임윤리요, 3, 4대까지 라는 점에서는 유한책임입니다. 그런데 은혜는 천 대까지 라고 하셨으니 십계명은 가치를 판단하는 사랑이 아니고 가치를 주는 무한대의 사랑입니다. 하지만 타자 앞에 여전히 내가 있습니다. "오른뺨을 치면 더 맞고, 가자면 더 가 주고, 달라면 더 주는 사람은 분명 "뭔가 더 있는 사람"이요, 주인의식을 가진 사람이요 타자에게 응답하는 사람입니다.

 "개혁개정 찬송가 463장을 불러 보세요.

> 신자되기 원합니다. 진심으로, 진심으로.
> 신자되기 원합니다. 진심으로.
> 진심으로, 진심으로, 신자되기 원합니다. 진심으로.

> Lord I want to be a christian, in a my heart, in a my heart.
> Lord I want to be a christian, in a my heart.
> in a my heart, in a my heart.
> Lord I want to be a christian, in a my heart.

2장

이젠 삶, 생활윤리
Missio-Ethics

십계명은 하나님의 사랑이 자원이 되어 이웃을 사랑하려고
세상에 보내지는 신의 계율이요, 신성한 직업(Arbeit)입니다.
십계명이 직업이라고요?
이러한 세속화(secularization) 개념은 신자들의 삶이 세상에 보내져서
하나님의 뜻이 땅에서 성취되는 것을 뜻합니다.
하나님께 영광 돌릴 곳이 바로 세상이라고 보는 것이 세속화입니다.

"보라, 내가 세상 끝날 까지 너희와 항상 함께 있으리라."

이 약속 때문에 우리는 사랑하는 존재가 될 수 있습니다.

127
십계명의 세속화(Misso-Ethics)

십계명의 마지막은 이웃으로 마칩니다. 출 20:16, 17.
네 이웃에 대하여
네 이웃의 집
네 이웃의 아내
네 이웃의 소유.

1. 보냄의 윤리 (missio-ethics)

"엿새 동안 힘써 모든 일"을 하는 곳은 세상입니다. 십계명은 하나님의 사랑을 자원으로하여 이웃을 사랑하려는 목적을 갖고 세상에 보내지는 신의 계율(Arbeit)입니다. 십계명이 '이웃'이라는 단어로 마치는 걸 봐서 십계명은 적극적으로 하나님으로부터 바깥을 향합니다. 십계명은 세상에서 하나님 나라를 실현하는 것입니다.

2. 보냄을 받은 자와 보내지는 곳

"보라 내가 너희를 보냄이 양을 이리 가운데로 보냄과 같도다 그러므로 너희는 뱀 같이 지혜롭고 비둘기 같이 순결하라" 마 10:16.

보내진 사람은 양이고, 보냄 받은 곳에 사는 거주자는 이리다. 서로 만나면 안 될 사이로군.
"그러므로 너희는 뱀같이 지혜롭고 비둘기같이 순결해야한다."

양, 뱀, 비둘기, 이리가 벌판에서 만났다.
양은 사람 속에서 사는 미물이고,
뱀은 땅바닥을 기는 미물이고,
비둘기는 날개가 있어서 하늘과 땅, 즉 두 세계관을 가진 미물이다.
이리는 양의 탈을 쓰고 다닌다.
지혜롭고 순결한 양들의 대화 ; "이리는 우리의 밥"이다. 민 14:9 참고.

예수께서 둘씩, 둘씩 보내신 이유가 있어요. 순결한 사람은 융통성 있는 사람과 짝지으세요. 순결 + 순결한 커플, 또는 지혜+지혜 커플은 이리에게 가지 마세요. 순결 + 지혜로운 커플로 가세요. 왜, 요셉과 마리아를 배필로 정하셨는지 눈치채셨지요? 신의 계율을 이행한다는 고상한 뜻만 가지고는 험한 세상에서 살아남기 어렵습니다. "내가 세상 끝날 까지 너희와 항상 함께 있으리라"는 "네 편이 되겠다" 입니다.

128
초월윤리(meta-ethics)

1. 호세아

주전 8 세기, 낯 뜨거운 소문이 세간에 떠돌았어요. 이건 정말 세기의 추문이에요.

목사님이 창녀촌에 들락거리더니 창녀가 사모님 되어서 애를 셋 낳았답니다. 제 버릇 남 못준다는 말은 호세아의 사모님에게 딱 맞아 떨어집니다.

애 하나 낳고 가출하고,

애 하나 낳고 또 가출하고,

그럴 적마다 호세아는 애 들쳐 업고 창녀촌을 기웃거리며 헌금 받은 돈을 포주에게 주고 데려 옵니다.

그랬더니 애 하나 낳고 또 가출하고.

이 정도 되면 사역이고 뭐고 애 젖동냥 다니기도 바빴겠지요.

여러분의 생각에 누가 미친 짓을 했다고 보세요? 선지자의 사모님? 창녀와 사는 호세아?

이성과 신학으로 풀리지 않는 저, 미친 선지자! 그는 불륜, 부도덕, 이단, 삼단, 소리 들으며 손가락질을 받았을 것입니다.

그런데 이상합니다. 그의 목소리는 남 다른 호소력이 있었답니다.

"돌아오라 이스라엘!"

그의 인생 프로듀서가 여호와 하나님이었다는 이 사실이 윤리학자를 당황하게 만듭니다.

2. 삼손

호세아의 대 선배 삼손의 인생도 만만치 않습니다. 그의 도덕적 해이와 윤리의식 부재, 율법에 대한 무지, 기생집을 드나 들더니 3백 마리의 여우 꼬리에 횃불을 붙들어 매어 추수를 앞둔 밀밭에 풀어 놓았답니다. 1년 농사를 재로 만들었으니 이 사람의 난동을 어떻게 이해해야 합니까? 그 해에 밀과 빵값 폭동의 주범이 삼손입니다. 율법은 먹는 음식으로 장난치는 것을 금지했는데(신 20:19 참고) 그는 이걸로 그치지 않고 손해 배상 청구서를 박박 찢어 버리고(?) 자기 몸으로 배상하겠다더니 포승줄을 간단히 풀고 탈출을 감행한 비열한 사사. 여우 목도리 한 개에 얼마 하는지 지금 당장 인터넷으로 검색해서 300을 곱하기 보세요. 그런데, 이 성경을 보세요.

"여호와의 영이 삼손에게 강하게 임하니" 삿 14:6.

"여호와의 영이 삼손에게 갑자기 임하시매" 삿 14:19.

"여호와의 영이 삼손에게 갑자기 임하시매" 삿 15:14.

"마하네단에서 여호와의 영이 그를 움직이기 시작하셨더라" 삿 13:25.

이런 유의 난해한 윤리도식을 놓고 반성철학은 자신에게서 문제를 찾으려 한다면 정신분석학은 늘 잃어버린 무엇을 말하고 그것을 상징에서 찾으라고 하지요. 비상식적인 배타성을 인간 사유로 해석이 되지 않을 때 하나님의 구속사적 관점으로 보면 풀리는 듯합니다. 프로이드가 말한 상징(은유)으로 말이죠. 솔로몬의 술람미여인에 대한 애정행각을 그린 아가서를 놓고 신학자들은 인간을 향한 하나님사랑의 은유라고 해석합니다. 그렇게 보자면 삼손의 비이성적인 들릴라 사랑도 인간을 죽자, 사자 사랑하시는 하나님의 비의(非義)의 하말티아의 사랑을 들려주는 은유 같습니다. "세리와 죄인들의 친구"이고 "일곱 귀신 들렸던 마리아"의 남친(?) 스캔들, 설교가들이 말하듯이 삼손에게서 예수그리스도의 이미지를 봅니다.

3. 부자청년

예수께서 부자 청년에게 보이신 비 타협성은 기독교 윤리를 이해하는데 어려움을 줍니다. 사람들과 결별하고 재산을 다 처분해야 하는 이 배타성은 관용을 외면합니다. 이러한 특징은 이분법적 사유를 불러와 대립과 갈등을 안게 됩니다.[136] *이 책의 번호 147을 읽어보세요.

4. 지혜로운 청지기

눅 16:1~31은 주인 재산을 낭비한 청지기가 칭찬받은 난센스 이야기입니다.

네가 내 재산을 마구 낭비 한다며? 사실이로군.

해고당하게 된 청지기는 채무자들을 불렀다.

-내 주인에게 얼마나 빚을 졌지요? 기름 백말입니다.

-이 차용 증서에 오십이라 쓰세요. 50% D.C.

그 다음 분, 들어오세요!

-밀 백 석? 당신의 차용증서에 팔십이라 쓰세요. 20% DC.

136　박충구, 1994. 「기독교 윤리사」 서울:대한기독교서회.55면.

"주인이 이 옳지 않은 청지기가 일을 지혜 있게 하였으므로 칭찬하였다" 눅 16:8.

위의 이야기는 율법이 말하는 희년(면제년)제도를 알아야 이해되는 부분입니다. 희년이 되면 이자는 커녕 원금도 싹 탕감해 줘야 합니다. 면제년이 되기 전에 적정선에서 주고받는 것이 피차 현명합니다. 게다가 이 청지기는 똑같이 50% DC가 아니라 서류면접 상담검토(?)후에 능력별 비례제, 즉 바터제로 할인혜택을 주어서 돈 받아 낸 이것이 칭찬 받을 지혜입니다. 형편이나 능력을 고려하지 않고 똑같이 50%를 일률 적용하는 것은 근대철학이 말하는 합리적 정의입니다. 예수의 정의는 헤겔의 "되갚음"이나 황금률즉, 분배의 정의를 초월합니다. 희년제도는 합리성을 초월한 메타윤리입니다.

5. 마 20:1-16 포도원 품꾼의 비유

-임종 직전에 신앙고백하고 낙원에 들어간 강도.
-이름이 유다인걸 보니 모태신앙같은데 죽자사자 예수님을 따르다가 막판에 배신한 유다.
천국가면 이런 말 나오지 않을까요? 강도는 나쁜 짓만 하다가 임종 10초 전에 믿고 왔는데 종일 수고와 더위를 견딘 우리와 같게 하였나이다.

니그렌(A.Nygren)이라는 윤리학자는 마 20장의 포도원 일꾼의 비유에서 나중 온 사람들에게는 관대하고 선량한 주인이지만 아침부터 나와서 일 한 사람들이 볼 때는 악덕 고용주가 아닌가? 그들의 항의는 정당한 저항이 아니냐는 질문을 합니다. 이런 니그렌이 한방 먹습니다. "내가 선하므로 네가 악하게 보느냐?"

에밀 브루너는 이 비유의 본질이 이 세상 질서와는 대립되는 복음적 정의라고 말합니다. "하나님은 사람의 선행, 미덕, 자애 또는 가치 때문이 아니라 사랑을 주는 것이 그의 뜻이다."(에밀브루너. p154). 따라서 나중 온 자 들에게 같은 몫을 지불한 것은 사랑에 근거했다고 주장합니다만 저는 계약의 측면에서도 정당했다고 봅니다. 먼저 온 자는 "하루 한 데나리온씩 지급하겠다"는 계약을 했고 후자들은 "상당하게 주겠다"는 계약을 했습니다(마 20:4). 예수님 당시 유대인들의 가치는 '정의'입니다. 정의는 거저 주는 일은 없습니다. 한 만큼입니다. "몇 시부터 몇 시까지." 시간을 준수하면 됩니다. 계약대로 주는 지불은 정의입니다. 정의는 합리적이고 누구나 이해될 수 있습니다. 사랑은 이해할 수 없는 것으로 알지만 사랑도 주인의 기준(right)이 있습니다. "상당하게 주겠다"라는.

"네 것이나 가지고 가라 나중 온 이 사람에게 너와 같이 주는 것이 내 뜻이니라. 내 것을 가지고 내 뜻대로 할 것이 아니냐 내가 선하므로 네가 악하게 보느냐" 마 20:14, 15.

129
무한 책임

case 1

유아 실에 들어오니까 방이 엉망이다.

누가 이랬니? 내가 안 그랬어요.

어지럽힌 사람이 치워라, 나만 안 그러면 된다.

나만 잘하면 된다. 이것은 개인책임responsible for이다.

case 2

북극의 얼음이 녹는 것은 노르웨이 사람들의 책임이 아니라 반대편에 살고 있는 나라도 책임이 있다.

그러니 같이 책임지자. 같이 치우자.

이것은 연대책임(무한책임), responsible to 이다.

case 3

남의 돈 빌리는데 소질 있는 과부가 엘리사를 찾아와서 울고 하소연한다.

"쌤, 남편이 죽고 빚쟁이들이 아들 둘을 노예로 데려 가겠다고 독촉합니다. 나, 과부예요."

시대의 해결사 엘리사가 어떻게 했을까?

if

마담, 그 채권자 이름 뭐지? 그 포주 어디사니?

엘리사가 그 채권자를 찾아가서 책망한다.

이 무식한 인간, 너, 천벌 받으려고 환장했구나! 과부의 아들을 인신매매 하려 들어?

신27:19, 딤전5:3읽어봐, 과부에게 어떻게 하라고 했지?

엘리사 선생님은 채권자 앉혀 놓고 레 22:22, 신 10:18, 16:11, 24:17, 24:21, 26:12, 시 7:11로 과부에 대한 족집게 성경과외를 시켰다. "고아와 과부율법." 드디어 성령의 역사(?)가 나타났나 보다.

포주의 입에서 술술 고백이 나온다. "과부의 재판장이신 주여! 회개합니다. 빚 포기 하겠습니다! 주여, 과부의 가산을 삼키려 한 이 죄인을 사하여 주옵소서. 빌려 준 돈 포기 각서 쓰겠습니다!" 할렐루야~

이것은, 무책임이다.

fact 왕하 4:1~7.

마담, 당신에게 뭐가 있소? -기름 한 병 있습니다.

빚을 아무나 주니? 돈 빌리는 소질 있나봐? 마담이 마을주민과 잘 지내고 신용을 얻었다면 얻은 만큼 그릇을 빌릴 수 있겠지. 사람 사이에 쌓인 신용만큼 하늘 곳간의 기름이 쏟아질 거요.

과부는 시키는 대로 했다.

―쎔, 간증하러 다닐까요?

이것아! 기름 장사나 해라! 기름 팔아 빚부터 갚아!

"빚 청산하고 남은 것으로 너와 네 두 아들이 생활하라."

이것은 책임이다.

독일의 루터교 목사인 본 훼퍼(D. Bonhoeffer)는 책임은 남을 향한 응답(response)이라면서 기독교 윤리는 'responsibility'에서 출발한다는군요. 영국의 기독교 윤리학자 두마(Douma)는 그의 책 *"Christian Morals and Ethics"*에서 "하나님과 이웃에 대해 인간이 얼마나 책임성 있게 행동해야 하는지를 성찰하는 일이 기독교인의 윤리"라고 했습니다.

십계명은 "살인하지 말라 그러면 너 죽는다"고 하지 않았습니다. 조건 절 없이 우리가 결단해야 할 책임과 제로 두셨습니다. 세상에서 일어나는 일들은 나와 무관하지 않습니다. 세상이 난장판 되는 것은 기독교인에게도 책임이 있습니다.

130
은을 얻으려고 금을 버린 사람

성경기록의 순서로 볼 때 성경학자들은 이 날이 예수께서 죽으시기 꼭 일주일 전으로 파악한다. 그렇다면 베다니 시몬의 식사초대는 안식일만찬의 초대다. 안식일 식사에서 마리아가 향유를 부어드렸다. 유대인들은 안식일을 보내는 마지막 시간(=모짜에이 샤빗)에 향을 맡는 의식이 있다. 따라서 이것은 특별한 의미가 있다고 말씀하셨다. "내 장례를 미리 준비한 것이다." 예수께서 세상에서 드시는 마지막 안식일 식사에 부어드린 이 향유는 한 주 후, 죽으시고 장례되실 것을 내다 보신 말씀이다. 그런데 거룩한 이 안식일 만찬에서 왠 짜증? "저 번에는 '재산 다 팔아서 가난한 사람에게 나눠 주라'고 해서 황금 알을 놓치더니 지금은 자기 몫을 챙겨야 한다며 20000000원 상당의 향수를 혼자 다 자기 발에 부셔 버렸어! 짜증나 정말!"

예수님은 부자 청년에게는 가난한 사람에게 주라고 해서 하나님을 우선하라는 그의 원칙을 깨뜨리셨고[137] 옥합을 깬 여인에게서는 가난한 자는 "너희들 곁에 항상 있다."며 이웃에 대한 평소의 그의 원칙을 깨뜨리시

---

137   어려움에 처한 사랑하는 사람에게 주어야 하나? 전혀 모르는 가난한 이웃에게 주어야 하나? 유대주의에서 이 갈등은 상황 윤리적 선택이 아니다. 전자라는 원칙이 세워져 있다.

며 자기 몫을 챙기셨습니다(눅 7:39 참고). 이래저래 한 푼 못 챙긴 헌금위원 유다는 그 날 짜증낼 만합니다. 20000000원 짜리 향수야!

합리적 계산에서 향수사건은 지탄을 받습니다. 유다는 이웃사랑을, 예수는 사람을 뒤로 미루셨습니다. 양명수는 "이것은 첫 째와 둘 째라는 원칙적인 규범의 순서를 따르신 것이라"고 합니다. 20세기 도덕적 판단능력 테스트로 유명한 콜버그(Lawrence. Kohlberg)는 규범 적(normative) 기능을 치우고 이성으로 도덕을 논하자고 했습니다. 도덕이란 상황에 따라 움직이는 것(paedagogisch)이라야 한다는 주장입니다. 그런데 그의 "덕 주머니"제거 이론은 사회적으로 많은 문제를 야기시켰습니다. 질문이나 인간사유로 선함을 결정하는 것이 아니라 하나님이 무엇을 원하시는가?를 무시한 결과입니다. 덕주머니를 버린 콜버그나 예수님을 버린 유다처럼 사람들은 은을 얻기 위해서 금을 버립니다.

개혁파 목사의 아들로 태어나 현대신학의 아버지로 추앙받는 슐라이어막허(F.Schleirmacher. 1768~1834)는 "종교의 본질은 절대의존의 감정이다. 기독교에서는 이 감정이 죄의식을 털어 놓고 예수 그리스도와 연합한 구속에 의해 독특하게 모양 지어진다. 절대 의존의 느낌은 생각과 행동을 자극하는 충동이 된다. 하나님을 사랑하는 신앙의 동기에서 우리는 이웃을 사랑할 윤리적 충동과 동기를 찾는다"고 말합니다.

옥합사건이 보여 주듯이 예수님은 규범윤리의 순서에 충실하셨습니다. 규범은 간단히 순종이냐 불순종이냐는 두 가지 뿐입니다. 인간이 하나님의 선하신 뜻을 식별하는 첫 번째 자료는 자기 경험이나 이성이 아니라 하나님이 이미 명령한 대로 규범에 비추어 식별해야 합니다. 그리고 "하라" 고 명령하는 복음도 규범입니다. 규범은 죄 짓기 전에 예방적 차원에서 절대적 장치입니다. 율법 준수 자에게는 실천적 (paedagogisch)기능을 강조하셨고 옥합을 깬 여인을 통해서는 믿음을 강조하신 이 대조적인 케리그마가 보여 주는 것은 은혜시대에도 십계명의 순서는 절대적으로 항존 적임을 예수께서 강조 하셨다는 점입니다. 유다가 말하는 구제 사업은 특별한 일이 아니라 항상 해야 하는 당연한 일입니다. 주님은 일생에 한번은 하나님께 "힘을 다해" 드리는 것을 기억하시겠다고 하셨습니다.

옥합은 이미 깨졌는데 이 상황을 정죄한다고 달라지는 것은 없습니다. 계명은 뒤 늦은 수습차원이 아니라 예방적 차원에서 조기 학습되어야 합니다. 유아들에게 "훔치지 말라." "간음하지 말라."고 가르치는 것은 예방적 차원에서 중요하기 때문입니다. 규범은 정죄가 아니라 범죄를 예방하는 차원에서 존재합니다.

 알고가기

구약시대는 우상 신전에서 성(sex)제사를 드리는 사제들을 '창기, 또는 창녀'라고 했습니다. 여리고의 창기 라합은 노련한 거짓말 선수에다가 십계명은 배운 적도, 알지도 못하는 초신자 입니다. 그러한 초신자를 9계명의 본 받을 모본으로 삼는 것은 현명하지 않습니다. 약 2:25과 히11 : 31의 문맥을 잘 보면 우상 숭배자였던 창녀 라합이 우상을 버리고 하나님을 참된 신이라고 믿은 "믿음" 이요, 율법부재에서 결단력있게 행동한 행위의 믿음을 칭찬한 것입니다.

131
기독교윤리의 총서 십계명(Ethical Decalogue)

십계명은 기독교윤리의 총체적인 문집입니다.
자유, 품행, 인권(서문), 개인존중(1), 인간존엄(2), 오블리스 노블리제(3), 성평등(4), 노동(4), 아동보호(4), 동물보호(4), 생태(4), 효(5), 생명(6), 성윤리(7), 사유재산보호, 근면, 경제(8, 10), 인권, 정직(9), 나눔(10)들.

서문 인권윤리

종에서 자유인이 된 인권회복의 계명입니다. 우리의 품행이 왜, 남달라야 하는가? 창조주 하나님의 자녀라는 신분이 나를 남다르게 만듭니다. 우리는 무한 은총의 수여자입니다.

1계명 개인존중윤리

집단에 소속되어 개인이 없던 중세에 개인을 존중하고 개별적 인격체로 보게 된 주체철학은 종교 개혁이 유일신 한분 하나님을 보는 시각에서 기인했습니다. '나'라는 주인의식이 1계명에서 왔습니다.

2계명 인간존엄윤리

2계명은 인간이 만물의 영장으로서의 존엄한 가치를 일깨우는 계명입니다. 우상을 숭배하는 것은 인간이 하등존재로 전락하는 것입니다. 2계명을 지키는 자는 흰 돌(white stone)을 받는다(계2:12~17).

3계명 오블리스 노블리제

3계명의 명령으로 인해 하나님의 자녀답게 기품 있고 품위를 지키는 오블리스 노블리제 정신을 가져 다 주었습니다. 망령된 행실로 하나님 아버지의 명예에 오점을 남긴다면, 그것은 곧 그 장본인의 명예를 실추시키는 것이 됩니다. 세상을 섬기고 봉사하는 선행은 기독교인의 정신입니다.

4계명 5대 윤리

인간평등 윤리

성경이 받는 오해 중에 "여성비하"를 들어서 비난하지만 십계명이 부여한 여성의 지위를 본다면 그러한 오해가 잘못된 시각임을 단박에 알 수 있습니다. 4계명은 "네 아들이나 딸이나 남종이나 여종이나"동등하게 노동과 안식과 인권 평등의 지위를 줍니다. 4계명과 매치되는 열째의 계명은 "네 아내"라고 하지 않고 "네 이웃의 아내"라고 해서 여성이 남성의 소유물이 아님을 명백히 문서화 했습니다. 우선 십계명(아쉐렛 하디브롯)과 안식(샤밧)이라는 히브리어 단어가 여성명사입니다.[138] 4계명은 타락이후 깨어진 창조질서와 안식을 '창조하라' 입니다. 여성은 창조의 주체 자들입니다.

노동윤리

하나님은 안식일에 지금도, 지금까지(hitherto)일을 하십니다. "내 아버지께서 이제까지 일하시니 나도 일한다. My Father worketh hitherto, and I work" (kjv. 요5:17). workth 는 work ethic(근로윤리), 다시 말해서 근로를 선으로 보는 윤리관은 예수에 의해서 명료해졌습니다. 안식일에 아기가 태어나고, 영혼을 데려가시는 사역을 하십니다. 남종과 여종, 일용직 나그네가 주인과 동등하게 쉴 권리를 부여한 4계명의 노동법은 이윤추구와 착취의 도구로만 여겼던 당시의 사회의 대 혁신입니다. 노동자들은 엿새 동안 최선으로 주인을 위해 봉사하고 주인과 동등하게 휴식할 권리가 있습니다. 4계명으로 인해서 주가 생기고 , 노동법이 제도화 되었습니다.

생태윤리

하나님이 창조한 세계관 속에서의 인간의 역할은 다스리고 정복하라고 위임받은 영역에서 만이 겸손한 수종자가 되는 것입니다. 4계명은 하늘과 땅과 바다와 그 가운데 있는 모든 것을 창조하신 창조주의 주인이 자연계에 부여하신 생태계의 질서를 잘 보존하고 평화를 지키라는 명령입니다.

아동보호윤리 / 아동학대금지

4계명은 아들, 딸은 물론이고 남종, 여종, 더 나아가 여종의 자식들에게까지 이레에 하루는 아무 일도 시키지 말라고 하셔서 아동 착취나 학대를 금지 하셨습니다. 여종의 자식은 가장 비천한 신분을 상징합니다. 그런데 안식일은 주인의 아들딸과 동등한 지위를 얻게 되고 평등한 대접을 받습니다(출 23:12 참고).

동물보호/ 동물학대금지

농경 사회에서 노동력의 수단인 가축, 짐승에게까지 안식의 권리를 부여하시고 인간은 이 명령을 지키므로 이 날을 복되고 거룩하게 만들 수 있다고 하셨습니다(출 20:8~11, 출 23:12).

5계명 가정윤리

---

138   히브리어 단어들은 남성과 여성명사로 성(性))을 구분한다. 언어란 존재하는 것이다. 말은 곧 로고스요, 생명이다.
'아쉐렛 하드바림'이라고 할 때 이를 직역하면 '신명기가 열개'라는 말로 해석되므로 십계명은 여성명사화 한 듯하다.

성경은 하나님과 부모에게 "경외하라"는 동일한 단어를 사용합니다. "너희 각 사람은 부모를 경외하고 나의 안식일을 지키라. 나는 너희의 하나님 여호와니라"(레 19:3). 경외란 신학적 개념에만 머물지 않고 세상에서 사는 삶입니다. 고용주가 종이나 직원을 엄하게 부리지 않는 것(레 25:36), 누인을 공경하는 것, 이웃을 속이지 않는 것, 과도한 이자를 받지 않는 것, 신체의 약점을 가진 사람들에게 호의적인 태도가 여호와를 경외하는 것입니다(레 25:17참고). "경외(fear, respect)"를 뜻하는 히브리어 "이르에" 는 "하나님을 본다"는 뜻입니다. 라틴어로 "비디오"이고, 영어는 "다시 본다(re + spect)" 또는 "fear(두려워하다)"라고 번역했습니다. 이처럼 부모와 어른을 대하는 태도가 마치 하나님을 보듯이 진지해야 함을 말합니다.

6, 7, 8, 9, 10계명

6계명은 생명윤리, 7계명은 성윤리, 8계명은 직업윤리, 경제윤리, 사유재산보호와 소득분배의 균형을 명령하는 계명입니다. 경제 활동이란 이익기반이 아니라 경세제민, 즉 사람을 살리는 경제활동을 통해 더불어 사는 세상을 만들라는 것입니다. 9계명은 정직과 공정성에 기반을 둔 소통윤리, 10계명은 근면 자족윤리입니다. 그의 남종이나 그의 여종이나 그의 소나 나귀나 무릇 이웃의 소유를 탐내지 말라고 하셨는데 하등의 미물에게조차 탐욕의 대상이거나 탐할 물건이 아니라 우리의 "이웃"으로 보라는 것입니다.

정리하기

"또 주의 종이 이로 경계를 받고 이를 지킴으로 상이 크니이다" 시 19:11.

율법이 우리를 그리스도께로 인도하는 초등교사(갈 3:24)라는 말은 가장 기본적인 것을 쉽게 가르쳐서 이치를 깨우치게 한다는 뜻입니다. 십계명은 누구나 다 아는 상식적인 내용들입니다. 돌판은 평범하고 흔한 소재입니다. 시내 산도 그리 대단한 산도 아닙니다. 건강한 사람이라면 숨 쉬는 것이 얼마나 쉬운가요? 위대한 우리의 창조주 하나님은 평범한 일을 통해서 위대하게 하십니다.

서문, 1~10계명을 기독교 윤리의 관점으로 정리하면 아래와 같습니다.

계명	케릭터	기독교 윤리
서문	종에서 자유인으로. 구속의 무한 은총	인권윤리. 자유의 책임윤리
1계명	유일성, 한분 하나님	개성존중 윤리
2계명	우상숭배, 질투(분노), 심판, 형벌, 사랑, 은혜.	인간존엄 윤리

3계명	심판, 의무와 권리, 존귀와 영광	명예존중, 오블리스 노블리제
4계명	창조, 안식, 복, 거룩	노동, 생태, 남녀의 성평등 윤리. 아동보호윤리, 생태계보호와 동물학대 금지윤리
5계명	복의 근원, 예절, 생명, 영생	사회적 기초가 되는 가정, 인륜, 효윤리
6계명	사랑, 생명존중	생명윤리
7계명	순결, 정조	성윤리
8계명	사유재산 보호, 근면	직업윤리, 사유재산보호윤리, 소득분배윤리, 기부윤리
9계명	정직, 정의	소통, 관계윤리
10계명	절제, 자족 , 비전	자족(만족)윤리, 경제윤리

노아는 왜, 한사람이라도 더 방주에 태우지 못했을까요?

그는 한명이라도 더 태우려고 아브라함처럼, 모세처럼 하나님과 타협 할 수는 없었을까요?

유대 철학자들은 노아와 모세를 대비시켜서 이러한 논리를 끌어 냅니다.

"노아 방주는 두 배로 고립되었다. '역청을 그 안팎에 칠하라'창6:14. 성경이 이 점을 지적하는 이유가 뭘까? 노아는 그의 도움을 필요로 하는 사람들 사이에서 살았다. 하지만 노아의 방주는 안팎이 마치 누에고치처럼 견고했다. 그것은 노아가 어떻게 자신을 안과 밖으로 고립했는지 알 수 있다. 그는 그 주변사람들에게 영향을 받지 않았을 뿐 아니라 다른 사람에게 영향을 주려고도 하지 않았다. 그는 나머지 세상이 소실되든지 신경 쓰는 것처럼 보이지 않았다.

반면, 모세의 방주는 밖으로부터 고립되었다. 그는 주변의 부정적인 압력으로부터 영향 받지 않았다. 그러나 그는 다른 사람들에게 영향을 줄 수 있었다(영향을 줄 의지가 있었다). 그는 도움이 필요한 사람들에게 갔다.

하나님은 때때로 우리를 강타하는 악한 바람으로부터 우리 자신을 보호할 수 있는 모든 것을 할 수 있기를 기대하시고 또한 우리가 세상으로 나가서 우리를 원하는 사람들을 돕기를 기대하신다는 것을 배운다.

"할렐루야" 노래를 한글. 영어. 히브리어로 불러 보세요.

할렐루, 할렐루, 할렐루, 할렐루야 ~ 주 ~ 찬양해

주 찬양해, 할렐루야 (3회 반복)

주 ~ 찬양해.

Hallelu, Hallelu, Hallelu, HalleluJah ~ Praise to the Lord

Praise to the Lord, HalleluJah(3회 반복)

Praise to the Lord,

할렐루, 할렐루, 할렐루, 할렐루야 ~ 쉐 ~ 바흐, 라엘

쉐 ~ 바흐, 라엘, 할렐루야(3회 반복)

쉐 ~바흐, 라엘.

*쉐바흐 = 찬양하다. 라엘= 하나님께

개역개정찬송가 289장 "주예수 내 맘에오심" 후렴을 한글. 영어. 히브리어로 불러 보세요.

주 예수 내 맘에 오심(2회 반복)
물밀듯 내 맘에 기쁨이 넘침은
주 예수 내 맘에 오심.

Since Jesus came in to my heart (2회 반복)
Flood of Joy o'er my soul like the sea-bil-lows roll
Since Jesus came in to my heart.

예슈아 니크나스 엘 리비'(2회 반복)
심~ 카 베샬롬 모실림 비키르비
키 예슈아 니크나스 엘 리비'.

*심카 = 기쁨 /모실림 =(기쁨과 평안이) 충만하다 /키르비= 내 가까이 / 엘 리비= 내 마음안에.

7부.. 다시 보는 십계명

첫 번 돌판은 하나님이 판을 만드시고 글씨도 하나님이 새겨 쓰셨어요,

마음, 목숨, 힘 다해서 만든 하나님의 완전한 수공품이에요,

구원은총이 선물이듯이 첫 번 돌판은 인간의 노력이 개입되지 않은 선물입니다.

두 번째 돌판은 모세의 수고가 들어 간 돌판에 하나님이 글씨를 새겨 쓰셨습니다.

사람과 하나님이 협력관계가 되었습니다.

유대사회에는 십계명 (The ten commandments)로 해석되는 용어 자체가 없습니다.

신약성경에서 "아버지의 계명"이라고 할 때는 십계명을 뜻합니다.

"예수가 계명이라고 말한 것은 십계명을 뜻한 것이다."J. W .McClendon.Jr. 2002.

Ethics. p183.

1장
여호와의 아이덴티티

1,969년 7월 16일이 무슨 날인지 아세요?
우리나라 6. 25전쟁당시 제트기 조종사로 참전했던 닐 암스트롱(Neil Armstrong)이 달에 첫 발을
디딘 역사적인 날입니다.

그럼, 주전 1,450년 6월 3일 아침이 무슨 날인지 아세요?(대략입니다)
창조주 전능자 여호와의 시내 산 도킹(docking)!

그 분의 생기가 산자락을 적시고 여호와의 로고스(말씀)는 전 우주로 퍼져 나갔습니다.
이 역사적인 순간을 성경은 이렇게 회고합니다.

"시내 산에 연기가 자욱하니 여호와께서 불 가운데서 거기 강림하심이라

그 연기가 옹기 가마 연기 같이 떠오르고 온 산이 크게 진동하며" 출 19:18.

"여호와께서 이 모든 말씀을 산 위 불 가운데, 구름 가운데, 흑암 가운데에서

큰 음성으로 너희 총회에 이르신 후에 더 말씀하지 아니하시고

그것을 두 돌판에 써서 내게 주셨느니라" 신 5:22.

132

여호와의 수공품

십계명은 예수를 믿은 사람이 맨 먼저 배워야 할 성경이다.

십계명을 누가 썼는지 본 사람은 모세 외에 아무도 없습니다. 하나님이 쓰셨다고 정말 믿으세요?

성경을 역사적 모형(historical prototype)으로 이해하는 사람들은 "성경은 하나님이 초자연적으로 계시한 산물이 아니라 편집자들의 산물"이라고 말합니다. 이를테면 여호와의 시내 산 착륙 설을 전면 부인하는 것이지요. 과연 편집자들의 손을 거치며 십계명은 하나님의 작품으로 포장 된 걸까요? 모세가 쓴 것을 하나님이 쓰신 줄로 우리가 속고 있는 걸까요?

모세가 "돌판을 던져서 박살냈다!"

이 문장이 진실 여부를 가리는 단서입니다. 자기 손으로 40일이나 걸려서 피로 쓴 작품은 던져 버리지 못합니다. 농사를 지어 본 사람은 쌀 한 톨도 귀한 줄 알아서 쉰밥도 물에 빨아 먹습니다. 하나님이 주신 것을 거저 받은 모세이기에, 쉽게 깨지는 재질인 것도 모르고 내 던진 걸 봐서 십계명 제작자와 글 쓴 이는 분명 모세가 아닙니다. 그럼, 분명 하나님입니다. 그러니 십계명은 예수 믿자마자 맨 먼저 배워야 할 성경입니다. 모세가 아니라 온 만유의 주되신 하나님이 자기 영혼으로 써 주셨기에. 예수께서 십계명 원본에 손을 대셨다는 것은 그 분이 바로 십계명 저자임을 증명합니다(마5:21-48 참고). 다시 말하지만 십계명은 하나님께서 직접 새겨 쓰셨다는 말을 성경은 무려 7차례나 언급하며 또한 십계명처럼 많은 별명을 가진 교본도 보기 드뭅니다. 돌판이라는 명칭이 17번, 십계명이 3번, 증거 판이 6번, 계명이 135번, 아버지의 계명 1번, 하나님의 계명이 1번, 하나님의 말씀이 7번 기록되었습니다.

 '엄지 어디 있소' 리듬에 맞춰 불러 보세요.

Where is the Ten Commandments?(2회 반복)

Here I am (2회 반복)

How are you today

very well thank you

Let us study (2회 반복)

*study에 pray, sing, share를 넣어서 불러 보세요.

	돌판 Tablets of stone		하나님이 새겨 쓰셨다	십계명 the ten commandments	증거판 two tablets of the testimony	계명 135회	
						아버지의 계명	하나님의 계명
	17회		7회	3회	6회	1	7
1	출 24:12	신 9:10	출 24:12	출 34:28	출 16:34	요 15:10	시 119:115
2	출 31:18	신 9:11	출 31:18	신 4:13	출 25:16		마 15:3
3	출 34:1	신 9:15	출 32:14-16	신 10:4	출 25:21		막 7:8
4	출 34:4	신 9:17	출 34:1		출 31:18		막 7:9
5	신 4:13	신 10:1	신 4:13		출 32:15~16		고전 7:19
6	신 5:22	신 10:3	신 5:22		출 40:20		계 12:17
7	신 9:9	왕상 16:17	신 9:10				계 14:12
8	고후 3:3	대하 5:10					
9	히 9:4						

133

소통의 face book

죄 때문에 우리는 만나서 해결해야 할 사이다.

"얼굴과 얼굴을 마주하고, 사람이 자기친구와 이야기함같이 여호와는 모세와 대면하여 말씀하
시며" 출 33:11요약.

십계명은 서로 부르고 찾는 가운데 거룩한 뜻이 드러 났습니다. 십계명은 하나님과 인간이 대면하여 입김
(영)으로 맺어진 생명언약입니다. 죄를 지은 인간에게 하나님은 찾아 오시고 죄인은 하나님을 찾는 관계가
되었습니다. 죄 때문에 우리는 만나서 해결해야 할 사이입니다. 선악과가 하나님과 아담의 관계를 연결하는
듯이 십계명이 그렇습니다. 십계명이 하나님과 인간사이에 소통의 길을 열어 주었습니다. 하나님은 말하시
고 인간은 화답하는, 하나님은 용서하시고 인간은 고백하는. 얼굴보고 말하는 그런 관계. 십계명은 하나님
과 인간이 만나는 소통의 face book입니다.
21세기의 최 첨단 정보사회에 와서야 비로서 입에서 나온 '입말'이 사라지지 않는다는 사실을 우리는 실감
합니다. 십계명은 하늘과 땅이라는 두 증인의 입회 하에 '소리'로 맺어진 계약입니다. 하늘이 알고 땅도 알고

세상이 다 아는 말씀이 십계명입니다.

"내가 오늘 천지를 불러 증거를 삼노니" 신 4:26 일부분.
"내가 오늘 하늘과 땅을 불러 너희에게 증거를 삼노라" 신 30:19.

134
십계명의 주민등록증

맞춰보세요. Guess Who I am?

본명: 이 말씀들
생년월일: 창조 후 2,448년 시반월(6월) 셋째 날 아침출생(추론)
나   이: 3,773세 (2,021년을 기준)
본   적 : 하나님나라
출 생 지; 시내 산
D N A; 여호와
유   모; 모세

누구일까요?

"여호와로라, 여호와로라" 출34:6요약.

* 나이계산 = 이 책 21번. p48에 있습니다.

 'Happy birth day to you' 리듬으로 불러 보세요

   happy birth day to you
   happy birth day to you
   happy birth day dear(darling)십계명
   I like you so much.

135
십계명의 본명

십계명의 본명은 "이 말씀들"입니다(출 34:27). 히브리어로 직역하면 "당신의 입에서 나온 말씀들(이메레이 페카; The Words of Your Mouth)"입니다. 성경은 십계명을 제1은, 제2는, 이라고 해서 열 개의 구문으로 구분하지 않습니다. 전 문장을 통틀어서 "이 모든 말씀들" 이라고 했습니다. 유대 주석가 라시는 신 6:6의 "내가 네게 명하는 '이 말씀들'을 부지런히 가르치며"에서 '이 말씀들'이란 토라와 십계명이라고 해석했습니다.[139] 그것은 십계명이 토라와 동등함을 강조하기 위한 어법이며 또한 최고의 높은 권위를 십계명에 주는 때문이랍니다. 유대 주석가들에 의하면 성경에서 "말씀"이, 이 말씀들 즉, 복수로 쓰이면 십계명을 뜻합니다. 예를 들면 시편 138:4의 히브리어 직역은 "여호와여 땅의 열 왕이 주께 감사 할 것은 저희가 주의 입의 말들(=십계명; 이메레이)을 들음이오며"입니다. "주의 입의 말들"은 십계명으로 읽습니다.
"여호와는 나의 분깃이시니 나는 '주의 말씀들 (이메레이)'을 지키리라 하였나이다"시 119:57. 이 본문을 히브리어 성경은 이렇게 읽습니다. "여호와는 나의 분깃이시니 나는 십계명을 지키리라 하였나이다." 이러한 해석이 가능한 근거는 십계명의 본명인 '이 말씀들'에서 기인했기 때문입니다. 오늘 날에는 십계명은 2가지 명칭으로 부릅니다.

1. 열 마디 말씀(명령)

히브리어 = 아쉐레트 하디브롯

희랍어 = 데칼로그 (Deca +logue ; Deca = 열, logue = 말)

영어 = The Ten Words.

"열 마디 말씀(명령)"이라는 명칭이 기독교 세계에서 대표적인 이름으로 뽑힌 것은 2세기부터입니다. 이것은 유대 세계에서 전승해 온 명칭을 따른 것이지요. 고대 이집트의 알렉산드리아는 학문과 상업 도시를 형성하고 지중해 건너편에서 온 헬라, 로마인들이 거주했습니다. 여기에 거주하던 유대인 중에 필로 (A. Phillo)라는 철학자로부터 들은 "열 마디 명령들(아쉐렛트 하드바림)"을 "데카로기 (Deka logoi)"라고 직역해서 사용했습니다.
2세기경 이레니우스와 알렉산드리아의 클레멘스라는 교부가 있었습니다. 그 두 사람은 출 34:28, 신 4:13, 10:4를 놓고 마소라 본문과 그리스어 칠십인 역을 비교했습니다. 그리고 열 마디 명령들(아쉐렛 하드바림)을 채택했습니다. 교부들에 의해서 기독교는 '데카로그'가 대표적인 명칭이 되었답니다.[140]

---

139 개역개정성경이 "이 말씀"으로 번역했는데 히브리어 원문은 "이 말씀들(드바림)"이다.
     영어 성경들도 "이 말씀들"이라고 해서 복수(pl)명사로 번역했다.
140 박요한. 2002. "십계명" p11. 서울; 가톨릭대학 출판부.

2. 십계명 The Ten Commandments

한글번역성경에서 "열 마디 명령"을 "십계명"으로 표기 한 것은 영어성경번역본을 따른 것입니다. 바톤이라는 신학자는 영어 성경이 십계명을 "The ten words"로 번역한 것은 엄밀히는 맞지 않는다며 "The ten sentences"라는 것이 더 정확한 표현이라는 주장을 합니다.[141]

136
십계명에 있는 낱말

부모공경, 살인, 간음, 도둑질, 거짓증거, 탐심. 이런 단어가 바른생활 책과 도덕과 윤리 과제장에, 항상 나오는 단어라는 것 아시지요? 십계명에 나오는 단어들은 얼마나 될까요?[142]십계명을 기록한 출 20:1~17의 히브리어는 총179개의 낱말로 이루어져 있습니다.[143]

히브리어와 한글 낱말(단어)비교

	서문	1계명	2계명	3계명	4계명	5계명	6계명	7계명	8계명	9계명	10계명	합계
히브리어		23	43	17	55	15	2	2	2	5	15	179
한글	18	8	59	18	63	13	3	3	3	7	22	215

히브리어 한글 문자 (어휘) 비교

	서문	1계명	2계명	3계명	4계명	5계명	6계명	7계명	8계명	9계명	10계명	합계
히브리어		91	159	51	246	53	6	6	6	15	54	689
한글	47	17	157	50	166	33	6	6	7	15	53	557

히브리어 문자 수가 한글보다 많은 것은 히브리어에 있는 조사, 접속사를 한글 번역에는 생략했기 때문입니다. 그럼에도 히브리어 낱말은 한글보다 35개나 적습니다. 히브리어 십계명이 낱말이 적으므로 문장이 간결합니다. 그들이 암송을 쉽게 하는 이유도 이처럼 문장이 간결하기 때문입니다.

---

1 4 1   John Barton and John Muddiman. 2001. *The Oxford Bible Commentary*. p81. London: Oxford University Press.

1 4 2   p172, 또는 177개의 문자로 보는 견해도 있다. 김정준. 1965. "십계명 연구" 『기독교사상』. 서울: 대한기독교서회.
　　　　Vol. 89.7월. p122. 이러한 차이가 있는 것은 번역에 따른 차이라고 짐작하며 위의 목록은 필자가 직접 세어서 낸 자료다.
　　　　유대인 백과사전에는 제1계명에서 3계명이 76자, 제4계명에서 제10계명이 96자라고도 했다.

1 4 3   Nahum M. Sarna. 앞책. p108.

137
십계명의 별명들(nicknames)

출 34:28을 개역개정성경이 "언약의 말씀 곧 십계명"이라고 번역했는데 히브리어 성경을 그대로 옮기자면 "언약의 명령"입니다.[144) 한글성경이 계명이라고 번역한 것은 이처럼 명령을 뜻하기 때문으로 짐작됩니다 (신4:13, 10:4, 출20:6, 신5:10, 29). 이외에도 십계명은 참 많은 별명들을 가지고 있답니다.

계명(출 24:12, 20:6, 24:12), 언약(신 4:13, 출 19:1-20:17), 언약의 말씀(출 34:28), 언약의 두 돌판(신 9:15), 내 말, 내 언약(출 19:5, 6), 증거(=에두트; 출 32:15), 증거판(출 25:6), 증거의 두판(출 32:15), 그 판의 글(신 9:10), 두 돌판에 친히 쓰신 것(신 4:13).

예수께서는 하나님의 계명(계 14;12), 아버지의 계명(요 15:10), 아버지의 말씀(요 17:17), 계명(마 19:17, 눅 23: 56)이라고 하셨습니다.

사도들은, 아버지께 받은 계명(요한 2서4), 계명, 처음부터 우리가 가진 것(요2서5), 처음부터 들은 것(요 2서 6)이라고 했습니다.

십계명은 참으로 많은 이름을 가지고 있네요. 하지만, 대한민국 사람들의 이름처럼 한국인들은 그의 이름을 단, '석자'로 표기했다는 사실입니다. 십, 계, 명!

십계명이 하나님의 입에서 나온 "말(다바르)"이라는 점은 십계명에 사용된 언어(language)가 인류 문화사의 발달과정에서 인간이 만들어 낸 발명품이 아니라는 것입니다. 신의 연설에 이스라엘 백성이 참여했다는 것은 하나님의 존재가 언어로 나타나서 사람이 그 나타나진 언어로 신을 만났다는 것입니다. 박요한 신부는 "십계명을 어기면 단순히 생명을 잃는 것이 아니라 하나님의 현존을 잃어버리는 것이다"라고 했습니다.[145)

* "십, 계, 명!"이라고 했더니 영아부 4살 아이는 십계명이라는 이름을 가진 아이의 이름을 부르는 줄 알고는 "십가요? 하하하, 야, 십계명, 빨리 나와라!"라며 외칩니다. 맞습니다. 십계명은 이름입니다. 여호와의 이름입니다.

---

144 디브레이 하베리트 아쉐렛트.

145 박요한. 앞책. p164.

138
하나님의 십계명레슨

십계명은 토라 중에서 가장 중요하고 이를 실천하는 것이 언약의 사랑(히; 헷세드)에 응답하는 것이다. –유다이즘

딱 17절!
구약 39권의 총 절수는 23,026절, 신약은 7,967절로 모두 30,993절이 됩니다.[146] 그런데 이 모든 말씀 중에 유일하게 하나님이 직접 그 입으로 선포하시고, 수여식을 하시고 친히 써서 수료 선물로 주신 말씀이 딱, "17절"있어요. 그것이 십계명입니다. 성경에서 유일하게 십계명만이 인간의 중보 없이 하나님으로부터 직접 왔습니다. 신의 헌신으로 된 성문법이 십계명입니다. 그래서 십계명을 "여호와"라고합니다. 유대교 신학자들은 모세5경의 법문을 613개로 요약는데 그 핵심이 10계명이라고 정의하며 이렇게 구술했습니다(613 = 6 + 1 + 3 = 10).

딱 17절! 이거 외우시나요? 하지만 십계명을 외운다고 뭐가 달라집니까? 십계명은 짧고 간결해서 이것 만 가지고는 삶의 문제를 해결하기에 부족합니다. 이러한 십계명에서 인간회복(renew)의 구체적인 방법을 찾을 수 있을까요? 복잡한 현대의 문명사회는 복제, 낙태, 인공수정, 성인지, 성 소수자등의 세분화된 윤리를 필요로 하는데 십계명은 명백한 기준만 딱! 보여 줄 뿐이니 이 시대와 특수한 상황이 주는 현실적 한계를 극복하기 어렵습니다. 이런 상황은 십계명을 받은 이스라엘 사람들도 마찬가지였어요. 그들은 두려워 떨어서 뭐가 뭔지 모른다는 거예요.

암, 이것만 가지고는 모르는 게 당연하지.
내가 레슨해 줄께 모세야, 올라와라.

하나님은 십계명을 선포하신 것으로 끝내지 않으시고 그 분의 말씀이 생활 규칙이 될 수 있도록 모세에게 십계명 study를 해 주시겠답니다. 레슨 내용은 출 20:22~26, 21~23장입니다. 이 본문은 구약의 산상보훈이라고 할 수 있습니다.

구약의 산상보훈
모세는 하나님께 1:1개인 레슨을 받습니다. 출 20:22~26, 21~23장은 하나님의 십계명강론입니다. "십계명을 이런 식으로 가르치고 공부해라"하시고는 실생활에 일어나는 일들을 예로 들어서 찬찬히 가르쳐 주신 공부법입니다. 예를 들면 이런 식입니다.

---

146 아가페.2002년. "한영 해설 성경"부록편.

레슨의 샘플

"너희들 종살이 해 봤잖아, 어땠어? 종을 부릴 때는 말이야, 뭘 조심해야하지? 종이 다쳤을 때는? 살인 사건?
지팡이를 짚고 일어나서 걷는지 그걸 봐. 밭에서 농사할 때 사고 많이 나지? 소가 사람을 폭행하면 소 주인과
피해자는 어떻게 해야 하느냐 하면, 흠, 집에 밤도둑 자주 방문하지? 이혼하고 싶을 때 증빙서류는 ..애완견
좋아하는 사람들은 이거 조심해, 돈을 꾸면 이자율 계산법, 금융업(전당포) 개업할 사람은 내 말 잘 들어."

하나님이 얼마나 우리들의 사소한 생활을 속속들이 다 아시는지. 이 구약의 산상보훈을 읽고 좀 놀라 보세
요. 이 문장은 크게 세 문단입니다.

> 20:22~26 = 하나님 경외의 계명에 대한 생활적용.
> 21~ 23:9 = 이웃에 대한 생활 규범과 적용.
> 23:10~33 = 예배와 경배의 방법과 태도에 대한 실생활 규칙.

총 세 문단 중에 첫 번 문단과 마지막인 문단 (알파와 오메가)은 여호와 하나님만을 경외하라는 것으로 시작
해서 마친 것이지요. 이 본문을 계명 별로 세분하면 이렇습니다.
출 20:22~26은 하나님 경외의 방법을(1, 2, 3계명), 21:1~11은 종의 신분에서 주인이 된 자들의 시민의식을
서문), 12~36은 폭행, 상해에 관련하여(6계명), 22:1~15는 도둑, 배상에 관련해서(8계명), 16~19는 행음, 수
간, 순결에 관해서(7계명), 출23:1~9는 정직과 공평과 공의에 대해서(9계명), 10~13은 예배에 관한 규율과
안식일과 안식년 준수에 관해서(4계명), 20~33은 우상을 버리고 오직 유일하신 한 분 하나님을 경외할 것을
(1, 2, 3계명) 한 번 더 복습시키셨습니다. 십계명을 풀어주신 21~23장을 "여호와의 모든 말씀"이라고 했고
이를 "언약서"라고 했습니다. 이 돌판을 보관한 상자를 "언약궤"라고 합니다. 레슨 마쳤어요!

피의 언약서

> "여호와께서 이 모든 말씀에 대하여 너희와 세우신 언약의 피니라" 출 24:8 요약.
> "이것은 죄 사함을 얻게 하려고 많은 사람을 위하여 흘리는 나의 피 곧 언약의 피다" 마 26:28
> "이러므로 첫 언약도 피 없이 세운 것이 아니니 모세가 율법대로 모든 계명을 온 백성에게 말
> 한 후에 송아지와 염소의 피 및 물과 붉은 양털과 우슬초를 취하여 그 두루마리와 온 백성에게
> 뿌리며 이르되 이는 하나님이 너희에게 명하신 언약의 피라 하고 또한 이와 같이 피를 장막과
> 섬기는 일에 쓰는 모든 그릇에 뿌렸느니라 율법을 따라 거의 모든 물건이 피로써 정결하게 되
> 나니 피흘림이 없은즉 사함이 없느니라" 히 9:18~22.

가방 싸들고 집에 가려는 모세에게 하나님은 숙제를 주십니다. 숙제는 24장입니다. 사람들은 모세가 뭘 공

부하고 왔는지 궁금했어요. 모세가 배운대로 가르쳐 주었더니 당장 반응이 왔습니다. 아, 그 말이 그거였어, 재미있구나! "우리가 준행 하리이다!" 모세는 배운 것을 까먹지 않으려고 그 날 밤에 노트 정리를 하는 학생입니다. "모세가 여호와의 모든 말씀을 기록하고"(24:4).

모세는 실습 과제를 하려고 이튿 날 아침 일찍 일어났어요. 그는 임시 제단을 쌓고 이스라엘 열두 지파대로 열두 기둥을 세우고 청년들을 모아서 소를 잡았어요. 모세는 소의 피를 반은 양푼에 담아서 제단에 뿌리고 나머지 반은 여러 양푼에 나누어 담았어요. 그리고 나서 모세는 십계명을 강해해 주신 여호와의 모든 말씀 언약서를 낭독했어요. 백성들은 이번에도 외쳤어요. "여호와의 모든 말씀을 우리가 준행 하리이다!"(24:7).

모세는 여러 양푼에 담은 피를 백성에게 뿌렸어요. 피 세례를 한 거예요. 이것은 하나님과의 화해를 의미하는 언약의 피 입니다.

> "이는 여호와께서 이 모든 말씀에 대하여 너희와 세우신 언약의 피니라" 출 24:8.

십계명은 "언약의 두 돌판(신 9:9, 11:15)입니다. 여호와의 현존가운데 여호와의 거룩한 백성으로 성별하는 계약을 피로 맺은 언약서입니다. "다만 너희를 사랑하심으로." 신 7:8. 숙제 끝! 밥 먹자!

숙제를 마친 모세는 아론, 70명의 원로들과 하나님 앞에서 식사예배를 드렸습니다. 숙제해 놓고나서 먹고 마시고 노는 거예요.

수료선물 돌판 언약서(書)

모세는 하나님께 두 번째 레슨을 받으러 떠났습니다. 이번에는 레슨 시간이 꽤 깁니다. 뭘 공부하는지 궁금하지요? 과목은 25~31장에 있습니다. 40일 집중 탐구 수업을 마친 모세가 하나님께 받은 수료 선물이 뭔지 아세요? 십계명입니다.

2가지로 정리 할게요. A는 과정을, B는 의미를 설명한 것입니다.

정리 A. 강림 - 선포 - 하나님의 직강 - 피 뿌림 친교(화목제) 의식 - 두 돌판 .

정리 B. 십계명 - 언약서 - 피계약 - 언약의 두 돌판 .

십계명 공부법

모세오경과 성경은 십계명을 적용하는 참고서입니다. 십계명관련 구절, 이야기들을 한 꾸러미로 모아 두세요. 성경이 성경을 해석해 주는 방법이 제일 좋습니다. 십계명이 전통의 침전물이 되지 않으려면 재해석(할라카)이 필요합니다. 신약의 산상보훈은 예수께서 하신 십계명 강론입니다.

십계명을 설명해주는 관련성구 꾸러미

서문	출 12:13 / 고전 5:7~8 / 롬 8:28~30 / 출 31:18 / 고후 3:3 / 엡 2:8~10		
1	행 4:12/ 신 6:4~8/ 잠 3:9~10/ 요 14:6/ 마 6:33	6	마 5:22/ 잠 20:22/ 요일 3:15/ 창 1:26~28
2	요일 5:21/ 고전 10:20~21/ 계 22:15/ 골 3:5~6	7	고전 6:15~17/3:16~17/ 히 13:4/ 마 5:31~32/ 창 2:24
3	롬 2:23~24/ 잠 18:10/ 딛 2:14/ 롬 10:13/ 마 5:13~15	8	엡 4:28~30/ 잠 28:24/ 출 22:4~6/ 레 19:9~19
4	창 2:1~3/ 레 19:3/ 막 2:27~28/ 마 12:12/ 눅 4:31~32	9	시 51:10/ 시 119:163/ 요일 4:20/ 엡 4:25/ 출 23:1~3
5	신 5:18/ 엡 6:1~4/ 요 19:27/ 잠 17:6	10	딤전 6:5~12/ 눅 12:15/ 약 1:14~15/ 잠 28:25~27

십계명을 설명해 주는 성경 이야기 꾸러미

서문	출 3:1~22 떨기나무불꽃 / 출 12:1~14 / 고전 5:7 어린양의 피		
1	왕상 22:1~40 여호사밧과 아합	6	삼하 2:12~23 칼의 벌판
2	행 19:21~41 에베소사건	7	요 8:1~11 가서 다시는 죄를 범하지 말라
3	욥 2:1~10 하나님을 욕하고 죽으라	8	빌몬 1:8~22 빌레몬과 오네시모
4	마 12:1~21 안식일에도 주인이니라	9	삼하 9:1~13, 16:1~4, 19:25 시바와 므비보셋의 진실공방
5	눅 2:41~52 순종하고 받으시더라	10	왕상 21:1~29 포도원이 채소밭이 된 이야기

*카도쉬북에서 출판한 생활토론, 성경토론, 동화토론북이 있습니다.

139
천년을 꿈꾸는 세상

므두셀라는 천년을 채우지 못하고 969세 최 장수 자로 기네스북에 올랐습니다(창 5:27). 지금 우리 세상은 세포를 수선하는 칩이 개발되었고 70년 살던 인생이 100세를 바라보게 되었습니다. 사람들은 천년세상을 꿈꿉니다. 만약, 오늘 저녁 뉴스에 "죽음인자를 억제하는 신약이 나왔습니다. 보건소에 가서 유전자 검사하고 생명연장 DNA백신을 맞으세요. 가격은? 공짜!"라고 하면 사람들의 반응은 어떨까요? 아마 그 날로 사라질 업종은 장례업이 되겠지요. 그런 세상요. 2천 년 전에 벌써 와 있습니다. "영원히 죽지 아니하리니." 그리고 그것은 제 2계명에 달렸습니다.

> "예수께서 이르시되 나는 부활이요 생명이니 나를 믿는 자는 죽어도 살겠고 무릇 살아서 나를 믿는 자는 영원히 죽지 아니하리니 이것을 네가 믿느냐" 요 11:25, 26.

> "또 내가 보니 예수를 증언함과 하나님의 말씀 때문에 목 베임을 당한 자들의 영혼들과 또 짐승과 그의 우상에게 경배하지 아니하고 그들의 이마와 손에 그의 표를 받지 아니한 자들이 살아서 그리스도와 더불어 천 년 동안 왕 노릇 하니 (그 나머지 죽은 자들은 그 천 년이 차기까지 살지 못하더라) 이는 첫째 부활이라 이 첫째 부활에 참여하는 자들은 복이 있고 거룩하도다 둘째 사망이 그들을 다스리는 권세가 없고 도리어 그들이 하나님과 그리스도의 제사장이 되어 천 년 동안 그리스도와 더불어 왕 노릇 하리라" 계 20:4~6요약.

 "개역개정찬송가 270장의 후렴을 한글. 영어. 히브리어로 불러 보세요

예수는~ 우리를
깨끗케 하시는 주시니
그의 피~ 우리를
눈보다 더 희게 하셨네.

I belive Jesus saves
and his blood make me, whit-er than snow
I belive Jesus saves
and his blood make me, whit-er than snow.

알호포, 알호포
나파게쉬 알호포 하이야에
알호포, 알호포
나파게쉬 알호포 하야페.

*호포 = 희게씻다/나파게쉬 = 만나서/ 하이야에 =오신 하나님 /하야페 = 아름답게

2장
예수님이 보입니다

십계명이란?

여호와

하나님의 공중파 생방송

하나님의 지문이 새겨진 친필

구원과 사랑의 합의서

하나님의 형상과 성품

하나님의 아이덴티티

언약의 두 돌판

새 주인의 법

하나님나라의 시민법

고유한 가치와 보편가치

축복의 혼인문서

위의 문장에서 가장 맘에 드는 문장을 써 보세요

십계명이란? _____ 다.

140
세계의 중심은 십계명

십계명은 이스라엘을 하나님의 민족으로 세우는 초석이 되었고 그의 백성에 국한시켜야 한다는 주장을 무시하고 현재는 유대교, 기독교, 이슬람교에서 경전의 핵심 요소로 받아들여지고 있습니다. 그리고 세계의 법적 결정들에 대한 기본적인 원리를 십계명이 제시했습니다.[147] 작은 나라에서 유래한 윤리가 모든 율법의 기초요, 세계는 십계명의 윤리적 토대위에 세워져 있고 온 세계의 윤리가 된 이 점이 십계명의 비범함을 드러냅니다. 세계를 하나의 가치관으로 묶어 주는 십계명은 세상과 하나님을 보는 방식을 구체화 시켜줍니다.

> 세계의 중심은? 중동
>
> 중동의 중심은? 이스라엘
>
> 이스라엘의 중심은? 예루살렘
>
> 예루살렘의 중심은? 예루살렘 성전
>
> 예루살렘 성전의 중심은? 법궤
>
> 법궤의 중심은? 십계명 두 돌판이다.

현대 과학컴퓨터 연구는 지구 중심이 현재 터이키 수도 앙카라 부근의 위도 39경도 34지점으로 이는 아라랏 산과 똑같은 위도이며(아라랏 = 위도 39도 경도44도), 예루살렘과 같은 경도입니다(우리나라는 위도 33-43, 경도124-132). 지구의 지리적 중심이 성경과 일치합니다.

> "물건을 겁탈하며 노략하리라 하고 네 손을 들어서 황폐하였다가 지금 사람이 거주하는 땅과
> 여러 나라에서 모여서 짐승과 재물을 얻고 세상 중앙에 거주하는 백성을 치고자 할 때에"
> 겔 38:12.   * "세상 중앙에 거주하는 백성" = 이스라엘.

141
삼위일체 하나님의 공저

대체로 셋, 즉 삼각관계는 헐 뜯고 싸우기 쉬워요. 미리암- 아론-모세가 그랬잖아요. 하지만 3위1체 하나님은 얼마나 사이가 좋으십니까? 세 위에 의해 사람이 만들어졌고 십계명 또한 세상에 왔습니다. 영어 역본들

---

147.   브레바드 S. 차일즈, 박문제 옮김. "구약신약" p78.   크리스챤 다이제스트.

은 "여호와"를 "주님(Lord)"으로 번역했습니다. 십계명에 있는 단어 "엘로힘"은 "엘"의 복수명사로 "하나님들"이라는 뜻입니다. 이는 3위1체 하나님을 뜻합니다. 십계명이 보여 주는 여호와의 이미지는, 불, 구름, 흑암, 피, 불, 연기입니다(요엘 2:30, 행 2:19).

성부 하나님은 돌판에 쓰시고, 성자 예수께서는 죽음으로 속죄하시고, 성령하나님은 계명대로 살 수 있는 힘을 주십니다. 여호와는 구원자(서문), 유일하신 하나님(1계명), 성자예수그리스도(2계명), 삼위일체 전능자(3계명), 역사의 주관자(4계명), 악을 미워하는 선하신 하나님(6, 7, 8, 9, 10계명)입니다.

돌판에 새겨쓰신 성부(聖父) 하나님

리쾨르에 의하면 "야훼(여호와)"의 명칭은 구약성서에 6,823회 된답니다.[148] 그는 히브리인들이 하나님을 아버지로 부르는 경우가 극히 적었음을 밝혀냈습니다. 구약성서에서 하나님을 아버지로 부른 경우는 20번 미만이라고 합니다.[149] 그 대신 영향력있는 성인이나 스승을 아버지라고 불렀습니다. 엘리사는 엘리야에게 "내 아버지여"(왕하 2:12), 이스라엘 왕 요아스는 엘리사에게 "내 아버지여"(왕하 13:14), 지옥에 간 유대인 부자는 아브라함을 보고 "아버지!"라고 불렀습니다. 그런데 예수께서는 이런 주의를 주십니다.

> "땅에 있는 자를 아버지라 하지 말라. 너희의 아버지는 한 분이시니 곧 하늘에 계신 이시니라"
> 마 23:9.

예수님은 오직 한분 하나님만을 아버지로 인정하셨습니다. 엘리가 사무엘을 "아들"이라고 불렀듯이 바울도 이러한 도제(徒弟)식 교육의 전통을 따라서 자신과 디모데를 "아비 와 아들"로 말했는데(고전 4:15 참고). 예수는 도제식 전수교육을 무시한 것이 아니라 예수님 당시에 장로들의 권위는 성경보다 절대적이어서 그들이 교황(pope;아버지)이 되었기 때문입니다. 부모와 자식은 피로 맺은 혈연이듯이 하나님과 우리는 피의 언약으로 맺어진 혈의 관계를 의미하는 뜻에서 '아버지'라고 부르라고 했다는 해석도 있습니다. 예수님은 언제나 하나님을 "아버지"라고 부르는 본을 보이셨습니다. 다른 종교도 신의 이름을 "하나님(하느님)"이라고 합니다. 하지만 "아버지"라고 부르지는 못합니다.

> "서기관들과 바리새인들이 모세의 자리에 앉았으니" 마 23:2.

속죄하시는 성자(聖子)예수님

하늘에 계신 하나님(성부)을 "아버지"라고 부르시는 예수는 성부의 아들이니 당연히 성자(聖子)입니다. 예수

---

148 앙드레 라콕& 리쾨르, 앞책. p394. 십계명에는 "여호와" 이름이 8회, 하나님(엘로힘)이 6회 나온다.
149 마르셀(W.Marchel)이나 예레미아스(Jeremias)의 말을 인용한 리쾨르."해석의 갈등" 앞책.p525.

님의 생애에서 하나님을 "하나님(엘)'이라고 부른 적은 거의 드뭅니다. "내 아버지"라고 부르셨고 제자들에게도 "아버지"라고 부르라고 가르치셨고 겟세마네의 마지막 밤 기도에도 "내 아버지, 아버지"를 찾으셨습니다. 그런데 십자가에서 절규하시며 숨을 거두실 때는 "아버지"를 부르지 않고 "엘리, 엘리(내 하나님)"라고 하신 점이 특이 합니다. 이것은 예수께서 평소에 사용하지 않으시는 드문 경우입니다. 여기에서 속죄의 잔을 마시는 고난의 종 예수그리스도의 깊은 비애를 느낍니다. 심판자앞에서 버림받은 저주의 표상이 되신 것입니다. 그 분은 모세가 만났던 바로 그 분 입니다(막 9:4, 눅 9:31). 깨진 돌판은 성자 예수그리스도예요.

> "그가 너희의 허물을 용서하지 아니할 것은 내 이름이 그에게 있음이니라" 출 23:21.

계명대로 살아갈 힘을 주시는 성령(聖靈)하나님

십계명기념명절인 오순절에 여호와는 영으로 계시는 성령으로 오셨습니다. 성령하나님은 계명대로 살 수 있는 힘을 주십니다. 여호와는 심판주(엘)요, 구원의 측면에서 예수 그리스도이신 것 처럼 "숨을 내쉬며 이르시되 성령을 받으라"(요 20:22)고 하신 예수님은 성령이십니다. 돌판, 예수 그리스도처럼 성령도 선물입니다. "성령의 선물을 받으리니." 행 2:38.

142
십계명에 예수님이 계십니다

왓슨이 말했듯이 깨진 돌판은 십자가에서 찢기고 죽으신 성자 예수님의 모형입니다. 제이콥 뉴스너(J. Neusner)는, 모세가 어떻게 십계명의 돌판을 깨뜨렸을까, 예수 그리스도가 어떻게 십자가에서 처형당했을까? 이 대조적인 두 장면이 우리에게 주는 계시는 우리가 우리 되도록 도전을 준다고 말합니다(앙드레 라콕. 2006. p131).

0. 서문에서 만나는 예수님

하나님은 십계명을 주시면서 왜, 출애굽 사건을 떠올리셨을까요? 사람이 스스로 순종하려면 우리를 감동부터 시켜야 하지 않겠습니까? 출애굽은 전적 부패와 전적 무능한 노예들이 전적인 은혜로 구원받은 사건을 떠올리게 해서 무드를 잡으십니다. 이러한 감성적 접근은 악인들을 다루는 기술로써 우리가 배울 점입니다. 바울은 탈출의 하이라이트인 열 번째 재앙의 죽임당한 어린양에서 예수 그리스도를 발견했습니다(고전 5:7). "야훼'란" 스스로 계신자라는 뜻인데 예수님은 바로 "그 계신 자"입니다(잠 8:22~30 참고). 예수께서 구원하실 것을 보여 준 서문 사건이 예수께서 오시므로 이루어졌습니다.

1. 1계명에서 만나는 예수님

1계명은 "너는 나 외에는 다른 신들을 네게 두지 말라"(출 20:3) 고 명령하셨는데 예수님은 그 자신을 "나와 아버지는 하나이니라"고 하셨고(요 10:30), 예수님 자신을 아는 것이 곧 하나님을 아는 것이라고 하셨습니다(요 14:7). 사도 요한은 태초에 계신 말씀이 곧 하나님이라고 했고(요 1:1), 예수님은 육신이 되어 오신 그 말씀이라고 했습니다(요 8:42). 하나님은 자신을 아들로 나타내셨습니다(히 1:5, 히 5:5).

2. 2계명에서 만나는 예수님

2계명에서 "나를 사랑하고(은혜) 내 계명(진리)을 지키는 자에게는 천대까지 은혜를 베 푸느니라"고 하셨는데 은혜와 진리는 예수 그리스도입니다(요 1:17). 천 대, 즉 무한 대의 은혜를 베풀 수 있는 분은 오직 구원자 하나님, 곧 예수 그리스도 뿐이십니다.

3. 3계명에서 만나는 예수님

3계명의 죄 없다 하지 아니하리라 = "죄 있다"이고, 유다이즘에서는 이 문장을 "용서받지 못할 죄"라고 해석합니다. 하나님 한분 외에는 죄를 사 할 수 있는 존재자가 없는데(막 2:7) 예수님은 죄를 사하는 권세자이시니 그가 곧 여호와 하나님입니다(막 2:10, 눅 5:21, 막 2:7).

4. 4계명에서 만나는 예수님

4계명의 주인이 예수님이십니다. "인자는 안식일에도 주인이니라"고 하셨습니다(막 2:27, 마 11:29). 안식일을 기억하라고 하셨는데 이 날의 주인이신 예수님을 기억하라는 말입니다. 신명기의 4계명에는 "너는 기억하라 네가 애굽 땅에서 종이 되었더니 네 하나님 여호와가 강한 손과 편 팔로 거기서 너를 인도하여 내었나니 그러므로 네 하나님 여호와가 네게 명령하여 안식일을 지키라 하느니라"(신 5:15)는 말씀이 추가 되었습니다. 이 말씀은 신 7:19에서 또 한 차례 반복되었습니다. 우리를 구원 하시려고 십자가에서 두 팔을 벌려 죽으신 그 분은 우리가 기억해야 할 예수 그리스도이십니다.

5. 5계명에서 만나는 예수님

"네 하나님(엘로힘) 여호와가 네게 준 땅에서"라고 하셨으니 5계명도 삼위 하나님의 명령이요, 하나님 아버지와 동등하게 공경 받으실 분입니다. "이는 모든 사람으로 아버지를 공경하는 것 같이 아들을 공경하게 하려 하심이라 아들을 공경하지 아니하는 자는 그를 보내신 아버지도 공경하지 아니하느니라"(요 5:23). 예수께서 "길, 진리, 생명"이라고 하셨는데(요 14:6)5계명의 축복이 "네 생명이 길리라"는 이 생명은, 생명의 주인이신 예수안에서 만이 가능합니다.

6. 6~10계명에서 예수님이 보입니다

6~10계명에는 여호와 하나님의 이름이 한 차례도 언급되지 않지만 이 계명들이 예수님의 명령이라는 주장은 십계명이 하나님 여호와께서 이 모든 말씀을 말씀으로 말씀하여 이르셔서 시작되었기 때문입니다. 또한 히브리어 성경은 6계명에서 10계명까지 접속사 and 로 연결되어 있습니다. 예수께서는 산상보훈에서 십계명을 강론하시고 오류를 고쳐 주셨는데 이것은 원 저자만이 할 수 있으니 십계명의 저작권이 예수님께 있습니다. 모든 역사가 거룩하여진다는 소망이 예수의 십계명에 있습니다.

"하나님의 영이 나를 지으셨고 전능자의 기운이 나를 살리시느니라" 욥 33:4.
"사람의 속에는 영이 있고 전능자의 숨결이 사람에게 깨달음을 주신다" 욥 32:8.

143
지계석을 옮기지 말라

"네 선조의 세운 옛 지계석을 옮기지 말지니라" 잠 22:28. ＊신 10:14, 27:17, 호 5:10 참고.
"이스라엘의 지존자는 거짓이나 변개함이 없으시니 그는 사람이 아니시므로 결코 변개하지
않으심이니이다 하니" 삼상 15:29.

"지계석"을 필로와 유대 해석가들은 모세가 받은 계명에 적용합니다. 다메섹 문서 5:20, 21과 19:13~16에는 "그 땅이 멸망당할 때 지계 표를 옮기는 자들이 일어나 이스라엘로 하여금 방황하게 하였는데 그들은 하나님께서 모세의 손을 통해서 주신 계명들에 대해 불순종하도록 부추겼다" 고 되어 있습니다. 필로는 그의 책『특별한 율법』4 : 149 에서 "네 선조의 세운" 이란 표현은 오래전에 세워진 것을 변경하지 말라는 금지명령으로 탐욕을 줄이기 위한 땅의 분할이나 경계에만 적용되는 것이 아니라 고대의 관습을 보전하는 것에도 적용된다고 해석했습니다. 여기서 말하는 관습이란 성문화 되지 않은 율법이요, 영혼 위에 기록된 양심법(십계명)을 의미합니다. 요세푸스는 "경계표를 옮기는 자들은 머잖아 다른 율법들도 범하게 될 것이다" 고 했는데 예수께서는 작은 계명 하나까지도 더 하거나 덜 할 수 없다고 하셨습니다.[150]

경계선에서 주께 속한 자유인

우리가 살고 있는 세계는 평등이라는 이름아래 누구에게도 지배당하기 싫어합니다. 오늘이 있게 한 과거는 잊고 모든 영광을 자기에게 돌립니다. 권위주의란 그저 과거의 답습이라고 여깁니다. 우리 시대가

---

150   요세푸스. "유대 고대사" 4 : 225. 김은호, 임승환 옮김. p597,598.

억압과 틀, 노예라는 인식에서 벗어나 누구에게도 속박당하지 않는 자유를 주제로 하지만 실은 다른 형태로서 여전히 노예들이라는 사실을 알았으면 합니다. 현대의 노예는 tv의 상업 광고가 시키는 대로 먹고, 입고, 심지어 죽기까지 합니다. 주인이 바로에서 TV, 스마트폰으로 바뀌었을 뿐입니다. 물질이든, 돈, 이데올로기, 과학기술, 다이어트든지 간에 모든 사람이 신을 가지고 있습니다. 켄트 휴스 목사의 말처럼, 사람이 외부의 명령을 받으며 사느냐 마느냐가 중요 한 것이 아니라 어떤 외부의 명령을 받으며, 어떤 주인을 섬기며 살 것인가? 가 더 중요합니다(R. Kent, Hughes. *Disciplines of Grace*. 박경범옮김, "현대인을 위한 십계명").

십계명의 첫 문장인 서문은 "나는 네 하나님 여호와니라. 그러니 이제는 하나님의 자유하는 종으로서 살라."입니다. 자유와 예속, 권위와 평등, 수직과 수평, 두 문화가 십계명에서 만납니다. 그리고 균형을 잡아줍니다. 월터 부르거만(W. Brueggemann)은 "출애굽의 진정한 의미는 노예의 해방(emancipation)이 아니라 주인이 바뀐 것"이라고 했는데 리쾨르(P.Riqeur)는 이러한 반전을 "죄의 노예"인 인간이 "그리스도의 노예"가 된 것이라고 했습니다. 구원받은 자에게 수여된 십계명은 죄와 구속, 인간의 주체성과 비 의지를 식별하여 참 자유인으로 살아가게 합니다. *이 책 p318. Q&A.24를 읽고 오세요.

"주 안에서 부르심을 받은 자는 종이라도 주께 속한 자유인이요 또 그와 같이 자유인으로 있을 때에 부르심을 받은 자는 그리스도의 종이니라" 고전 7:22.

'개역개정 찬송가 348장 후렴을 한글. 영어. 히브리어로 불러 보세요.

영광, 영광, 할렐루야(3회 반복)
곧 승리 하리라.

Hallelujah, Hallelujah(3회 반복)
Hallelujah, A-man.

보 예슈아, 보 예슈아(3회 반복)
보 예슈아, 보 알레이누.
*보 예슈아 = Jesus comes for us.

3장
우리의 응답

"우리는 내게 주신 모든 은혜를 내가 여호와께 무엇으로 보답할까" 시 116:12.

인류의 무관심이 만든 2차 대전에서 나치의 인종 청소를 경험한 현대주의 철학자
레비나스(E.Levinas, 1906-1995)는 어떻게 인류에게서 그런 폭력이 나왔을까를 생각하다가
연대책임 윤리를 이론화 했습니다.
나치 학살에 오랫동안 침묵한 유럽 기독교의 무관심에 상당한 적대감을 가진 유대교가
기독교와 화해하게 된 배경에는 요한바오로 2세가 있습니다. 그는 현직 사제라는 이유만으로
가톨릭 천년의 과오에 책임을 앉고 찾아가 무릎 꿇고 사과했습니다.
모든 창조물에 대해 차별 없이 대하시고, 회개하는 죄인을 용서하시는 예수께서는
그 사랑으로 인해 인간을 죄 짓게 만든 원인 제공자라는 고소는 받아 들여 지고
죽음 앞에 그 분이 스스로 무릎을 꿇으셨습니다. 책임입니다.
대속의 은혜의 수혜자인 우리는 책임은 모면하고 영광만 취하는 존재가 아닙니다.
"나는 항상 타자보다 더 책임적이다"라야 합니다.
어떤 사람의 아픔에는 나도 책임 질 의무가 있는 것입니다.
십계명은 은총의 수혜자들이(서문) 하나님께 대하여(1~4계명),
그리고 사람을 향한(5~10계명) 책임(responsibility)에 응답하는 것입니다.
은혜가 은혜답게 입니다.

144
축복과 저주의 갈림길

"도둑은 들으라! 내가 네 집에 들어가서 머물 것이다. 거짓 맹세하는 자, 들으시오! 으리으리한 대리석 벽? 내가 다 허물어 버리겠다."

"스가랴"는 아마도 공간지각이 뛰어 나다. 그의 눈대중은 예사롭지 않다.

그는 어느 날, 그의 눈앞으로 휙, 날아가는 한 물체를 보았다.

-어?

천사는 스가랴에게 물었다. 뭘 보았니?

-날아가는 두루마리를 보고 있어요. 길이는 스무 자(thirty feet; 30x30.5=915cm)이고, 너비는 열 자 (fifteen feet; 15 x 30.5= 457cm)입니다. 그런데 이게 뭐죠?

"이것은 온 땅 위에 내릴 저주다. 두루마리에 쓰여 있는 글을 읽어 봐,

한 쪽에는 '도둑질하는 자가 모두 땅 위에서 말끔히 없어진다.'고 쓰여 있고, 다른 쪽에는 '거짓으로 맹세하는 자가 모두 땅 위에서 말끔히 없어진다.'고 쓰여 있다.

하나님이 "내가 모든 도둑의 집과 내 이름을 두고 거짓으로 맹세하는 모든 자의 집에 저주가 들어가서, 그 집에 머무르면서, 나무 대들보와 돌로 쌓은 벽까지, 그 집을 다 허물어 버린다"고 하셨어.

*스가랴5:1~4에 있는 스가랴의 fantasy story예요. 여러분도 읽어 보세요.

십계명은 축복과 저주 앞에 우리를 세웁니다. 삶이냐 죽음이냐를 선택하라고 합니다. 가나안을 목전에 둔 모압 땅에서 하나님은 하늘과 땅, 두 증인을 불러 세우시고 그들을 증인삼아 말씀하셨습니다.

"내가 오늘 하늘과 땅을 불러 너희에게 증거를 삼노라. 보라 내가 오늘 생명과 복과 사망과 화를 네 앞에 두었다" 신 30:15.

모세가 선포한 세겜의 저주 12계명을 읽어 보세요. 신 27:15~26에 있어요. 엘리야, 그리고 여호수아가 이스라엘 백성에게 선택의 자유를 주었듯이 우리도 이 자유 앞에서 선택해야 합니다.

"너희가 어느 때까지 둘 사이에서 머뭇머뭇 하려느냐" 왕상 18:21 요약.

"너희가 섬길 자를 오늘 택하라 오직 나와 내 집은 여호와를 섬기겠노라 하니" 수 24:15 요약.

십계명의 상벌을 챠트로 정리하면 다음과 같습니다.

	상급	회개치 않으면
서문	믿고 영접하는 자는 구원받아 하나님 자녀가 된다. 계 7:10, 롬 10:13, 요 1:12~14.	불 못에 던지우더라. 계 20:15.
1	머리가 되고 꼬리가 되지 않는다. 세계 모든 민족 위에 뛰어 난 민족이 된다. 신 28:1, 12.	불과 유황으로 타는 둘째 사망에 들어가리라. 계 21:8. 성밖에 있으리라. 계 22:15
2	천대까지 은혜를 주신다. 출 20:6.	3, 4대까지 죄를 받는다. 불과 유황으로 타는 둘째 사망에 들어가리라. 계 21:8.
3	우리 이름을 존귀히 여겨 주신다. 시 91:14.	용서받지 못한다. 마 12:10. 저주받음. 레 24:16.
4	복되고 창 2:3. 지위를 얻는다. 사 58:11.	하늘과 땅의 복을 누리지 못함. 사 56:2.
5	땅에서 잘 되고 장수한다.	땅에서 죄 값을 치룬다. 출 20:12의 반대.
6, 7, 8, 9, 10	행복과 번영을 누린다. 신 10:13.	불과 유황으로 타는 둘째 사망에 들어간다. 성밖에 있으리라. 계 21:8, 22:15.

145

화(WOE)

은혜시대에도 징계는 면제되지 않습니다. 종말론적 미래조차 거부하는 인간 만능시대에 신학자 본 라드(G.V.Rad)는 신 27:15~26을 세겜의 12계명, 메이(H. May)는 저주10계명이라 부릅니다.

1. 화, 화가 있으리니 계 8:7-13

"이 재앙에 죽지 않고 남은 사람들은 손으로 행한 일을 회개하지 아니하고 오히려 여러 귀신과 또는 보거나 듣거나 다니거나 하지 못하는 금, 은, 동과 목석의 우상에게 절하고 또 그 살인과 복술과 음행과 도둑질을 회개하지 아니하더라" 계 9:20-21.

2. 화 있을진저

"악을 선하다 하며 선을 악하다 하며 흑암으로 광명을 삼으며 광명으로 흑암을 삼으며 쓴 것으로 단 것을 삼으며 단 것으로 쓴 것을 삼는 자들은 화 있을진저" 사 5:20, 24 요약.

3. 성 밖에 있으리라

"개들과 점술가들과 음행하는 자들과 살인자들과 우상 숭배자들과 및 거짓말을 좋아하며 지어내는 자는 다 성 밖에 있으리라." 계 22:10-15.

4. 불과 유황불에 던져 지리라

"또 내게 말씀하시되 이루었도다 나는 알파와 오메가요 처음과 마지막이라 내가 생명수 샘물을 목마른 자에게 값없이 주리니 이기는 자는 이것들을 상속으로 받으리라 나는 그의 하나님이 되고 그는 내 아들이 되리라 그러나 두려워하는 자들과 믿지 아니하는 자들과 흉악한 자들과 살인자들과 음행하는 자들과 점술가들과 우상 숭배자들과 거짓말하는 모든 자들은 불과 유황으로 타는 못에 던져지리니 이것이 둘째 사망이라" 계 21:6-8.

"또 다른 천사 곧 셋째가 그 뒤를 따라 큰 음성으로 이르되 만일 누구든지 짐승과 그의 우상에게 경배하고 이마에나 손에 표를 받으면 그도 하나님의 진노의 포도주를 마시리니 그 진노의 잔에 섞인 것이 없이 부은 포도주라 거룩한 천사들 앞과 어린 양 앞에서 불과 유황으로 고난을 받으리니 그 고난의 연기가 세세토록 올라가리로다 짐승과 그의 우상에게 경배하고 그의 이름 표를 받는 자는 누구든지 밤낮 쉼을 얻지 못하리라 하더라 성도들의 인내가 여기 있나니 그들은 하나님의 계명과 예수에 대한 믿음을 지키는 자니라" 계 14:9-12 .

탈출구 exit 있습니다.
저주를 축복으로 바꾸는 방법? 회개입니다! 회개하라, 천국이 가까웠다!

"자기 두루마기를 빠는 자들은 복이 있으니 이는 그들이 생명나무에 나아가며 문들을 통하여 성에 들어갈 권세를 받으려 함이로다 개들과 점술가들과 음행하는 자들과 살인자들과 우상 숭배자들과 및 거짓말을 좋아하며 지어내는 자는 다 성 밖에 있으리라" 계 22:14-15.

 알고가기

지옥행 버스를 탔으면 얼른 내리세요. 무작정 뛰어 내리지 말고 광고하고 내리세요. 종점까지 가서 보고 결정하겠다는 완고한 고집은 자기를 신으로 섬기는 우상 숭배자입니다. 지옥행 버스 넘버 21-68. * =계 21: 6, 8의 약자.

Noah built, Noah built, Noah built a boat

He hammered it together and then GOD helped it float

Noah built, Noah built, Noah built a boat

He hammered it together and then GOD helped it float.

146
바로 서서 걷게 하였느니라

하나님은 출애굽의 구속을 멍에의 빗장을 부수고 바로 서서 걷게 하신 사건이라고 하셨는데 "바로 서서 걷는다"는 말은 떳떳하게 주체성을 가지고 주인의식으로 사는 자유인을 뜻합니다.

"나는 너희를 애굽 땅에서 인도해 내어 그들에게 종 된 것을 면하게 한 너희의 하나님 여호와이니라 내가 너희의 멍에의 빗장을 부수고 너희를 바로 서서 걷게 하였느니라." 레 26:13.

"만군의 여호와의 말씀이라 그 날에 내가 네 목에서 그 멍에를 꺾어 버리며 네 포박을 끊으리니 다시는 이방인을 섬기지 않으리라." 렘 30:8, 31:18. 나1:13 참고.

어느 농부에게 아주 힘세고 일 잘하는 소가 있었다.

하루는 그의 이웃이 찾아와서 "밭을 갈아야하는데 댁의 소 좀 빌려 주시겠습니까?"라고 해서

농부는 어디에 얼마나 쓰려고 하는지 묻지도 않고 빌려 주었다. 이웃이었으니까.

그 이웃은 열 명의 장성한 아들을 두었는데 첫째 아들이 소를 몰고 여러 시간이나 아주 험한 일을 시켰다.

소가 지쳤을 때 큰 아들은 둘째 아들에게 소를 넘겼다. 둘째는 소가 피로함을 역력히 드러낼 때 까지 일을 시켰다. 둘째는, 셋째에게, 셋째는 넷째에게, 이런 식으로 소를 종일 부렸다.

이 가엾은 소는 그만 지쳐서 쓰러지고 말았다.

소 주인이 그의 소를 찾으러 가서 누워 있는 소를 아무리 불러도 주인의 목소리를 들으면 얼른 일어나던 그의 소가 땅바닥에 누워서 꿈쩍 못하고 눈도 뜨지 못하는 것이다.

농부는 소를 끌어 안아 주었다.

"여기저기 끌려 다니며 뼈가 마르도록 힘을 다 쏟았구나!"

너무나 화가 난 농부는 소가 메고 있는 멍에를 분질러 버렸다. 소의 목에 묶어 둔 끈도 잘라 버렸다.

"소야

이제 자유의 몸이 되거라."

그는 그 동물의 고통을 보상하기 위해 그 동물을 해방시켰다.

*R. Moshe Weissman, *Midrash says Vayikra.* pp.380~381.

하늘의 멍에

유대의 경건주의자들은 십계명을 하늘의 멍에로 이해합니다.[151] 필요에 의한 사랑 (need-love)이 아니라 하나님에 대한 경외에서 우러나온 멍에입니다.[152] 문제는 사람의 심보이지, 멍에는 소의 안전과 일의 효율성을 위해서 필요합니다. "계명의 멍에"는 하나님의 사랑에 대한 우리의 응답입니다.[153] 십계명이 쌍방 계약에 의해서, 인간의 언어로 선포되었다는 것은 사람에게만 멍에가 아니라 하나님도 멍에를 함께 지신다는 것입니다. 그런데 유대 종교주의자들은 율법에도 없는 엄청난 무거운 짐을 사람의 어깨에 지워 놓고 정작 그들은 손가락하나 까닥이지 않았습니다. 마치, 소의 주인의 이웃처럼. 예수께서는 "내 멍에를 메고 내게 배우라 내 멍에는 쉽고 내 짐은 가볍다"고 하셨으니 이 멍에는 또 뭘까요?

> "수고하고 무거운 짐 진 자들아 다 내게로 오라 내가 너희를 쉬게 하리라 나는 마음이 온유하고 겸손하니 나의 멍에를 메고 내게 배우라 그리하면 너희 마음이 쉼을 얻으리니 이는 내 멍에는 쉽고 내 짐은 가벼움이라 하시니라." 마 11:28~30.

칼빈이 "신명기 4:44-46에 대한 말씀"이란 제목으로 1,555년 6월 7일 금요일에 한 설교 문에는 십계명이 어느 시대에나 적용되는 보편성과 영속성을 지닌 멍에를 뜻한다며 이렇게 주장했습니다. "온 세상을 하나님 자신의 복종아래 계속 붙들어 두는 것이 얼마나 어려운 일인가? 이것을 아신 하나님은 한 민족을 택하셨다. 일정한 기간이 아니라 계속적으로. 그들로 하여금 그의 멍에에 익숙해지기를 원하셨다. 이는 하나님께서 그의 교회 안에서도 일상적으로 동일하게 사용하시는 방법이 될 수 있다." 마음(레브), 자신의 존재(네페쉬), 자신의 모든 잠재력(메오드)을 바쳐서 하나님을 사랑하고 이웃을 사랑하는 것이 하늘의 멍에일진대[154] 예수 안에서는 그 멍에가 가볍다고 선언하셨습니다.

선포하라!

> "생각 없이 주기도문을 낭송 하시는군, 보시오 주기도문이 입장식을 위한 주문이 아니란 말이오." 본 라드(V.Lad).

---

[151] "하늘의 멍에"는 하나님의 통치를 받아 들이는 것을 뜻한다. 하나님의 계명의 멍에는 마음과 뜻과 목숨까지 다하는 것이다. 이것은 하나님의 통치를 받아들이는 사람이 해야 할 첫 번째 의무다.

[152] 엘리야후 랍바(Elliyyahu Rabba)는 하나님에 대한 경외와 사랑을 가장 중요한 계명으로 여겼다. 이것은 "금을 갖기 위해 은을 버려야 하는 방식의 자연적인 사랑을 대체하지 않는다." 신원하 앞책. 337.

[153] 이진희, 1997. "유대적 배경에서 본 복음서" p243. 컨콜디아사.

[154] 아이히로트의 앞책, p379. 여기서 말하는 잠재력은 한 개인의 삶이 가족 집단에게까지 확대되는 것을 의미하며 한 개인의 자아가 그의 자녀와 미래 세대에 이르기까지 계속되는 것을 의미한다.

십계명도 마찬가지입니다. 기독교는 주일 예배에 십계명을 암송하거나 세례 문답을 받을 때에 십계명 암송 여부를 묻는 전통이 있습니다. 이러한 관습은 유대교를 거쳐 기독교에서 수천 년 지속해 오는데 탈무드 자료에 의하면 이 전통은 솔로몬이 지은 예루살렘 성전시대부터 유래했답니다. 대하 5:10 왕상 8:9.
예수님 시대에도 "나시 파피루스"라는 십계명 기도서가 있었다고 앞에서 이미 제가 말씀드렸습니다.

> 지금, 성경책을 열어 보시라!
> 앞 표지 안 면에 사도신경(믿음), 주기도문(소망)이 있다.
> 뒤 표지 안면에는? 십계명(사랑)이 있다. 왜, 이것을 여기에 첨부했을까?

기독교인들의 성경찬송가 뒤표지의 안면에는 십계명 전문이 첨부되어 있는데 이것은 예배와 관습에서 자연스럽게 존중되고 있음을 말합니다. 십계명이 성경 전체를 대표하는 말씀으로 그 중요성을 언급한 것이지요. 예수님은 그를 따르려는 사람에게 십계명을 지키라고 명령하시고 계명을 준수하는 여부를 물으셨는데(마 19:16-19, 막 10:17-20, 눅 18:18-21 참고)이는 십계명의 전통을 존중하시고 이것이 신앙의 표준임을 보이신 것입니다. 십계명은 진지한 신앙고백이 되어야 하고 진실한 믿음으로 낭송(선포)해야합니다.

알고가기

> 성경이 말씀하는 지혜(호크마) 란, 아는 것이 힘이 아니라 아는 것을 활용하는 것이 힘이에요. 호크마란 '아는 것을 유익하게 활용하는 지혜'라는 뜻입니다. 십계명을 배우세요. 여호와를 경외함이 지식과 지혜의 근본이라고 하셨습니다. 30배, 60배, 100배로 활용할 줄 아는 실용지능(PQ; Practical Quotient)이 높은 사람이 되고 싶으시면 기초 학습인 십계명을 읽기, 쓰기부터 하세요. 질문을 만들고 생각해 보세요. 복습을 많이 하세요.

 '반짝.반짝 작은 별' 리듬으로 불러 보세요

예, 예, 말씀대로	Yes, -yes, - I will Do That.
나는 순종합니다	I will obey The Ten Commandments.
0,1, 2, 3, 4, 5!	Prologue, one, two , three, four, five,
6, 7,8, 9, 10계명	and six, seven, eight, nine, ten, TEN!
예, 예, 말씀대로	Yes, -yes, - I will Do That.
나는 순종합니다. 예!	I will obey The Ten Commandments. YES!

147
십계명과 다른 종교

기독교인은 유일성을 거부하는 타종교인에게 어떤 이웃이 되어야 하는가? 라는 질문에 자주 직면합니다.

> 왕이 있는데 다른 사람을 왕이라고 부르면 그는? 반역자다.
>
> 왕은 단 한 명의 아들에게 그의 권좌를? 위임한다.
>
> 세계의 나라와 기구들이 단 한명에게 최종 지도권을 주는 제도가 모순인가?
>
> 반장1명, 통장1명. 가장 작은 구성원에도 "유일성의 원칙"을 정하는데 하나님은 왜, 안돼나?
>
> 다신론은 민주제인데 유일 신론은 독선제라 나쁜가?
>
> "지구 하늘에 한 개의 태양이 있다"는 것은 자연계가 1인 리더십을 지향하는 것 아닌가?

이스라엘 네타냐후(Benjamin Netanyahu)총리는 2009년부터 2020년 현재까지 재임 중인 장기집권자 입니다. 1996년에서 1999년까지 재임했던 3년을 합하면 15년이나 되는 데 그의 집권은 언제 끝날지 아직도 모릅니다. 한번은 이스라엘 친구에게 "민주 사회에서 어떻게 그런 장기집권을 허용하느냐?"고 했더니 "독재가 왜 나쁘다고 보느냐?"고 저에게 되묻습니다. 그리고 하는 말이 "독재 정권이 좋은 세상을 만든다면 그런 독재정치도 좋은 게 아닌가? 우리 이스라엘 사람들은 다수 민주제냐, 1인 독재냐 라는 제도를 보지 않고 그의 능력을 보고 평가한다"고 말합니다.

기독교의 하나님은 "홀로" 맨 꼭대기에서 다스리시는 "1인 군주" 맞습니다. 나쁜 독재를 경험한 사람들은 '유일신'이라는 말만 들어도 부르르 떱니다. 자기모순에 빠진 이 사람이야말로 독선자입니다. 우리 민족의 단기력으로만 봐도 하나님은 지금 거의 6천년 장기집권자입니다. 그 분의 통치아래서 우주의 티끌 같은 지구는 여태까지 단 한번도 궤도를 이탈하지 않고 무사고 운행 중입니다. 이만하면 우주의 하나님이 1인 독재해도 좋은 통치자가 아닙니까? 그의 독재로 낮이 오고, 밤이 오고, 계절이 오고 정시에 운행합니다. 이만한 우주의 통치자라면 그분에게 영세무궁 장기집권하라고 맡겨도 좋지 않겠습니까? 한 줄 바람에 흔적없이 사라지는 겨 같은 인생, 한줌의 재, 아침이면 사라지는 풀잎 이슬같은 인간이 우주의 통치자를 바꿀 수 있다고 보세요?

1. 한분 하나님을 사랑하라!

유일 신 하나님 한 분만 사랑하려면 단단한 각오가 요구됩니다. 우리나라에는 선교사보다 먼저 들어 온 것이 십계명과 복음인데 십계명의 1, 2계명과 기독교의 구원론은 이기적인 종교라는 비난 뿐 아니라 전쟁을 불사했고 순교자들의 피가 온 강산을 붉게 적셨습니다.

"또 어떤 이들은 조롱과 채찍질뿐 아니라 결박과 옥에 갇히는 시련도 받았으며 돌로 치는 것과 톱으로 켜는 것과 시험과 칼로 죽임을 당하고 양과 염소의 가죽을 입고 유리하여 궁핍과 환난과 학대를 받았으니 (이런 사람은 세상이 감당하지 못하느니라) 그들이 광야와 산과 동굴과 토굴에 유리하였느니라" 히 13:36~38.

"다섯째 인을 떼실 때에 내가 보니 하나님의 말씀과 그들이 가진 증거로 말미암아 죽임을 당한 영혼들이 제단 아래에 있어 큰 소리로 불러 이르되 거룩하고 참되신 대주재여 땅에 거하는 자들을 심판하여 우리 피를 갚아 주지 아니하시기를 어느 때까지 하시려 하나이까 하니 각각 그들에게 흰 두루마기를 주시며 이르시되 아직 잠시 동안 쉬되 그들의 동무 종들과 형제들도 자기처럼 죽임을 당하여 그 수가 차기까지 하라 하시더라" 계 6:9~11.

"몸은 죽여도 영혼은 능히 죽이지 못하는 자들을 두려워하지 말고 오직 몸과 영혼을 능히 지옥에 멸하실 수 있는 이를 두려워하라. ..., 내가 세상에 화평을 주러 온 줄로 생각하지 말라 화평이 아니요 검을 주러 왔노라 내가 온 것은 사람이 그 아버지와, 딸이 어머니와, 며느리가 시어머니와 불화하게 하려 함이니 사람의 원수가 자기 집안 식구리라 아버지나 어머니를 나보다 더 사랑하는 자는 내게 합당하지 아니하고 아들이나 딸을 나보다 더 사랑하는 자도 내게 합당하지 아니하며 또 자기 십자가를 지고 나를 따르지 않는 자도 내게 합당하지 아니하니라 자기 목숨을 얻는 자는 잃을 것이요 나를 위하여 자기 목숨을 잃는 자는 얻으리라" 마 28~39 요약.

2. 이웃을 사랑하라

타 종교인들은 "착한 일을 하면 구원받아 좋은 곳에 가는 것이라"고 해서 이웃의 몸만 사랑하면 되는데 기독교는 몸과 영혼을 사랑하는 종교입니다. 첫째는 하나님을, 그리고 나서 이웃을 사랑하라는 "사랑의 차별원칙"은 동전의 양면이 아니라서 딜레마에 빠지곤 하지요. 예수께서 주신 마 25장 31~46은 하나님을 사랑하기 위해서 이웃에게 냉정한 믿음의 광신자들에게, 그리고 믿음없이 선행으로 구원 받으려는 사람들에게 하신 말씀입니다. 이 본문은 이를테면 듣는 대상이 누구냐를 알고 읽어야 한다는 점이지요.

1) 양과 염소이야기

양들에게

"내 아버지께 복 받을 자들, 창세로부터 너희를 위하여 예비 된 나라를 상속 받으라" 34절.

너희들은 내가 주릴 때에 먹을 것을 주었고, 목마를 때에 마시게 하였고,

나그네 되었을 때에 영접하였고, 헐벗었을 때에 옷을 입혔고, 아플 때 돌보았고

옥에 갇혔을 때에 와서 돌아보았다.

양들의 반응

우리가 언제요?

어느 때에 주리신 것을 보고 음식을 대접하였으며

목마르신 것을 보고 마시게 하였나요?

나그네 되신 것을 보고 영접하였으며 헐벗으신 것을 보고 옷을 드렸다고요?

어느 때에 병드신 것이나 옥에 갇히신 것을 보고 가서 뵈었나이까?

"내가 진실로 너희에게 이르노니 너희가 여기 내 형제 중에 지극히 작은 자 하나에게 한 것이

곧 내게 한 것이니라"

창세로부터 작정된 구원을 받은 양들은 구원받을 목적에서 선행을 하지 않으므로 선행을 기억하지도 않습니다. 그들의 말대로 어쩌면 대단한 선행을 하지 않았을 수도 있습니다. "지극히 작은 자" 이니 누구라도 합격점에 들 수 있도록 선행 커트라인이 낮습니다. 믿음에는 행동이 따라야 한다는 것이지요.

염소들에게

"저주를 받은 자들, 나를 떠나 마귀와 그 사자들을 위해 예비된 영원한 불에 들어가라" 41절.

너희들은 내가 주릴 때에 먹을 것을 주지 아니하였고, 목마를 때에 마시게 하지 아니하였고,

나그네 되었을 때에 영접하지 아니하였고, 헐벗었을 때에 옷 입히지 아니하였고, 병 들었을 때와

옥에 갇혔을 때에 돌보지 아니하였다.

염소들의 항의

우리가요? 우리가 언제? 몇날, 몇시에?

염소의 정체를 알고 싶으신 분은 마 23, 24장을 읽으세요. "화 있을진저"라고 하신 그들의 생을 만나실 수 있습니다. 위의 말씀에서 영생과 영벌의 기준은 "선행"이 아니라 "양과 염소"입니다. 양과 염소로 구분했다는 점을 놓치면 구원이 선행에 있다고 오해할 수 있습니다. 양이 예수안에 들어 온 자들의 예표로써 그들에게 따르는 표식은 선행이어야 한다면, 염소는 예수 밖에 있는 자들의 상징입니다. 아무리 많은 선행을 쌓아도 선행으로는 구원받을 수 없다는 것과 잘 믿는다면서 행위가 없는 자를 경고합

니다. 만약에 선행으로 구원을 받는다면 굳이 양과 염소라는 설정이 필요치 않습니다. 선행이 판결의 기준이라면 양이든 염소든 상관없이 그냥 한 떼로 모아놓고 선행이라는 저울에 달아야지요. 양은 창세로부터 그들을 위하여 예비 된 나라를 상속받을 복된 자들이고, 무엇을 하든지 그를 힘입어 다 주 예수의 이름으로 하는 자들입니다(골 3:17 참고). 믿음에는 선행이 따라야 함을 강조하신 것입니다. 염소는 마귀와 그 사자들을 위하여 예비 된 영원한 불에 들어가기로 작정된 저주의 상징입니다. 예수 믿음은 없이 선행으로 구원 받으려는 사람들은 쌓은 덕행을 낱낱이 기억합니다. "주여 우리가 언제 아니하더이까?" (44절).

> "내가 진실로 너희에게 이르노니 이 지극히 작은 자 하나에게 하지 아니한 것이 곧 내게 하지
> 아니한 것이니라 하시리니" 45절.

마 25:31~46은 우리의 모든 선행이 예수의 이름으로 하는 것입니다. 사도 요한은 "하나님을 사랑한다면서 그 형제를 미워하는 자는 거짓말 하는 자"라고 매도했습니다. 교회들은 세상의 마지막 날, 이웃을 대하는 현재의 선행이 그리스도를 만나는 방식으로 드러나게 된다는 예수의 이 예언을 들어야 합니다.

2) 이웃의 한계

하나님을 사랑하는 것은 이웃 없이는 불완전하고, 이웃사랑은 하나님을 사랑하는 믿음에 의존해야 하는 상호공존의 관계입니다. 우리가 하나님을 사랑하면 하나님이 무엇을 원하는지 그 분의 뜻을 이해할 수 있고 그 분의 방법대로 이웃을 사랑하게 됩니다.

> 이웃을 사랑하라고 했으니까 악인과도 친하게 지내야지. 암.
> 우리 사돈 맺읍시다.
> 사돈이 벌인 청부살인을 도와주려다가 죽을 뻔하고 간신히 살아 돌아온 여호사밧.
> 이번에는 사돈댁 처남과 무역회사 차렸다가 홀랑 들어 먹었다.

> "유다 왕 여호사밧이 나중에 이스라엘 왕 아하시야와 교제하였는데 아하시야는 심히 악을 행
> 하는 자였더라" 대하 20:35.
> "왕이 아하시야와 교제하므로 여호와께서 왕이 지은 것들을 파하시리라 하더니 이에 그 배들
> 이 부서져서 다시스로 가지 못하였더라" 대하 20:37 요약.

여호사밧이 목숨을 건질 수 있었던 것은 "먼저 여호와의 생각이 어떠한지." 묻는 사람이었기 때문이라고 합니다(왕상 22:5).

3) 뒤주 속에 두 여인 슥 5:5~11.

스가랴는 이상한 물체를 보았다. 이게 뭐지요?

-곡식을 넣는 뒤주야.

그 뒤주는 납으로 된 뚜껑이 덮여 있다.

저 안에 뭐가 들었나요?

-뚜껑을 열 테니 자세히 봐.

으아! 사도세자? 뒤주 안에 머리 풀어 헤친 두 여인이 앉아 있는 것이다.

-스가랴야, 이 여인들은 온 땅에 가득한 죄악을 나타내는 상징이야.

천사는 그 여인을 뒤주 속으로 밀어 넣고, 뒤주 아가리 위에 납으로 된 뚜껑을 눌러서 덮어 버렸다.

그때 학처럼 생긴 날개를 단 두 여인이 날개로 바람을 일으키면서 나타났다.

두 여인이 그 뒤주를 들고 공중으로 높이 날아가는 것을 본 스가랴는 물었다.

저 여인들이 그 뒤주를 어디로 가져가는 거예요?

-시날 평지, 바빌로니아 땅으로 간다. 거기에 그 뒤주를 둘 신전이 완성되면,

그 뒤주는 거기에 놓이게 될 거야. 하나님이 불의, 악을 멀리 던져 버리시겠다는 뜻이지.

스가랴가 본 fantasy story 의 뒤주 속 두 여인은 십계명 두 돌판을 둔 법궤와는 대조되는 형상의 상징입니다. 예수께서는 죄의 상징 뒤주를 섬기는 두아디라 교회를 경고하셨습니다(계 2:20 참고).

 '개역개정 찬송가 261장. '흰 눈 보다 더' 후렴곡을 불러보세요

Whiter than the snow

Whiter than the snow

Wash me in the blood of the Lamb

I shall be white-er than the snow.

흰눈 보다 더

흰 눈 보다 더

주의 흘리신 보혈로

희게 씻어 주옵소서.

8부.. 십계명의 미래여행

지금 세계는 영적으로 몹시 어둡고 혼란한 밤을 맞고 있습니다. 위험한 현장일수록 영적 긴장과 함께 규율에 엄격해야 합니다. 위기 앞에서는 절대적으로 지시를 따라야 합니다.

오늘이 내일을 만듭니다.

현세가 내세를 짓습니다.

우리들의 미래는 어떤 모습일까요?

"터가 높고 아름다워 온 세계가 즐거워함이여 큰 왕의 성 곧 북방에 있는 시온산이 그러하도다" 시 48:2.

1장
천국의 주춧돌이 될 뻔한
그때 그 사람의 이야기

"무엇을 해야 영생을 얻겠습니까?"라는 질문을 했던 남자.
"계명을 지켜라. 계명에 있는 대로 이웃사랑을 실천하라.
이것이 제자 도다."

망설이던 그 남자
돌아가서 어찌 되었을까요?
후편이 여기 있습니다.

십계명을 준수한다는 사람들에게 이 사람이 남긴 뼈아픈 교훈이 있습니다.

예수님을 믿고 십계명의 중요성도 안다는 사람은 자신에게 질문하고 재점검해야합니다.
"나는 제대로 믿고 있는 걸까?"

148
예수께 사랑받았던 그 사람

"바리새인들은 돈을 좋아하는 자들이라 이 모든 것을 듣고 비웃거늘" 눅 16:14.

예수님의 강의에 참석한 수강생들의 수준을 보고 "창녀? 세리? 죄인들?" 바리새인과 서기관들이 수군거리고 비웃었다(눅 15:2). 강의 마친 얼마 후에 한 유대인이 예수를 찾아 왔다. 부활을 믿는 그는 그날 부자와 나사로의 이야기에 큰 충격을 받은 모양이다. 예수님이 딱 보니 "돈을 좋아하는 사람"이다. 그 분께 잡히면 "너 가진 게 뭐니? 그 걸로 우리 뭐뭐하자. "라고 하신다는 걸 모르고 왔나보다. 영생을 담보로 통장을 제로로 만들라니까 얼굴이 노래져서 갔다. 이 사건이 얼마나 인상 적이면 마태, 마가, 누가가 비교적 상세히 기록했다.

마 19:17, 막 10:21, 눅 18:18은 마치 인문학 종합전시장 같은 느낌입니다. 신학, 교육학, 경제학, 사회학적 질문이 이 본문에 다 들어 있습니다. 뭘 해야 영생을 얻느냐는 상담에 계명을 지키라는 것은 구원론에 걸리고, 계명은 윤리적인 문제를, "어려서부터 다 지켰다"는 말은 조기교육을, "가진 재물을 가난한 자에게 주라"는 경제논리와 공산개념에서 다룰 주제들입니다.

우리에게 이렇게 많은 생각을 하게 만든 이 젊은이는 예수께 깍듯이 "선생님이여(랍비여)"라고 부르는 걸 보니 교양 있는 시민의식이 갖춰 져있고, 직업이 유대관원 인 걸 보니 유대사회 커뮤니티에서 신용 있는 사람으로 인정받았고 계명을 준수하고 있으니 율법으로도 흠 없는 사람같습니다.[155] 가드너(Richard. B. Gardner)는 이러한 그의 경력으로 봐서 40세 미만이라는 주석을 합니다(1991. *Church Bible Commentary. p*295). 이런 정도의 사회적 신분을 지닌 사람이 예수를 "선한 선생님"이라고 부른 것은 하나님의 본성을 예수에게서 찾았고 예수를 하나님으로 믿는 믿음의 고백이라고 할 수 있습니다.

예수께서 "어려서부터 계명을 준수한" 그를 사랑하셨다는 말에서 그의 말이 가식이 아니라 진실임을 입증합니다.[156] 주석가들은 "사랑하사"를 만져 주시고, 안아 주셨다고 풀이합니다. 계명을 지키는 사람은 이토록 하나님의 사랑을 받습니다. 요 15:12을 읽어 보세요.

그런데 이화여대 양명수 교수는 이 본문에서 예수는 그에게 있는 부족함을 아셨으면서도 여전히 사랑스러워하셨다고 설명합니다. 예수께서는 당당하고 자신감에 찬 죄인에게 염증을 느끼지 않고 사랑해 주시고 한 가지 부족한 것을 고치기 바라셨다는 것입니다. 그는 선하시기 때문입니다. 그런데 이 사람이 예수님을 찾아 온 진짜 이유가 뭘까요?

---

155 Interpretation, 1993. *A Bible commentary for teaching and preaching" N.T.Matthew. p*226. U.S.A: John Knox press.

156 1984. *The Expositor's Commentary,* Vol.8. p715. Michigan: zondervan corporation.

149
의, 인, 자비

"영생하고 싶으니? 계명을 지켜라."

이 말은 구원론에는 맞지 않는 답으로 들립니다. 예수님은 십계명 중에 이웃사랑에 속하는 계명들을 지키라고 하십니다(마 19:16-19). 왜, "네 재산을 성전에 헌납하라"고 하지 않으시고 가난한 사람들에게 주라고 하셨을까요? "네 재물"이란, 가진 것을 주라는 것이고 율법이 중요하게 여기는 의(정의)와 인(자비)과 믿음(마 23:23, 눅 11:42)을 실천하라는 것입니다. 예수님은 그에게 율법의 본질인 자비심을 깨우셨습니다. 이 사람의 고백처럼 십계명은 어려서부터 지키면 쉽습니다. 유대주의자들은 박하와 회향과 근채의 십일조를 철저히 구별해서 드릴 만큼 꼼꼼하게 지킵니다. 유대인들은 자선을 원칙으로 삼지만 모든 재산을 포기하거나 전 재산의 1/5를 구제해서 오히려 구제 대상이 되면 안 된다는 준칙이 정해져 있습니다. 유대주의에서 가난은 악이며 재물을 하나님의 축복의 표식으로 보기 때문에 부자는 곧 의인입니다. 예수는 이러한 유대 전통의 원칙을 깨뜨리는 요구를 하신 것이니까 예수 믿으면 전 재산 다 바쳐야만 구원받는 줄로 오해하지 마십시오. 예수님은 설령 저주에서 온 병이나 가난 때문에 인격이 파괴되었어도 악으로 보지 않으셨지요.

알고가기

선(善), 진리, 정의의 본질은 하나님뿐이시며 따라서 유대인들의 구원 방식은 선이요, 선행중심입니다. 예수님을 찾아온 유대 관원이 선행을 영생과 연결하여 사유하는 것은 그런 이유에서 입니다. 유대사회의 인간에 있어서 선은 '미쯔바'즉 토라의 계명을 수행하는 것이고 이를 행하는 자가 모든 것도 행하는 것입니다.

유대 사회가 내린 선(토브)에 대한 정의 [157]

가장 좋은 선은 토라의 계명이다.

1) 하나님의 뜻을 행하는 것(= 인간이 하나님의 윤리적 법칙에 순종하는 것).

2) 하나님의 영광을 드러내는 것.

3) 하나님의 이름을 거룩하게 하는 것.

4) 하나님을 본받는 것.

5) 하나님 나라를 발전시키는 것.

157　Milton Steinberg, *Basic Judaeism* 이수현 옮김, 앞 책 p74-75.

150
소유가 신(神)인 사람

사람을 재물이냐 하나님이냐의 갈림길에 세우면 사람은 반드시 재물을 택할 것이라고 장담했던 사탄의 주장은 욥 때문에 설득력을 잃었다는 양명수 교수의 해석이 생각납니다. 욥의 부가 그의 경건을 해치지 못했지요. 인간은 자유로운 존재라서 강압에 의해 변화되거나 쉽게 굴복하는 존재가 아닙니다. 자신이 왜 이런 일을 당하는지 알지 못한 상태에서 당한 욥의 반응은 어쩌면 반항일 수도 있습니다.

소유가 신일 수도 있다는 사탄의 주장은 이 유대 청년에게 먹혀 들었어요. 예수는 버림으로 얻게 될 하늘의 보화까지 설명해 주셨건만 그는 "큰 부자이므로" "재물이 많으므로"(눅 18:23, 마 19:22) 거반 실신해서 돌아갔습니다. 사업을 왕창 망하게 하고서 "나를 따르라" 라고 하면 오갈 데 없는데 누가 거절하겠습니까? 그런데 잘 나가고 있는 멀쩡한 사람에게 "그거 버려라"고 하면 이건 정말 어렵습니다. 뭘 의지하며 사는 사람인지는 가진 것들이 사라진 다음에도 드러나지만 가진 것이 있을 때는 더욱 드러납니다.

신실한 니고데모에게도, 제자 도를 자청한 유능한 서기관도(마 8:19~22), 데가볼리 청년도 따돌리셨는데(막 5:18-20), 그가 감히 예수님의 콜(call)을 거절합니다. 실은, 돈 좋아하는 그의 약점을 찌르신 예수의 조크였겠죠. 돈 좋아하는 사람이 돈 내놓겠어요? 유대 관료(눅 18:18), 상당한 재력가(막 10:22), 율법을 준수하는 모범생. 그는 낡은 배 한척, 찢어진 그물 던져 버리고 따라 온 사람들과는 급이 다른 스펙소유자 입니다. 그러나 예수의 관심은 이번에도 이웃입니다. 왜냐하면 그는 율법사, 믿음의 과대신봉자니까요.

내가 다 지켰는데 뭐가 부족한가? 이렇게 인간론이 강해지면 복음을 받기 어렵습니다. 내가 구원받았는데 뭐가 부족한가? 구원론이 강해지면 자기를 그리스도로 채우려고 하지 않습니다.

알고가기

예수님이 "나를 따르라"고 하실 때 거절한 사람들의 명단 ; 눅 9:59, 마19:21. "잠간만요, 이따가요, 곤란한데요."
자원해서 원서 낸 지원자를 예수님이 거절한 명단 ; 마8:19~22, 5:18~19. "어디로 가시든지 주님을 따라 다니고 싶어요. 그런데 저더러 집에 가래요. Back to your home."

151
티오(Table of Organization)

예수께서는 공생애를 시작하시며 우선 하신 일이 함께 할 제자를 모으는 일 이었고 30세 지난 기혼 남자 한명 외에 30세 미만 남자들로 구성된 12명 정원제로 동역자 모집을 마치셨다. 그런데, 그 분의 사역을 거의 마감하는 후반기에 한 명을 추가로 부르신 것이다. "나를 따르라" 마 19:21.

"그리하면 하늘에서 보화가 네게 있으리라 그리고 와서 나를 따르라" 마 19:21 요약.

이 사람은 공관복음마다 후반부(마19장, 눅18장, 막10장)에서 발견되는 걸 보니 아마도 예수님의 별세가 가까운 때의 일로 짐작합니다. 그렇다면 12제자 명단에서 유다가 펑크 낼 공석을 염두에 두시고 그 제의를 하셨을까요? "나를 따르라." 12인 정원(定員)에 보궐로 들어올 마지막 카드, 티오(T.O) 한 장인가요? 그는 애석하게 "네 재산 다 팔아 처분하라"는 앞의 말만 붙잡고 "그리하면 하늘에서 보화가 네게 있으리라" (마 19:21)는 뒤의 말을 놓쳤습니다. 일단 돈에 영혼이 몰입되면 그 다음에는 어떤 말도 귀에 들어오지 않지요. 예수님이 담보한 "하늘의 보화"는 대체 뭘까요? 예수님과 젊은이의 대화를 곁에서 듣던 베드로가 뒤의 말을 붙잡았어요.

> "하늘의 보화?
> 우리는 다 버리고 주님을 따르고 있잖아.
> 주님, 그럼 우리가 얻을 건 뭐죠? 우린 뭘 주실 건데요?"

> "이에 베드로가 대답하여 이르되 보소서 우리가 모든 것을 버리고 주를 따랐사온데 그런즉 우리가 무엇을 얻으리이까" 마 19:27.
> "예수께서 이르시되 내가 진실로 너희에게 이르노니 세상이 새롭게 되어 인자가 자기 영광의 보좌에 앉을 때에 나를 따르는 너희도 열두 보좌에 앉아 이스라엘 열두 지파를 심판하리라." 마 19:28

방금 돌아 간 젊은이가 무엇을 잃었는지 아시겠지요? 예수님은 나중에 바울을 택하십니다. 바울이 필요했던 예수님이라면 아마도 그는 예수님께 필요한 사람입니다. 유대 관원, 율법 준수자인 그는 어쩌면 바울과는 안면있는 동료일지 모릅니다. 바울은 예루살렘에서 가말리엘 문하생으로 수학했고 유다이즘 헌신 자들은 유대주의 범주(category)에 결속된 공동체였으므로 여러 모로 봐서 그는 바울과 레벨이 비슷합니다. 짜잔~~~ 하늘의 보화는 이것으로 끝나지 않습니다. 계 21:14를 읽어보세요.

> "그 성의 성곽에는 열두 기초석이 있고 그 위에는 어린 양의 열두 사도의 열두 이름이 있더라."

유다의 프로파일(profile)을 보면, 그는 멸망의 자식(요 17:12 참고)이요, "직무를 버리고 제 곳으로" 갔다고 하지만 그래도 탈락되었다고 판정내리기는 조심스런 부분입니다. 그가 짤렸다고 가정(if)하면 유다의 공석(티오)를 누가 채웠을까요? 제자들이 뽑은 맛디아일까요?(행 1:26). 예수께서 제자들을 1:1로 대면하여 직접 뽑으셨듯이 1:1 직접면담으로 택한 사도라는 점에서 바울은 어떨까요? 맛디아나 바울보다 먼저 콜(call)을 받은 그 젊은이는 새 예루살렘 열두 기초 석, 열 두 지파를 심판하는 특권까지 놓친 건 아닐까요? 그가 예수님과 동 시대를 산 것이 얼마나 큰 행운인지를 안다면 말입니다. 그 젊은이가 어쩌면 우리의 모습 일 수도 있습니다. 그 사람도 한 때는 예수님의 사랑을 받았습니다.

152
천국 답사하기

천국 길을 밝히러 간 촛불

슬픔에 가득 찬 한 과부가 랍비를 방문했다.

과부; 딸의 결혼을 앞두고 있으나 축하연의 상에 놓을 촛대조차 없어서 망신 당할까봐 두려워요.

랍비; 내가 아끼는 가장 좋은 은촛대요. 이 촛대 두 개로 딸의 결혼을 밝히시오.

랍비아내; 금요일의 해가 지는구나. 어머나, 안식일의 불을 켜는 아름다운 은촛대가 어디로 사라졌지?

여보, 도둑이 들어와서 안식일 은촛대들을 훔쳐 간 것 같아요.

랍비; 쉿! 흥분하지 마시오!

아무도 우리의 촛대를 훔쳐가지 않았소. 그것들은 단지 우리의 천국 길을 밝히러 간 것뿐이오.

"선행을 하는 사람은 이 세상에서 그 이자를 먹고 살고 내세에는 원금 그대로 남아 있다." 탈무드. [158]

안내방송 드립니다!
하늘나라의 수도 새 예루살렘성은 출입문이 12개 입니다. 거기서 안내원 천사에게 "문이 이렇게 많은 걸 몰랐다. 어디로 들어가는지 가르쳐 준 사람이 아무도 없었다"고 딴소리 마시고 여기서 사전 답사하고 가시기 바랍니다. 계시록에 있습니다(계 21:9~14 참고). 천국 오는 사람들이 하도 적어서 길 물어 볼 사람을 만나기 쉽지 않을 수도 있습니다. 네비(navigation) 믿지 말고 성경을 믿으세요. "안드레 기초 석에서 만나자"고 했는데 "앙드레 박"을 찾으셨나요?
의인은 두 세상을 살지만 악인은 한 세상을 삽니다. 한 세상을 사는 하루살이를 미워하고 똑똑한 사람은 미워 할 거리를 더 많이 찾아내죠. 믿지않는 누군가를 미워하는 마음이 들면 이런 생각을 해 보세요. "하루살이가 말한 것을 가지고 화를 내는 것이 현명할까?"

---

158   탈무드 shab.127a. *Abraham Cohen*, 1995. *Everyman's Talmud.* p225. Schocken Books.

2장
천국의 기쁨

하나님은 천국의 기쁨을 신혼생활에 비유하셨습니다.

" 마치 청년이 처녀와 결혼함 같이 네 아들들이 너를 취하겠고

신랑이 신부를 기뻐함 같이

네 하나님이 너를 기뻐하시리라" 사 62:5.

히브리 개념에서 혼인은 계약이며 사랑, 동정심, 연민 같은 인간의 감정에 의한 것이 아닙니다.
계약이란 쌍방 간의 신뢰를 기반으로 하는 언약입니다.
이것이 시내 산 언약이 보여 준 성경의 혼인관입니다.
유대사회의 혼례는 두 단계로 완성됩니다. 하나는 법적으로 약혼 단계인 키두신(kiddushin)이고,
하나는 혼인생활로서 성을 경험하는 니수인(nisuin)입니다. 약혼이 일심(一心)이라면
혼인은 동체(同體)입니다.
이런 사회적 관습도 영적 혼인 잔치 예식장인 시내 산에서 온 거예요.
예수님의 신부가 어떤 절차를 거쳐서 천국의 안주인이 되는지 살펴보겠습니다.

마트힐림 베크두샤트 예슈아! (예수님의 거룩안에서 시작합니다)

153
패물

아름다운 관과 금사슬

> "그 날에 만군의 여호와께서 자기 백성의 남은 자에게 영화로운 면류관이 되시며 아름다운 화
> 관이 되실 것이라" 사 28:5.

하나님이 신부의 화관과 면류관이 되신다는 것은 사람의 모든 영광이 하나님께 있다는 뜻입니다. 면류관과 화관을 예표하는 것은 구원이 오직 그분에게 있기 때문입니다. 하나님을 믿는 자들에게 하나님은 면류관이요 화관입니다. [159] 어린 양의 이름과 그 아버지의 이름, 아세요?

> "무릇 시온에서 슬퍼하는 자에게 화관을 주어 그 재를 대신하며 기쁨의 기름으로 그 슬픔을 대
> 신하며 찬송의 옷으로 그 근심을 대신하시고 그들이 의의 나무 곧 여호와께서 심으신 그 영광
> 을 나타낼 자라 일컬음을 받게 하려 하심이라" 사 61:3.

> "또 내가 보니 보라 어린 양이 시온 산에 섰고 그와 함께 십사만 사천이 서 있는데 그들의 이마
> 에는 어린 양의 이름과 그 아버지의 이름을 쓴 것이 있더라" 계 14:1.

154
드레스

예수님의 신부 예복인 깨끗한 흰 옷은 성결을 상징합니다. 예수님은 천국 혼인잔치의 비유를 드시며 청함을 받았으나 예복을 입지 않고 들어 온 자들을 책망 하셨습니다(마 22:1-14).

> "우리가 즐거워하고 크게 기뻐하며 그에게 영광을 돌리세 어린 양의 혼인 기약이 이르렀고 그
> 의 아내가 자신을 준비하였으므로 그에게 빛나고 깨끗한 세마포 옷을 입도록 허락하셨으니 이
> 세마포 옷은 성도들의 옳은 행실이로다 하더라 천사가 내게 말하기를 기록하라 어린 양의 혼
> 인 잔치에 청함을 받은 자들은 복이 있도다" 계 19:7-8.

---

159 Delitzsch, 잠언 주석 p204.기독교문화사.1987.

"청년이 무엇으로 그의 행실을 깨끗하게 하리이까 주의 말씀만 지킬 따름이니이다 내가 전심
으로 주를 찾았사오니 주의 계명에서 떠나지 말게 하소서 내가 주께 범죄하지 아니하려 하여
주의 말씀을 내 마음에 두었나이다" 시 119:9-11.

빛나고 깨끗한 세마포는 천국의 유니폼이에요. "흰 옷을 입을 것이요"(계 3:3-5, 계 3:19). 흰옷은 때가 잘 묻
고 때는 눈에 확 띕니다. 기독교인들이 조금 실수해도 탁! 드러나고, 눈에 띄는 것은 흰옷을 입었기 때문입니
다. "주의 계명에서 떠나지 말게 하소서."

> 매끈매끈한 피부위에 옷을 만들어 입는 존재는 유일하게 인간뿐이다. 옷의 한올 한올은 다른 동물들의 죽음
> 을 의미한다. 신발을 제공하기 위해서 동물들이 죽어야 했고, 모와 면화도 인간의 옷을 짜는데 희생된다. 벌
> 레는 실크를 만들어주고 희생되고 동물과 새들은 인간의 옷뿐이 아니라 장식품이 되기 위해서 죽는다. 동물
> 과 새들은 스스로 그들의 의복을 생산한다. 모든 동물의 옷은 내부에서 만들어지지만 인간은 다른 존재에 의
> 존한다. 여기에서 중요한 진리는, 원죄는 인간을 벌거숭이로 만들어서 다른 옷을 입게 만들었다는 것이다. 심
> 지어 그리스도를 의의 옷으로 입어야만 하나님 앞에 나 설 수 있다. 우리에게 걸칠 것을 주기 위해서 그 분이
> 어린 동물(양)처럼 죽으셨다.[160]

155
드레스 원단 ; 구원과 공의

기독교의 "구원"이라는 주제를 비즈니스 용어로 풀어 보겠습니다. 신부 예복 쇼핑! 안내드리겠습니다. 예복
은 신부가 준비하는 거예요. 원단은 구원이라는 상표와 공의로 바느질 된 옷감입니다. 원단 잘 확인하세요.
세마포는 "구원과 공의"라는 상표(brand)의 원단입니다. "구원"이란 단어는 기독교만의 유일한 트레이드마
크(trademark)입니다. "구원브랜드"의 사용료 (loyalty)를 한 분께서 완불하셨습니다. 수천 년을 이 브랜드만
을 고집하는 거래고객의 일편단심 충성도가 오늘 날 "예수구원 브랜드"의 로열티를 유일하게 했습니다. 그
런데 혹자들은 기독교의 유일신앙에 유감을 갖고 말하지요.

어느 마트를 가든지 물건을 사면 되지, 왜, 마트를 지정해 놓고 거기서만 거래하라고 합니까?
맞아요. 맞습니다. 어느 마트를 가든 자유예요. 그런데! 마트에 어떤 물건이 있느냐가 중요합니다.
기독교는 품질 확실하고 가격좋고 최상품의 브랜드만 취급하는 품격있는 마트만을 고집하지요.

---

160 Paul Lee Tan. "Encyclopedia of 7,700 Illustrations: Signs of the times" 서울서적 편집부 옮김. "세계예화백과사
  전."NO.221. p107. "의복의 의미"에서.

"내가 여호와로 말미암아 크게 기뻐하며 내 영혼이 나의 하나님으로 말미암아 즐거워하리니 이는 그가 구원의 옷을 내게 입히시며 공의의 겉옷을 내게 더하심이 신랑이 사모를 쓰며 신부 가 자기 보석으로 단장함 같게 하셨음이라" 사 61:10.

구원이 속옷이라면 선행은 겉옷입니다. 신앙생활, 믿음과 삶은 한 벌 옷과 같습니다. 히브리어에서 공의 (justice)란 미쉬파트(공평)와 쯔다카(정의)라는 두 개념이 있는데 이 둘이 공통적으로 의미하는 것은 선행입 니다. 하나님께서 아브라함을 부르신(구원하신) 목적이 선한 삶을 살게 하기 위해서 였습니다(창 18:19). 예수님은 선한 삶(일)이, 예수구원의 십계명이라고 하셨습니다. 마틴 루터의 "선한 일을 위하여"라는 논문은 예수께서 십계명을 선한 일이라고 하신 마 19:16의 말씀에서 찾은 것입니다. 여호와께서 보시기에 정직하 고 선량한 일을 행하면 복을 받는다고 했는데 선량한 일이 십계명입니다(신 6:17 참고). 십계명은 신부의 지 위를 검증하는 검증문서, 그리고 드레스를 장식하는 악세사리 값이에요!

"그가 우리를 대신하여 자신을 주심은 모든 불법에서 우리를 속량하시고 우리를 깨끗하게 하 사 선한 일을 열심히 하는 자기 백성이 되게 하려 하심이라" 딛 2:14.

"모든 성경은 하나님의 감동으로 된 것으로 교훈과 책망과 바르게 함과 의로 교육하기에 유익 하니 이는 하나님의 사람으로 온전하게 하며 모든 선한 일을 행할 능력을 갖추게 하려 함이라" 딤후 3:16~17.

거룩한 행실의 예단을 십계명이 만들 것이라는 기쁨으로 배우고 싶어요! 십계명 서문이 묻습니다. "예수님 을 믿고 구원 받으셨나요?" 그럼, 예수님을 자 ~ 알(well) ~ 믿으셔야 해요. Well being, Done 십계명!

156
세탁

드레스, 세탁 해드립니다 ~ 신부 의상이 왜 자주 더럽죠? 세상의 미세먼지가 악착같이 달라붙네요. 어린양 세탁소에 맡기세요. 얼룩을 오래두면 피 눈물로 빨아야 합니다. 즉시, 즉시 세탁합시다! 세마포의 얼룩과 오 염을 어린 양의 피에 씻어 희게 해 주신다고 하셨습니다.

"어린 양의 피에 그 옷을 씻어 희게 하였느니라" 계 7:14 .
"주께서 기쁘게 공의를 행하는 자와 주의 길에서 주를 기억하는 자를 선대하시거늘 우리가 범죄하므로 주께서 진노하셨사오며 이 현상이 이미 오래 되었사오니 우리가 어찌 구원을 얻을수 있으리이까 무릇 우리는 다 부정한 자 같아서 우리의 의는 다 더러운 옷 같으며 우리는 다 잎사귀 같이 시들므로 우리의 죄악이 바람 같이 우리를 몰아가나이다" 사 64:5-6.

"또 그가 피 뿌린 옷을 입었는데 그 이름은 하나님의 말씀이라 칭하더라 하늘에 있는 군대들이 희고 깨끗한 세마포 옷을 입고 백마를 타고 그를 따르더라" 계 19:13-14 .
"자기 두루마기를 빠는 자들은 복이 있으니 이는 그들이 생명나무에 나아가며 문들을 통하여 성에 들어갈 권세를 받으려 함이로다 개들과 점술가들과 음행하는 자들과 살인자들과 우상 숭배자들과 및 거짓말을 좋아하며 지어내는 자는 다 성 밖에 있으리라" 계 22:14-15.
만일 우리가 우리 죄를 자백하면 그는 미쁘시고 의로우사 우리 죄를 사하시며 우리를 모든 불의에서 깨끗하게 하실 것이요" 요일 1:9.

* "십계명 중보 기도문 소책자"는 자신을 성찰하고 중보하는 츄바(회개)의 고백문입니다.

157
십계명에 있는 여성의 역할

아빠, 엄마가 다른 멍에를 멘 경우 아이들은 신념이 더 뚜렷한 사람을 따른다.

교육하는 엄마가 될 수 있도록 응원한 토라의 언어

"너는 이같이 야곱 족속에게 이르고(to say to the house)이스라엘 자손에게 고하라(tell the children)" 출 19:3. 개역 한글성경.

출19:3의 언어의 배열순서와 사용된 언어에 주목합시다.

야곱의 족속(집), 이스라엘 자손(children)?
야곱의 족속은 누구고, 이스라엘 자손은 누구지?
야곱은 집, 이스라엘은 아이들, 왜 이 둘을 구별해서 표현했을까?
이르라, 고하라? say와 tell?

우선, 장본인들의 말을 들어봐야 겠습니다. 10세기 유대 라비 라시(S. Y. Rashi)는 야곱의 집은 여자를, 이스라엘 아들은 남자를 대표한다고 해석합니다.

> 야곱의 집 = 여자
>
> 이스라엘 아이들 = 남자

콜라테흐(Alfred J. Kolatch)의 자료에 의하면 창세기 12장 1절의 "아비의 집"이라는 묘사를 근거해서 고대 성서시대의 여성은 결혼 전에는 아비의 집에, 결혼하면 남편의 재산의 일부가 되었습니다. 결혼을 뜻하는 단어 "키두쉰"은 "횡재, 획득하다"를 뜻하는 "킨얀"에서 나온 말로 아내를 얻는 것이 수지맞는다는 뜻입니다.[161] 그런데 십계명이 선포되는 준비 과정에서는 "아비의 집"이 아니라 "야곱의 집"이라고 하여서 종속 개념이 아닌 독자적으로 "이스라엘 여성"을 의미했습니다. 히브리어에서 "베이트"가 "집"을 뜻할 때는 남성 명사이지만 가정이라는 뜻으로 쓰일 때는 "집의 여자"를 뜻합니다. 라비 조세(R. Jose)는 "여자는 가정을 의미한다"고 했습니다. 고대 이스라엘 사회는 아비의 집(bathim) 다음에 가정(mishpaha), 가정 다음에 지파(shebeth), 그 다음에 민족(am)으로 구성되는데 출19장 3절이 보여 준 대로 가정을 대표하는 여성은 민족의 초석입니다. 시내 산 여자들은 자녀를 교육하는 교사로 임명받은 것이지요.[162] 여성의 교육 소명은 다음의 구절에 의해서 더욱 신뢰를 얻고 있습니다.

> "주께서 말씀을 주시니 소식을 공포하는 여자가 큰 무리라" 시 68:11.

독일신학자 베른트 야노브스키(Bernd Janowski)는 대속(redemption)을 뜻하는 독일어 Stellvertretung는 "죄인 대신에 찾아가는 것이며 동반자로서 그를 돕는 것을 뜻한다"고 설명합니다. 하나님이 여성을 남자의 돕는 배필로 지으신 것은 남자가 끝이 보이지 않는 마지막에서 그를 돕는 동반자로서 "대속한다"는 의미가 있다는 것입니다. 그렇다면 여성은 속죄의 상징입니다. 최초의 복음으로 알려 진 창세기 3장 15절의 "여자의 후손"은 예수 그리스도의 상징이며 이 여호와의 이미지가 자기 백성을 사랑하는 여성으로 묘사되었습니다. 메리 에반스(1992)는 마틴 노스(M. Noth)의 민수기 11장 12절 주해에서 "여호와 자신이 이스라엘의 어머니라는 매우 진기한 사상이 내재되었다. 이 구절은 간접적으로 여호와에게 여성적 개념을 부여 한다"는 해석을 인용하여 여호와 이미지를 여성성으로 설명했습니다. 여성은 시내 산 토라의 권위에 의해 가르치는 엄마가 되었고 하나님은 이 중요한 과업을 여성에게 맡기셨지요.

> 하와가 없었고 누가 따 주지 않으면 아담은 선악과를 따 먹지 않았을까? 세상에는 단독범이 얼마나 많은가? 하나님은 아담이 하와 없이도 단독으로 타락할 것을 내다보시고 그를 대속해 줄 돕는 배필을 주셨다. 대속의 개념으로서 돕는 배필이 속죄의 상징인 "여자의 후손"이다.

---

161 Alfred J. Kolatch, 1985, 앞책. p288. Abraham Cohen, 1995, 앞 책. p164.

162 Rabbi Abraham B. Witty and Rachel J. Witty, 2001.앞 책. p333, p445.

십계명은 자녀 교육의 데이터 베이스 ; 생활속 틈새교육

신명기6장4-10절이 언급한 교육의 네 주기(cycle)는 "생활 속 틈새교육"을 의미합니다. 앉으나, 서나, 자나, 깨나, 가장 적절한 때(golden time)는 모태에 있는 아홉 달 반입니다(이영희. 2015. p7). 달라붙는 시기의 태아 ~유아기를 놓치지 말라는 쉬마명령의 내용은 바로 십계명입니다(신 5장과 6장을 비교하실 것).

묻고 반응하는 리스폰스(reponse)

원리는 강론(talk about it.히;드바림)입니다. 계명을 받을 때 하나님과의 대화(아마르) 를 통해서 협정을 맺었습니다.

상냥한 리스폰서(responsor)

여성은 사회적 혼란과 소란에서도 다른 소리를 귀 담아 듣고 들은 소식을 신속히 퍼뜨리는 재능이 있어서 문제이긴 합니다만 마틴 부버(M. Buber)가 세대를 계승하고 이스라엘의 생존에 깊이 관여되는 계명이 기억되려면 반복이 중요하다고 했는데 여성의 잔소리 재능을 높이 평가한 것입니다.

> "들어라, 자녀들아 너의 아버지의 도덕적 훈계(instruction))를, 그리고 너의 어머니의 가르침(teaching)을 무시하지 말라" 잠언 1:8.

메시야의 가정을 지켜 준 십계명

> 요셉이 7계명을 오해해서 조용히 파혼했더면,
> 마리아가 1계명도 모르는 자유부인이라서
> 동굴에서는 애 못낳겠다며 그 밤에 "호텔로 가자"고 난리였다면,
> 메시야가 이 지구 별에 도착이나 할 수 있었을까?

우리는 지금 가정이라는 정의를 새롭게 내려야 한다는 시대를 삽니다. 가족합치기, 생물학적 자녀, 대리모, 실험결혼, 비혼모, 미혼모, 주말부부에서 연말부부, 부모의 직업 이동으로 함께 살지 않는 가족이 늘고 있습니다. 가족은 이제 더 이상 혈연으로 맺어진 공동체가 아닐 수 있습니다.

> "미래의 세계에서 살아남을 수 있는 사람은 소외된 인간이요, 소외 된 공동체일지 모른다. 우리는 정치에 있어서는 진보주의자가 되어야 하며 정신 가치로는 시대에 뒤진 자가 되어야 한다" (리쾨르. 박건택 옮김 "역사와 진리" p381).

두 마리의 소가 한 멍에를 지고 쟁기를 끄는 상상을 해 보십시오 그것이 결혼이랍니다. 창 2:23의 둘이 연합하여 하나를 이룰 지라는 이 창조적 관계를 유지하는 것이 간단하지 않으므로 결단을 해야 합니다.

> "그런즉 하나님이 짝지어 주신 것을 사람이 나눌 수 없다" 마 19:6.
> "날마다 우리 짐을 지시는 주 곧 우리의 구원이신 하나님을 찬송할지로다(셀라)" 시 18:19.

혼인문서 십계명이 가정을 지켜서 예수는 세상에 태어날 수 있었습니다. 요셉과 마리아는 키두신(약혼)의 단계에서 임신한 사실을 알게 되었습니다. "의로운 사람"이란 십계명을 준수하는 사람에게 하는 말입니다(눅 1:6 참고). 조용히 파혼하려는 그의 태도에서 "의, 인, 신"의 인격적 면모를 봅니다. 마 1:19에 의하면 그는 종교적 계율을 지키는 경건한 유대주의자 이었습니다. 종교성향이 비슷한 남녀의 결혼에서 유사한 멍에를 지는 것이 좋다는 힌트도 얻습니다. 배우자를 고를 때 십계명을 공부한 사람인지 심사하세요. 하나님이 여성에게 부여한 역할을 볼 때 남자가 예수 잘믿는 여성을 만난다면 횡재하는 것입니다.

> "네 포도원에 두 종자를 섞어 뿌리지 말라 그리하면 네가 뿌린 씨의 열매와 포도원의 소산을
> 다 빼앗길까 하노라 너는 소와 나귀를 겨리 하여 갈지 말며 양 털과 베 실로 섞어 짠 것을 입지
> 말지니라" 신 22:9~11.

*157번은 2017. "복음과 교육" 학회지. 21집. 이영희 논문. "유대인 여성의 교육소명과 기독교 여성의 역할" p141-174에 상세히 있습니다.

158
십계명에 있는 여성의 지위

십계명은 여성의 지위에 상당히 우호적입니다. 십계명의 히브리 낱말 중에, 우상, 망령, 살인, 간음, 도둑, 강도, 거짓증거들은 남성명사입니다. 존경, 계명, 선행, 이스라엘, 예루살렘, 선, 평화, 거룩, 안식등은 여성명사입니다. 십계명에서 부정적인 단어는 남성명사에 많이 사용되고 긍정적인 단어에는 여성명사가 사용되었습니다. 십계명을 뜻하는 "아쉐렛 하드바림"은 남성명사인데 유대사회는 이를 여성명사로 바꾸어서 "아쉐렛 하디브롯"이라고 말하고 씁니다. "디브롯"은 "드바림"의 여성 복수명사인데 십계명을 여성명사화 한점은 매우 독특하지요. "드바림"이 "신명기"라는 뜻과 겹치므로 이를 구분하기 위해서 그렇게 했을 수 있겠다만 십계명이 여성의 지위 향상에 관심을 둔다는 사실은 여러 방면에 드러났습니다.
유대전통의 성인식이 남자는 13세, 여성은 12세에 거행하는 원인이 계명의 첫 수여자가 여성이고(출 19:3

참고), 여성들이 2계명을 준수해서 금송아지 사건에 가담하지 않았다는 전설에 의해서 입니다. 유대사회는 이들을 기념하기 위해서 매 달의 첫날인 "로쉬 호데쉬"를 여성의 날로 제정했을 만큼 십계명은 여성의 지위를 상승시켜 주었습니다.

왜 이렇게 히브리어 문자가 성을 구분하느냐고요? 이스라엘 백성들은 돌판에 쓴 문자에서 하나님을 인식했기 때문입니다. 히브리인들에게 문자나 말은 죽은 것이 아니라 살아 움직인다는 것입니다. 그들은 히브리어의 모든 낱말에 단 두개의 성, 남성과 여성명사의 성(姓)을 주어서 살아있는 실존으로 인격화 했습니다.

4계명은 아들과 딸, 남종과 여종을 차별없이 안식에 초대합니다. 10계명은 아내를 언급할 때 "그의 아내"가 아니라 "네 이웃의 아내"라고 해서 남성의 소유물이 아닌 인격체로 말했습니다.

159
십계명에 있는 여성의 은사

유다이즘은 여성이 금송아지 사건에 가담하지 않았다고 결론을 내렸습니다. 이것은 두 가지 이유를 드는데 그 중에 하나가 언어입니다. 여성은 남자들보다 말귀를 빨리 알아 듣는 능력을 지녔다는 것이지요. 대화 능력의 성차(姓差)에 관해서 탈무드에는 "열 개의 말하는 기술이 세상에 내려 왔는데 여성이 아홉을 취하고 남성이 하나를 가졌다"는 말이 있습니다(Abraham Cohen. 1995. p161). 여성이 타인을 보는 시야가 넓다는 주장을 뒷받침하는 글도 있습니다. "거위는 걸으면서 머리를 숙여 좌우를 살펴볼 수 있다. 여성은 말하면서 물레를 돌린다"(탈무드 21:14b.재인용). "남녀 인지 능력의 발달과 언어 능력의 성차"는 메코비와 재클린에 의해 여성이 우월한 능력을 가졌음이 이미 널리 알려졌습니다(김태련 외.1996). 그렇다면 시내 산에서 남자들은 그저 시각에 사로 잡혀서 어리벙벙하게 서 있었으나 여성들은 눈으로 보고 귀로 들으면서 복습까지 시킨 2계명을 잘 인지할 수 있었을 것입니다.

두 번째 이유는 여자들이 금고리, 반지, 금붙이를 목에서, 손에서 빼내어 순순히 내놓을까요? 2계명을 잘 이해한 여인들이 금송아지 제조가 사이비라는 사실을 단박에 아는데 속겠습니까?

언어는 관계를 맺는 중요한 매체라는 점에서 자녀교육의 우월 점을 여성이 차지합니다. 보살핌의 윤리이론가들은 인간 존재를 "관계 속에서의 자아(selves-in-relation)"로 인식합니다. 그들은 인간 존재의 가장 기초적인 특징을 인간의 상호 연결성, 상호 의존이라고 말하지요. 한 마디로 대화입니다. 노슨 쉬케르만(N. Scherman)은 "하나님은 부드럽고 감미로운 목소리를 가진 사람에게 초기 어린이를 가르치는 일을 맡기신 것만 봐도 하나님이 위대한 교육자임에 틀림없다"고 말합니다(이영희, 2016. p33). 상냥하게 반복을 좋아하는 여성의 재능은 조기 교육생 뿐 아니라 모든 대상에게 적용이 필요한 은사입니다.

160
약혼, 혼인, 예배

약혼(키두신 ; 성별)

> 약혼이 교제를 통해서 서로의 마음을 알아가는 과정이라면
> 혼인은 공식적 절차를 거쳐서 몸이 한 집에서 사는 것이다.
> 마음이 하나 된 후에 몸이 하나 되는 순서다.
> 우리나라의 높은 이혼율 원인이 "성격차이"로 통계되었고
> 혼인식 전에 동거부터 했던 부부의 이혼율이
> 그렇지 않은 부부의 이혼율보다 훨씬 높게 나타나 있다.
> 마음이 하나 되는 기간을 거치지 않고 몸부터 하나 되기 때문에 일어나는 현상이다.

동서고금에 약혼풍습이 있다는 것은 인류가 하나의 문화에서 시작했음을 암시합니다. 신학자들은 예수님의 신부 세상살이를 약혼에 비유합니다. 유대인들의 약혼 풍습을 통해서 우리를 "소외"시키는 세상에서 예수의 약혼자로 꿋꿋이 살아가는 힘을 얻도록 하겠습니다. 약혼을 뜻하는 히브리어 "키두신"은 "성별시키다, 거룩하게 하다"는 뜻으로 여자가 법적으로 한 남자의 아내로 성별됨을 말합니다. 유대 전통은 키두신(약혼) 기간에 남자는 집을 장만하고 여자는 순결을 지키며 예단을 준비합니다. 약혼은 결혼과 동일한 효력을 지니므로 순결의 약속을 깨지 않는 한 파기될 수 없습니다. 약혼은 교제를 통해 마음이 하나 되는 과정입니다.

탈무드에 의하면 남편은 약혼녀를 지성소에 봉납하는 제물처럼 모든 세상으로 부터 격리된다는 이것을 예수와 성도의 관계로 생각해보세요. 십계명은 순결을 서약하는 윤리입니다. 단순한 윤리가 아니라는 뜻이지요. 약혼한 남녀가 결혼 날짜를 손꼽아 기다리고 사모하듯이 신약의 성도들은 그 날을 기다리며 준비합니다. 키두신 기간에 유대 남편들은 집을 장만하고 아내들은 순결을 지키며 예단을 준비하듯이 신랑 되시는 예수님은 우리의 처소를 예비하신다고 말씀하셨습니다. 제자들은 이 말의 뜻을 알아 들었을 것입니다.

> "내가 너희를 위하여 거처를 예비하러 가노니 가서 너희를 위하여 거처를 예비하면 내가 다시
> 와서 너희를 내게로 영접하여 나 있는 곳에 너희도 있게 하리라" 요 14:2-3.

약혼기간을 1년으로 정한 것은 다른 남자의 아이를 임신한 채 결혼하는 것을 방지하기 위해서 였답니다. 신랑과 신부는 약혼기간에 서로의 존재를 의식하고, 존재와 밀착됩니다. 아담과 하와의 에덴생활은 마치 약혼 시절 같습니다. 선악과를 통해서 거룩하게 구별되는 기간이 하나님과 그들 사이에 있었습니다. "아담이 그 아내 하와와 동침하매"라는 말은 창4:1에 나옵니다. 창 2:24의 "둘이 한 몸을 이룰지니라"는 미래형 조동사

입니다. * niv; they will become one flesh. kjv; they shall be one flesh. 하나님이 하와를 아담에게로 이끌어 오셨듯이(창 2:22) 유대인들의 약혼(키두신)은 신부의 아버지가 신부를 이끌고 신랑집에 가듯이, 약혼예식을 마치면 신부는 다시 친정으로 돌아가 결혼(니수인) 때 까지 외 간 남자와 일절 교제를 끊고 한 남자의 아내로서 순결하게 교제하는 기간을 보내듯이, 신랑 예수님과 약혼한 기독교인은 거룩하게 성별된 삶을 살아야 합니다. Let's be holy, in Jesus!

혼인 (니수인 : Level up)

"보좌에 앉으신 이가 그들 위에 장막(후파)을 치시리니" 계 7:15.

혼인을 히브리어로 '니수인'이라고 하는데 이 말의 어원이 "들어 올리다(lift up)"는 뜻인 "nasa"입니다. "나사"는 여성이 혼인으로 한 단계 높은 지위로 올라간다는 뜻입니다. 혼인식을 마치면 잔치는 7일 동안 진행합니다. 이 잔치를 "미쉬테"라고 하는데 "마시다"는 뜻의 "샤타"라는 동사에서 왔습니다.

"또 잔을 가지사 사례하시고 저희에게 주시며 가라사대 너희가 다 이것을 마시라 이것은 죄 사함을 얻게 하려고 많은 사람을 위하여 흘리는바 나의 피 곧 언약의 피니라 그러나 너희에게 이르노니 내가 포도나무에서 난 것을 이제부터 내 아버지의 나라에서 새것으로 너희와 함께 마시는 날까지 마시지 아니하리라 하시니라" 마 26:27~29.
"볼지어다 내가 문 밖에 서서 두드리노니 누구든지 내 음성을 듣고 문을 열면 내가 그에게로 들어가 그와 더불어 먹고 그는 나와 더불어 먹으리라" 계 3:20.

잔치는 왜 7일인지 아세요? 하나님이 천지만물을 창조하시고 일곱째 날 안식하셨듯이 "7"은 안식을 뜻하며 (lucky seven)이며 밀월의 기쁨에 묘사되는 영원한 안식이라는 영적 의미가 부여된 비밀의 숫자입니다. 이렇게 결혼이란, 믿음과 신념에 기초합니다. 시간이 흐르면 식는 것이 사랑입니다. 갈비뼈는 척추, 심장, 폐, 허파 신장 등의 장기를 보호하는 중요한 역할을 합니다. 그런데 어떤 남자가 하나님께 여자를 "한 다스 (12명) 만들어 주세요"라고 했더라면 그 남자의 갈비뼈가 남아 났을까요? 이혼이란? 자기 갈비뼈를 부서 뜨리는 것과 같습니다. 물건 살 때 설명서와 판매자의 설명을 믿고 구입하듯이, 갈비뼈? 환불할 수 없는 것! 십계명이 말하는 하나님과 우리의 관계도 그런 것입니다.

 알고가기

> 저는 압력밥솥을 사서 박스 포장 뜯었다가 반품하려 했으나 일단 포장을 뜯었다는 이유로 반품이 안 되어서 꼴도 보기 싫은 밥솥을 그냥 쓰고 있습니다. 상품박스에 "포장 뜯으면 '반품불가'라는 딱지가 붙어 있었어요. 새로 출고된 자동차는 딜러와 모델이나 설명서 듣고 사야 합니다. 일단 시동을 걸었다 하면 중고가 되어 버립니다. 물건도 이러 할진대 사람이야 더 말할 필요가 있겠습니까?

♪ 개역개정 찬송가 175장 후렴을 불러 보세요.

예비하고, 예비하라

우리 신랑 예수 오실때

밝은 등불 손에 들고

기쁨으로 주를 맞겠네.

Oh, be ready, Oh, be ready

Oh, be ready when the Bride-groom comes!

Oh, be ready, Oh, be ready

Oh, be ready when the Bride-groom comes!

예배

잔치(party)가 아니라 예식(ceremony)입니다. 히브리서는 혼인생활을 영원한 안식이라고 표현했습니다. 아담부부가 예식을 올리자마자 이튿날이 안식일이었듯이 안식은 예배의 기쁨을 의미합니다. 예수님은 이 기쁨을 누리겠다고 하셨어요.

> "내가 포도나무에서 난 것을 이제부터 내 아버지의 나라에서 새것으로 너희와 함께 마시는 날
>
> 까지 마시지 아니하리라 하시니라" 마 27:28-29.

사도 요한은 천국을 "더불어 먹는 집"으로 묘사했습니다(계 3:20). 남편이 그의 집으로 아내를 데리고 와서 드디어 즐거운 생활이 시작됩니다. 그곳이 하나님 나라입니다.

바울이 예수를 믿은 성도들에게 "너희들 호적 바뀐 거 아니? 너희들은 영적으로 아브라함의 자손이야, 영적으로 이스라엘인이 되었다"고 하네요. 죄의 노예에서 구원받은 그리스도인은 분명 새 주인을 섬기는 새로운 존재입니다. 십계명은 인간을 분명한 선택앞에 세웁니다. 나의 주인이 내가 아니라 하나님이시며 그 분의 열 마디 명령에 순복한다는 결심을 신부는 해야 합니다.

161
신부의 신원 보증인

> "내가 세상 끝날까지 너희와 항상 함께 있으리라 하시니라" 마 28:20.
>
> "남자가 부모를 떠나 그의 아내와 합하여 하나가 된다" 창 2:24.

"항상 함께 있겠다", "하나가 된다"는 말은 "항상 네 편이 되어 준다"입니다. 다음의 사건을 보세요. 유대 사회는 손으로 빵을 떼어 먹는 문화입니다. 하루는 예수의 제자들이 손 씻지 않고 밥상에 앉았어요. "앗, 저 더러운 손! 당신 제자들이 참 무례하군요. 씻지 않은 손으로 빵을 집다니!"

case1 예수님
"미안합니다." "미안합니다."
너희들 왜 그러니? 빨리 씻고 와!
너희들 땜에 정말 창피하다.

case2 예수님
"당신들, 그런 외식(外式) 좀 그만 떠시오. 깨끗한 척. 내 제자(신부)들이 어때서? 또 생트집이야?
손 씻을 물도 아니 주고서, 그런 말을 하오? 손 씻을 물대야 일부러 치웠잖아.
밖에서 들어가는 것이 사람을 더럽히오? 당신들 그 새까만 속에서 나오는 게 더럽소.
얘들아, 눈칫밥 먹지 말고 떳떳하게 먹어라."
(우리가 물 대야 치운 거 알았구나).

예의없이 손 씻지 않고 밥상에 앉은 제자들을 비난하는 자들에게 한방 먹이시는 예수님을 이해하세요? 눅 7:44를 참고하면 사람 초대해 놓고 손 씻을 물 서비스 하지 않은 게 뻔합니다. 생트집 잡으려고 이번에도 물 대야 치운 거 맞습니다. 숙소에 돌아와서 그들끼리 있을 때 "믿음없는 자들" 이라고 꾸짖을 망정 대중 앞에서는 언제나 신부를 감싸주시고 보호해주셨습니다. 이런 일화도 있습니다. 밀 익는 계절의 안식일 아침에 예수님과 제자들이 시장한 채 밀 밭 샛길을 따라 여행을 합니다. 낟알 좀 훑어 먹자꾸나야! 그런데 딱 걸렸습니다. "여보시오! 안식일에 손으로 밀을 비벼 먹다니! 게다가 이 오순절에, 당신 제자들, 대체 정신이 있소?"

case1 예수님
"너희들 왜 그러니? 그건 도둑이야." "미안합니다." "미안합니다."

case2 예수님
다윗도 시장해서 제사장의 빵을 먹지 않았소?
내가 이 날(밥)의 주인이란 말이오. 그리고 당신들이
내 신부 트집 잡으려고 또 망보고 있었잖아. 이 파파라치들!

유대사회는 안식일에 해서는 안 될 금지법이 39가지 있는데 안식일에 곡식을 손으로 훑는 것은 타작에 속한다며 금지했습니다. 이런 문화에 살면서 제자들의 행동을 변호하시는 예수님의 도그마는 분명 자기 편, 편들기 같습니다. 맞습니다. 아브라함이 애굽왕과 아비멜렉에게 상식에 빗나간 일을 했지만 공의롭고 선하신 하나님은 앞뒤 다 참작하시고 아브라함을 지지하셨습니다. 하나님의 신부가 된 이상 신랑은 무한책임을 집니다. 어떤 상황에서도 신부의 편이 되십니다. 만약 이웃과 싸우는데 남편(아내)이 옆집 아줌마(아저씨) 편 들고 본인 야단치면 그 날로 당장 이혼서류에 도장 찍지 않습니까? 우리는 이 위태로운 세상에서 확실하게 밀어 줄 신용보증인이 필요한 존재입니다. 그 분이 예수 그리스도이십니다. 신랑이름= 예수(예슈아). 뒷배경 믿고 까불어 대지말고 우리는 그럴수록 겸손하고 고상한 사람이 되어야 합니다.

162
신부의 건강진단서

다음 진단서를 읽고, 여러분 스스로 체크해 보세요.

진단1

나는 누구에게도 간섭받기 싫습니다. 내가 바라는 것을 믿고 나는 나를 믿을 뿐입니다. 나는 십계명에서 내 맘에 드는 것만 순종하렵니다. o or x
내 주여 ~뜻대로 행하시옵소서 ♪ or 주여 ~내 뜻대로 행하시옵소서.

진단2

나는 답답하면 점집에도 가끔 갑니다. "괜히 교회 등록했다, 예수 믿지 않던 옛날이 좋았다"는 생각을 가끔 합니다. 나는 모든 종교에 구원이 있다고 생각하니까요. o or x 아, 옛날이여 ♪

진단3

구원받아서 천국가는 것은 따 놓은 자격증인데 이제 와서 어쩔 건데요? 나는 헌금을 바치면 바쳤지, 돈내고 십계명 배우는 것은 못합니다. o or x 나는 무임승차 올라타고서 하늘나라 가지요 뿅뿅 ♪

진단서 1, 2, 3에 모두 O를 하신 분, 계십니까? 보호자 불러 오고 입원수속 밟으십시오. 병실을 가르쳐 드립니다. 기도원으로 가세요. 우리는 우리의 행복을 스스로 지켜야 합니다.

진단결과 통보서

진단 1의 소견서

부부간에 복종과 사랑의 관계가 깨지면 가정불화가 끊임없이 일어나듯이 하나님과 우리의 관계도 그렇습니다. 통치자, 노예, 새 주인, 남편에게 복종, 이러한 단어들이 아내들의 눈에 거슬리는 것이 사실입니다. 누구나 간섭받기 싫어하고 내가 주인으로 살기를 원하는 본성이 우리 모두에게 있으니까요. 어째서 중생한 내가 새 사람의 삶을 살아가지 못할까요? 내가 있기 때문입니다. 내 의(義). 로마서 7장7-14 참고.

진단 2의 소견서

세속에 찌든 뿌리박힌(내면화된)노예근성을 버리지 못한 나는 종살이의 옛 체험과 과거의 향수를 은밀히 즐깁니다. 그래서 자꾸 과거로 돌아가려고 합니다. 하나님은 다시는 과거의 종으로 돌아 갈 수 없음을 이미 선언하셨는데 말입니다. "그들은 내가 애굽에서 인도하여 낸바 나의 품군 인즉 종으로 팔지 말 것이라"(레 25:42). 후회해 보았자 소용이 없다면 그냥 직진하세요.

진단 3의 소견서

회개한 사람이 새로운 삶을 살지 못하는 것은 신앙으로만 구원 얻는다는 극단적인 주장 때문입니다. "일단 결혼했는데 뭘, 어쩔 건데?"라면서 외박하고 배짱 내미는 격입니다. 바울이 고린도 교회와 에베소 교회를 상대로 싸웠던 것도 바로 방종 때문입니다. 거듭난 새사람은 하나님과 인간관계를 회복시켜 주는 계명이 그래서 여전히 필요합니다(롬 7:12).

163
생명으로 인도하는 좁은 문

"좁은 문으로 들어가라 멸망으로 인도하는 문은 크고 그 길이 넓어 그리로 들어가는 자가 많고 생명으로 인도하는 문은 좁고 길이 협착하여 찾는 이가 적음이니라" 마 7:13-14.
"외치는 자의 소리여 이르되 너희는 광야에서 여호와의 길을 예비하라 사막에서 우리 하나님의 대로를 평탄하게 하라" 사 40:3.
"거기에 대로가 있어 그 길을 거룩한 길이라 일컫는바 되리니 깨끗하지 못한 자는 지나가지 못하겠고 오직 구속함을 입은 자들을 위하여 있게 될 것이라 우매한 행인은 그 길로 다니지 못할 것이며" 사 35:8.

모든 골짜기가 메워지고 산과 작은 산이 낮아지고 굽은 것이 곧아지고 험한 길이 평탄해 졌는데(눅 3:5), 예수께서는 왜 좁은 길을 가라고 하실까요? 구원은 무조건의 은혜인데 이 험한 길은 무엇을 말씀하지요? 우리를 업어 날라 줄 예수님이 필요하다는 얘기를 하기 위해서 입니다.

십계명을 강론하신 산상보훈은 예수의 가르침 중에 대표적인데 그 중에 마 7:13, 14의 좁은 문, 생명으로 인도하는 문이 그러합니다. 예수께서 십계명을 준수하는 이 길이 좁고 협착하지만 생명의 길이라고 한 것은 유대 문헌에서 발견됩니다. 예를 들면 아브라함의 유언(A11: 2.10)이라는 문헌에는 "첫 번째 길은 곧고 좁지만 다른 길은 넓었다. 그때 천사 미가엘이 아브라함에게 설명하기를, 이 곧은 문은 생명으로 인도하는 의인들의 문이지만 넓은 문은 죄인들의 문이다"라는 문구가 있습니다.

> 신30:19에 여호와의 명령을 훈계하시고 나서 "생명의 길과 저주의 길을 네게 주었노니 네가 생명의 길을 택할지라" 는 글이 있다. 유사한 글은 타르굼 네오피티, 디다케1:1, 바나바의 편지18 :1-2, 19 : 2, 에녹 2서 30 : 15, 사도헌장 7. 1. 1, 필로의 "하나님의 불변성" 50에 나온다. 성경에는 신 30:15, 19, 잠 10:17 등에 있다.

모세 후대의 저자들은 두 길 사이의 선택에 대한 규칙을 정한 목록이 있는데 이 목록은 십계명과 다른 자료들에 기초한 "두 개의 길"입니다. 두 길 사이의 선택은 십계명이 말한 do's and dont's의 규칙에 달려 있었습니다. [163] 유대 사회의 이러한 해석을 반영하면 예수께서는 십계명을 지키는 길이 쉽지 않다는 것을 아십니다. 그럼, 우리를 그냥 버려두실까요? 예전에도 그러셨듯이 마치 독수리 날개로 업어 나르듯이 우리를 업어서 좁은 길을 통과시켜 주실 것입니다. 힘들 때는 "어부바 찬스"를 쓰세요.

 개역개정 찬송가 235장 후렴을 불러 보세요.

거기서, 거기서,
기쁘고 즐거운 집에서
거기서, 거기서, 거기서,
영원히 영광에 살겠네.

Over there, Over there,
Oh, think of the home, Over there
Over there, Over there, Over there
Oh, think of the home, Over there.

---

163 제임스. L.쿠걸. 김은호 임승환 옮김. 앞책. 616

164
작은 돌 이야기(small stone's Story)

나는 돌이에요. 아이돌(idol) 말고, 돌(doll)말고, 한 살 아기의 첫 돌(year) 아니고, 돌(stone).

시내 산 계곡에 못 생긴 쌍둥이 작은 돌.

돌, 돌, 돌중에 하나님이 우리 둘을 선택하셨어요.

하나님이 우리를 어루만져 주셨어요.

어때요? 날씬한 몸매가 되었어요. 멋지죠?

다른 돌들의 이야기; 어머머, 쟤네, 둘 성형했나봐.

아이, 간지러워라, 하나님, 제 얼굴에 뭐 하시는 거예요?

우리 같이 뻔뻔한 낯짝에 글을 새기시다니

하나님의 말씀이 새겨진 후부터 우린, 귀한 돌

하나님이 쓰신 글 때문에 얼굴 반반해진 돌

그러나, 난 알아요. 비바람에 그을리고 이리저리 채이고 굴러 다니는

못 생긴 시내 산의 모난 돌이었던 나를.

나는 지금 많은 사람들의 사랑을 받아요.

하나님이 내 얼굴에 쓰신 그 말씀 때문이에요

여러분도 하나님께 어루만져 달라고 하세요.

여러분 마음에 하나님의 말씀을 쓰면 나처럼 보배가 되요. 내가 누구죠?

정답 = 십계명이 새겨진 두 증거판 (돌)

165
쌍둥이 돌 (Twin Stones)

"모세가 돌이켜 산에서 내려오는데 두 증거판이 그의 손에 있고 그 판의 양면 이쪽 저쪽에 글자가 있으니 그 판은 하나님이 만드신 것이요 글자는 하나님이 쓰셔서 판에 새기신 것이더라"
출 32:15-16

하나님이 직접 돌을 선택해서(선택 받은 돌) 다듬고 쓰셨지요? 우리가 하나님을 선택하는 게 아니라 하나님이 우리를 선택하십니다. 그런데 왜, 쌍둥이일까요? 셋이나 네쌍둥이면 어때서? 하나님이 십계명 전문을 각

판의 양면에 적으셔서 한 세트를 만드셨어요(출 32:15-16). 그래서 쌍둥이 돌판이라고 말한답니다. 이것이 뭐 그리 중요하냐고요? 큰일 날 소리! 계약서가 다른 건 위조문서예요. 계약서 똑 같은 것 두 장을 나눠 갖지요? 한 장은 여호와 하나님, 다른 한 장은 사람에 대한 증거 판입니다. 전세 계약서 쓸 때 집 주인 한 장, 세입자 한 장 씩 가지듯이 말입니다.

 '반짝. 반짝 작은 별'리듬으로 불러 보세요

반짝 반짝 두돌판	Twinkle, twinkle, twi-n stones
앞뒤 양면 똑같아	They were on borth sides, front and back
하나님이 만들고	The-y were the work of GOD
하나님이 쓰셨지	An-d written b-y him
반짝 반짝 두돌판	Twinkle, twinkle, twi-n stones
앞뒤 양면 똑같아.	They were on borth sides, front and back.

166
금 집에 사는 돌처럼

친구들아 우리 집에 놀러 와.
나? 금 집(법궤) 에서 살고 있어. '반짝, 반짝.'
내가 누구냐고? 나 몰라 ? 시내 산의 돌, 못 생겼던 그 돌이야.
하지만 지금은 나, 금 집 안방에 살아.
하나님의 말씀을 읽고 듣고 행하면
하나님나라 황금 집에 사는 귀한 보배가 되요.
친구야, 내 얼굴만 보지 말고 내 얼굴에 써진 글을 읽어 줘.

"더 말씀 하지 아니하시고"를 유대 주석가들은 "내 할 말 다했다"라고 번역합니다. 하나님이 하고 싶은 모든 말씀이 십계명에 다 들어 있다는 뜻이에요. 그 분은 세상에 오셔서 더 이상의 어떤 글도 남기지 않으셨습니다. "내 할 말 다했어!"라고 이미 마침표를 찍었으니까요.

167
십계명 집들이 하는 날

뜰이 있어요. 뜰에는 성소가 있어요, 성소 안에는 지성소가 있어요. 지성소 안에 언약궤가 있어요. 언약궤 안에 십계명이 있습니다. 여러분은 가장 귀한 물건을 어디에 보관하세요?

내가 사는 집구경 하실래요? 출애굽기 25: 10-22를 보세요. 십계명을 넣어 둘 궤는 조각 목으로 만들고 정금으로 그 안팎을 싸고 금테를 둘렀습니다. 내가 사는 집의 방 이름을, 증거궤(출 25:22), 법궤, 여호와의 언약궤(민 10:33)라고 하며 내가 사는 집을 증거막(민 1:53) 혹은 증거의 장막(민 17:2) 이라고 부른답니다. 그리고 지붕(궤 뚜껑)은 정금으로 만들어서 얹었어요. 반짝,반짝!

이 덮개를 속죄소 혹은 시은 좌라고 합니다. 시은좌 위를 금으로 만든 두 천사(그룹)가 날개를 맞대고 지키도록 하셨습니다. 여호와께서 내 위에 좌정하신다는 뜻입니다(출 25: 22, 민 7: 89, 삼상 4: 4). 언약궤는 성막 안채의 지성소에 보관해 두라고 하셨습니다. 얼마나 아름답고 귀한 집인가요? "내가 네게 줄 증거 판을 궤 속에 넣으라" 출 25:21.

십계명의 운반법도 하나님이 정해 주셨습니다(민 4:15,20). 언약궤의 양쪽에 있는 고리에 막대기를 꿰어서 제사장들이 직접 어깨에 메고 운반했습니다(신 31:9, 수 3:3). 하나님은 자신이 만드신 제품을 얼마나 소중히 여기고 귀하게 다루시는지 알 수 있습니다. 돌판도 그러 할진대 우리를 얼마나 더 소중하게 다루시겠습니까? 하나님은 우리를 어깨에 메고 나르신다고 하셨습니다(사 46:4). 교회에 법궤(십계명말씀)가 없다면 진정한 교회라고 할 수 없습니다.

168
십계명의 세계화 전략

"세계가 다 내게 속하였나니" 출 19:5 요약.
"예루살렘과 온 유대와 사마리아와 땅 끝까지 이르러 내 증인이 되리라 하시니라" 행 1:8.

십계명의 세계화 (globalization)

십계명의 배타적인 요구로 인해 "땅끝"은 제약을 받습니다. 모세가 돌판을 깨뜨렸을 때 다시 써서 주시므로 하나님은 그 사역을 결코 포기하지 않으시겠다는 의지를 보여 주셨습니다. 하나님은 자신의 계명으로 세상을 다스리십니다. 기독교의 세계화 전략과 다른 종교에 대한 태도는 이교도 마을을 순례 하시는 예수님과 바울에게서 배워야 합니다. 막 5:17~20, 행 19:37~41을 읽어보세요. 에베소 시장은 "바울일행이 신전의 물건을 도둑질하지도 않았고 우리 여신을 비방하지도 아니한 이 사람들을 너희가 붙잡아 왔으니 고소를 받아들일 수 없다"며 놓아 주었습니다. 박충구는, 인간이 주인이 되어 하는 사유보다 하나님이 주인이 될 때 더한층 인간을 소중히 여기는 윤리가 될 수 있다면서 이 계약 사상안에 인간을 배려하는 깊은 휴머니즘이 담겨 있다는 말을 합니다.

십계명과 전쟁

작은 바다가 이스라엘의 앞을 가로막고 도도히 흐릅니다. 광야에서 태어난 세대는 처음 보는 강이었어요. 그러니 그들의 눈에 파란 땅이 움직이는 걸로 보였다면 얼마나 아찔했을까요? 언약궤를 멘 제사장들이 강물에 발을 디디자 요단의 물이 갈라져서 걸어서 강을 통과했어요(수 3:14-17). 나이든 연장자들은 함성을 질렀을 것 같습니다. 아! 홍해가 생각 나!

그들이 언약궤를 따라 여리고 성을 돌았을 때에 '와르르' 무너졌습니다(수 6:12-21). 그런데 작은 아이 성에는 왜 똑같은 이 방법을 적용하지 않으실까요? 아이 성 주민은 1만 2천 명(수 8:25)의 소읍인데 참패 원인에는 아간의 도둑질이 포함되었습니다(수 7:2-3). 계명이 전쟁의 승패를 결정했습니다.

엘리의 두 아들이 전쟁터에 언약궤를 가져가자 블레셋 군대들은 "신이 진영에 이르렀다"며 두려워했습니다(삼상 4:7). 하지만 그들은 심리전에 말려 들지 않고 싸워서 언약궤를 탈취해 갔습니다. 도덕적으로 해이한 하나님의 군대는 적을 이기지 못했습니다. 지금 우리가 사는 세상에는 영적전쟁이 선포되었습니다.

> "경건의 모양은 있으나 경건의 능력은 부인하니 이같은 자들에게서 네가 돌아서라" 딤후 3:5.
> "용이 여자에게 분노하여 돌아가서 그 여자의 남은 자손 곧 하나님의 계명을 지키며 예수의 증거를 가진 자들과 더불어 싸우려고 바다 모래 위에 서 있더라" 계 12:17.

169
법궤의 행방

야곱이 본 땅과 하늘을 잇는 사다리, 하늘로 올라간 에녹, 엘리야, 승천하신 예수님. 사람도 끌어 올리시는 하나님은 두 돌판의 언약궤도 하늘로 끌어 올리실 수 있습니다. 사도 요한이 열린 하늘 틈으로 보았답니다.

돌판 추적하기

실로 → 아스돗 → 가드 → 에그론 → 벧세메스 → 기럇 여아림 → 오벧에돔 → 다윗성 →예루살렘성전 → 신부님들은 그날 깜짝 놀랄 거예요. 여기에 있었구나! 계 11:19을 읽어 보세요. 이제 법궤의 말씀은 우리의 마음에 있습니다. 롬 1:18~32을 읽으세요.

3장

Q&A 십계명
1~46

여러분은 지금, 십계명 집중 탐구실에 오셨습니다.

십계명 전 문장의 기본기를 다루는 많은 질문들이 이곳에서 여러분을 기다립니다.

묻고 대답하는 리스폰서(responsor) 방식은 두뇌 정돈에 유익합니다.

지금까지 공부한 내용 중에 반복된 문답도 있습니다. 복습은 새로운 것을 발견합니다.

하루에 한 테마(질문)씩 공부하세요. 이 질문과 대답에 여러분도 적극적으로 참여해 보세요.

성급하게 답부터 보려 하지 말고

여러분의 생각을 우선 정리해서 답을 만들어 보신 후에 답과 비교해 보시기 바랍니다.

Q1

우리는 이스라엘이 아니며 예수의 새 계명(요 13:34)이 있는데 십계명이 필요합니까?
여러분은 어떻게 생각하세요?_____

A1

맞아요. 모세의 제자들도 "십계명을 누구에게 주신 것인가?"를 놓고 논쟁 중이랍니다.

> A그룹 ; 십계명이 이스라엘 백성에게만 주신 것이니까 이방인들은 지킬 필요가 없어요.
>
> B그룹; 그들은 노아의 7법만 지키라고 합시다. 1) 하나님 존재의 부인 금지. 2) 신성 모독금지. 3) 살인금지. 4)간음 근친 상간, 동성애금지. 5) 절도금지. 6) 살아있는 동물을 피채 먹지말 것. 7) 법정을 세우고 재판 절차대로 판결할 것들이지요.
>
> C그룹; 그 당시 시내 산은 어느 나라에도 속하지 않은 빈 땅이었어요. 왜 하나님이 주인이 없는 광야로 데려와서 십계명을 주셨을까요? 이것은 십계명이 어느 한 나라나 국가에 속한 것이 아니라 모든 사람에게 주시려는 뜻이 아닐까요?

여러분은 누구의 주장에 공감하세요? 커닝하거나 훔치고 거짓말하면 심장이 빠르게 뛰지 않나요? 이런 현상은 십계명을 받은 유대인들에만 나타나야 할텐데 왜 우리에게도 이런 증상이 나타날까요?

살인, 간음, 도둑질, 거짓말, 탐욕의 금지는 전 인류가 공감하는 보편가치입니다. 칼빈은 십계명을 양심법이라고 말했습니다. 인류가 한 하늘 아래 산다는 것은 한 하나님의 통치 아래서 산다는 뜻입니다. "복음을 받은 우리는 영적으로 이스라엘"입니다(갈 3:28-29 참고).

칼빈은 십계명이 어느 시대에나 적용되는 보편성과 영속성을 뜻한다면서 "온 세상을 하나님 자신의 복종아래 계속 붙들어 두는 것이 얼마나 어려운 일인가? 이것을 아신 하나님은 한 민족을 택하셨다. 일정한 기간이 아니라 계속적으로. 그들이 그의 명에 익숙해지기를 원하셨다. 이는 하나님께서 그의 교회 안에서도 일상적으로 동일하게 사용하시는 방법이 될 수 있다."고 했습니다.

"서로 사랑하라"는 이 사랑은 하나님을 사랑하고(신 6:4) 이웃을 사랑하라(레 19:)는 두 계명을 하나로 요약한 것이며 앙드레 라콕이라는 신학자는, 새 계명은 십계명의 6계명을 긍정명령으로 바꾼 것이라고 했습니다.

천국 시상식에서 십계명 받은 유대인들만 상을 받는다면? 그때 가서 십계명 무용론자들이 가만 있을 것 같으세요?

Q2
하나님이 십계명을 직접 쓴 것이 정말 맞아요? 모세가 쓴 것을 "하나님이 써서 주셨다"라고 한들 누가 알겠어요?
여러분은 어떻게 생각하세요? _____

A2

만약 모세가 자기 손가락으로 정성들여 썼다면 그렇게 쉽게 깨 버릴까요? 그는 이스라엘 백성들이 금송아지를 만들고 숭배하는 것을 보자 화가 나서 돌판을 던져서 박살 내 버렸습니다. 선물로 받은 공짜니까 귀한 줄도 모르고 던져 버린 것입니다. 하나님이 쓰신 작품이니까 송아지가 깨지고 돌판은 깨지지 않을 거라고 생각했나봐요. "어라? 하나님이 만든 것도 깨지네." 라고. 무생물 플라스틱제품은 던져도 깨지지 않죠. 자신이 만들고 거기에 글을 새겨 썼다면 조심히 다뤄야 한다는 것도 알았을 텐데 그것도 몰랐습니다. 이러한 정황으로 볼 때 돌판의 글은 모세가 아니라 하나님이 써 주신 게 맞습니다.

이런 모세에게 하나님이 화 좀 내셔도 되지 않을까요? "너 미쳤니? 내걸 네가 뭔데 깨뜨리니?"라고요. 그런데 하나님은 다시 써서 줄 테니까 "공책(돌판)을 네가 만들어서 올라 오라"고 하십니다. 이런 은혜가!

십계명과 복음에 대해서 말들이 참 많아요. 둘 사이를 갈라 놓지 못해서 안달이지요. 온갖 비난과 스캔들에도 불구하고 수 천년 동안 십계명의 인기는 조금도 하락하지 않고 있어요. 십계명은 인기짱! 조련짱!

복음이 들어와서 십계명이 얼마나 더 높은 차원으로 끌어 올려졌는지를 아시려면 예수님이 십계명을 해석하신 산상 수훈에서 마 5: 21-48을 읽어 보세요.

> 유대인들의 유머, 모세와 개미이야기
>
> 모세가 시내 산에서 십계명을 받고 있을 때 사람들은 황금으로 송아지형상의 하나님을 만들고 있었다. 그 범죄로 그들은 역병에 걸려 3만명이 죽었다. 그래서 모세는 "하나님, 왜 이런 일을 하셨습니까?"라고 항의했더니 하나님은 그에게 말씀하셨다. "그들이 죄를 범했기 때문이니라." "하지만 그 중에 죄인이 얼마나 있었단 말입니까? 그로 인해 죽음을 당한 죄없는 자들을 생각해 보십시오!" 라고 따지고 모세는 잠이 들었는데 개미들이 그의 다리 위를 기어 다니며 물어서 손바닥으로 철썩, 철썩 때려서 개미들을 죽였다. 그러자 하나님이 물었다. "모세야, 너는 왜 개미들을 죽였니?" "저를 물었기 때문입니다."
>
> "몇 마리의 개미가 너를 물었느냐? 두 마리냐? 세 마리냐? 너는 수십 마리나 죽였다! 너를 문 개미와 물지 않은 개미를 네가 구별할 수 없었던 것처럼, 나도 죄를 범한 자와 그렇지 않은 자를 구별할 수 없었느니라. 알겠느냐?" - 이스라엘 초등학교 창세기 교과서에서.

숲에서 맹렬하게 타오르는 불은 나쁜 나무와 좋은 나무를 구별하지 않고 동시에 태운다. -탈무드.

Q3

예수님을 믿어야지, 십계명 지킨다고 천국 가는 것은 아니잖아요?
여러분은 어떻게 생각하세요?_____

A3

십계명은 믿는 자기 백성에게 주신 것입니다. 그러므로 이런 질문 자체가 모순입니다. 십계명을 잘 지킨다는 조건이 구원의 조건은 아닙니다만 이미 구원받은 새로운 피조물이 받은 계명이므로 회개의 조건입니다. 십계명에는 구원의 복음이 이미 들어 있습니다. 서문과 1, 2, 3, 4계명은 성부, 성자, 성령 하나님을 믿는 믿음을 확인하는 계명입니다. 십계명의 절반이 우리의 믿음을 확인합니다. 십계명의 서문은 구원사입니다. 서문이 구원과 은총을 선포하였고 이를 받아들인 사람에게 주신 것이 십계명인데 십계명의 말씀을 믿는 사람에게 왜 구원이 없겠습니까?

십계명에는 "여호와 하나님(엘로힘)"이라는 단어가 여덟 차례 나오는데 "엘로힘"은 삼위일체 하나님을 뜻하는 용어입니다. 엘로힘 하나님을 온전히 믿으라는데 왜 구원이 없겠습니까? 예수님도 "네가 생명에 들어가려면 계명들을 지키라"고 하셨습니다(마 19:17). 십계명을 폐하자거나 무시하는 입장은 성자 예수 그리스도를 거부하는 것과 다름없습니다.

게다가 십계명은 모세오경에서 세 차례나 반복해서 언급된 것만 봐도 예사로운 것이 아닙니다(출 20:1-17, 출 34:10-26, 신 5:1-21). 오직 이 말씀들만이 "하나님의 열 마디 명령"이라는 특별한 명칭을 가지게 되었고, 신명기에 되풀이 되었으며 "하나님은 더 이상 더하지 않으셨다"(신 5:22)하시어서 십계명에게 최종성의 의미를 부여 했습니다.

구약 학자 김 이곤은 신 5:22에 근거해서 "십계명은 모든 법의 기초요 중심적인 것이며 더 이상 덧붙여 질 수 없는 완결된 "계약의 기초"로서의 특수한 자리를 지켜 왔다"고 했습니다. 제이콥 뉴스너(J.Neusner), 쿠걸(J.Kugal)이라는 신학자 역시 모세가 깨뜨린 첫 돌판은 십자가에서 파괴되고 찢기신 예수 그리스도의 몸을 보여 준다는 말을 했습니다.

십계명으로 믿음을 확인하고 그 상급으로는 상여금이 주어집니다. 알도 먹고 꿩도 먹지요.

Q4
십계명을 배웠는데 왜 또 배우고 자꾸 배우래요?
여러분은 어떻게 생각하세요?

A4

한권의 책을 네 번 읽는 학생과(1권 x 4번= a) 네 권의 책을 한번 읽는 학생(4권 x 1번= b) 중에서 누가 더 공부를 잘할까요? a입니다.

하나님에게는 돌판이 몇 개 필요했지요? 모세가 깨뜨린 두 돌판 + 다시 써서 주신 두 돌판, 이렇게 네 개나 필요했습니다. 한 문장을 네 번 쓰셨다는 뜻입니다. 쓰기만 하셨나요? 새겨 쓰시기 전에 연설까지 하셨지요. 집을 계약할 때 주인과 세입자가 각각 똑같은 계약서를 한 장씩 나눠 갖듯이 십계명은 하나님과 사람사이에 계약문서이므로 두 개의 돌판은 똑같은 문장을 두 번 쓴 것 입니다(출 32:15~16). 이것을 모세가 깨뜨려서 다시 써서 주셨으니 네 번을 쓰셨습니다. 십계명이 얼마나 중요하면 그렇게 많은 반복을 하셨겠습니까?

그런데 오늘 날 우리가 볼 수 있는 두 돌판에 각각 5개 씩 쓴 돌판이 유행하게 된 것은 중세시대에 스페인 화가들에 의해서입니다. 하나님은 인간의 구원에 필요하고 중요한 것은 항상 우리의 기억에 일깨우시며, 가슴 속에 새겨 두시기 원하십니다. 십계명만큼은 자신이 친히 공부의 본을 보여 주셨습니다. 하나님이 이미 선포하신 것을 모세가 백성들에게 쉼없이 일깨워 주었다는 사실도 그러합니다.

> "모세가 다시 한 번 백성들에게 하나님의 규례와 법도를 일깨워 주더라" 신 1:1-4요약.

공부 잘 하는 비결? 복습을 하십시오. 하나님은 복습 마니아입니다.

예수님의 제자들도 그분의 생애를 네 번 쓰므로(마태, 마가, 누가, 요한복음) 성경 독자들이 저도 모르게 예수님의 생애를 네 번 복습하도록 했습니다. 무슨 일에나 기초가 탄탄해야 합니다. 성경연구도 기초 학습을 탄탄히 해 둬야 해요. 성경의 기초 학습 교재가 십계명입니다. 구구단을 배우기 전에 먼저 십계명을 배우세요. 십계명만큼은 확실하게 배워 둡시다!

이스라엘의 어린이들은 책 한권을 떼고 나면 일어서서 오른 손을 들고서 "하자크, 하자크, 하자키옷!"이라고 외칩니다. "강하고, 강하고, 강해지자!"는 뜻입니다. 풀무에 단련된 쇠가 강철이 되듯이 배우고 또 배우면 강해집니다.

우리는 이렇게 외칩시다. "배우고, 배우고, 또 배우자!" 몇 번? 최소한 네 번, 일곱 번 배우면 인생 역전합니다 (왕하 5:14, 13:18~20).

Q5

복음은 공짜라서 교회에 넘치는데 모세를 왜 끌어 들이나요? 예수믿고 천당가면 장땡 아닌가요? 여러분은 어떻게 생각하세요?_____

A5

모로 가도 천당만 가면 된다는 말은 수단 방법 안 가리고 목표만 이루면 된다는 말인데 이런 종교 다원주의 때문에 천국 문앞에서 입장권 조사원에게 딱지 맞을 사람들이 허다 합니다(마 25장 참고). 천국을 가더라도 제대로 가야 부끄럼을 당하지 않습니다(마 22:11~14 참고).

복음의 쓴 맛을 한번 보시겠습니까? 어떤 맛이 더 쓴지 비교해 보실래요? 우선 율법의 맛부터 봅시다. 에스겔이 구약 한 첩을 먹으니 달콤했다고 했습니다.

> "인자야 내가 네게 주는 이 두루마리를 네 배에 넣으며 네 창자에 채우라 하시기에 내가 먹으니 그것이 내 입에서 달기가 꿀 같더라" 겔 3:1-3.

구약의 성도들은 율법을 읽으며 "꿀과 송이 꿀보다 더 달다"고 노래했습니다(시 19:10, 잠 24:13). 복음은 어떤가요? 사도 요한도 말씀 한 첩 먹었습니다. 그는 입에서는 달콤한데 배에서는 쓰다고 했습니다.

> "내가 천사의 손에서 작은 두루마리를 갖다 먹어 버리니 내 입에는 꿀 같이 다나 먹은 후에 내 배에서는 쓰게 되더라" 계 10:10.

먹기는 쉬운데 먹고 나면 배 아프고 소화 안 되는 것이 복음입니다. 율법은 남 보기에 살인, 도둑질, 간음, 거짓말만 하지 않으면 의인이라는 소리 들었으나 "예수님이 하신 것 처럼 사랑하라" 는 새 계명은 죽기까지 사랑하라니 알고 보면 씁니다. 사람은 얼마든지 겉과 속이 다를 수 있습니다. 하지만 폐부를 살피시고 감찰하시는 그 분의 불꽃같은 눈을 사람은 피할 수 없습니다. 하나님만이 우리가 어떤 종류의 인간인가를 참으로 아십니다. 이것을 상기시키는 것이 계명입니다(시 139:2 참고).

> "율법으로 말미암지 않고는 내가 죄를 알지 못하였으니 곧 율법이 탐내지 말라 하지 아니하였더라면 내가 탐심을 알지 못하였으리라" 롬 87:7 요약.

Q6

하나님이 사람처럼 손가락이 있나요? 손가락으로 글씨를 쓰시나요?
여러분은 어떻게 생각하세요?

A6

겔1:8을 읽어 보세요. "그 사방 날개 밑에는 각각 사람의 손이 있더라."

하나님이 손가락으로 쓰셨다고 자신을 의인화(擬人化)시킨 이 표현은 그 분이 인간을 얼마나 사랑하시는지를 보여주는 상징입니다. 손가락이라는 도구를 사용했다는 이 의미는 피로 쓴 손 글씨를 상징합니다. 하나님의 헌신으로 새겨진 말씀이 십계명이에요.

오직 십계명만을 위해서 그가 공책(돌판)을 만드셨고, 하나님의 지문이 새겨진 글이 되었습니다(출 31:18, 34:28). 이러한 십계명을 놓고 신학자 쿠걸(L. Cugal)은 십계명 외에 성경 어느 곳에도 이처럼 하나님의 성품이 강조되어 나타난 곳이 없다고 말했습니다.

예수께서도 손가락으로 땅에 글씨를 쓰셨는데(요 8:6, 8), 이처럼 손가락으로 쓰는 손 글씨 수법은 바로 그 분이 여호와이심을 입증합니다. 그런데 놀라운 것은 우리는 손가락 하나로 글자를 쓸 수 있는데 여호와는 손가락들이 글자를 씁니다. 마치 피아노 건반에서 손가락들이 각자 움직이는데 동시에 소리를 내는 것처럼.

> "사람의 손가락들이 나타나서 석회 벽에 글씨를 쓰는데" 단 5:5.

아버지를 빼 닮은 아들을 볼 때 "그 아버지에 그 아들"이라는 말을 합니다. 예수님이 꼭 같은 방법으로 글씨 쓰는 버릇이 있으시네요.

> "예수께서 몸을 굽히사 손가락으로 땅에 쓰시니" 요 8:6.
> "다시 몸을 굽혀 손가락으로 땅에 쓰시니" 요 8:8.

보세요. 예수님도 두 번 쓰시잖아요. 하나님이 두 돌판 한 세트에 두 번 쓰신 것과 똑 같은 방식입니다. 간음한 여인의 사건에서 예수님의 손 글씨는 그래서 십계명 두 돌판을 상기 시킵니다.

> "주의 손가락으로 만드신 주의 하늘과 주께서 베풀어 두신 달과 별들을 내가 보오니 사람이 무엇이기에 주께서 그를 생각하시며 인자가 무엇이기에 주께서 그를 돌보시나이까" 시 8:3, 4.

영어에서 "하이, 파이브!"란 "하이, 텐" 과 동일한 뜻입니다. 하이(Hi), 텐&텐 학교에 오세요!

Q7

하나님은 왜 모세에게 '두 번째 돌판은 네가 만들어 오라'고 하셨을까요? 이왕 친절을 베풀 작정이시면 첫 번 돌판처럼 만들어서 써 주시면 어때서? 그렇게 만들어 가야 했나요?
여러분은 어떻게 생각하세요?_____

> "여호와께서 모세에게 이르시되 너는 돌판 둘을 처음 것과 같이 다듬어 만들라 네가 깨뜨린 처음 판에 있던 말을 내가 그 판에 쓰리니" 출 34:1.

A7

하나님이 모세에게 "네가 깨뜨린 돌판을 처음 것과 똑같이 만들어 와"라고 하셨습니다. 돌판을 만드는게 쉬울까요? 돌판에 글자 새기는 것이 쉬울까요? 이처럼 하나님이 주는 멍에는 쉽습니다. 모세는 돌판을 만들면서 하나님의 심정을 이해했을 겁니다. 자신의 행동에 책임 질 뿐 아니라 서로 책임지는 의식이 우리 사회에 필요합니다. 복음도 우리에게 명령합니다. "서로 사랑하라." 이것은 상호 책임을 뜻합니다.

그 분이 주셨다. 모세에게 하나님이.
그 분이 돌판 다듬는 법을 보여 주셨다. 모세에게 하나님이.
그 분이 단 한 사람에게 전달하셨다. 모세에게 하나님이.

두 번째 돌판에는 모세의 지문이 들어갔어요. 모세가 자기 손으로 다듬은 두 돌판을 들고 높은 산을 오르는 모세는 무슨 생각을 했을까요?
이렇게 해서 십계명을 문자로 맨 처음에 받은 사람은 모세예요. 한 사람에 의해 전달 된 말씀판, 노예 출신들이 전해 준 이 계명이 어떻게 온 세계의 법이 될 수 있었다고 생각하세요?
하나님은 한 사람에게 주셨어요. 시내 산 꼭대기에서 노예 한명을 데리고 처음 시작하셨는데 지금은 전 세계에 하나님의 팬들이 얼마나 많습니까? 복음도 예수 그리스도 한 분으로 시작했습니다. 십계명이 열 그루 나무라면 성경 전체의 숲을 보는 것도 중요해요.

Q8

십계명 전문은 왜, '하라 또는, 하지 말라'는 짧고 간결한 명령문으로 되어 있나요? "하시기 바랍니다. please"라고 해도 순종할까, 말까 한데 명령 하시다니, 기분 나쁘지 않습니까?

여러분은 어떻게 생각하세요?_____

A8

여러분은 엄마의 긴 잔소리가 달콤하고 좋으세요? 장황하게 늘어놓는 교훈적 성격보다는 간결한 윤리적 명령형이 힘이 있고 맘에 들지 않으세요? 십계명은 간결하고 쉬운 문체와 상식적인 단어들로 되어 있습니다. 이 짧은 열개의 문장 속에 인간에게 선하고 유익한 모든 것이 들어 있어요. 히브리어에서 부정어는 두 단어가 있는데 '엘(no)'과 '로(naver)'입니다.

> 십계명에서 "하지 말라"는 단어에는 강한 부정인 직설법 '로(naver)'를 사용했다. 이것은 지켜야 할 수 많은
> 명령이 아니라 우리를 딱 10개의 의무 앞에 세운다. 여기서 우리는 하나님의 성품을 엿 볼 수 있다. 핵심정리,
> 정리정돈 좋아 하시는 분. "내 앞에서 중언부언하지 마."

십계명은 하나님의 단호한 명령이므로 우리도 적극적으로 결심해야 합니다. 라콕(A. Lacocque)이라는 프랑스 신학자는 슈미트(Schmidt)의 말을 인용해서 십계명이 대부분 부정형으로 구성되어 있으므로 그 관계를 깰 수 있는 죄의 한계는 분명히 밝힐 수 있다는 말을 합니다.[164]

그런데 너무 간결하므로 어떻게 사는 것이 올바른 것인지 판단하기 어려운 것이 사실입니다. 그러므로 다른 본문이 그 계명을 어떻게 해석해 주는지에 관심을 가져야 합니다. 예를 들면 출 20:12의 "네 부모를 공경하라"는 5계명을 바울은 엡 6:1에서 "네 부모를 주안에서 순종하라"라고 해석했습니다. 그리고 나서 순종의 대상에 종과 주인과의 사이에서도 이 명령이 동일하게 적용됨을 말했습니다(엡 6:5-9). 이러한 문맥에서 볼 때 '부모'란 낳아 주시고 길러 주시는 혈육 뿐 아니라 사회의 윗사람들을 모두 포함하는 것이라고 해석해야 할 것입니다.

또 다른 본문인 레 19:3에서는 "어머니와 아버지를 존경하고 나의 안식일을 지키라"고 했습니다. 이 말씀은 자기 부모만 공경하라는 것이 아니라 창조주 하나님 아버지를 경외하라는 것에서 확대된 것입니다. 이처럼 모세오경을 비롯한 모든 성경은 십계명을 재해석해 주는 주석의 역할을 합니다. 십계명이 간결하게 요약된 점에 대해서 하우어워즈는 "감사하게도 이 세상에서 처리해야 할 일들을 하나님이 혼자 처리하지 않으시고 우리를 신실하게 여기셔서 해석을 맡기셨다"고 했습니다.[165]

---

164 A.Lacocque. 김창중옮김. 앞책 p129.

165 Stanry Hauavas. 십계명. 앞책 p24.

Q9

십계명은 oh, no, no, no, do this, do this, no, no, no, no, no. 형식으로 되어 있습니다. 왜 '하지 말라(no)'는 계명이 '하라(do)'는 계명보다 먼저 나오나요?

여러분은 어떻게 생각하세요?_____

A9

'하지 말아야 할 것'을 먼저 몰아내야 한다는 이 원리는 성경에 자주 나옵니다. "악에서 떠나 선을 행하라 그리하면 영원히 살리니." (시 37:27, 34:14). "대저 이 아이가 악을 버리며 선을 택할 줄 알기 전에."(사 7:16상). 유대주석가 텔러스킨(J.Teluskin)은 성경의 이 원칙은 우리의 인생 전반에 걸쳐 매우 중요하게 적용된다는 말을 합니다. 예를 들면 운동선수들은 나쁜 습관을 먼저 버리도록 훈련합니다. 그리고 나서 올바로 달리는 법, 공을 던지는 법을 가르칠 수 있다고 합니다. 부모들이 자녀에게 '하지 말라'는 말을 더 많이 하는 이유는 악한 습관을 물리쳐야 선을 행할 수 있다는 사실을 알고 있기 때문입니다.

> 이스라엘 아버지와 아들의 대화
>
> 아론 : 아빠, 모세가 물건 훔치는 것을 봤어요.
>
> 아빠: 그 친구를 멀리해야 한다.
>
> 아론: 토라는 이웃을 사랑하라고 하셨잖아요.
>
> 아빠: 그 것은 이웃의 악을 사랑하라는 뜻이 아니야.
>
> 아론: 하지만 모세는 내 친구예요. 친구를 사귀는데 편견을 가질 필요는 없지 않아요?

> 며칠 후 아론은 할머니 댁에 놀러갔다. 할머니가 잘 익은 사과를 여섯 개나 싸 주셨다. 집에 와서 며칠 후 보니 사과 한 개가 썩었다. 그래서 아론은 "아빠, 사과가 썩었어요. 썩은 사과는 버릴게요"라고 했다. 아버지는 "버리지 말고 바구니에 같이 두어라"라고 하신다. "왜요? 썩은 사과 한 개 때문에 멀쩡한 사과도 썩게요?"라고 했더니 아빠는 "멀쩡한 사과랑 같이 있으면 썩은 사과가 멀쩡해진다"라고 하신다.

여러분의 생각에는 누구의 말이 옳다고 생각하세요?

-썩은 사과와 멀쩡한 사과가 붙어 있으면 썩은 사과가 멀쩡해진다.

-썩은 사과와 멀쩡한 사과가 붙어있으면 멀쩡한 사과도 썩는다.

-썩은 사과는 한 개, 멀쩡한 사과가 다섯 개니까 비율로 볼 때 썩은 사과가 멀쩡해진다.

* "코로나 확진 자가 멀쩡한 사람과 함께 있으면 멀쩡해 진다." 맞나요?

Q10

십계명은 '하지 말라'가 8개(1, 2, 3, 6, 7, 8, 9, 10계명), '하라'는 명령이 두 개 (4, 5계명)입니다. 왜 '하지 말라'는 것이 '하라'는 것 보다 많은가요?
여러분은 어떻게 생각하세요?＿＿＿＿＿＿＿＿＿＿＿＿＿＿＿＿＿＿＿＿＿＿＿＿＿

A10

20분 공부하고(do), 80분 하지 말라는데(no) 좋지 않으세요? 해야 하는 의무가 적다는 것이야말로 은총입니다. 리쾨르는 '하지 말라'는 것은 '하라'는 말보다 훨씬 은총이 들어올 넓은 공간을 열어준다는 말을 했습니다. 법은 지키지 않는 사람들 때문에 존재하지요. 하나님이 인간을 창의적인 존재로 지으시고 자유의지를 주셨기 때문에 '하지 말라'는 규범이 필요합니다. 만약 하나님이 인간을 로봇처럼 지으셨다면 법이 필요 없습니다. 운전자에게 교통법이 필요하고 법을 위반할 때 법적처벌을 하는 이유는 운전자의 자유보장과 절대 안전과 이웃의 생명을 지키기 위해서 법의 준수가 필요한 때문입니다. 설마 무법천지의 사회를 바라는 것은 아니겠지요? 신명기 30:11-13에서 하나님은 자기 백성에게 그 명령은 어려운 것이 아니라고 말씀하십니다.

> "오직 그 말씀이 네게 심히 가까워서 네 입에 있으며 네 마음에 있은즉 네가 이를 행할 수 있느니라." 신 30:14.

은혜의 서문이 열 개의 계명을 보호하고 순종하고픈 마음을 열어 줍니다. 하나님이 우리에게 계명을 주신 것은 우리가 조심하며 살아서 영원히 살게 하시려고 주셨습니다.

> 한 의사가 매일같이 병원 환자들을 왕진하며 상태를 체크했다. 첫 번 환자를 체크한 후 그는 인턴에게 이렇게 지시한다. "이 환자 분에게는 음식을 제한하지 마세요. 먹고 싶은 대로 먹게 하고 그가 요구하는 것은 무엇이든지 다 하게 해 주세요." 그는 두 번째 환자를 체크 했다. 그는 환자의 보호자에게 이렇게 말한다. "이 환자 분에게 병원 측에서 제공하는 음식만 먹여야 합니다. 그리고 의사의 지시를 철저히 따라야 합니다." 라는 처방을 내렸다. 그러자 그의 인턴이 "첫 번 환자는 증세가 더 나쁜데 어째서 두번째 환자보다 더 가벼운 처방을 주십니까?"하고 물었다. 의사는 말한다. "첫 번 째 사람은 생존가능이 없다네, 희망이 없는 그에게 특별히 음식을 조절할 필요가 있겠는가? 그저 먹고 싶은 대로 먹고, 원 없이 하고 싶은 대로 하다가 가는 것이 낫지 않은가? 하지만 두 번째 환자는 내 처방대로 잘 따르면 치료가 가능하다네." [166]

166 *Shimos Midrash*. 앞책. p202-203.

Q11

십계명은 "어떠어떠한 벌을 주겠다."는 구체적인 처벌이 제시되어 있지 않습니다. 그래가지고 사람들이 지킬까요? 벌칙을 정하고 위반자에게는 죗값을 물리는 벌금제도를 엄하게 적용해야 하지 않습니까?

여러분은 어떻게 생각하세요?_____

A11

남들은 내지 않는 교통위반 범칙금을 낼 때 억울하지 않습니까? 우리가 만약 십계명을 어길 적마다 죗값으로 1회당 1천원을 헌금해야 한다면 얼마나 많은 돈을 바쳐야 할까요? 단지 명령만 하는 십계명의 특징에 대하여 나훔 사르나는, 처벌에 대한 두려움으로 법을 준수할 것이 아니라 하나님의 의지에 일치하려는 열망으로 법을 준수하는 때문이라는 말을 했습니다.[167] 십계명은 겁을 주고 벌주실 목적이 아닙니다. 십계명은 인간의 정의를 위한 것이 아니라 하나님의 정의 실현을 위한 것입니다.

> "십계명은 하나님에 대한 새로운 사상에 눈을 뜨게 했다. 비옥한 초승달 지역, 그리고 나일에 걸쳐 있는 전체
> 민족 중에서 오직 이스라엘 민족만이 마법이나 잡다한 허구에 물들지 않고 명료하고 순수하게 모세가 시내
> 산에서 가지고 내려와 사람들의 마음속에 심어준 십계명에 뿌리를 둔 여호와의 확실한 명령에 복종해야 했
> 고 범죄를 저질러서는 아니 되었다." W.Keller. p155.

십계명을 어기는 자가 끝까지 회개하지 않으면 마침내는 이 세상에서도 처벌을 받고 저 세상에 가서도 심판을 받습니다. 궁극적인 처벌은 지옥형벌입니다(계 21:8). 자기가 뿌린 대로 거두게 되어 있습니다.

 '무엇이. 무엇이 똑같은가' 리듬으로 불러 보세요.

what are the things
that are thankful, thankful
those are the grace
that I got From GOD.

grace 대신 toys, games, teachers, parent, brothers, sisters, foods를 넣어 불러 보세요.

---

1 6 7   Nahum M. Sarna. 앞책. p162, 178.

Q12

"간음(adultery)하지 말라"는 7계명은 어른(adult))에게만 해당되지요? 어린이는 상관이 없는 계명이지요?
여러분은 어떻게 생각하세요?_____

A12

> "네가 호렙 산에서 네 하나님 여호와 앞에 섰던 날에 여호와께서 내게 이르시기를 나에게 백성
> 을 모으라 내가 그들에게 내 말을 들려주어 그들이 세상에 사는 날 동안 나를 경외함을 배우게
> 하며 그 자녀에게 가르치게 하리라 하시매 " 신 4:10~11.

영어 성경이 간음을 adult + ery라고 해서 성인을 암시한 것은 성경의 본 뜻과 맞지 않는 해석입니다. 예수께서는 "너희들 그런 줄 알지만 그게 아니야, 누구든지 여자를 보고 마음에 음욕을 품는 게 간음이야"라고 해석해 주셨습니다. 마음에 음욕을 품는 것이 간음이라면 성인만이 그 대상은 아니라는 뜻입니다. 소돔이 망한 이유는 노소를 막론하고 즉, 아이들의 성적 타락이 포함되어 있었습니다(창 19:4).
하나님은 십계명을 주시며 "7계명은 아이들에게 가르치지 말라"고 하신 적도 없습니다. 하나님은 십계명 전문을 다 주시고 "이것을 네 자녀에게 부지런히 가르치라"고 하셨습니다(신 4:10, 신 6:6~7). 유대인들의 교육서에 보면 하나님이 십계명을 주실 때 "내가 주는 말을 잘 지키겠느냐?"고 물었을때 그들은 이렇게 말했다고 전해져 옵니다. 그들이 하나님과 한 대화를 들어보세요.

> 내가 주는 말을 잘 지키겠느냐?
> 예, 제 할아버지 이름을 걸고 맹세할게요.
> NO!
> 그럼 제가 번 모든 돈으로 약속하지요.
> NO!
> 유명한 선생님들의 모든 이름으로 잘 지킬 것을 약속 하겠습니다
> NO!
> 이 십계명을 우리 아이들에게 반드시 전해 주겠습니다.
> OK!

하나님은 아이들이 십계명을 배우는 것을 가장 좋아 하시기에 어린이들에게 제일먼저 십계명을 가르쳐야 한다는 이야기입니다. 너는 이것을 "네 자손에게 전하라"고 하셨기 때문이랍니다(신 4:10~13 참고). 교육에는 황금

의 시간대(golden time zone)가 있는데 그 시기가 엄마 몸에 꼭 붙어 있는 모태시절입니다. 어머니가 아기를 임신했을 때는 앉으나 서나 자나 깨나 가르칠 수 있습니다. 이 명령대로 7계명 역시 모태시절부터 가르쳐야 합니다. 부모를 전적으로 의존하는 태아기와 유아기는 십계명을 가르쳐야 하는 골든타임입니다. 이 시기를 놓치지 말아야 합니다. 신 6:6의 '이 말씀'이란, 십계명을 뜻합니다(신 5:1~22 참고). 홍역, 독감백신을 예방적 차원에서 맞듯이 7계명은 예방적 차원에서 어릴 때 가르쳐야 하고 발달학에서도 이미 2살이면 성을 인지한다고 말합니다. 십계명은 하나님이 어떤 분이시며 그 분을 어떻게 경배해야 하고 이웃을 어떤 태도로 사랑해야 하는가를 일목요연하게 잘 정리되어 있어서 어린아이들도 배우기가 쉽습니다.

십계명에서 가장 짧은 계명이 히브리어로는 7계명(로, 텐아프)입니다. 이것은 그만큼 중요하고 모두 배워야 하는 때문입니다. 예수께서는 지극히 작은 것 하나라도 빼거나 버리는 사람은 천국에서 지극히 작은 자가 된다고 하셨습니다.

> "누구든지 이 계명 중의 지극히 작은 것 하나라도 버리고 또 그같이 사람을 가르치는 자는 천국에서 지극히 작다 일컬음을 받을 것이요 누구든지 이를 행하며 가르치는 자는 천국에서 크다 일컬음을 받으리라" 마 5:19.

알고가기

창 8:21에 "사람의 계획하는 바가 어려서부터 악함이라"에서 "계획"이란, 행동에 옮겨지지 않은 마음의 생각입니다. "계획"이라는 단어를 영어 성경 NIV는 '버릇, 체질, 선천적으로 타고난 성향'을 뜻하는 'inclination'이라는 단어를 사용했습니다(every inclination of his heart). KJV성경은 상상력, 심상, 마음, 생각을 뜻하는 'imagination'을 사용했습니다. 사고하는 뇌 조직은 태아 6개월에 완성되고 뇌 발달차가 있을 뿐입니다. 악한 생각이나 동기 자체가 이미 악행이라는 것이 창8:21이 내린 악의 정의입니다. 사람들은 "나쁜 행동만 하지 않으면 된다"고 여기지만 하나님은 성향, 체질, 버릇, 심상을 평가하십니다. 어린 아이에게 있는 악한 성향이 자라기 전에 선한 성향이 발전하도록 해야 합니다. "어린 아이가 무슨 죄가 있느냐?"는 것은 "아이는 인간이 아니다"라고 말하는 사람입니다. 아기도 사람입니다. 사람은 죄인입니다. 유대 주석가 라시(Rassi)는 신6:4절의 "이 말씀들"이 십계명과 토라라고 해석했습니다. 이 둘을 구분하고 십계명을 앞에 둔것은 십계명이 토라보다 우위에 있음을 강조하기위한 어법입니다.

 크리스마스 캐럴. '징글벨' 리듬으로 불러 보세요.

Noah built, Noah built, Noah built a boat.

He hammered it together and then GOD helped it float

Noah built, Noah built,

Noah built a boat.

He hammered it together and then GOD helped it float.

Q13

하나님은 노부모들에게 십계명을 가르치라고 명령하셨는데 노인은 신세대를 가르치기에 시대에 뒤 떨어진 교사가 아닐까요? 왜 노인들에게 십계명을 가르치라고 하셨을까요?
여러분은 어떻게 생각하세요?_____

> "네가 생존하는 날 동안에 그 일들이 네 마음에서 떠나지 않도록 조심하라 너는 그 일들을 네 아들들과 네 손자들에게 알게 하라... 여호와께서 내게 이르시기를 나에게 백성을 모으라 내가 그들에게 내 말을 들려주어 그들이 세상에 사는 날 동안 나를 경외함을 배우게 하며 그 자녀에게 가르치게 하리라 하시매" 신4:8-10 요약.

A13

십계명은 삶입니다. 누가 제일 삶을 많이 살았을까요? 노인들은 세상을 살아 온 연륜과 경험이 풍부합니다. 삶을 사는 지혜는 노인들에게서 배워야 합니다. 젊은이들이 극단적 진보로 치우치 않도록 균형을 맞추는 역할도 노인이 합니다.

하나님께서 노인들에게는 젊은 부모들에 비해서 넉넉한 시간을 주셨습니다. 젊은 부모들은 늘 시간에 쫓기므로 자기 자녀를 가르칠 시간이 부족합니다. 하나님은 노부모들에게 "네 아들들과 손자들에게 십계명을 가르치라"는 사명을 주셨습니다.

자녀와 손자들에게 십계명을 가르치는 노인은 몸도, 정신도 건강해집니다. 노부모님은 인류의 번영과 세상의 평화를 창출하는 평화 사절단이요, 지구를 지키는 민방위대장입니다.

이 본문을 모세가 말할 때 노인들은 60미만의 연령들이었다고 해서 60세가 지난 노인들은 해당이 되지 않을 거라고 생각하지 마십시오. 모세는 노인의 강건한 연령을 70~80세(시 90:10)로 잡았으며 그는 120세까지 이스라엘을 가르쳤습니다.

여행사들은 근래에 와서 60대 후반에서 70대 초반의 노인들이 초등학교나 중학생이 된 손자손녀를 데리고 해외여행을 하는 일이 부쩍 늘었다는 사실을 알게 되었습니다. 아이들의 부모는 아직 일 때문에 바쁜 연령이니, 시간도 많고 경제적 여유도 있는 조부모가 아이들과 여행하면 안심할 수 있고 교육적으로도 좋으며, 노인들과 아이 모두에게 즐거운 일로 일석이조의 효과가 있답니다. 할아버지, 할머니들은 십계명을 가르치는 교사가 되세요! 17절! 얼마나 간단하고 쉽습니까?

조부모의 손자녀교육법 교재와 강좌가 있습니다. www.holyi.com.

Q14

십계명을 일단 배우고 난 후에 지킬 수 있는지, 없는지 결단해야 하지 않나요? 아직 판단기준도 서 있지 않은 철부지 아이들에게 주입시키면 됩니까?
여러분은 어떻게 생각하세요?_____

A14

나침판이나 가이더 없이 항해하는 선박에 여러분은 타고 싶습니까? 출발 전에 인생에서 해야 하는 2가지와 해서는 안 될 8가지 원리를 미리 배우고 출발하라는 것이 그렇게도 못 마땅 하세요? 여러분이 모르는 것이 자신의 수명 뿐 아니라 자식의 수명입니다. 십계명은 인간의 지식이나 판단에 맡겨진 것이 아니라 창조주 하나님의 지혜에서 온 인생나침판입니다. 하나님이 십계명을 주시기 전에 "내가 주는 말을 지키겠느냐?" 고 물으신 것은 "예, 잘 준행 하겠습니다"라는 결단의 대답을 듣기 원하셨기 때문입니다. 부모는 자녀에게 좋은 것을 주듯이 십계명을 주시는 하나님은 인간에게 가장 좋은 것을 주시는 분이라는 신뢰와 믿음과 결단이 중요합니다. 코메니우스는 "최초로 염색된 털실의 색깔을 빼기 어렵다"는 말을 했습니다.

> 그리스 철학자가 유대교 신학생에게 이렇게 비난했다. "너의 조상들은 참 어리석다. 어떻게 들어 보지도 않고 ok 하고 결정하니? 너의 하나님이 '내가 너희들에게 좋은 법을 줄 텐데 내가 하는 말을 잘 듣고 내 언약을 지키면? 뭐뭐를 주겠다'는 조건을 내 걸 때, 우리 같으면 '그게 뭔데요? 우리가 지킬 수 있는지 들어보고 결정하겠습니다' 라고 했을거야."
>
> 이 말을 들은 유대교 신학생이 이렇게 대답했다. "너희들은 그러니? 우리는 부모님이 중대한 발표를 하신다며 모이라고 하면 달려와서 '예, 말씀하세요 아버지, 제가 듣겠습니다'라고 한다. 부모님이 우리에게 나쁜 것을 요구하실 분이 결코 아니라는 것을 알기 때문이야"(출19:5참고). -출애굽기 미드라쉬에서.

♪ '좋으신 하나님' 리듬으로 불러보세요

our hands we fold,
our heads we bow
for this good food
we thank you now. Amen.

I bend my knee
I fold my hands
I close my eyes
To pray to Jesus's name.

Q15

왜 십계명이 두개의 돌판을 필요로 했을까요? 열 개면 어때서? 그리고 하나는 크게, 하나는 작게, 하나는 동글게, 하나는 길게, 다르게 만들면 어때서?

여러분은 어떻게 생각하세요?_____

> "모세가 돌이켜 산에서 내려오는데 두 증거판이 그의 손에 있고 그 판의 양면 이쪽 저쪽에 글
> 자가 있으니 그 판은 하나님이 만드신 것이요 글자는 하나님이 쓰셔서 판에 새기신 것이더라"
> 출 32:15-16

A15

돌판이 딱 두 장이니까 망정이지, 만약 열장이라면 머리에 이고, 짊어지고, 안고, 업고 운반했을 모세를 상상해 보세요. 두 돌판에 써서 주셨으므로 양손에 들고 내려올 수 있었어요. 우리가 지킬 수 있는 것을 주신 거예요.

연인끼리 똑 같은 티셔츠 입는 거 좋아하고 똑 같은 커플링을 끼지요? 하나님과 이스라엘은 언약을 맺은 사이인데 두 돌판은 커플링 같지 않으세요? 하나님은 한 개의 판에 십계명 전문을 다 쓰시고 다른 판에도 동일하게 전문을 쓰셔서 세트를 만드셨습니다(출 32:15-16). 이를테면 두 장의 계약서예요. 이것은 사람에게만 멍에가 아니라 하나님도 멍에를 함께 지신다는 것입니다. 그러나 예수께서 본뜻을 해석해 주셨을 때(마 5장) 이것이 불가능하다는 사실을 알고 절망하게 됩니다. 그러니까 "우리를 불쌍히 여겨주세요!"라고 말해야 합니다.

신랑신부가 결혼 예물을 교환하는 것으로 결혼의 증표를 삼듯이 십계명 돌판은 하나님이 이스라엘에게 주시는 결혼(케투바) 증표입니다. 시내 산에서 예물교환을 한 셈입니다. 십계명은 하나님의 신부로 선택된 특권 있는 백성을 보호하는 문서입니다. 이 특권에 부끄럽지 않은 삶을 살아야 할 책임이 신부에게 있습니다. 계약서가 다른 건 위조문서입니다.

 "Happy Birthday" 리듬으로 불러보세요

It's time to study

It's time to stury

It's time to study Commandments

I like The Ten Commandments.

Q16

하나님은 왜 돌판 양면을 활용하셨나요? 시내 산에 흔해 빠진 게 돌인데 앞면만 쓰면 어때서? 여러분은 어떻게 생각하세요?_____

A16

여러분이 사과 농장에 갔다고 가정합시다.

a는 제일 좋은 사과를 골라 먹습니다. b는 볼품없는 사과도 버리지 않고 먹습니다.

누가 사과 농장의 주인 같으세요?

b입니다.

사과가 열리기까지 수고하고 땀 흘린 주인은 못 생긴 사과도 사랑합니다. 여러분은 회사의 A4용지 앞뒤면 다 사용하나요? 그는 주인의식을 가진 사람입니다. 시내 산은 돌산인데 그 산에 흔한 돌멩이로 공책을 만들어서 양면을 쓰셨다는 점에서 분명한 것은 "십계명을 주신 하나님이 세상 만물을 지으신 주인이시로구나"라는 증거입니다. 이 지구상에 파라다이스를 방불하는 경관이 얼마나 많습니까? 그 좋은 명산과 천연의 복지시설을 갖춘 땅은 남에게 주고 팔레스틴 사막 한 떼기를 차지하고 "내 지경(holy land), 자기 땅"이라 하시니 이 분이 진짜 창조주 맞습니다(출 34:24, 요 1:11).

유대 주석가 나훔 사르나는 각 돌판에 다섯 계명씩 써서 둘로 나눈 메킬타(유대교 출애굽기주석)의 해석이나 십계명 주석을 쓴 필로(A.Phillo)가 의심스럽다면서 왜 이런 돌판 그림이 유대교나 개신교에서 유행하게 되었을까? 라는 의문을 품었던 학자입니다. 그는 이러한 양식이 13세기 이후 성경에 대한 조각 활동이 성행할 때 스페인 예술가들의 예술에 반영되어 온 것으로 추측하면서 이렇게 다섯 씩 똑같이 나눈 돌판 그림에는 문제가 있다는 지적을 했습니다.

그런 식으로 십계명을 5개의 조항으로 나눌 때 하나의 판에는 146개의 히브리어 단어(word)가, 다른 한판에는 33자의 단어가 쓰여 진다는 것은 맞지 않는다는 논쟁입니다.

사르나는 그 대신 출 31:18, 출 32:15-16에 근거해서 각 판에 십계명 전체의 내용들을 각 각 적었다고 기록되어 있는 점을 주시했습니다. 출 20장과 신 5장에 두개의 판이 각각 두 차례 나오는 것을 볼 때 십계명 전문이 적힌 두개의 돌판 중 하나는 여호와 하나님에 대한 증거 판이고, 다른 하나는 사람에 대한 증거 판이라는 것이 그의 주장입니다(Nahum M.Sarna. p108). 이 주장은 가장 신학적 지지를 얻고 있습니다.

Q17

십계명은 언어 배열에 있어서 왜, 뭐뭐를 하라, 뭐뭐를 하지말라는 식의 리듬이 반복되나요?

여러분은 어떻게 생각하세요?_____

A17

마틴 부버(M.Buber)는 4계명과 5계명의 리드미컬한 배열에 주목했습니다.

> 안식일을 기억하여 거룩히 지키라 (자콜 엣 욤하샤밧 레카도쇼).
> 네 아버지와 어머니를 공경하라 (카베드 엣 아비카 베이메카).

히브리어에서 보듯이 리듬이 반복되고 있습니다. 왜 그럴까요? 그는 사람들이 이 두 계명을 기억하기에 유리 하도록 되어서 세대를 계승하고 이스라엘의 생존에 깊이 관여 될 수 있었다는 말을 합니다. 이러한 리듬은 하나님이 얼마나 십계명을 우리 마음에 간직하기를 간절히 원하시는지 짐작할 수 있습니다. 여러분도 십계명을 리듬언어로 작곡해서 노래로 불러 보세요. 이것은 교육명령입니다(신 31:19 참고).

Q18

귀한 말씀을 금덩이에 써 주셨으면 모세가 깨뜨렸더라도 사람들이 얼른 조각들을 주워 모아서 복구하려 했을 텐데 왜 흔해 빠진 돌에 쓰셨을까요?

여러분은 어떻게 생각하세요?_____

A18

엎질러진 물은 주워 담을 수 없다는 말이 있지요. 주워 담은 물을 드리면 마시겠어요? 깨진 조각이 다이아몬드라면 그걸 찾느라고 전쟁이 났겠지요. 히6:4~6을 읽어 보세요.

다윗은 "건축자가 버린 돌이 모퉁이의 머릿돌이 되었다"며 이를 두고 기이한 현상이라고 했는데(시 118:22), 바울은 그 버려진 돌이 예수 그리스도라고 했습니다(행 4:11, 마 21:42, 막 12:10, 눅 20:17). 왓슨(Watson), 쿠걸(J.Kugal)등의 여러 신학자들이 그 깨진 돌에서 예수님의 형상을 본다는 말을 하더군요. 그러니까 다이아몬드에 빠지면 예수님이 보이지 않습니다.

Q19

많은 명산이 있는데 하필 볼품없는 시내 산에 오셔서 십계명을 주셨나요? 에베레스트나, 갈멜산이나 헐몬산의 만세반석이 어때서?
여러분은 어떻게 생각하세요?_____

A19

이 질문은 "왜 하나님이 사람을 금덩이로 만들지 않고 흙으로 지으셨느냐?"고 묻는 것과 같습니다. 하나님은 많은 산 중에서 볼품없는 시내 산에 임하셨듯이 오늘도 볼품없는 낮은 사람에게 임하십니다. 우리가 하나님을 선택하는 것이 아니라 하나님이 우리를 택하십니다. 질그릇 같이 보잘것없는 우리 안에 말씀이 거하면 우리는 모두 새로운 피조물로 거듭나서 위대한 영혼들이 됩니다. 인간은 금으로 하나님 우상을 만들었지만 하나님은 그걸 칭찬하지 않으셨어요. 하나님은 돌멩이에 자신의 형상을 새기셨습니다. 겸손하셔서.

> 하나님이 토라를 주시기 위해 어느 한 산을 선택하신다는 정보를 산들이 알아 차렸다. 산들이 하나님께 달려와서 "내가 토라를 받을 자격이 있다"며 논쟁을 했다. 다볼 산이 바이스 아일람에서, 갈멜 산이 아스팜야에서, 흰 눈을 반사하는 아름답고 높은 헐몬 산이 키르앗 쉬모나에서 와서 "하나님, 내가 원해요 나에게 주세요!"라고 떼를 썼다.
>
> 하나님은 그들 모두를 거절했다. "산들아, 왜 너희들은 내 앞에서 다투니? 너희들은 모두 자격을 잃었다. 왜 냐하면 모든 우상들은 너희들의 꼭대기에서 제사 드렸다. 하지만 시나이는 가장 낮고 볼품이 없어서 한 번도 우상이 탐내지 않았고 거기서 제사지낸 적이 없다. 그러므로 시내 산이야말로 나, 여호와의 빛을 받을 자격이 있다." [168]

하나님은 시내 산에서 더 낮은 곳으로 내려 오셨습니다. 하나님은 낮고 비천한 땅바닥 구유에 오셨습니다.

 '반짝. 반짝 작은 별' 리듬에 맞추어 불러 보세요.

작고 작은 구유	little, little, Manger
아기 예수 나셨다	Baby Jesus is born
작고 작은 구유(2회 반복)	little, little, Manger(2회 반복)
작고 작은 구유에	little, little, Manger
아기 예수 나셨다.	Baby Jesus is born (2회 반복).

168 R.M. Weissman, *Midrash Sh'mos*, 앞책.p179.

Q20

하나님이 천군 천사단(외계물체)을 대동하여 지구에 오셨을때 사람들은 UFO(미확인비행물체)로 오인하지 않았을까요? UFO가 정말 있나요?

여러분은 어떻게 생각하세요?_____

A20

미래에 예수그리스도께서 호령과 천사장의 나팔소리로 강림하실 때 여러분은 UFO로 오인하지 마세요(살전 4:14, 16-18). 우리의 신랑되신 예수님이십니다. 사람들이 끊임없이 외계 인의 출몰을 예상한다는 이 사실은 인류가 종말의 날을 인지하며 두려워하고 있음을 암시합니다.

하나님이 그의 수많은 수행 천사들을 들러리로 대동하여 시내 산에 강림하셨을때의 광경을 스데반이 "너희가 천사가 전한 율법을 받았다"고 했고(행전 7:53), 히 2:2에서도 "천사들로 하신 말씀" 또는, 바울이 갈 3:19에서 "율법이 천사들로 말미암아 중보의 손을 빌어 주었다"고 했는데 이것은 율법을 천사가 전해 주었다는 말이 아니라 신랑되신 하나님이 들러리에 둘러 싸여 말씀하실 때의 광경을 묘사한 것입니다(Keil & Delitzsch. 김덕중 옮김. "출애굽기 주석" p228, 229).

 '인디언 보이' 리듬에 맞춰 불러 보세요.

One Hundred

two Hundred

three Hundred Angles

four Hundred

five Hundred

Many, Many Angles

They are angels who escort God

It's the Heavenly Army.

Q21

왜 십계명 돌판을 금으로 만든 상자(언약궤)에 담아서 성막의 안방(지성소)에 보관했나요? 이것은 안 어울려요. 겉은 화려한데 열어 보니 돌멩이 두개 들어 있어서 실망되지 않습니까? 여러분은 어떻게 생각하세요?_____

"내가 네게 줄 증거판을 궤 속에 넣으라" 출 25:21.

A21

여러분이 만약, 도둑이라면? 금항아리, 마술지팡이, 돌멩이 두 개 중에 어떤 물건을 훔쳐 가겠습니까?

만약, 도둑이 들어와서 금궤를 열었더니 "웬, 돌?"하며 돌은 버려두고 금상자만 들고 가지 않을까요? 하나님에게 소중한 것은 말씀이지, 포장박스가 아닙니다. 남은 건 뭐지요? 말씀(돌)입니다.

솔로몬이 금궤를 열어 보았습니다. 어라? 금항아리, 마술지팡이(싹이 난 아론의 지팡이)는 도둑맞고 돌판만 남았대요. 그것봐요(대하 5:12, 왕상 8:9). 도둑들은 외모를 본다니까요.

하나님은 자신의 작품을 사람이 만든 금궤 안에 담아서 안방에 잘 보관하라고 하셨습니다. 하나님의 말씀을 잘 보존하는(지키는)것은 인간의 책임입니다. 우리 역시 하나님이 만드신 최고의 작품입니다. 돌판도 그렇게 소중히 보관하셨거늘 우리를 얼마나 더 소중하게 보호하시겠습니까? 하나님의 말씀을 마음 판에 새겨 두면 금보다 귀한 사람이 되고 마음은 거룩한 법궤가 됩니다. 우리 몸이 법궤입니다.

십계명을 담은 언약궤를 운반할 때는 하나님이 정해주신 방법대로 운반해야 했습니다. 제사장 이외에 그것을 만지거나 들여다보는 자는 죽었어요(민 4:15, 20). 이동할 때는 언약궤의 양쪽에 있는 고리에 막대기를 꿰어서 제사장들이 어깨로 메고 운반하도록 되어 있습니다(신 31:9, 수 3:3). 하나님을 마음에 모신 사람들은 조심하며 살아야 함을 뜻합니다.

♪ '반짝 반짝 작은 별' 리듬에 맞추어 불러 보세요.

노란, 노란, 황금집 yellow, yellow, yellow's, ark
아름답고 신비해   how I wonder what you are
높고 높은 하늘에   up a -vove the sky high
내 아버지 집처럼   like a hevenly father's house
노란, 노란 황금집 yellow, yellow, yellow's, ark
아름답고 신기해   how I wonder what you are.

Q22

시내 산이 지구상에 아직도 존재하나요?
여러분은 어떻게 생각하세요?

A22

사우디아라비아에 있는 산이라는 주장을 비롯해서 몇 가지 주장이 있으나 현재는 이집트령에 속해 있는 시나이 반도의 시내 산을 지정하고 그 산을 성지화 하고 있습니다. 십계명을 받은 다섯 가지의 명칭 중에 제일 유명한 이름은 시나이(sinai)예요. 본래 그 산의 이름은 '10'을 뜻하는 '시네(s'neh)'로서 '거기서 받았다 십계명'이란 뜻입니다. 그런데 시네(s'neh)에 히브리어 알파벳 '요드(')'가 보태져서 신나이(s'nai')가 되었습니다. 이것을 영어권의 유대인들은 하늘에서 내려 온 토라를 거절하는 나라들은 신(sin; 죄)의 길을 따른다는 에피소드를 만들어 냈습니다.[169]

바이엘른(W. Beyerlin)은, 십계명은 시내 산이라는 분명한 삶의 자리를 가지고 있는 것으로 보아 의미나 상징이 아니라 현존하는 사건(다큐)라고 했습니다. 십계명은 장소, 시간, 경험, 역사에 근거를 두고 일어난 사건이며 행위 자체이며 생명의 소리이기에 오늘도 인간 세계에 들어오는 현상이 될 수 있습니다. 이러한 점에서 십계명은 모든 문화가 하나의 같은 인간성에 속해 있다는 확신을 갖게 합니다.

Q23

누가 십계명을 하나님사랑과 이웃사랑이라고 구분했나요?
여러분은 어떻게 생각하세요?

A23

이것은 출애굽기 주석서인 메킬타(Mekhilta), 그리고 탈무드 전승에서 유래하였는데 유대 전통을 존중하신 예수님도 모든 율법(613)과 선지자의 강령(선지서)을 두개의 섹션으로 분류하셨습니다. 첫째는 하나님에 대한 사랑이고, 둘째는 이웃을 자신처럼 사랑하라는 것이 율법의 핵심이라고 하셨습니다(마 22:37-40).

유대학자들은 십계명이 613율법을 총정리했다고 말합니다. 아이들에게 가르칠 때 6+1+3=10이라면서 613율법을 졸이고 졸이면 10계명이라는 양약이 나온다고 합니다.

---

169 R.M. Weissman, *Midrash Sh'mos,* 앞책 p.172.

Q24

율법으로는 흠이 없다는 바울, 어려서부터 지켰다는 유대 관리처럼 유대인들은 율법을 잘 지키는 어떤 천부적인 비결이라도 있나요?
여러분은 어떻게 생각하세요?_____

A24

"프랑스 파리"하면 누구에게도 구속받지 않는 '자유'가 떠오릅니다. 프랑스인 개신교 신학자 '리쾨르'는 프랑스에 거주하는 유대인들이 자기 의지를 포기하고 율법의 방향에 복종하는 단호한 그 태도가 대체 어디서 나온 것일까? 어떻게 줄기차게 그 많은 계명들을 지키며 자유롭지? 라는 의문을 갖고 그들을 주목했답니다. 예언자들의 윤리를 꼼꼼히 살피고 실현하는 바리새인들의 도덕은 자율이 아니라 타율에 의한 것으로서 철저하게 그들의 일상을 "하나님의 규범 밑에" 두려고 한다는 것입니다. 자유로운 선택을 포기하는 자유, 자발적인 복종의 자유, 이것이 최고의 자발성임을 그들이 입증해 보였습니다. 히브리인들이 지닌 '도시성(독특한 생활양식)' 이란 종교적 열정과 지적 객관성이 묘한 결합을 이루고 있는 것을 말하는데 바리새인들의 이 '도시성'이 시편19편과 119편에서 훌륭하게 표현되어 있다는 것입니다(리쾨르."악의상징" p126~130).

정신과 의사인 트웰스키(A. Twerski)는, 종교의식을 준수하는 가정에서 자란 유대인들에게 욕구에 대한 갈등이 적용되지 않는다고 합니다. 금기는 내면화 되어 더 이상 강요된 자기희생을 요구하지 않는다는 것이지요(앗, 그럼 그들은 인공지능? 아뇨. 테두리 안에서의 자유).

한 랍비의 글에 보면 "나는 험담을 좋아하지 않아"라고 말하는 게 아니라 "나는 험담해, 다른 사람들 삶에 간섭하고 마음속의 세세한 이야기를 듣고 말하는 것을 좋아해. 그리고 다른 사람의 성격결점을 홍보하는 것을 좋아해. 그러나 내가 할 수 있는 이것을 하늘에 계신 하나님께서 금하신 것일까?"라고 물어야 한다는 것입니다.

> "작은 새우를 좋아하는 한 여인이 있었다. 그녀는 종교적인 유대주의자와 결혼하므로 성경에서 금하는 갑각류 음식을 먹는 것을 포기해야 했다. 몇 년 후, 그녀는 남편에게 자신이 여전히 작은 새우를 먹고 싶어 하기 때문에 신앙심이 없는 것처럼 느낀다고 말했다. 남편은 말하기를, '당신이 작은 새우를 먹고 싶어 하지만 그것이 금지된 것이기 때문에 먹는 것을 자제하는 것이지요. 자제하려는 그것이 바로 당신이 종교적이라는 것을 증명해 주는 것이지요'라고 위로했다."

랍비들은 "나는 돼지고기 먹는 것이 싫어요"라고 말할 것이 아니라 "내가 하려는 것을, 하늘에 계신 내 아버지께서 금하셨는지를 자신에게 먼저 물으라"고 가르칩니다. 진정한 종교교육의 학습이란 규칙이나 의무를 강요하는 것 보다 하나님께서 금지하신 것이라고 설명해 줌으로써 자신의 의지를 거절할 자유의 힘이 생기게 한다는군요.[170]

---

170   Joseph Telushkin. 2000. 앞책. p72-73.

자유를 인격과 결부시킨 프랑스 신학자 리쾨르는 이러한 결론을 내립니다. "문화 시민의 인간은 자신의 뿌리에 대한 기억과 전통을 되살림으로써 미래의 인간들이 될 수 있다. 옛 문서는 '확신의 윤리'이며 이러한 확신, 즉 믿음이 우리를 욕망에서 벗어날 수 있게 한다"라고(폴리쾨르 "역사와 진리" p381).

Q25

누가 1~4계명이 하나님사랑 계명이고 5~10계명을 이웃사랑 계명이라고 분류했나요?
여러분은 어떻게 생각하세요?_____

A25

이것은 4세기 교부 오리겐(Origen)이 1~4, 5~10으로 구분하였고 칼빈, 하이델베르그 요리 문답이 이 방식을 받아 들였습니다. 그 이유는 예수님의 말씀을 존중한데서 기인한듯 합니다. 예수님은 계명을 묻는 한 율법사에게 계명을 지키라고 하시면서 살인, 간음, 도둑질, 거짓증거, 탐심, 부모공경을 한 묶음으로 나열하셨습니다.

> "살인하지 말라, 간음하지 말라, 도둑질하지 말라, 거짓 증언 하지 말라, 네 부모를 공경하라,
> 네 이웃을 네 자신과 같이 사랑하라" 마 19:18-19

> "네가 계명을 아나니 간음하지 말라, 살인하지 말라, 도둑질하지 말라, 거짓 증언 하지 말라, 네
> 부모를 공경하라 하였느니라" 눅 18:20.

> "네가 계명을 아나니 살인하지 말라, 간음하지 말라, 도둑질하지 말라, 거짓 증언 하지 말라, 속
> 여 빼앗지 말라, 네 부모를 공경하라 하였느니라" 막 10:19

위에서 보듯이 공관복음이 부모공경의 계명을 이웃사랑 범주에 속하는 계명에 포함했습니다. "속여 빼앗지 말라"는 토색이란 단어와 일치하므로 탐심에서 기인된 10계명을 뜻합니다.

Q26
유대 사회가 1~5계명은 하나님께, 6~10계명은 이웃에게 향한 계명으로 분류한다고 들었어요. 그들은 왜 5계명(부모공경)을 하나님사랑 계명에 포함시키나요?
여러분은 어떻게 생각하세요?_____

A26
십계명을 다섯 씩 구분하는 해석(1~5, 6~10)은 요세푸스(ad. 37)와 필로(ad. 35)에서 볼 수 있는데 이것은 아마도 필로 이전부터 유대인들이 취해 온 방식인 듯합니다. 유대교가 5계명을 하나님관련 계명에 넣은 첫 번째 이유는, 5계명을 종교적 의무로 보았기 때문입니다.

두 번째 이유는 여호와 하나님의 이름에 달려 있습니다. 십계명에는 여호와 하나님이라는 이름이 여덟 차례 언급되며 이것은 어떤 것과도 타협을 불허하신다는 하나님의 강한 의지를 나타 낸 것입니다. 그런데 이 여덟 차례의 이름이 1~5계명에 만 있습니다. 하나님을 뜻하는 히브리어 '엘로힘'은 심판을 뜻하는 '다안'의 속성을 가진 단어로 정의의 심판자를 말합니다. 이러한 여호와 하나님의 속성이 가장 확실하게 드러나고 있는 계명이 1~5계명입니다. 6~10계명에는 이러한 여호와의 이름이 전혀 나타나지 않는다는 이유에서 입니다.

세 번째 이유는 문장의 통일성에 근거한 것입니다. 6~10계명에는 모두가 금지명령으로만 되어 있다는 점에서입니다. 네 번째 이유는 5계명에 생명과 복이 약속되어 있다는 점입니다. 인간의 생사화복을 주관하시는 분은 여호와 하나님뿐이라는 주장에서 하나님 경외의 계명에 포함시킵니다. 유대주석가 스켈만, 즐로비츠의 자료에 의하면 "부모는 하나님의 대리자로서 하나님을 대신한다. 그러므로 하나님께 대한 의무를 적은 첫째 돌판의 계명으로 간주하고 있다."라고 말합니다.[171]

 개혁개정찬송가 496장 후렴을 한글. 영어. 히브리어로 불러 보세요.

거두리로다 거두리로다
기쁨으로 단을 거두리로다.

Bring in the sheaves, Bring in the sheaves
We shall come rejoicing, Bring in the sheaves.

엣하 알루못, 엣하 알루못
보,니샤아 ~베레넨, 엣 하 알루못.

---

171   Rabbi Nosson Scherman, Rabbi Meir Zlotowitz. 앞책. p411.

Q27
왜, 십계명은 제 2인칭 단수 너(you)로 말씀할까요? 이스라엘 전 회중에게 말씀 하셨으므로 '너희는'이라고 해야 하지 않나요?
여러분은 어떻게 생각하세요?_____

A27
십계명은 이스라엘 백성들에게 선포하신 말씀이니까 "너희는"이라고 해야 맞습니다. 그런데 '너'라고 하신 것은 고대 근동의 법문들이 복수형으로 사용한 방법과는 다른 방식인데 이 점이 독특하다고 고대 역사 연구가들은 말합니다.

왓슨은, 계명은 각 개인에게 관계되며 하나님은 각 사람이 개인적으로 자기에게 말씀하신 것으로 받아들이기를 원하시기 때문이라는 말을 합니다(Thomas. Wattson. p72). 십계명은 너와 너로 말씀해서 각 개인이 개별적으로 자기에게 말씀한다는 것을 기억해 두어야 합니다.

십계명이 '나'라는 개인의 독립성과 자율을 각성케 한 것은 서양의 구도를 개인주의로 바꾸어 놓는 계기가 되기도 했습니다. 도덕책임을 개인에게 둔 종교개혁은 근대 철학의 문을 열어 주었지요. 종교개혁을 통해서 한 사람의 중요성, 창조적 개인의 중요성이 강조되기 시작했으며 이것은 "각자에게 그의 몫을 돌리자"는 근대 철학으로 발전했습니다. 정의에 입각하여 스스로 판단해서 고치는 것이 칸트적입니다.

십계명을 차가운 정의 론의 잣대로 삼은 근대 철학의 이 새로운 질서라는 것이 '전체(공동체)'를 망각하게 만들었습니다. 남이야 어떻든 관계없는 삶이 전개되기 시작한 근대 기독교 윤리와 신학은 2차 세계 대전을 거치면서 남을 의식하는 눈을 뜨게 됩니다.

윌리엄 바클레이는 "세계가 기독교 윤리의 다른 면(=서로 사랑하라)을 발견하기 시작하는 데는 1,800년이 걸렸다"고 말했지요.

알고가기

> 나훔 사르나의 주석에 의하면 유대전통에서는 열 개의 말씀들이 아니라 열 세 개의 말씀으로 표현된 적이 있었다고 합니다. 13세기에 써진 히브리의 전통적인 주석인 "교육서(Book of Hinuki)"에 의하면 10 이 아니라 13개라고 되어있습니다(Nahum M. Sarna. p.108). 이 비슷한 증언은 마르틴 노트의 주석에서도 발견됩니다. 그는 출 34:14-26와 신 27:15-26에서 비교 되듯이 문장의 길이는 서로 비슷하고 짧을지라도 얼마든지 열개, 또는 열두 개로도 볼 수 있다는 것이지요(Matin Noth. p.191-192). 맥렌돈 역시 그의 책에서 11개의 금지 명령과 2개의 긍정문으로 된 모두 13개의 계명이라고 했습니다. [172]
>
> 그럼에도 불구하고 현재의 열 개의 계명으로 분류하게 된 것은 십계명이 사람들의 뇌리에 새겨지도록 끊임없이 연구되어 왔고 다듬어지고 점진적인 발전을 했음을 알 수 있습니다.

---

172 James Wm. McClendon. 앞책. p183-184.

Q28
왜 계명이 열개 인가요? 열둘이면 어때서?
여러분은 어떻게 생각하세요?_____

A28

사실, 성경에는 열 개의 계명으로 나눈 곳은 없습니다. 그런데 문장을 나누면 10개의 조항이 됩니다. 구약학의 권위자인 카스토는 그의 출애굽기 주석에서 "사람이 열 손가락으로 열 가지 계명을 꼽으면서 언제나 기억하고 지키기 위해서"라고 말했습니다(Umberto. Cassuto. p251). 번즈라고 하는 개신교 신학자 역시 십계명의 간단한 구성과 손가락 수가 같은 개수 덕분에 쉽게 가르쳐 질 수 있다고 하였습니다(Rita J. Burns. 심규섭 재인용. p149).

유대문헌은, 하나님이 "열 마디 말"로 창조를 완성하셨다는 것을 십계명과 일치시키려고 합니다.[173] '십(ten)'은 창조의 완성을 의미하는데 십계명은 이것과 무관하지 않다는 주장입니다. 하나님의 열 마디 명령으로 창조 된 세계는 그 분 입에서 나온 "열 마디 명령"을 지킴으로 완전해 진다는 것이지요. 생명의 기원이 하나님의 말을 순종하여 창조되었듯이 십계명은 인간이 하나님의 말씀을 순종함으로 생명의 법이 됩니다. 창세기1장에서 "하나님 이르시되"라는 문장이 히브리어로 10번 나옵니다. 이 세상은 하나님의 열 마디 말씀으로 창조되었어요. 아래의 노래를 부른 후 다음 페이지의 차트를 참고하세요.

 찬송가 204장 '주의 말씀 들고서' 후렴 리듬으로 불러 보세요.

Build we well,
Build to last,
Build our house to-gether
on the Rock of A-ges fa-st,
Build to stand for- ever.

잘 짓고 잘 짓 세
우리 집 잘 짓세
영원한 반석 위에
견고하게 짓세.

---

173 Rabbi Nosson Scherman 앞책.p65. & Rabbi Moshe Weissman. 앞책.p8.

	하신 말씀	장절	횟수	날들
하나님이 이르시되	빛이 있어라!	1:3	한번	첫 째 날
	물 가운데에 궁창이 있어 물과 물로 나뉘어라!	1:6	두번	둘째 날
	천하의 물이 한 곳으로 모이고 뭍이 드러나라!	1:9	세번	셋째 날
	땅은 풀과 씨맺는 채소와 각기 종류대로 씨가진 열매 맺는 나무를 내라!	1:11	네번	
	하늘의 궁창에 광명체들이 있어 낮과 밤을 나뉘게 하고 그것들로 징조와 계절과 날과 해를 이루게 하라!	1:14	다섯번	넷째 날
	물들은 생물을 번성하게 하라 땅 위 하늘의 궁창에는 새가 날으라!	1:20	여섯번	다섯째 날
	생육하고 번성하여 여러 바닷물에 충만하라 새들도 땅에 번성하라	1:22	일곱번	
	땅은 생물을 종류대로 내되 가축과 기는 것과 땅의 짐승을 종류대로 내라!	1:24	여덟번	여섯째 날
	우리의 형상을 따라 우리의 모양대로 우리가 사람을 만들고 그들로 바다의 물고기와 하늘의 새와 가축과 온 땅과 땅에 기는 모든 것을 다스리게 하자!	1:26	아홉번	
	하나님이 그들에게 이르시되 생육하고 번성하여 땅에 충만하라, 땅을 정복하라, 바다의 물고기와 하늘의 새와 땅에 움직이는 모든 생물을 다스리라!	1:28	열 번!	

첫 돌판의 십계명은 모세의 수고가 들어가지 않은 순전한 하나님의 수고로 받았으나 두 번째 돌판은 모세가 석판을 만들고 하나님은 쓰신, '서로'에 의한 계약관계가 되었습니다. 십계명은 피해자의 편에서는 생명의 성령의 법이 되어 용서의 은총을, 가해자의 입장에서는 죄와 사망의 법에서 족쇄를 푸는 회개가 순환되어야 합니다.

선악과 사건으로 인해 아담이 땀 흘려 수고하는 존재가 되었듯이 금송아지 사건은 인간이 십계명을 지켜야 사는 존재를 만들었습니다. 루터파 학자인 틸리케는 "예수 그리스도가 세상의 형식 즉 타협을 필요로 하는 구조를 정복하고 극복한데 있다"고 말했는데 불의와 타협하지 않는 이 법도 예수 그리스도 안에 있는 정의입니다. 징계와 벌을 달게 받는 것이 회개하는 사람의 정의로운 태도입니다.

"그러므로 이제 그리스도 예수 안에 있는 자에게는 결코 정죄함이 없나니 이는 그리스도 예수 안에 있는 생명의 성령의 법이 죄와 사망의 법에서 너를 해방하였음이라" 롬 8:1~3 요약.

Q29

누가 맨 처음으로 십계명에 1, 2, 3... 이라는 번호를 매겼나요? 번호가 없으면 어때서요? 여러분은 어떻게 생각하세요?_____

A29

만약 성경에 장(chapter), 절(verse)구분이 없으면 성경말씀 찾아내기가 불편하겠지요? 십계명도 번호가 있어서 배우는데 훨씬 용이합니다. 출 20:1-17과 신 5:17-22의 두 본문에서도 십계명은 현재 우리가 알고 있는 것처럼 제 1, 제 2는 등으로 번호가 매겨져 있지 않습니다. 하지만 십계명의 전문을 보면 그 계명들이 어디에서 시작하고 끝나는지를 파악하기란 어렵지 않습니다. 각 문장들이 하지 말라, 하라는 문장으로 마쳐지니까요. 십계명에 번호를 붙이는 순서가 조금씩 다르지만 맨 처음에는 유대교에서, 그 다음에는 알렉산드리아의 유대인 필로, 그 후에 어거스틴에 의해서입니다.

알고가기

> 한번은 제가 동네에 있는 한 교회를 방문했다가 방문 목적을 간단히 소개하자 그 분은 "십계명에 번호가 있나요? 그런 말은 처음 들어 봅니다"라며 인터넷을 열어 열심히 자료 검색을 합니다. 그 분은 "아, 십계명이 출애굽기 20장에 있어요. 그런데 보세요. 십계명에 번호가 어디 있습니까?"라고 해서 난감했던 적이 있습니다.

1. 유대교의 탈무드 전통(The Traditional Jewish)

유대교는 제 2성전시대 때 까지 십계명에 열 개, 또는 열 세 개의 번호를 매겨 오다가 시오니즘 교육운동이 활발하게 일어났던 바벨론 포로 후기부터 열 개로 정리했습니다. 하지만 순서는 1세기까지 계속 뒤바꾸곤 했지요. 바울과 야고보 사도는 간음, 살인, 도적질, 탐심 순으로 말했습니다(롬 13:9, 약 2:11). 예수님은 "간음, 살인, 도적질, 거짓증거, 네 부모를 공경하라"는 순으로 말씀했습니다(눅 18:19-20, 마 19:16-19, 막 10:17-19 비교).

주전 2세기의 히브리사본인 "파스 파피루스(Pash Papyrus)"에는 "너는 간음하지 말라, 살인하지 말라"로 되어 있고, 필로의 책 "십계명 51"에는 간음, 살인, 도적질, 거짓 증거, 탐욕 순으로 되어 있습니다. 왜 이런 차이가 있을까요? 살인, 간음, 절도, 거짓 증언의 순서는 사마리아 오경의 순서를 따른 것이고, 칠십인 역본은 간음, 도적질, 살인의 순서로 나옵니다. 유대교는 후에 사마리아 5경의 순서를 따라서 다음과 같이 번호를 정했습니다. [174]

> 1) 나는 너를 애굽 땅, 종의 집에서 이끌어 낸 주 너의 하나님이다. 2) 너는 나 외에 다른 신들을 네게 두지 말

---

174   U. Cassuto. dkvcor.p251-252.

며 우상을 숭배하지 말라. 3) 주 너의 하나님 여호와의 이름을 헛되이 부르지 말라. 4) 안식일을 기억하여 거

룩히 지키라. 5) 네 부모를 공경하라.

인간 상호간의 관계를 규정하는 다섯 개의 계명

6) 살인하지 말라. 7) 간음하지 말라. 8) 도둑질하지 말라. 9) 거짓증거하지 말라. 10) 네 이웃의 소유를 탐내

지 말라.

 알고가기

유대교의 십계명에는 서문이란 조항이 없습니다. 그들은 서문이 1계명이에요.
그리고 우리의 1계명과 2계명을 합친 것이 2계명입니다. 정리하자면 우리의 구분에서 1계명+2계명=2계명입니다.

2. 알렉산드리아의 필로(Phillo of Alexandria; 대략 B C. 20~ 주후45)

이 사람은 예수님과 동시대에 팔레스틴 밖에서 살았던 유대인으로 아프리카 알렉산드리아에서 유대인 행

정관으로 일하면서 이방인들과 친분을 돈독히 쌓았으며 또한 상당한 재력가였다고 1부1장에서 이미 설

명을 드렸었지요? 그는 랍비적인 율법 해석(할라카)과 헬레니즘적 사고, 즉 두 세계관으로 성경을 관찰했

습니다. 그는 탈무드 구분법을 약간 수정해서 유대교의 1계명인 출애굽을 상기시키는 문장을 서문이라는

이름으로 독립시켰습니다. 서문이라는 아이디어를 독창적으로 창안한 사람이 필로예요.

 알고가기

유대교 1계명 =서문
1계명 ÷2= 1과 2계명
서문이라는 명칭은 필로에 의해서 생겼는데 그는 왜? 유대교의 1계명을 서문이라고 편집했는지 들어 보세요.
필로 ; 알렉산드리아에서 만나는 헬라인과 로마인, 이방인 철학자들에게 이 중요한 십계명 강해를 해줘야겠군.
이방인들; 우리는 애굽에서 노예생활 한 적이 없거든요? 우리는 이스라엘인이 아니거든요, 당신들이 받았다는 그게 우리에
게 왜 필요해요? 너나 잘 하세요. 우린 냅둬요.
필로; 아, 가지마! 십계명 교과서를 좀 수정하면 되잖아. 애굽 땅 종노릇, 이스라엘,.... 이런 문장은 인사말로 뺐어, 인사말은
누구나 잘 읽지 않는다는 것을 내가 알아, 오라!

오늘날에는 개신교와 동방정교회가 필로의 전통을 따라서 그의 열거법을 지키고 있습니다. 이방세계를

상대로 한 필로는 서문, 하나님, 이웃으로 구분하고 그 배열순서는 이렇습니다.

구원 서문. 나는 너를 이집트 땅, 종의 집에서 이끌어 낸 주 너의 하나님이다.

하나님과 인간의 믿음을 다루는 다섯 개의 계명

1) 너는 나 외에 다른 신들을 네게 두지 말라. 2) 우상을 숭배하지 말라. 3) 주 너의 하나님 여호와의 이름을 헛되이 부르지 말라. 4) 안식일을 기억하여 거룩히 지키라. 5) 네 부모를 공경하라.

인간 상호간의 관계를 규정하는 다섯 개의 계명

6) 살인하지 말라. 7) 간음하지 말라. 8) 도둑질하지 말라. 9) 거짓증거하지 말라.

10) 네 이웃의 소유를 탐내지 말라.

*필로 이후에 교부들도 유대교에서처럼 제 6, 7계명의 순서를 바꾸기도 했습니다. 오늘날 개신교가 살인, 간음의 순서를 채택 한 것은 유대교와 사마리아 오경의 히브리 성서 본문을 따른 것입니다.

 알고가기

필로의 십계명을 세 구조로 정리하면 이렇습니다.
서문= 구원의 은총
1, 2, 3, 4, 5계명 = 하나님 경외의 의무.
6, 7, 8, 9, 10계명 = 이웃 경외의 의무.

3. 어거스틴(Augustine of Hippo; 354-430)

 알고가기

AD 4세기의 유럽은 이런 세상이었답니다.
AD 313년, 밀라노 칙령!
나, 콘스탄틴 대제가 다스리는 유럽은 국교를 기독교로 통일하노라! 우상을 만들거나 섬기는 자는 국법을 어기는 것이니 엄벌에 처하겠노라! 알지?
몽땅 기독교인이 되었으므로 하나님의 형상을 만들지 말라는 2계명은 별 의미가 없게 되었답니다.

기독교로 통일된 세상에서 살던 신학자 어거스틴은 유대교가 구분해 놓은 십계명의 배열 순서를 약간 수정했습니다. 하나님의 형상을 만들지 말라는 유대교의 2계명을 1계명에 통합시켜서 하나님에 관한 유대교의 1, 2, 3, 4계명을 3개의 계명으로 줄였습니다. 그리고 이웃에 관한 계명을 7개로 늘렸습니다. 이것은 탈무드 전승과 필로와는 상이하게 다른 점입니다. 어? 그러고 보니 2계명이 1계명 속에 묻혀 버렸구나! 어거스틴이 하나님에 관한 계명 3개, 이웃에 관한 계명을 7개로 만든 것에는 세 가지 설이 있습니다.

하나, 삼위일체라는 완전성수(聖數)와 7이라는 완전수를 고려했다는 주장입니다.

둘, 세계는 기독교가 국교이었으므로 2계명의 의미가 없었다는 주장입니다.

셋, 어거스틴이 출애굽기 십계명보다는 신명기 십계명에 기준해서 번호를 정한 것이 아니겠느냐는 견해도 있습니다. 왜냐하면 히브리 성경의 신명기 5:17-21은 살인, 간음, 도둑질, 거짓말, 이웃의 아내, 이웃의 소유, 이렇게 여섯 개의 단어를 히브리 알파벳 '바브' (히브리어, 베;and)로 쫙 묶고 있기 때문입니다. 이를 테면 이렇습니다.

> "살인하지 말라. 그리고(베) 간음하지도 말라. 그리고(베) 도둑질하지도 말라. 그리고 (베)네 이웃에 대하여 거짓말하지도 말라. 그리고 (베) 네 이웃의 아내를 탐내지도 말라. 그리고 (베) 네 이웃의 집이나 무릇 네 이웃의 소유를 탐내지도 말라."

신명기 십계명에서 눈에 띠는 것은 "네 이웃의 아내를 탐내지도 말라, 그리고 (and)네 이웃의 집을 탐내지 말라"로 되어 있어서 열 번째 계명이 두 개로 보 일 수 있습니다. 아마도 어거스틴은 이 점을 고려해서 열째 계명을 둘로 나눈 듯합니다. 로마가톨릭 교회와 루터 교회는 어거스틴의 전통을 따르고 있습니다.

알고가기

1 (서문 + 1계명 + 2계명), 3, 4, 5, 6, 7, 8, 9! 어라? 한 개가 부족하네, 어거스틴은 열 번째 계명을 둘로 나눴어요
이웃의 아내를 탐내지 말라 = 9계명
이웃의 소유를 탐내지 말라 = 10계명

여러분은 어떻게 생각하세요?
여러분도 십계명 전문을 자세히 읽고 문단을 나누어 보는 작업을 해 보시겠습니까? ....

"반짝,반짝 작은 별" 리듬으로 불러 보세요.

shiny, shiny, shining kids
how I wonder what you are
Respect God and Neighbors
Serve God and neighbors
shiny, shiny, shining kids
how I wonder what you are.

십계명의 구분을 표로 정리하기

성경구절	계명 내용	탈무드		필로		어거스틴	
출 20:1, 2	나는 너를 애굽땅, 종 되었던 집에서 인도하여 낸 네 하나님 여호와니라		1계명	서문	서문		1계명
출 20:3	너는 나 외에 다른 신들을 네게 두지 말라	하나님	2		1계명	하나님	
출 20:4-6	우상을 만들지 말고 절하지 말고 섬기지 말라				2		
출 20:7	하나님 이름을 헛되이 부르지 말라		3	하나님	3		2
출 20:8-11	안식일을 기억하여 거룩히 지키라		4		4		3
출 20:12	부모를 공경하라		5		5		4
출 20:13	살인하지 말라		6		6		5
출 20:14	간음하지 말라	이웃	7		7	이웃	6
출 20:15	도적질 하지 말라		8	이웃	8		7
출 20:16	거짓 증거 하지 말라		9		9		8
출 20:17상	이웃의 집을 탐내지 말라		10		10		9
출 20:17하	이웃의 아내나 무릇 이웃의 재물을 탐내지 말라						10

 찬송가 279장 '인애하신 구세주' 후렴을 한글.영어. 히브리어로 불러 보세요.

주여, 주여 내 말 들으사
죄인 오라 하실 때에
날 부르소서.

Saviour, saviour, hear my humble cry
While on sinner you are calling,
Do not pass me by.

베 모시아, 쉬마 테 키나티
아드 레 아케림 토피아
헤라에 감리.

Q30

개신교는 왜, 서문이 있는 필로의 배열을 가져 왔을까요?

여러분은 왜 그랬을 것이라고 생각하세요? ....

> 서문: "하나님이 이 모든 말씀으로 말씀하여 이르시되 나는 너를 이집트 땅, 종의 집에서 이끌
> 어 낸 주 너의 하나님여호와다" 출 20:1, 2.

A30

본래 어거스틴의 전통을 따르던 기독교는 종교 개혁이후 지금의 가톨릭과 분리되면서 필로의 것을 가져 왔습니다. 성상과 조각, 그림들에 치중하는 중세 기독교에 질려 버려서 단호하게 대처하려는 목적에서였습니다. 16세기 논쟁가운데 가장 먼저 일어나고 가장 치열했던 것들 중 하나가 제1계명과 2계명의 우상숭배 문제였습니다. 필로는 1계명과 2계명을 명백하게 구분해서 성상숭배를 강하게 배제하는 느낌을 받습니다.

> "음, 맘에 들어, 2계명의 형상금지가 확 들어 나는군!"

종교개혁자들이 필로의 전통을 가져 온 또 다른 이유는 필로의 저술들이 초기기독교에 많은 영향을 준 때문입니다. 알렉산드리아의 클레멘스에서부터 암브로시우스까지 기독교 주석가들은 유대적인 필로의 성서 해석이 마음에 잘 맞았습니다.

순교자 유스티누스(Justinus;100~165년경)의 알레고리(비유)들은 필로의 알레고리들을 단순히 기독교식으로 옮겨 놓은 것이라고 할 만큼 그들은 필로의 저작들을 주석의 기초자료로 사용하였습니다(기독교 대백과사전. p1267).

왜, 유대 철학자 필로에게 열광 했느냐면 필로는 이방인들에게 우호적이고 이방세계에 호기심을 갖고 활발하게 학문적 교류를 하며 이방인을 이해했으니까요. 예수님과 동시대에 살았던 필로는 명절에 예루살렘에 갔다가 예수님의 복음을 들은 것 같은 느낌을 받을 만큼 그의 글은 복음적입니다. 이렇게 초기에는 유대교와 기독교가 우호적이었습니다.

알고가기

중세교회를 장식하기 위해서 미켈란젤로는 4년 동안 거룩한 시스타나성당 천정에 매달려서 성화를 그렸습니다. 덕분에 우리는 중세 사회를 이해하는데 도움이 됩니다. 예술과 우상은 구분해야지요.

Q31

십계명을 하나님사랑과 이웃사랑이라는 두 개의 구조로 구분하면 서문은 어디에 속하나요? 서문은 십계명에 포함되지 않나요?
여러분은 어떻게 생각하세요?_____

A31

어떤 책인지 단박에 알려면 머리 말이 제일 중요해요. 십계명을 주시는 분이 어떤 분인지, 은혜의 구조를 소개하는 문장이 서문입니다. 애굽에서 따라 나온 허다한 잡족들이 십계명을 듣고 받았습니다. 이방인의 구원을 예표하는 '서문'을 생략하는 것은 돌판에 이 빠뜨리는 격입니다. 뜨개질을 할 때 코 빠뜨리고 뜨는 격이지요. 서문은 분명히 십계명의 첫 문장이고 유대인들에게는 서문이 1계명입니다. 서문은 하나님의 자녀 됨을 확인하는 중요한 문장입니다. 서문을 배우고 난 사람에게 10개의 계명이 필요합니다. 십계명은 구원을 받아 변화된 새로운 피조물에게 주셨습니다.

*서문은 경배의 대상, 1계명은 경배의 조건, 2계명은 경배의 방법, 3계명은 경배의 태도, 4계명은 경배의 시간(날), 5계명은 경배의 축복, 6~10계명은 경배의 삶입니다.

알고가기

십계명의 문맥을 분류하는 작업은 지금도 다양하게 연구되고 있습니다. 윌리엄 바클레이는 1~4, 5, 6~9, 10. 이렇게 네 구조로 구분했습니다. 6~9계명은 다른 사람들에 대한 우리의 의무로 보았고, 10계명은 우리 자신에 대한 의무로 보았기 때문입니다(William Barclay. 율법과 예수. 7쪽).
카프만 브라우릭(S. K. G. Braulik)은 신명기의 십계명 구조를 A, B, B', A' 형식으로 디자인했습니다. A는 1, 2, 3계명으로서 유일 신론(Monotheism)계명이라 하고, B는 안식일 규범, B'는 부모공경, A'는 6, 7, 8, 9, 10계명으로 도덕성에 관한 것으로 구분했습니다(Thomas Nelson. p107).
맥렌돈은 십계명의 '짜임새'에 관심을 가진 학자입니다. 그는 부정과 긍정 패턴을 "no, no, no, do this, do this, no, no, no, no, no"로 정리하고 1계명부터 3계명(no, no, no)은 여호와 하나님 경외에 대해서, 5계명부터 9계명(do this, no, no, no, no)은 사회적 계명으로, 4계명(do this)은 하나님 경외의 계명과 사회적 계명을 연결해 준다고 보았고 열 번째 계명(no)은 앞에 있는 모든 계명을 총정리하고 '확대' 시킨 것으로 보았습니다.[175]

여러분은 어떻게 구분하고 싶으세요?

---
175   James Wm. McClendon. 앞 책.p.185.

Q32

"서로 사랑하라"는 것이 새로워요? 구약성경 전반에 걸쳐 사랑은 누누이 강조되어 왔는데 예수님은 왜 "서로 사랑하라"는 것을 새 계명이라고 하셨을까요?
여러분은 어떻게 생각하세요?_____

> "새 계명을 너희에게 주노니 서로 사랑하라 내가 너희를 사랑한 것 같이 너희도 서로 사랑하라
> 너희가 서로 사랑하면 이로써 모든 사람이 너희가 내 제자인 줄 알리라" 요 13:34-35.

A32

"사랑하라"는 말은 성경에서 생소한 단어가 아닙니다. 그런데 유대사회는 하나님을 사랑하기 위해서 이방인은 얼마든지 미워하는 대상이 될 수 있었습니다(마 5:43 참고). 하나님은 이스라엘만의 구원자이셨습니다. 새 계명이 새로운 것은 유대인들이 경색하는 이방인에게로 향하기 때문에 새롭습니다. 그리고 사랑의 모델이 바뀌었기 때문에 새롭습니다. 율법은 "네 이웃을 네 몸(자신)처럼 사랑하라"고 했는데(레 19:18) 새 계명은 "예수님처럼"입니다. 예수님은 하나님을 사랑하라는 신명기 6:4와 이웃을 사랑하라는 레 19:16을 하나로 묶어서 "서로 사랑하라"는 새 계명의 주제로 삼으신듯 합니다. 구약은 명령합니다. 나를 사랑하라! 예수님도 명령합니다. 내가 너희를 사랑한다. 그러니까 너희도 서로 사랑해야 한다!

> "내 계명은 곧 내가 너희를 사랑한 것 같이 너희도 서로 사랑하라 하는 이것이다" 요 15:10, 12.

새 계명은 앞에서 언급했듯이 언약의 상대가 바뀌었으므로 새롭습니다. 이스라엘의 하나님이 온 인류의 하나님이 되시기 위해서 새로운 사람들과 맺은 언약이 새 계명입니다. "서로(another = an+other) 사랑하라"는 other, 즉 다른 사람을 사랑하라는 뜻으로 하나님의 구속사가 이방 세계로 퍼져 나가기 위한 중심언어 입니다. 예수님을 알기 전에 우리는 육체로는 이방인이요, 그리스도밖에 있었고, 이스라엘 나라 밖의 사람들이요, 약속의 언약들에 대하여는 외인이요, 세상에서 소망이 없고, 하나님도 없는 자 이었습니다(엡 2:11-12). 그런 우리를 하나님의 사랑안에 살게 하시려고 유대인과 이방인 사이에 가로 막힌 담을 자기 육체로 허시고 하나 되는 조건이 "서로 사랑하라"입니다. 예수님은, "아버지의 계명을 지켜 그의 사랑 안에 거하신 것"을 모델로 삼으셨습니다. 새 계명이 십계명을 모티브로 하고 있습니다.

> "너희가 처음부터 가진 옛 계명이니 이 옛 계명은 너희가 들은 바 말씀이라" 요일 2:7일부분.

십계명은 예수님에 의해서 사랑의 계명이 될 수 있습니다. 그리스도 안에서만이 하나님은 은혜로우십니다.

*서로 사랑하라는 새 계명에 관해 더 자세한 부분은 십계명 총서 제 3권 프롤로그에 있습니다.

Q33

"할 수 없는데 할 수 있다"는 이 말이 무슨 뜻입니까?
여러분은 어떻게 생각하세요?_____

A33

니버(1892-1971)는 타락한 인간은 자신이 죄인임을 아예 모르기 때문에 스스로 개혁할 수 없는 존재라고 하여 인간의 전적 무능을 말합니다. 이 말은 반대로 인간은 은총과 희망에 의해 가능성이 있음을 암시합니다. 니버는 하나님 안에서 가능하다는 "불가능한 가능성(impossible possibility)"을 말했습니다.[176] 니버의 사상은 역설적입니다.[177] 이처럼 정의의 문제가 신학에서는 "은혜로 정당화됨(Justification through the faith by the Grace)"으로 간다니까 "하나님이 알아서 다 하세요. 저희는 못해요. 못해요"라며 그 분께 전적 책임을 돌리는 파렴치한 무례 함이 있습니다.

이러한 모더니즘의 합리성을 뛰어 넘으려면 주님과 지속적인 관계가 필요합니다. 양 명수는 "인간은 성령 안에서 하나님과 대면하는 지속이 필요하다"고 말합니다. 은혜란 자신이 죄인임을 아는 것이고 용서받은 죄인에게 있어서 십계명은 은총의 빚, 사랑의 빚으로 남겨집니다. 이 은혜를 망각하지 않는 죄인은 위에서 내려 온 계명에 순종으로 응답합니다. 응답은 응하고 답하는 상호관계에서의 지속입니다.

하나님은 우리에게 인간의 도리와 행할 말씀을 주셨습니다. 이 법을 사람이 지킬 때에라야 그것은 완전해집니다. 그런데 인간은 할 수 없으니 하나님을 믿으라는 것입니다.

> "내게 능력 주시는 자 안에서 내가 모든 것을 할 수 있느니라" 빌 4:13.
> "만군의 여호와께서 말씀하시되 이는 힘으로 되지 아니하며 능력으로 되지 아니하고 오직 나의 영으로 되느니라" 슥 4:6 요약.

 '반짝. 반짝 작은 별'리듬으로 불러 보세요.

I believe GOD has a plan

I believe GOD has a plan

when I trust GOD with my life

He can do great things just right

I believe GOD has a plan

I believe GOD has a plan.

---

176   Reinhold Niebuhr.1935. *Interpretation of Christian Ethics*. p172.Happer Brothers publ.

177   니버의 사랑에서는 희생적 사랑, 무조건적인 용서가 중심이다.

Q34

하나님이 십계명을 선포하실 때 어느 나라 말로 하셨을까요?
여러분은 어떻게 생각하세요?_____

A34

모세는 최소한 3개 국어는 했습니다. 어릴 때 히브리어, 애굽어 40년(왕자수업에서 +제2 외국어 추가), 미디안어로 40년 살았으니 모세는 어떤 언어가 제일 자신 있었을까요? 아마도 하나님은 모세가 알아 듣는 언어로 말을 걸지 않았을까 짐작합니다. 하나님과 사람이 만나는 상황이었다면 그 언어는 소통되는 말이었을 거예요. 모세는 개인적으로 들었습니다. 사람이 자기 친구와 이야기함 같이 여호와는 모세와 대면하여 말씀하셨습니다(출 33:11).

말과 언어가 선포되던 시내 산의 "언어의 환경"에 대해 "뭇 백성이 우레와 번개와 나팔 소리와 산의 연기를 본지라 그들이 볼 때에 떨며 멀리 서서"라고 했습니다(출 19:16). 그들 중에 빛으로 된 하나님의 말을 보지 못한 사람은 하나도 없었다는 말입니다.

> "뭇 백성이 우레와 번개와 나팔 소리와 산의 연기를 본지라 그들이 볼 때에 떨며 멀리 서서 모세에게 이르되 당신이 우리에게 말씀하소서 우리가 들으리이다 하나님이 우리에게 말씀하시지 말게 하소서 우리가 죽을까 하나이다" 출 20:18, 19.

'뭇 백성'이란 히브리어로 '콜 하얌(모든 백성)'으로, 영어성경 kjv는 'all the people'이라고 했고 niv는 'every one'으로 표기했습니다. 그들 중에 있는 시각, 청각장애자들이 치유 받지 않았으면 어떻게 서서, 보고 들을 수 있었겠습니까? 십계명이 선포될 때 불덩이에서 쏟아지는 그 빛에 감전되듯이 전율을 느끼던 그들은 치유를 받았답니다. 십계명은 회복과 치유의 역사 속에서 선포된 말씀입니다.

하지만 의혹은 남습니다. 출 20:22~23에 보면 그들이 2계명만큼은 복습까지 받았는데 금세 돌아서서 금송아지 우상을 만들었다는 것은 아무래도 말 귀 못 알아 들었거나 듣고도 까 먹은 때문이 아닐까요? 아닙니다. 그들은 보았고 모세로부터 설명을 들었습니다. 그들은 이집트에서 인도해 낸 그 신을 섬기려는 숭고한 정성을 갖고 있었어요. 하나님을 멋지게 만들고 싶은 열망에서 기꺼이 금 보석을 바쳐서 만들어 모셨습니다. 하지만 하나님은 2계명에 있는 그대로 자신을 경배하는 방법을 배우기 원하십니다.

상상력이 풍부한 유다이즘은 십계명을 선포하실 때 하나님의 입에서 70개의 언어가 동시 다발 쏟아져 나왔다는 군요. 우리는 입에서 한 가지 언어의 말만 할 수 있는데 말입니다. 70개 언어란 창 10장에 나오는 70 민족에 근거했답니다. 이것은 유대사회에 구전으로 내려오는 전설입니다. *딤전 1:4, 4:7을 읽어보세요.

Q35

감옥에는 남자들이 훨씬 많습니다. 여자가 남자보다 십계명을 잘 지키고 도덕적으로 우수한가요? 여러분은 어떻게 생각하세요?_____

A35

"예로부터 아합과 같이 그 자신을 팔아 여호와 앞에서 악을 행한 자가 없음은 그를 그의 아내 이세벨이 충동하였음이라" 왕상 21:25.

남자나 여자나 다 타락한 존재입니다. 타락 이후부터 남성은 '땅과 싸워야 하는"(창 3:18~19)존재가 되었으니 계약을 어길 가능성이 더 높아졌습니다. 남자의 범죄의 배후 조정자는 여자입니다. 뱀이 간교하다고 했는데 잠언 27:19에 의하면 간교한 존재는 간교한 대상을 알아본답니다. "서로 같은 것 같이 서로 비치느니라." 성경은 남자들을 함정에 빠뜨린 하와의 자손들을 고발합니다. 다말, 라합, 들릴라, 야엘, 바후림, 우물가의 여인, 아달랴, 이세벨. 그러나 히브리어에서 악의를 뜻하는 단어들은 거의가 남성명사랍니다.

🎵 찬송가 265장 '주 십자가를 지심으로'의 후렴을 한글.영어 히브리어로 불러 보세요.

내가 그 피를 유월절 어린양
피를 볼 때에 내가 너를 넘어 가리라.

Wh- en I - see the blood
Wh- en I - see the blood
Wh- en I - see the blood
I will pass,, I will pass
o-ver you .

엣 하담, 키이르에
엣 하담, 키이르에
엣 하담, 키이르에
아즈엡싸흐, 아즈엡싸흐,
알레이켐.

Q36

십계명 돌판이 지금은 어디에 있나요?
여러분은 어떻게 생각하세요?

A36

만약 돌판이 이스라엘 박물관에 보관되어 있다면 세상에는 어떤 일이 일어날지 상상해 보셨나요?

십계명의 행방을 추적하면 이렇습니다. 십계명을 담은 언약궤를 제사장들이 메고 요단강에 발을 디디자 강물이 자동문처럼 쫙, 갈라졌습니다(수 3:14-17). 언약궤를 앞세우고 여리고성을 돌았을때 그 성이 일곱 째 날 아작 나게 무너졌습니다(수 6:12-21). 정착 후 법궤는 실로에 있었습니다. 엘리 제사장 말년에 법궤를 블레셋에게 빼앗겼고 그들은 아스돗에 있는 다곤의 신전에 두었는데 다곤 신상의 머리, 두 손목이 끊어져서 궤 앞에서 쓰러지고 많은 사람이 독한 종기로 고통을 받고 죽었습니다. 살아 있는 법궤는 블레셋 땅에서 7개월을 유랑하다가 이스라엘로 돌아옵니다. 그 유명한 벧세메스의 암소 이야기는 법궤가 돌아올 때의 일입니다.

자기 아들을 불에 태운 히스기야의 아들 므낫세 왕은 성전의 언약궤를 치우고 그 자리에 자신이 조각해서 만든 아세라 목상을 세워 두는 희대의 끔찍한 엽기적 행동을 했습니다(대하 33:7). 그는 바벨론의 포로로 끌려갔다가 돌아와서 회개했으나 므낫세에게 모욕당하신 여호와는 유다를 바벨론에 넘기기로 결심하셨고 그 결심은 요시아의 의로운 개혁에도 마음을 바꾸지 않으셨습니다. 언약궤는 하나님의 자존심입니다. 사람들은 그것을 짓밟았습니다. 십계명의 말씀을 마음에 모시는 사람은 여호와 하나님의 자존심을 회복시켜드리는 것입니다.

> "여호와께서는 그를 사하시기를 즐겨하지 아니하시니라"(왕하 24:3, 4 참고). *그를= 므낫세.

> "여호와의 말씀이니라 너희가 이 땅에서 번성하여 많아질 때에는 사람들이 여호와의 언약궤를 다시는 말하지 아니할 것이요 생각하지 아니할 것이요 기억하지 아니할 것이요 찾지 아니할 것이요 다시는 만들지 아니할 것이며" 렘 3:16.

여러분은 마음 속에 무엇을 담아두고 있나요? 십계명 정신(말씀)을 우리의 마음에 보관해 두세요.

Q37

예수님은 십계명도 잘 지키시고 십일조도 드리셨나요? 나는 돈 앞에서 늘 갈등하고 죄 짓는 것은 식은 죽 먹기입니다. 어떻게 하면 죄가 돌밥처럼 싫어질 수 있을까요?

여러분은 어떻게 생각하세요?_____

A37

예수께서는 "박하와 회향과 근채의 십일조는 드리면서 더 중요한 율법인 의와 인과 신은 지키지 않는다" 며 바리새인들을 책망하시고는(마 23:23) 이것도 행하고 저것도 폐하지 말아야 한다고 하셨으니 예수께서는 십일조를 드리시기에 이런 말씀을 하실 수 있으셨을 겁니다(마 5:19 참고). "계명 가운데 가장 작은 것 (mitzvah kalah) 하나 라도 폐지하고 가르치면 하늘나라에서 가장 작은 사람이 된다"고 하셨으니 작은 것도 준수하셨고 계명 중에는 "더 중한 바" 즉, 더 중요한 것과 덜 중요한 것이 있음을 인정하셨습니다. 그런데 우리는 이것도 행하고 저것도 폐하지 말아야 하는 문제앞에서 끊임없이 갈등합니다.

> 플라토(Plato)라고 하는 철학자는 이러한 갈등을 두 마리의 말이 끄는 마차를 마부가 몰고 가는 상황에 비유했다. 한 마리는 양순하고 유순하고 잘 훈련되었다. 이 말은 이성(reason)이다. 다른 한 마리의 말은 사납고 다루기 힘들고 훈련이 잘 되어 있지 않다. 이 말의 이름은 욕망(passion)이다. 플라토는 인생을 이성과 욕망 사이에 있는 끊임없는 싸움으로 보았다. 누가 이길까? 근대까지도 사람들은 이성이 이길 것으로 믿었다.

악한 본성에게 승리를 넘겨줄 적 마다 탄식하던 바울은 한 가지 비법을 발견했습니다.

> "내가 원하는 바 선은 행하지 아니하고 도리어 원하지 아니하는 바 악을 행하는도다 만일 내가 원하지 아니하는 그것을 하면 이를 행하는 자는 내가 아니요 내 속에 거하는 죄니라. 그러나 .. 우리 주 예수 그리스도로 말미암아 하나님께 감사하리로다. 그러므로 이제 그리스도 예수 안에 있는 자에게는 결코 정죄함이 없나니이는 그리스도 예수 안에 있는 생명의 성령의 법이 죄와 사망의 법에서 너를 해방하였음이라 율법이 육신으로 말미암아 연약하여 할 수 없는 그것을 하나님은 하시나니" 롬 7:19~25, 8:1~3 요약.

*이 물음은 총서1권, "자신을 두 사람으로 생각하는 법에 익숙해 지십시오"를 읽으면 도움이 됩니다.

Q38

왜, 하나님은 인간에게 분노하실 적마다 윤리적 문제를 들고 나오셨을까요?
여러분은 어떻게 생각하세요? _____

A38

하나님이 우상숭배자들에게 그토록 분노하신 것도 부도덕한 윤리의식 때문이었습니다(레 18:22, 30, 20장, 대하 23:10 참고). 노아시대에 2억으로 추정되는 인류를 대홍수로 쓸어버린 원인도 인간이 "포악(violence 히; 하마스=테러)"하고 사람의 계획하는 것이 어려서부터 악했기 때문이었습니다(창 6:11, 13, 8:21). 소돔이 지구상에서 없어진 원인도 윤리부재였습니다.

> "네 아우 소돔의 죄악은 이러하니 그와 그의 딸들에게 교만함과 음식물의 풍족함과 태평함이
> 있음이며 또 그가 가난하고 궁핍한 자를 도와 주지 아니하며 거만하여 가증한 일을 내 앞에서
> 행하였음이라 그러므로 내가 보고 곧 그들을 없이 하였느니라" 겔 16:49, 50.

BC 6세기 바벨론의 느부갓네살이라는 왕은 자기 과시용 대규모 건축 사업으로 고혈을 짜내고 교만이 아주 하늘을 찔렀습니다. 그래서 하나님이 그의 인생에 개입하셨습니다. 어느 날, 꿈자리가 하도 사나워서 왕은 다니엘을 불러서 해몽을 의뢰했어요. 다니엘은 "아, 이 사람이 하나님에게 걸려 들었구나!"라고 금방 알아 챘습니다. 그가 어떤 비책을 내 놓았는지 아세요? 하나님의 분노를 가라 앉혀 드리는 것이 윤리적인 행동이 요, 선행이라면서 이런 제안을 했습니다.

> "그런즉 왕이여 내가 아뢰는 것을 받으시고 공의를 행함으로 죄를 사하고 가난한 자를 긍휼히
> 여김으로 죄악을 사하소서 그리하시면 왕의 평안함이 혹시 장구하리이다 하니라" 단 4:27.

이처럼 예언자들은 윤리적 의미를 부여해서 경고했습니다. 이스라엘이 하나님과의 경험은 한결 윤리적으로 해석되었습니다(호 4:1~3 참고). 종말에 인류가 맞게 될 마지막 운명도 윤리적 타락이 가져 올 재앙을 경고합니다(계 21:27, 22:15). 예수께서도 윤리적인 심각성을 언급하셨고 "지옥(8번), 음부(3번), 영벌(1번)이라는 말로 경고하셨는데 이 12번이 모두 윤리적으로 타락한 문제들을 놓고 하신 말씀입니다. 예수께서는 악한 자들에게 단호하셨습니다. 십계명과 예수님의 태도를 챠트로 정리하면 다음과 같습니다.

		악한 자에 대한 그리스도의 태도		
1	다신론자	마6:24	두 주인을 섬길 수 없다.
2	거짓 선지자	마 7:15, 마 25장	불법을 행하는 너희들은 지옥 심판을 받을 것이다.
3	신성모독하는 자	마 6:9, 마 7:21~23 마 12:31~32	성령을 모독하는 죄는 용서받지 못한다.
4	안식일 외식주의자	마 7:6	안식일에 선을 행하라.
5	악한 자식	막 7:10~11	코르반을 이용하지 말라. 막7:11. 부모 학대하는 자는 죽이라고 한 모세의 법에 나는 동의한다. 막7:10.
6	형제를 미워하는 자	마 5:38~39	지옥 불에 들어갈 각오를 하라.
	원수를 대하는 태도	마 5:43 ~ 44	의, 식, 주를 공급해 줘라.
	박해자	마 5:44,10:14	위해서 기도하고 거절하거든 발에 먼지를 떨어 버려라.
7	간음하는 자	마 5:29~32	눈, 손을 절단하는 것이 차라리 낫다고 할 만큼 나는 관용을 베풀지 않을 것이다. 나는 이혼당한 자와 재 결합하는것을 반대한다.
8	구제	마 6:1, 마 6:19~ 21	은밀하게 구제하라. 재물을 하늘에 쌓아두라. 너 자신을 위해서.
9	거짓 증거하는 자	마 6:33~37, 마 5:37	거짓맹세 하지말라. 너희 말은 옳다, 옳다, 아니라, 아니라 하라.
10	탐하는 자	마 6:25~33	먼저 그의 나라와 의를 구하라.

"이스라엘이 이집트에서 겪었던 본래의 노예생활은 그들의 그 생활이 익숙해졌다는 바로 그것이다."[178]

Q39

하나님이 "나를 사랑하라"라고 하셨어요. 왜 그런 걸 우리에게 요구하시지요?
여러분은 어떻게 생각하세요?_____

A39

그렇죠. 바로, 그 점이에요. 하나님은 우리가 그런 질문을 해 오기를 기다리신 듯해요.

하나님도 우리에게 사랑받기를 바라십니다.

"어떻게 사랑해 드려야 하나요?"라고 물어 오기를 은근히 바라 신 것 같아요. 하나님은 우리가 뭐든지 물어보는 것을 좋아하시는 분 이시니까요(사 1:18).

"돌판에 내가 썼잖아. 나를 그렇게 사랑해 줘, 나는 1, 2, 3, 4계명을 좋아해."

하나님이 좋아하시는 방법대로 사랑해 드리는 것이 피차 좋습니다. 그리고 하나님이 인간에게 그만한 요구

---

1 7 8   랍비 Chanoch.헤르베르트고르닉. 1989. 앞 책 p.53 재인용.

쯤은 하실 자격이 있지 않겠습니까? 하나님을 사랑하려면 그의 말을 들어야 해요. 상상력에 있어서 중요한 기관은 눈이 아니라 귀입니다.

 '**쫗**으신 하나님' 리듬으로 불러 보세요

      God declared it.
      God declared it.
      God declared it.
       He declared Ten words.

      God wrote Ten words.
      God wrote Ten words.
      God wrote Ten words.
      and gave It to me.

Q40
징계, 처벌이 착한 인간을 만들 수 있다고 생각하세요?
여러분은 어떻게 생각하세요?_____

A40

교도소에 간 사람이 착해져서 나오는 경우는 거의 드뭅니다. 오히려 복수의 화신이 되어 나타나기도 하지요. 처벌이란 일종의 죄 값을 치루는 정의로운 방식인데 처벌이 선량한 인간을 만들 수 있다고 생각한 것은 성선설을 기반으로 한 발상입니다. 처벌은 공정성(fairness)을 따라 정당화 합니다. 우리의 정의는 사람은 건드리지 않고(회개 없이) 행위에 처벌을 합니다. "인간의 존엄성(dignity human being)"은 유지한다는 뜻이지요. 헤겔이 독일어로 사용한 '되갚음(wiedervergeltung)'이란 말은 다시 그 가치를 잰다는 뜻으로 좋고 나쁨에는 등급이 있지만 옳고 그름에는 당연한 것만 남게 됩니다.[179] 19세기의 인간성과 종교를 심리학으로 파헤친 러시아 작가 도스토옙스키의 "죄와 벌"이라는 소설이 근대 철학을 대변하듯이 형벌은 선의 문제가 아니라 정의의 문제로 보던 것이 21세기에 와서는 사람은 감옥이 아니라 용서, 사랑을 받을 때 변화한다는 주장이 나오기 시작했습니다.

---

179 베카리아는 형벌을 통해 범죄자를 좋은 삶으로 만든다는 관념을 배제하고 형벌은 그저 남에게 피해를 끼치지 않게 하기 위해서 주는 것 이라고 한다.

공리주의; 감옥 바깥에서 일어나는 해로움을 배제하기 위해서야

칸 트; 악한 짓을 하는 인간의 사악한 마음을 거둬 들이려면 형벌이 필요해

헤겔; 잘못된 마음을 형벌로 거둬 들이는 것은 객관적 정의야.[180]

라인홀드 니버; 재판제도를 두었더니 복수심이 정의를 부패시키는구나!

틸리히; 형벌은 되레 폭력이 되고 보복을 생산한다. 용서하자.

죄인들; 용서하고 사랑하라고 했잖아! 왜 용서해 주지 않는거지?

칸트나 헤겔의 형벌 론은 죄만 보고 그 실체인 인간을 간과했습니다. 인본사회에서는 인간을 선하게 보았으므로 처벌을 개혁의 가능성으로 인식했습니다. 하지만 존재론적 의미에서 볼 때 인간은 선하지 않으므로 형벌을 달게 받으려 하지도 않습니다. 처벌은 잠시 악을 수용소에 저장하는 차원이지, 선으로 바꾸지는 못합니다. 형벌에 맡겨서는 안 된다는 주장이 그래서 나옵니다. 범법자가 법의 심판을 받고 사회로 환원되었다 해도 사람들이 냉소하고 받아주지 않을 때 벌은 그대로 남겨집니다.[181]

폴 틸리히는 인간이 의지로 선을 이룰 수 있다고 본 헤겔과 칸트와 달리 인간 자체를 문제 삼았습니다. "형벌은 인간을 갱생시키지 못한다. 형벌은 되레 폭력이 되고 폭력은 더 큰 악을 생산해 왔다. 국가나 사회는 사랑을 대입하는 기관이 아니므로 정의가 기반이 되어야 하지만 정의라는 명분에서 종종 형벌은 폭력과 불의로 변질되곤 했다."[182] 그래서 틸리히는 아가페에서 온 정의는 듣는 것, 주는 것, 그리고 용서하는 것이라고 하였습니다.[183] 이와 유사하게 정의를 사회의 현실적 요소로 본 니버는 사랑을 실천하는 중간 공리로서 정의를 요청했습니다.[184] 구체적인 상황에 기울이고 상대방의 불행한 사정, 불리한 조건, 숨은 동기, 마음의 소원, 불안 같은 각 개인에게 고유한 사정을 살피는 것입니다. 이렇게하면 사람될 줄 기대했는데 죄인이 큰 소리치는 세상입니다. 과거에는 모든 게 다 남 탓이었다면 현대는 하늘을 탓합니다.

"누가 죄 짓고 싶어서 짓나요? 환경, 호르몬, 전두엽, 유전자결함 등등, 왜 나를 이렇게 낳으셨나요? 누가 낳아 달라고 했나요? 공평치 않은 환경, 숨은 동기들은 처벌조건이 되지 않아요"

"있는 그대로의 그를 보자" 라는것이 21C의 새로운 윤리의 도식입니다. 하나님은 용서하시지만 "죄를 그냥 넘기지는 않겠다"고 하셨습니다(출 34:7 참고). 죄 지으면 어떤 방법으로든지 반드시 값을 지불하는 것이 하나님의 정의입니다.[185]

---

1 8 0 "죄와 벌의 인과 관계에 대한 연구"발제문. 2001년도 한국학술진흥재단의 지원에 의하여 연구된 자료(KRF-2001-041-B00155) p3참고. & Paul Ricoeur, 앞 책 p137.

1 8 1 벌의 의미는 회복 (rehabilitation)의 의미가 될 때 만이 의미가 있다.

1 8 2 Tillich,1954. 앞 책. p15.

1 8 3 Paul Tillich, 앞 책 p84.

1 8 4 Reinhold Nebuhr, *Oral Man and Immoral Society*. 이 한우 옮김, 1996. "도덕적 인간과 비도덕적 사회" p7. 서울: 문예출판사.

1 8 5 박충구, 앞 책 p196.

Q41

은혜는 더하고 죄는 약해지는, 그런 방법은 없을까요?
여러분은 어떻게 생각하세요?

A41

죄가 약해지려면 "은혜로운 용서와 책임있는 반성"이 순환되어야 합니다. 양명수는, 일흔 번씩 일곱 번이라도 용서해 주라는 것은 예수의 자포자기적 인간이해가 아니라 인간 본성의 악을 아셨음을 의미한다고 말합니다. 용서와 회개라는 관계의 유비에서 볼 때 용서는 다시는 죄 짓지 말아야 함을 전제로 하기 때문에 반드시 회개로 응답해야 합니다.

예수께서 간음한 여인을 돌려 보내셔서 다시는 죄 짓지 말라며 회개의 기회를 주셨습니다. 이때도 예수께서는 그녀를 "여자여(여사님)"라고 부르셨는데 그 헬라어 "귀나이 ($\nu\mu\nu\alpha\iota$)"는 왕이 왕후를 부를 때 사용되던 호칭이라고 합니다. 죄는 악하지만 죄인을 존중하는 언어입니다.[186] "가서"라는 말에서 인간이 인간에게 저지른 죄의 용서는 신(GOD)에게가 아니라 피해자에게 먼저 해야(받아야) 합니다.[187] 인간은 전적으로 부패한 "non-being"의 존재이기에 회개와 용서가 필요하고, 이 둘이 파괴된 본성을 치료합니다.[188]

"가서 다시는 죄를 범치 말라"는 경고는 돌아가서 해야 할 일을 주신 것입니다. 그녀는 음란한 행위로 아프게 한 타자에게 용서를 청해야하고, 용서는 다시는 죄를 범치 못하게 하는 결단이요 장치입니다. 상대방이 용서해 주기를 바라는 마음 또한 '자기 의'에서 나온 이기적인 악입니다.[189]

> 다윗이 불륜으로 낳은 아기가 태어나자마자 골골 앓는다.
> 아이의 아버지 다윗은 아이를 궁중 의사에게 맡기고
> 하나님께 금식기도를 드리고 있다. 하지만 아기는 기다린다.
> "아빠는 왜 오지 않지? 내가 아픈데.
> 아빠는 내가 세상에 온 것이 싫은가. 그럼, 난, 어떻게 해야하지?"
> 의사, 간호사, 부지런히 들락거리는 의원들이 조~용해 졌다.
> 아기는 이레를 살다가 세상을 떠났다고 한다.
> 금식기도하던 다윗은 의원들이 일러줘서 아기가 떠난 것을 알았다고 한다.

---

186 제자원, 『누가복음』 610면, 홍성철, '간음 중에 잡힌 여인(정죄와 용서에서)' 『교수논총』 2002. VOL.13. (부천: 서울신학대학교출판부) 재인용 547면.홍성철, '간음 중에 잡힌 여인(정죄와 용서에서)' 『교수논총』 앞 책 547.

187 "그러므로 예물을 제단에 드리다가 거기서 네 형제에게 원망 들을만한 일이 있는 줄 생각나거든 예물을 제단 앞에 두고 먼저 가서 형제와 화목하고 그 후에 와서 예물을 드리라"5:23~25.

188 홍성철, 간음 중에 잡힌 여인 -정죄와 용서 사이에서- 교수논총 2002.vol.13 (서울 신학 대학교 출판부 STUP).p540.

189 양명수, 기독교사회 정의론, 앞책. 사법권에서 발생하는 사면은 용서가 아니다. 사면은 "더 이상 생각하지 말자"는 것이다. 정의적 차원에서 헤겔의 형벌 론에 의하자면 용서는 빚을 남겨주는 것이다. 벌을 주는 의미로서의 용서이다. 죄인에 대한 처벌을 사법권에 맡기는 것은 큰 의미가 없다.

혼자 치료받는 아이보다 부모가 곁에서 있어줄 때 아이의 회복이 빠르다고 합니다. 다윗은 금식기도할게 아니라 먼저, 아기에게 용서를 청했어야 하지 않을까요? 모태에서 아버지에게 버림받은 아기는 의욕상실로 면역체계가 무너져서 앓을 수 있습니다. 아기가 죽었다는 사실도 신하들이 알았습니다. 그는 태아에게 그랬듯이 태어난 그 아기를 또 한 번 죽인 셈입니다. 은혜란 사죄를 통해서 풍성해 집니다. 믿음은 좋으나 이런 몰인정한 아버지에게 아이를 맡길 수 없었다고 판단하셨을까요? 하나님은 그 아이를 하나님이 키우시려고 자기의 집으로 데려 가셨습니다. 당사자에게는 용서를 청하지도 않고 하나님께만 용서받으면 된다는 이런 체면이 이웃에게는 증오로 남겨집니다. 사과받을 권리가 아기에게도 있습니다.예수께서는 형제를 찾아가서 사과하는 것이 예배보다 우선해야 한다고 하셨습니다.

"예물을 제단 앞에 두고 먼저 가서 형제와 화목하고 그 후에 와서 예물을 드리라" 마 5;23.

Q42

히틀러가 제일 증오한 것이 십계명 문서였고 십계명을 도말하려고 600만을 살해했습니다(이책 15번참고). 그 당시 유럽의 기독교는 십계명을 싫어 했나요?
여러분은 어떻게 생각하세요?_____

A42

예, 맞습니다. 십계명험담이 전 유럽의 신학을 휩쓸었습니다. 근세철학의 인간론은 인간을 선한 존재로 보았다고 한 말 기억하시지요? 서구의 기독교는 때마침 불어 온 이성주의 사조에 휩쓸려서 인간이 주체가 되었고 이성을 믿었습니다. 그런데 이성적인 인간이 미친 짓을 합니다(이 책 1부3장의 15번을 읽어 보세요).

> kant; 행위의 주체가 '나' 야 "나!" 도덕 행위는 개인이라고! me, me, me!
> 부르너; 규범이란 작센법(독일의 법률)과 다를 게 없지!
> 베르그송; 기존 질서? 내가 다 무너 뜨릴거야!

프랑스에서 활동하며 1927년에 노벨 문학상을 받은 폴란드계 유대인 철학자 앙리, 베르그송(H.Berekson.= 베레크의 아들.1859~1941)의 "elan vitale (개인의 성향)"철학 사상은 기존 질서를 폭파시키고 새로운 질서를 찾자는 것인데 이 새로운 질서라는 것이 전체(공동체)를 망각하게 만들었다는 비난을 받습니다. 근대 사회는 사람과 사람을 떨어 뜨려놓고 중립적인 관계를 설정했습니다. 남이야 어떻든 말든 관계가 없는 삶이 전개된 것이지요. '각자의 몫' 이라는 정의와 권리주장 외에는 다른 아무것도 고려하지 않았어요.
베르그송은 말년에 예수그리스도를 신앙하고 가톨릭으로 개종하기를 원했으나 반유대주의가 전 유럽을 강타하는 것을 목격하면서 개종을 거부하고 오히려 유대인으로 남습니다. 그는 유대인으로 등록하려고 유대인의 줄에 섰으며 특별히 봐 주겠다는 정부의 제안도 거부했다고 합니다. 자신의 철학사상이 얼마나 많은 유대인을 가스 실로 몰아가게 될 것인지를 예견하고 무거운 책임감을 의식했던 것 같습니다.

기독교 윤리가 'responsibility'에서 출발해야 한다고 주장한 본 훼퍼(D. Bon Hoeffer) 목사는 이웃에게서 시선을 돌리는 것은 외면이요, 무관심이요, 저항하지 않는 순응은 무책임이라는 것을 죽음으로 깨우쳐 주었습니다. 양명수는, 용서(parden)는 처벌(Sanction)과 갱생(Rehabilitation)을 잇따라 순환시키므로 아픈 기억을 치료하고 미래를 남겨주는 방법이 된다는 말을 합니다.

Q43

3, 4대까지 벌을 준다는 말은 3, 4대가 되면 회복도 가능하다는 말인가요?
여러분은 어떻게 생각하세요?_____

A43

한센법칙

부자가 3대를 못 간다거나 교육의 100년지 대계 (3대)는 3대 사이클로 순환되는 어떤 법칙이 있는 것처럼 보입니다. 비종교적인 삶을 살다가 종교적인 삶으로 돌이킨 사람을 유대사회는 "바알 트슈바(baal teshuca; 돌아온 아들)"라고 합니다. *트슈바는 츄우바로도 읽음.

유대인들은 종교적 결속력이 약해진다고 해서 크게 동요하지 않는 것도 바알트슈바 운동이 있기 때문입니다. 이 원리를 받쳐 준 이론이 있습니다. 마커스 한센(Machus Hansen)이라는 역사가는 세대 간에 이상한 점을 발견했습니다. "아들이 잊기 바랐던 것을 손자는 기억하길 바란다"는 것입니다(2008. *Jewish Literacy*. p631). 마치 열성인자가 한 세대를 걸러서 나타나듯이 아들은 종교생활을 버렸는데 손자는 아버지가 잊은 것을 기억해 내려고 한답니다. 이렇게 한 세대를 건너 뛰어가며 반복되는 현상을 한센이 찾아냈다고 해서 "한센의 법칙"이라고 말합니다. 이 법칙을 따른다면 조부모가 손자를 신앙교육하기에 가장 적절한 파트너라고 말할 수 있습니다. 신 6:2를 읽어보세요.

정치에는 진보주의자, 정신 가치로는 시대에 뒤진 자가 되는 손자와 조부모는 진보와 보수의 결합은 가장 이상적인 조합이네요.

Q44

왜, 우리 손바닥이 칠판처럼 넓적하지요?
여러분은 어떻게 생각하세요?_____

A44

두 손바닥을 펴서 나란히 놓으면 마치 두 돌판 같습니다. 두개의 넓적한 손바닥은 말씀을 써서 달려 가면서도 읽으라고 주신 거예요. 하나님도 우리를 손바닥에 새기고 기억하신다고 하셨습니다.

> "너는 이 묵시를 기록하여 판에 명백히 새기되 달려가면서도 읽을 수 있게 하라" 합 2:2
>
> "내가 너를 내 손바닥에 새겼고" 이사야 49:16 앞부분.

첫 번째 돌판은 사람의 노력이 한푼도 들어가지 않았어요. 하나님이 판을 만드시고 글씨도 하나님이 손가락으로 새겨 쓰셨어요, 마음, 목숨, 힘(잠재력) 다해서 만든 하나님의 완전한 수공품이에요. 구원의 은총이 선물이듯이 십계명도 인간의 노력이 개입되지 않은 선물입니다.

두 번째 돌판은 사람의 수고가 들어간 돌판에 하나님이 글씨를 새겨 쓰셨습니다. 사람과 하나님이 협력관계가 되었습니다. 하나님은 우리와 그 명에를 함께 지시겠다고 하셨습니다. "우리 같이 지키자." 비누로 씻으면 싹 지워지고, 새로 쓸 수 있는 손바닥! 얼마나 좋은 칠판입니까?

Q45

십계명은 명령하고 복종하는 관계인데 어떻게 창의적인 사람이 될 수 있나요?
여러분은 어떻게 생각하세요?_____

A45

제 2계명은 어떤 형상도 만들지 말라고 하셨으므로 우리 뇌가 하나님을 자유롭게 상상하고 생각할 상당히 넓은 공간을 뇌에게 제공합니다. 아이들에게 "하나님이 어떤 분이시니?"라고 질문을 해 보세요. 각자 느끼고 이해하는 하나님이 다르게 표현되는 것을 보실 수 있습니다.

중요한 것은 이거예요. 세상에는 건설적인 창조자와 파괴적 창조자, 두 부류로 나눠 진다는 점입니다. 창의력이 뛰어난 사람은 어떤 가치관과 인생의 목적을 가지느냐가 중요합니다. 십계명은 세상을 살리는 건설적인 창조자를 만듭니다.

노벨 상을 제일 많이 타 가는 유대인들도 처음에는 일자무식 노예들이었는데 지식의 여명기에 때 마침 십계명을 받아서 지식을 깨치고 현명한 사람으로 거듭났어요. 그들에 비하면 우리는 예수님 덕분에 출발부터 좋습니다. 억압, 죄에서 해방시키는 십계명이기에 우둔한 자를 깨우쳐 주는 망치(?)입니다. 예수님은 제자들을 파송하실 때 이리 가운데 양을 보내는 심정을 가지고 이기는 비결을 귀뜸해 주셨습니다. "순결? 이것 만 있으면 안 된다. 얼마나 지혜로워야 하느냐? 뱀이 되라!" 우리가 어디에서 뱀의 지혜를 배울까요? 창 3장입니다. 뱀은 포기하지 않아요. 아담 대신에 차선의 방법을 찾아서 자기의 목표를 이루고야 마는 창의적인 존재입니다. 그리고 신 4:6에서 배워야 합니다. "너희는 지켜 행하라 이것이 여러 민족 앞에서 너희의 지혜요 너희의 지식이라 그들이 이 모든 규례를 듣고 이르기를 이 큰 나라 사람은 과연 지혜와 지식이 있는 백성이로다 하리라"고 하셨는데 신 4:5과 신 5장에서 그 지켜 행할 것이 십계명 말씀이라고 하셨습니다.

🎵 개역개정찬송가109장 "고요한 밤 거룩한 밤" 곡의 후렴을 한글.영어. 히브리어로 불러 보세요

아기 잘도 잔다 ♬ 아기 잘도 잔다.

sleep in Hevenly peace,
sleep in Hevenly peace.

코 야 – 센, 베살바 –
코~ 야센 베살바.

Tell the hevenly good ne-ws.
Jesus is born for us.

Q46
십계명은 이웃에게 "보내는 윤리(Missio-Ethics)"라고 했습니다. 어떻게 보내나요? 보내는 사람과 받는 주소를 가르쳐 주세요.
여러분은 어떻게 생각하세요?_____

A46
우선 '보냄'이라는 말과 보냄의 대상부터 살펴 보기로 합니다. '보냄'이란 말은 몰트만이라는 신학자가 "새 창조의 징조"라는 뜻으로 처음 사용한 용어입니다.[190] 하나님이 그 아들을 세상에 보내셨고 또한 우리를 세

---

190 Paul Ricoeur. 1979. *Essays on Biblical Interpretation*. ed. by Lewis S. Mudge. Philadelphia : Fortress Press. p.162. 폴 리쾨르. "해석의 갈등" 양명수 옮김. 앞 책. p444.

상으로 보내십니다. 우리를 보내실 때 "보라 내가 너희를 보냄이 양을 이리 가운데 보냄과 같다"(마 10:16)라고 하여서 우리가 만날 대상에 대해서도 언급하셨습니다. 이런 점에서 보냄의 윤리는 의무윤리와 다른 실천윤리라고 할 수 있습니다.

1. 보냄

'보낸다' 는 용어는 본래 '메시지를 전달하는 사람(messenger)'으로 고대에는 황실업무를 담당하는 사람에게서 유래했습니다. 구약성경에서는 사신(embassy, angel)을 뜻하는 말라크(מלאך)라는 단어가 있는데 이 말은 '보낸다'는 뜻의 '라아크 (לאך)'에서 왔습니다. 막스 베버(Max Weber)는 "보낸다"는 말에서 "직업"이라는 용어가 나왔다고 말합니다.[191]

2. 직업= 신의 계율을 이행하는 것

직업을 의미하는 단어가 외경의 시락서 11:20에는 "신의 계율이행"이란 뜻으로 되어 있습니다. 직업을 뜻하는 라틴어 in vocation sua는 오직 신이 명령한 신분과 관련해서만 사용된 단어라는 걸 봐서 직업의 개념은 세상에서 하는 모든 생산 활동이 신에 대한 봉사라는 뜻입니다.[192]

우리가 "신의 부름"이라고 말하는 청교도의 calling이라는 단어는 16세기 중엽부터 사용된 용어인데 루터가 시락서에 나오는 '신의 계율이행' 이라는 말을 독일어로 'beruf(vocation)'라고 번역한 것에서 기인했습니다. 그는 고전 1:26, 엡 1:18을 들어서 직업을 뜻하는 베루프'를 신을 통한 영원한 구원에의 부름이라고 해석했습니다.[193] 직업이 신의 계율을 이행하기 위해서면 이 단어는 매우 윤리적입니다.[194] 세상 직업이 신의 계율을 따르는 것이면 십계명은 세상을 구원하는 소명을 받은 것입니다.[195]

부르심(calling)을 이런 뜻으로 이해했어요.

> 라틴계 사람들은 vocation(직업)
>
> 프랑스인들은 office(회사)
>
> 칼빈은 labeur(labour:노동)

---

191 막스베버. 1996. 박성수 옮김."프로테스탄트의 윤리와 자본주의 정신" p173,177.. 서울: 문예출판사.

192 재인용; 문시영. 1998."직업소명과 책임윤리" p124. 서울 :한들. Long, Jr. E. L. 1982. *A Survey of Recent Christian Ethics*. p141. Oxford Univ.Press.

193 막스베버. 『프로테스탄트의 윤리와 자본주의 정신』박성수 옮김의 앞책.p177. 독일 레젠부르크의 언어학자 델브뤼크(Berthold Delbrück)는 'beruf'를 'Arbeit' 로 말했고, 머레이(Murray)에 의하면 크랜머가 성서를 번역할 때 'beruf'를 'trade' 로 사용했는데 장사, 사업, 거래를 뜻하는 이 단어에서 청교도의 calling이라는 개념이 생겼다. 앞책. p176 -178, 182.

194 문시영. 1998. "직업소명과 책임윤리" p125. Bonhoeffer. D., 1994. 고재식 옮김."기독교 윤리학방법론"에서 '책임적 삶의 양태'.p177. 서울: 대한기독교출판사.

195 김혜연. 1994. "기독교 종교 개혁사"에서 '루터의 소명론' p102. 서울: 은성. 루터는 "소명은 하나님과 사단 사이에서 투쟁하는 가운데서 어느 한편을 선택하는 상황 중에 하나"라고 말한다.

프로테스탄트는 posto(professio:전문직)

독일인들은 Arbeit(직업)라고 했다.

식업은 calling 즉 신의 소명을 뜻한 것이에요. 소명 의식을 가진 양이라야 이리 소굴에 가서도 절대 겁먹지 않습니다. 그리스도인은 프라이드가 엄청 강하거든요. "호랑이 굴에 들어가도 정신 만 차리면 산다." 는 이 '정신'이란 게 바로 '소명의식'이라 할 수 있습니다. 신성한 신의 계율을 이행한다는 고상하고 거룩한 뜻을 가지고 직업에 임한다면 세상에는 무서울 게 없습니다. 세상은 양처럼 정직하고 성실한 사람들로 채워질 것입니다. Soli Deo Gloria!

3. 십계명의 세속화

하나님께 영광 돌릴 곳이 바로 이 세상이라고 보는 것이 세속화입니다. 소명이 믿음에 의한다면 보냄은 행함이 강조됩니다. 우리의 사는 목적이 하나님의 계명을 세상에서 실현하는 것입니다. 토마스는 이웃사랑을 실천하려는 직업의 동기가 신에게 봉사하는 것이라고 했는데 이 말은 소명과 보냄의 목적을 분명하게 합니다.[196] 보낸다는 말 자체에 윤리적인 색채가 있다는 것은 보냄이 이웃을 향하는 때문입니다. 인간이 하는 모든 일들이 신의 계율을 수행하는 것이라는 윤리적 사고는 엿새 동안 힘써 일하라는 4계명의 수행과도 관련하여 인간 삶에 많은 영향을 줍니다.

막스베버는, 세속의 직업을 신의 계율이라고 하여 윤리를 부여한 것은 루터의 업적이자 종교개혁의 경험이라고 말합니다.[197] 중세신학은 사람을 고려하지 않았고 질병이나 실패는 죄가 원인이며 그 해결책으로 고행을 독려했거든요. 이런 사조에 염증을 느껴서 일어난 종교개혁은 개인을 이해하고 개인 구원의 신앙이 기독교윤리로 완성되는 토대를 만들어 주었습니다. 종교 개혁자들은 인간은 오직 신의 영광에 의존해서 봉사한다는 소명의식에 기반을 둔 사랑과 선행을 이웃에게 증명해야 할 것을 강조했습니다.

루터

신앙 다음으로 십계명 준수를 개혁의 일환으로 한 루터는 하나님의 형상으로 회복된 의인에게 뒤 따르는 표식으로 윤리적 행동을 주장했습니다. 오직 믿음으로 살면 된다는 사람들에게 윤리적 개혁이 필요하다는 것이었어요. 루터는 '선한 일'의 유일한 출발점을 십계명의 실천에 두었고 그것은 오직 신앙에 의해서 가능함을 주장했습니다.

---

196 재인용; 문시영. 앞책. p124. Thomas. G.F. 1955. *Christian Ethics and Moral Philosophy*. p314. New York: Charles Scribner's Sons.

197 막스베버. 박성수 옮김. 앞책. p84- 89. Translated by Edmund Colledge and James Walsh. 1978. *A History of Christian Women*. p194, 195, 201. New York; Paulist Press. 막스베버. 앞책. p308-313. 양명수는 수도원 운동이 세상안에 있으면서 세상과 다른 면을 보이기에는 부족했다는 주장을 하는데 이는 교회의 개혁을 사회개혁으로 연결시키는 구조가 없었다고 본 것이다. 양명수. "기독교 사회 정의론" 앞책. p102.

스탠리 그랜츠(Stanley J. Grenz)는 "종교 개혁의 윤리 특히 마틴 루터가 제안한 윤리는 어거스틴, 아퀴나스에 이어 제 3의 모델"이라고 했는데[198] 루터는 기독교 윤리의 이 세 분수령에서 십계명을 말한 것입니다. 그는 인간의 삶을 하나님 앞에서(Coram Deo), 그리고 이웃과 타자 앞에서(Coram Hominibus, Coram mundo) 살아가는 범주로 나누어 생각했습니다.[199] 이웃과 타자를 구분한 것은 아마도 레 19:18에서 기인한 것 같습니다. 유대 랍비 텔루스킨은 레19:18을 들어서 사랑의 대상을 세 가지 범주로 말했는데 하나님, 동족, 낯선 이웃입니다.

칼빈

루터는 십계명을 통해 기독교인의 인간 사회를 교회에서 건설하려고 노력했다면, 칼빈의 윤리적 통찰은 교회와 '세속'의 영역, 즉 사회영역에까지 확장시킨 개혁입니다.[200] 칼빈이 말하는 확장 개념은 하나님이 아버지에서 어머니의 이미지로 표현되었습니다. "칼빈의 교회에 대한 이해"라는 아티클에서 교회를 이해하려면 어머니라는 간단한 호칭에서 배워야 한다."[201] 며 남성 중심이던 교회의 기능을 양육하는 어머니 역할로 확대시켰습니다. 칼빈의 "세속화(seculaisation) 개념"[202]은 신자들의 삶이 세상에 보내져서 하나님의 뜻이 땅에서 성취되는 것을 뜻합니다. 보냄의 목적은 세상에서 "Soli Deo Gloria; 오직 영광은 하나님께" 있습니다. 그는 "왜, 하나님은 십계명을 이스라엘에게 주었겠느냐?"라고 묻습니다. 십계명이 오늘날 이스라엘만이 아니라 모든 시대를 걸쳐 전 세계인에게 보여 진 것처럼 기독교를 통해서 세속의 영역에까지 보내져야 한다는 것이지요.

그는 "하나님이 온 세상을 자신의 복종 아래 계속 붙들어 두는 것이 얼마나 어려운 일인가? 이것을 아신 하나님은 한 민족을 택하셨다. 하나님은 그들을 일정한 기간뿐 아니라 계속적으로 다스리심으로써 그들로 하여금 그의 멍에에 익숙해지기를 원하셨다. 이는 하나님께서 그의 교회 안에서도 일상적으로 동일하게 사용하시는 방법이 될 수 있다."[203] 라면서 십계명이 세속으로 보내어지고 계속 확장되어 나가야 함을

198 Stanley J.Grenz. 2001. "기독교 윤리학의 토대와 흐름" 신원하 옮김. p181. 서울: IVP. 원저 : *The Moral Quest Foundations of Christian Ethics.*

199 박충구. 1999. "기독교 윤리사" p195. 서울: 대한기독교서회.

200 칼빈과 유사한 사고를 가진 윌리엄 바클레이는 기독교 윤리는 유대교의 윤리인 십계명에서 발견되는 것으로 전 우주적이며 사회와 모든 살아있는 커뮤니티 안에 그리고 법과 사회질서를 위한 인간애의 법에 기초가 된다고 말한다. William Barclay 1983. *The Ten Commandments for Today.* p11. New York : Harper & Row, Publishers.

201 재인용; 손병덕. "하나님, 교회, 그리고 세상: Calvin의 하나님 교회 세상에 대한 이해가 교회의 사회복지사업 실천에 주는 교훈." 『신학지남』. 2007. 여름호. 통권. 제291호. 서울: 신학 지남사. p164. 칼빈, "기독교 강요" 하권. 제1장 9,15.

202 세속화란 세상을 따라가는 것이 아니다. 세상을 성과 속으로 갈라놓고 종교를 성의 영역으로만 생각하는 관점에서 벗어나 세상(seculum)에 관심을 갖는 것이다. 예수께서 세상에 오신 것처럼 세상에서 세상을 거룩하게 하는 것이다. J.매츠는, 과학기술의 발전으로 신학은 이 세상의 신학(Theologie du monde)이 되었다고 말한다. 재인용: 양명수. "호모테크니쿠스" p25. Gabriel Vahanian. 1966. *No Other GOD.* p17. New York.

203 재인용 ; 벤자민 팔리. 1991."칼빈의 십계명 설교" 박희석 옮김. p55. 서울 : 성광 문화사. 이 글은 칼빈의 '신명기 4:44-46에 대한 말씀'이란 제목으로 1555년 6월 7일 금요일에 한 설교 문에 있으며 1562년도 판 "칼빈전집" p10 -30에서 인용한 재인용 자료다.

그의 개혁의지에 담고 있습니다.[204]

이 한수는, 옛언약의 율법은 유대인과 이방인을 가로 막는 중간에 막힌 담이었으나(엡 2:14) 그리스도의 죽음을 통해 그것은 허물어지고 다시 "굳게 세워지고"(롬 3:31), 율법의 의로운 요구를 이루어지게 했다는 점을 들어서(롬 8:4) 예수의 죽음은 유대인과 이방인을 "자기 의 안에서 한 새 인류를 지어 화목하게 한 사건(15절)"로 확장됨을 말했습니다.[205]

리쾨르는 유대인의 세계에서 출발해서 기독교인의 세계에 들어 온 성서가 문화적 한계의 영역을 넓혀가는 전형적인 예를 성경이 보여 준다는 말을 합니다. 문 안에 유하는 과부, 고아, 이방인들(신 10:18, 14:29)은 환대의 수혜자인 타자들입니다. 사랑이 정의의 반작용에 의해 점진적으로 확장되었듯이 복음의 세속화는 땅 끝까지 영역을 넓혀 가야 하겠습니다.

♪ 개역개정 찬송가 348장 후렴을 세 나라의 언어로 불러 보세요.

영광, 영광, 할렐루야(3회 반복)
곧 승리 하리라.

Glory, glory, Hallelujah(3회 반복)
For Triumph drawing near!

훗, 티페렛 할렐루야(3회 반복)
하아돈 모시프 릿쪼드.

---

204 십계명이 시공을 초월해서 모든 시대와 세계에 보내야할 보편 윤리라는 주장에는 이견을 가진 학자도 있다. 챠일즈는 그것이 계약에 기초하고 있는 것을 보아서 유대 법에 제한하여야 한다"고 말한다. B.S. Child. 앞책. p388-391, 378-379.

205 이한수. 2007. "사랑의 우선성: 바울서신에서 '사랑'의 신학적 의의"『신학지남』. 봄호. 통권. 290호. p120,121. 서울: 신학지남사.

지금 쯤, 이 글을 읽으실 독자 여러분께 감사드립니다. 읽으셔서 아셨듯이 이 책은 십계명을 성경, 신학, 윤리, 교육, 역사, 그리고 실용적 입문의 관점에서 넓게 펼친 개론입니다. 그래서인지 저는 지금 수목이 울창한 숲에서 나온 느낌입니다. 십계명을 열 그루의 나무라고 가정하면 다음에는 저와 함께 나무 여행도 해 보실 것을 권합니다. 문맥의 큰 줄거리를 놓치지 않으려고 잔가지들은 '알고가기'박스에 모아 두었는데 그 글도 읽으셨는지요? 내용 도중에 * 표시를 하고서, 여기저기를 왔다 갔다 불편을 드린 것은 내용을 겹치지 않게 배열하느라고 어쩔 수가 없었습니다.

3년 전의 일이 생각납니다.

태국의 사타롬짜이 교회의 로얏(Royyat)이라는 목사님을 우연히 만났습니다. 그 분은 한국방문이 두 번 째라고 하시면서 "20년 전에 한국에 와서 전철을 타면 많은 사람들이 성경을 펴 읽는 것이 상당히 인상적 이었는데 지금 오니 그런 모습을 찾아 볼 수 없다"면서 성경책 대신 휴대폰이 손에 들려 진 것을 보며 한국기독교가 많이 달라졌다고 합니다. 휴대폰에 성경이 들어 있어서 성경책을 들고 다니지 않는다는 변명을 하면서 저는 멋쩍게 웃었습니다. 성경 읽는 시간이 많이 줄어 든 게 사실입니다. 그날, 로얏 목사님과의 짧은 대화를 계기로 저는 우리나라에 성경을 전해 준 고마운 분들은 어떤 분들이었을까? 라는 상념을 가졌습니다.

한국에 개신교가 시작되는 것은 1885년 4월 5일 부활주일에 인천항으로 입국한 아펜젤러와 언더우드선교사를 시점으로 합니다. 그러니까 2021년은 개신교의 역사가 136년 되는 해 입니다. 하지만 선교사님들이 한국 땅을 밟기 전에 먼저 도착한 것이 성경책입니다. 무려 50년이나 먼저 성경이 들어왔습니다. 그 분들이 한국에 와서 놀라워 한 것 중에 비록 소수이지만 성경책을 읽고 있는 사람들이 있다는 사실 아니었을까요? 가톨릭이 개신교보다 100년쯤은 앞서 들어왔으니 성경의 역사는 이보다 훨씬 오래되었을 것입니다.

조선에 최초로 조선인이 읽을 수 있는 성경을 준 사람은 독일계 유대인 칼 귀츨라프 목사였어요. 1832년(조선 23대왕 순조 재위시기) 충남 홍성군 고대 도에 입항한 귀츨라프는 1개월을 머물며 중국에서 가져 온 한문 성경을 도민들에게 나눠 주고 빈궁하게 사는 조선의 백성에게 감자 씨를 가져 와서 직접 심고 파종하고 재배하는 법을 가르쳐 주고는 꼼꼼하게도 재배법을 글로 적어서 남겨주기까지 했답니다. 그는 감자 심는 법 뿐 아니라 포도 재배법을 가르쳐 주고, 주기도문을 언문으로 번역해서 가르쳐 주고는 마카오로 돌아갔습니다. 그가 한문 성경을 갖고 올 수 있었던 것은 영국의 모리슨 선교사가 중국에 와서 선교하는 동안 영어성경을 한문으로 번역 출판했기 때문이었습니다. 복음을 받은 한 유대인 귀츨라프에 의해 한문성경은 우리 조선 땅에 들어왔습니다. 그 덕분

에 최초로 우리 조선인이 읽을 수 있는 성경과 우리말로 된 주기도문으로 기도를 시작했습니다. 그가 다녀간 지 근 200여년이 지나서, 한국 교회들이 공 예배에서 주기도문을 암송하고 전철에서, 길에서, 성경을 읽는 나라가 된다는 것을 짐작이나 했을까요? 그는 그렇게 되기를 기도하며 조선을 떠났다는 기록이 남아 있습니다. (www. tistory.com. 참고).

우리나라에 귀츨라프목사님이 한문성경을 전해주기 전에 영어성경이 먼저 들어오긴 했습니다. 영국정부가 중국에 파견하는 사신을 광동에 내려놓았는데 그 배가 조선의 서해 안 일대를 탐험 중에 1816년 9월 4일 영국의 함선 Alceste호(함장Murry Maxwell)와 Lyra호 (함장 Basil Hall)가 충남 마량 진 앞, 갈 곳에 왔었답니다. 그때, 마량진 첨사 조대복과 현감 이승렬이 문정 차 두 배에 승선해서 검사하던 중에 책과 문서를 받았는데 무슨 책인지도 모르고 받아 둔 그 책이 나중에 알고 보니 영어성경이었습니다. 하지만 귀츨라프에게서 성경을 받은 1832년을 우리나라에 성경이 들어 온 최초의 년도로 삼는 것은 조선인이 읽은 한문성경이었기 때문입니다.

그 후, 대략 40년이 또 지났습니다. 1870년대에 들어와서 스코틀랜드 연합 장로교 소속의 로스목사와 메킨 타이어 목사는 만주에서 만난 이응찬, 백홍준, 서상륜 등 한국 청년들과 한글성경 번역을 시작하고 1882년에 누가복음, 요한복음, 사도행전을 한글로 출간했습니다.

한글로 번역된 구약성경에서 빼놓을 수 없는 사람이 알렉산더 피터스(Alexander Albert Pieters,1871-1958)라는 유대인 선교사입니다. 러시아의 정통파 유대인 가정에서 태어 난 그는 어려서부터 히브리어에 익숙했는데 우연히 일본에서 만난 선교사를 통해 복음을 받고 1895년에 조선 땅에 오게 되었습니다. 한글을 터득한 그는 구약성경개역위원회의 평생위원으로 위촉되어 히브리어 성경을 한글로 직역하는 일을 맡아서 했습니다. 그 결과 1938년에 "개역성경전서"가 나오게 되었습니다. 특히 그가 번역한 시편촬요와 "주여 우리 무리를", "눈을 들어 산을 보니"라는 찬송 시는 피터스선교사가 시 67, 121편을 번역했는데 지금까지 우리가 즐겨 부르고 있습니다 (주대준, 2019. p39). 히브리어를 하는 유대인을 한국 땅에 보내셨으니 참으로 기이한 일입니다. 이렇게 우리나라에 성경이 들어 온 역사를 더듬어 보니 189년이 되었습니다.

그런데, 제가 말하려는 정말 놀라운 것은 이것입니다. "십계명"이 우리나라에 들어 온 역사입니다. 1799년 정조 3년에 정약종(1760~1801)은 한글로 십계명가(十誡命歌)를 지어서 노래로 가르쳤습니다. 물론 그 당시는 우리에게 한글성경이 없었으므로 지금 우리가 가진 성경의 십계명 원문 그대로는 아니지만 1784년에 교리 연구회로 시작한 천주교회의 조선의 포교활동에서 십계명이 성경을 대표했던 것입니다. 우리나라 최초의 한글로 된 천주가사인 이승훈의 문집 "만천유고"에 "십계명가"라는 제목으로 수록되어 있습니다. 이승훈 문집을 놓고 학자들의 이론(異論)이 있으나 십계명의 유일신 하나님을 섬기고 제사 거부, 우상숭배를 거절하다가 천주교인들은 참혹한 박해를 받으며 순교했습니다. 인류 역사에서 십계명이 종교전쟁으로, 박해의 원인으로, 또한 징계의 방편이 된 것은 십계명이 지닌 성경의 핵심가치를 지키기 위해서였습니다.

그런데 아주 놀라운 최근의 이야기가 있습니다. 북한을 탈출해서 우리 대한민국으로 온 어떤 여성의 탈북과정을 방송에서 들었습니다. 그들 일행이 무사히 중국 국경을 넘어서 태국에 도착했고 기약 없이 한국행을 기다리는 동안 기독교 선교단체에게 붙들려서(?) 끈질기게 성경공부를 강요받았다고 합니다. 북한에서 하던 생활총화에 진절 넌더리가 났는데 그 방식으로 세뇌시키는 듯해서 기독교라는 종교가 자신들을 해코지할 것 같은 불안에 끝없이 의심했답니다. 그런데, 그녀의 목소리가 갑자기 높아지더니 "십계명! 십계명이었어요. 십계명을 듣고 안심했어요!"라는 것입니다. 그녀는 십계명을 듣고서 비로소 기독교에 대한 의심이 싹 사라졌다고 합니다. 놀랍지 않으세요?

금년은 정약종님이 십계명이라는 이름으로 조선 땅에 "십계명 가"를 편찬한 지 221년이 됩니다. 귀츨라프 목사님에 의해 성경이 들어온 지도 189년이 됩니다. 그리고 지금 우리나라는 100만이 넘는 외국인들이 들어와서 윤택한 삶을 꿈꾸는 희망의 나라가 되었습니다. 믿음의 선조들이 흘린 순교의 피로 축복과 신앙을 거저 누리는 오늘 우리는 무엇으로 그 은혜를 보답할까요?

신앙의 삶으로 성숙한 한국교회와 신학전문서적들이 세계의 정신을 끌어가는데 일원이 되었으면 합니다. 대한 성서공회의 개역한글과 개역개정성경, 그리고 표준 새 번역, 우리말 성경, 공동번역서와 영어성경, 히브리어 성경, gtv인터넷 주석은 십계명 총서 39권 집필에 많은 도움이 되었고 지금도 도움을 받고 있습니다. 십계명에 관한 글을 쓰신 분들과 이 땅에 와서 십계명과 성경을 전해주고 가신 분들께, 그리고 성경을 위해 헌신하신 모든 분들의 덕분입니다. 감히, 부족한 여종이 감사를 드립니다. *in Jesus!*

헌신적으로 늘 기쁘게 봉사해 준 고마운 나의 두 눈, 기쁘게 수고한 나의 손과 몸, 그리고 내 영혼의 등불이 되어 주시는 우리 주 하나님께 모든 영광과 감사를 드립니다.

2021. 1월. 이영희

시날 땅 바벨 사건에서 하나님은 잃은 게 많다.
흩어진 언어는 선교의 걸림돌이 되었고
그의 자녀들이 성경을 어설프게 이해하는데도 근 5천 년이나 걸렸고
그분에 대한 인간 무지의 심각한 오류를 감수하셔야 했다.

이 모든 불이익을 감수하시면서 까지
언어 유전자에 손을 대신 하나님.

21세기는 인간이 언어의 장벽을 헐었다.
하나님이 당했다.
신의 영역으로만 알았던 DNA, 알파고, Ai, 인공지능 칩,
21c는 기계가 할 수 없는 일이 직업이 된다.
하나님이 이번엔 인간을 위해 또 어떤 불이익을 감수하실까.

하나님보다 조금 못한 존재의 인간.
"하나님이 입김을 부시니 그들은 말라 회오리바람에 불려
가는 초개 같도다" 사 40:24.

참고 한 책들 ●●

1부. NO. 13~16.참고도서

1. Childs. Brevard. S. 1976. *The Book of Exodus : The Old testament Library.* Louisville, Kentucky : The Westminster Press.

2.＿＿＿＿＿＿＿＿. 1993.박문재 옮김. "구약신약" 크리스챤다이제스트.

3. Geza. Vermes. *The Religion of Jesus the Jew.* 노진준 옮김 .1995. "유대인예수의 종교" 서울: 은성.

4. F. Josephus. 1992. "유대고대사1" 달산.

5. Martin. Luther. *Von den guten Werken.* 감수, 편집자 지원용. 1983. "루터전집. 9권" '선행에 관한 논문' 컨콜디아사.

6. Werner Keller. *The Bible as History.* 김성춘 옮김. 2012. "성경의 역사를 찾아서" 그린기획.

7. 나학진. 2005. "기독교윤리학" 서울: 강남대학교 출판부 .

8. 위르겐 몰트만. 2002. 김균진옮김. "신학의 방법과 형식" 서울: 대한기독교서회.

9. 음동성.1988. "십계명과 주기도문을 통해 본 하나님의 형상 회복의 가능성" 석사 논문. 징로회신학대학교.

10. T.B. Maston, *Biblical ethics.* 고재식 옮김.1985. "성서윤리" 서울 ; 대한 기독교 출판사.

11. U. Cassuto. 1987. *A Commentary on The Book of Exodus.* Translated from The Hebrew by Israel Abrahams. Jerusalem : Magnes Press.

12. E. Brunner. 2003. *Justice and The Social Order.*

13. Stanly Hauerwas, William Willimon. 2007. 강봉재옮김."십계명" 서울 : 복있는사람. 원저: *The Truth about GOD.*

14. G. Von Rad.1976. *Deuteronomy.* London ; S C M press. 김이곤. "십계명과 그 가르침1" '기독교사상' 재인용.

15. Paul Ricoeur. 1999. 양명수 옮김 "악의상징" 서울 : 문학과지성사.

16. Walter Brueggermann. 1997. *Theology of the Old Testament.* Minneapolis : Augsburg Fortress.

17. Keil & Delitzsch. 1987. 김덕중옮김. "잠언" 서울: 기독교문화사.

18. Milton Steinberg. *Basic Judaeism.*1996. 이수현 옮김 "유대교의 기본" 서울: 도서출판동인.

19. G. Von Rad.1976. *Old Testament Theology.* Edinburgh : Oliver and Boyd.

20. Patrick D. Miller, Jr., 1993. *The place of the Decalogue in the Old Testament and its Law.* Int. 43.

21. 심규섭. 1997. "구약의 십계명 연구" 박사논문. 아세아연합 신학대학원신학과.

22. *New International Dictionary of Old Testament Theology and Tregesis.* Volum 4. 1997. Michigan:Zondervan Publishing House.

23. G.Boardman.1946. *"The Scriptural Anthropology"* 심규섭. 논문에 기재.

24. 나학진. 2005. "기독교 윤리학" 서울: 강남대학교 출판부.

25. Gornik. Herbert. A. *Du sollst in freiheit leben.*1989. 이정배옮김. "십계명의 현대적 이해" 서울; 전망사.

26. Rita J. Burns, *Exodus Leviticus Numbers* wilmington;Michael Glazier, Inc., 1983. 십규섭 논문에서.

27. Edward L. Long, 1997. *To liberate and Redeem: moral reflections on the biblical narrative.* Cleveland: The pilgrimPress.

28. 오정현.1999. "유월절 규례와 십계명에대한 윤리학 적 분석" 박사 논문, 연세대학교대학원신학과.

29. Willam Barclay. 1973. *The Ten Commentments for Today.* San Francisco ; Harper and Law, Publisher.

30. James L. Kugal. 2003. "고대 성경 해석가 들이 본 모세오경" 김은호, 임승환 옮김. 서울: C L C. 원저명: 1997. *The Bible As It Was.* Belknap of Havard Univ. Press.

31. Mark Kinzer.1982. 정옥배 옮김. "죄책감으로부터의 자유" 서울; 두란노. *원제명 ; living with a clear conscience.*

32. Norman L. Geisler. *Christian Ethics.* 위거찬옮김. "기독교 윤리학" 기독교 문서선교회.

33. Copyright 1988 Rabbi Yoel Schwartz Translated by Mordecai Ben- Aharon Edited by Rabbi Yirmeyahu Bindman. *The Jerusalem Academy of Jewish Studies.* 『Yeshivat D'var Yerushalayim』 Jerusalem, Israel.

34. B. W. Anderson.1986. *Understanding the Old Testament.* Englewood Cliffs :Prentic-Hall.

35. Walter C. Kaiser. *Toward Old Testament Ethics.*홍용표옮김.1990. "구약 성경윤리" 생명의 말씀사.

36. 박요한. 2002. "십계명" 서울; 가톨릭대학 출판부.

37. 양명수. 1997. "기독교 사회정의론" 천안: 한국신학연구소.

38. 나학진. 2005. "기독교 윤리학" 서울: 강남대학교 출판부.

39. 김정준. 1965. "십계명 연구" '기독교사상' 1965. 7월 vol.89. 서울: 대한기독교 서회.

40. 권성수. 2018. 웰빙 힐링; 십계명강해. 생명사역훈련원.

41.Translation and commentary by Rabbi Avrohom Chaim Feuer. A new translation with a Commentary Anthologized from Talmudic, Midrashic, and Rabbinic Sources. 1998. The Artscroll Mesorah Series : עשרת הדברות . Rabbis Nosson Scherman. Meir Zlotowiz General Editors. New York: Mesorah Publications, Ltd.

42. H.T.커어. 유원열 옮김. 2005. "칼빈의 기독교 강요" 기독교연합신문사. 원제명; *Christianae Religionis Institutio.*

43. J.Telushkin. *Jewish Wisdom.* 1994. 김무겸옮김. 2010. "승자의 율법" 북스넛.

44._____, *Jewish Literacy.* 김무겸옮김. 2014. "유대인의 상속 이야기" 북스넛.

45. Stanly Grantz. *Calvinistic Ethics, In baker's Dictionary of christian Ethics.* 신원하. 2001. "기독교 윤리학의 토대와 흐름" IVP.

46. Pirkiei Avos. *Ethics Fathers.* 조철수옮김. 1998. "선조들의 어록" 초기 유대교 문헌총서2. 성서와 함께.

1부~8부 참고도서

국내 도서

고범서외.1987. "기독교 윤리학개론" 대한기독교 출판사.

정하은 2006. "산상설교를 중심으로 통감한 기독교윤리" 사상사.

김경재. 2003. "해석학과 종교신학" 한국신학 연구소.

김의원. 1988. "현대구약신학논문집" 서울; 은성.

김영진. 2005. "율법과 법전" 한들 출판사.

김흔중. 2003. "성서의 역사와 지리" 엘맨. 출처;규원사화.

참고 한 책들

김용규. 2002. "Dekalog" 바다출판사.

박충구.1994. "기독교윤리사" 대한기독교서회.

한영해설성경. 2002. 부록편. 아가페.

양명수. 2001."근대 성과 종교" 서울 : 이화여대 출판부.

_____,1997. "기독교 사회 정의론" 서울 ; 한국신학연구소.

이진희. 1997. "유대적 배경에서 본 복음서" 컨콜디아사.

정하은. "산상 설교를 중심으로 통감한 기독교 윤리사상사" '아퀴나스 신학대전'에서 재인용.

한영제편.1991. "기독교 사전" 기독교문사.

주대준. 2019. "이 땅에 묻힌 선교사들이 다 전하지 못한 100년의 이야기" 마음과 생각.

논문및 정기간행물

김의원. 1988. "현대구약신학 논문집" 은성.

김이곤. 1988. "십계명과 그 가르침 1. 2" '기독교 사상' Vol. 357. 9월.

_____. 1998. "구약성서의 신앙과 신학" 서울;한신대 출판부.

데이비드 C. 스탠메츠. 1989. 김광후옮김. "종교개혁과 십계명."『기독교사상』Vol. 370. 10월.

송인규. 1999. "미래 사회와 기독교윤리 : Douma. *Christian Morals and Ethics*. Manitoba, Canada : Premier Publishing, n.d. 『신앙과 학문』제 4권 4호. 통권 16호. 겨울.

_____2001. "죄와 벌의 인과관계에 대한 연구"

양 명수. 아티클. "칸트의 이성종교" '한국 기독교 윤리학회' 논총 2집.

------ 아티클. 2002. "정의론 4" '신학비평' 봄호.

심규섭. 1997. "구약의 십계명 연구" 박사논문. 아세아연합신학대학원 신학과.

이영희. 2007. "폴리쾨르의 십계명 윤리연구" TH.M 논문. 이화여대 신학대학원 신학과.

_____. 2017. "복음과 교육" 21집. '유대인 여성의 교육소명과 기독교 여성의 역할'

이한수. 2007. "사랑의 우선성 : 바울 서신에서 '사랑'의 신학적 의의." '신학지남' 봄호. 통권. 290호. 서울 : 신학지남사.

한상진. 2006. "양심교육과 영적 리더쉽" '한국 복음주의 기독교교육학회' 제8호. 논문발표회.

한기채. 1999. "기독교윤리에 있어서 성서의 권위" '교수논총' 10집. 부천 : 서울신학대학교.

오정현. 1999. "유월절규례와 십계명에 대한 윤리학적 분석" 박사논문. 연세대학교 대학원 신학과.

음동성.1988. "십계명과 주기도문을 통해 본 하나님의 형상 회복의 가능성" 장로회 신학대학교 석사논문.

이기문 편집주간 1980. "기독교 대 백과사전 10권" 서울; 기독교문사.

David C. Steinmetz, *The Reformation and the commandments*. 김광후 옮김. "종교개혁과 십계명" '기독교 사상' 1989년 10월호. VOL. 370. 서울: 대한기독교서회.

임정희. 장신대 신대원 석사 논문. 2003. "프리드리히 쉴라이어막허의 기독교윤리 사상에 대한 연구" 기독론을 중심으로.

번역도서

1. R.Kent Hughes. *Disciplines of Grace.* 박경범옮김.1994. "십계명" 도서출판. 은성.

2. E.Brunner. 2003. *Justice and The Social Order.* 전택부 옮김. "정의와 사회 질서" 서울 : 대한기독교서회.

3. Lawrence Kohlberg.1985. 이동훈, 이기문공역. "도덕교육철학" 서울:대한 예수교 장로회 총회교육부.

4. Grenz, Stanley. *(The) moral quest : foundations of Christian ethics.* 신원하옮김, 2001. "기독교윤리학의 토대와 흐름" 서울 ; 한국기독학생회 출판부.

5. 벤자민 팔리 편역, 박희석옮김.1991. "칼빈의 십계명설교" 성광문화사.

6. Marvin R. Wilson. *Our father Abraham. Jewish roots of the christian faith.* 이진희 옮김.1995. "기독교와 히브리유산" 서울 : 컨콜디아사.

7. Andre Lacocque & 폴 리쾨르. *Thinking Biblically: Exegetical and Hermeneutical Studies.* 김창주 옮김. 2006. "성서의 새로운 이해" 서울 : 살림.

8. Milton Steinberg, *Basic Judaeism.* 1996. 이수현옮김. "유대교의 기본" 서울. 도서출판 동인.

9. 윌리엄 바클레이.1985. 한중식 옮김. "20세기의 기독교 윤리학" 서울: 양서각.

10. _____1987. "율법과 예수" 종로서적.

11. 라이놀드 니버, 1998. 노진준옮김, "기독교 윤리학." 서울;은성.

12. Paul Ricoeur, *Las ymbolique Du Mal.* 양명수 옮김. 1999. "악의 상징" 문학과 지성사.

13. 발터 아이히로트.1994. "구약성서신학 2권" 박문제옮김. 서울:크리스챤 다이제스트. 원제명: *Walther Eighrodt. Theology Old Testament.* Volume2. Translated by J. A. Baker. Philadelphia: The Westminter Press.

14. John Calvin. 김광남옮김. 2011. "칼빈의 십계명 강해" 비전북.

15. James,Muilenburg.1978. "이스라엘의 길-성서 적 신학과 윤리" 김이곤옮김. 서울 :컨콜디아사. 원 저: *The way of Israel -Biblical Faith and Ethics.*

16. Tomas Wattson. 1991. "십계명해설" 이기양옮김. 서울 :기독교 문서선교회.

17. J.Moltmann, Mensch, 전경연, 김고광 옮김.1979. "현대의 갈등속의 기독교 인간학" 서울 : 공화 출판사.

18. 벤. C. 올렌버거 엘머 A. 마르텐스, G.F. 하젤 엮음. *The flowering of Old Testament Theology.* 강성열옮김. 2000. "20세기 구약 신학의 주요 인물들" 서울: 크리스챤 다이제스트.

19. John P. Miller ; with a foreword by Thomas Moore. 2000. *Education and the soul : toward a spiritual curriculum.* Albany : State University of New York Press.

20. Aryeh Kaplan.1985. *Jewish Meditation. Schocken books.* 김태항 옮김. 2011. "유대명상" 하모니.

21. Aryeh Kaplan.1985. *Meditation and The Bible.* 김태항옮김. 2012. "성경과 명상" 하모니.

22. Michael G.Moriarty. 1999. *The perpect Ten.* 차동재옮김. 2000. "퍼펙트 10" 서울 ; 아가페.

23. Carmen Welker. *Should Christians be Torah Observant.* 윤요한 옮김. "크리스천도 율법을 지켜야 하는가" 메시아닉 신문. 방송.

24. Martin Ralph De Haan. *Law or Grace.* 이용화옮김. 2017. "율법이냐 은혜냐" 생명의 말씀사.

참고 한 책들

국외도서

1. U. Cassuto.1987. *A Commentary on The Book of Exodus.* Translated from The Hebrew by Israel Abrahams. Jerusalem : Magnes Press. the Hebrew University. Jerusalem : The Hebrew University : The Magnes Press.

2. Willam Barclay. 1983. *The Ten Commentments for Today.* San Francisco; Harper and Law, Publisher.

3. J.Vernon McGee.1991. *Exodus.* Chapter 19~40. Nashville: Thomas Nelson Publishers.

4. John P. Miller. *"Curriculum for the Inner Life" 'Education and the Soul: Toward a Spiritual Curriculum'*

5. Stanley Hauerwas. 2001. *A Community of Character toward a Cconstructive Christian social Ethic.* Notre Dame Indiana :University of Notre Dame Press.

6. Reinhold Niebuhr.1935. *Interpretation of Christian Ethics.* New York: Happer Brothers Publisher.
------------ 1967. *Love and jutice.* Cleveland : The World Publishing Company.

7. James Wm. McClendon, JR. 2002. *Ethics.* Nashville : Abingdon Press.

8. Nehama Leibowitz.1993. *New studies in Shemot Exodus.* Jerusalem : Haomanim press.

9. Interpretation.1993. *A Bible commentary for teaching and preaching. N.T.Matthew.* U.S.A: John Knox press.

10. *The Expositor's Commentary.*1984. Vol.8. Michigan: zondervan corporation.

11. Abraham Cohen.1995. *Everyman's Talmud.* Schocken Books.

12. Nahum M. Sarna. 5751(유대력). *The traditional Hebrew text : The JPS Torah Commentary Exodus.*New York. : The Jewish Publication Society.

13. Rabbi Moshe Weissman. 1980. *The Midrash says 2:The book of Sh'mos.* New York: Benei Yakov Publications.

14. R.Moshe Lieber. *The Fifth Commandment.* Mesorah Publications, Ltd.

15. V.P. Furnish.1973. *The Love Command in the new Testament.*

16. B.W.Anderson.1986. *Understanding the Old Testament.* Englewood Cliffs : Prentic-Hall.

17. Moshe. Weisman.*1995.The Midrash says, Shimos.* USA. N.Y. Bnay Yakov. Publications.

주석 및 사전

1. Willem A. Gemeren.1997. *New International Dictionary of old testament theology and tregesis.* Volum 2, 4. Michigan : Zondervan Publishing House.

2. Keil & Delitzsch.1987. "출애굽기 2" 김덕중옮김. 서울: 기독교 문화사. 원제명 : *Commentary on the Old Testament.*

3. W.B.C. 1992. *Commentary.* 출애굽기 하권. 서울 : 임마누엘.1997.

4. Paul Lee Tan. *Encyclopedia of 7,700 Illustrations: Signs of the times.* 서울서적 편집부 옮김, "세계예화 백과사전."

5. John Barton and John Muddiman. 2001. *The Oxford Bible Commentary.* London: Oxford University Press.

6. *Joyrnal of there voyages along the coast of China in 1831,1832,1833.* www. tistory.com에서 재인용.

7. goodtvbible.goodtv.co.kr.

아래의 숫자는 이 책에 있는 번호입니다. 읽은 번호에 0 표시를 해 두세요.

시작한 날짜 _____ 년, 월, 일.

0	NO. 0~169								Q & A 1~46		
1	21	41	61	81	101	121	141	161	1	21	41
2	22	42	62	82	102	122	142	162	2	22	42
3	23	43	63	83	103	123	143	163	3	23	43
4	24	44	64	84	104	124	144	164	4	24	44
5	25	45	65	85	105	125	145	164	5	25	45
6	26	46	66	86	106	126	146	165	6	26	46
7	27	47	67	87	107	127	147	166	7	27	
8	28	48	68	88	108	128	148	167	8	28	
9	29	49	69	89	109	129	149	168	9	29	
10	30	50	70	90	110	130	150	169	10	30	
11	31	51	71	91	111	131	151		11	31	
12	32	52	72	92	112	132	152		12	32	
13	33	53	73	93	113	133	153		13	33	
14	34	54	74	94	114	134	154		14	34	
15	35	55	75	95	115	135	155		15	35	
16	36	56	76	96	116	136	156		16	36	
17	37	57	77	97	117	137	157		17	37	
18	38	58	78	98	118	138	158		18	38	
19	39	59	79	99	119	139	159		19	39	
20	40	60	80	100	120	140	160		20	40	

마친 날짜 _____ 년, 월, 일.

저자 이영희

총신대신대원졸, 이화여자대학교신학대학원(TH.M), 이스라엘 히브리 대학 및 이스라엘 교육부가 주관하는 귀화 유대인 교육기관에서 유다이즘 500시간, 미취학 어린이교육실습, 봉사 및 참가수업 500시간을 마쳤다(이스라엘교육부). 총신대학교 사회교육원 이스라엘의 유아교육책임교수(2006-2014). 왕십리교회(4년), 장충교회(12년), 왕성교회와 성복교회(6년)에서 영유아부를 지도했다.
현재, 카도쉬 비전센터(www.holyi.com)의 십계명전문교육원, 이스라엘 교육 연구원 및 영아학교 전문교육원(http://cradle.holyi.com)대표로 있다.

저서 소요리야 넌 누구니?, 뽀뽀뽀 하나님, 밥상머리자녀교육, 말씀우선자녀교육(이상은 규장출판). 유대인의 공부습관, 삼위일체 육아법, 침대머리 자녀교육(몽당연필). 유대부모의 토라태교(두란노), 토라태교기도문(두란노) .매일5분 54일 생활속 자녀교육, 아기를 천재로 만드는 영아부 예배, 아기의 천재성을 발달시키는 영아부교육, 영아부교사라면 알아야 할 교육행정과 운영, 십계명총서 39권 외 다수(카도쉬북).

이젠삶북
총서2 – 예수의 빛 축복의 십계명

초판인쇄   2021년 1월 28일
　글　　　　이영희
펴 낸 이   이영희
펴 낸 곳   카도쉬북(제 2011-000002호)
출판등록   2011년 01월 25일
주　　소   경기도 광명시 도덕 공원로49. 철산동 브라운스톤101-901.
전　　화   070-7629-1663
이 메 일   holyhi@hanmail.net
홈페이지   www.holyi.com

ISBN 979-11-89466-06-0
ISBN 979-11-89466-05-3(세트)

잘못된 책은 교환해 드립니다.
가 격 30,000원